Curso

*La diferencia entre aprobar
y sacar plaza*

Manual del Técnico/a en Farmacia

Accede a tu **Curso MAD360** y disfruta de los siguientes recursos:

- Técnicas de Memoria 360.
- Test *online*.
- Temario en formato digital.
- Planificación de estudio.
- Foro entre opositores.
- Recursos y novedades exclusivas.
- Consulta sobre la oposición y el proceso selectivo.
- Actualizaciones legislativas (Boletines Oficiales).

Para acceder al Curso MAD360* será necesaria la compra de todos los libros para esta especialidad de la edición 2023.

Valida los códigos que encuentras en la última página de tus libros y disfruta de la experiencia MAD360.

Infórmate en: mad.es/registro-campus

AF212308

NOTA IMPORTANTE:

* El acceso al CURSO MAD360 estará disponible desde enero de 2024 (algunos recursos podrían estar disponibles en fecha posterior). Tendrá una duración de 365 días, desde la validación de códigos, o hasta el 31 de diciembre de 2024, lo que se cumpla antes.

MAD se reserva el derecho a ampliar dichas fechas.

Manual del Técnico/a en Farmacia

Febrero 2024

Manual del Técnico/a en Farmacia

Test comentados

M.ª JOSÉ GARCÍA BERMEJO
Licenciada en Biología
Técnico Superior en Laboratorio de Diagnóstico Clínico

FRANCISCO JESÚS TORRES FONSECA
Licenciado en Derecho

TERESA MARÍA TORRES FONSECA
Licenciada en Derecho

© 7 Editores Recursos para la Cualificación Profesional y el Empleo, S.L. (7 Editores)
© Los autores
Primera edición, febrero 2024 (576 páginas)
Derechos de edición reservados a favor de 7 Editores
IMPRESO EN ESPAÑA
Diseño Portada: 7 Editores
Edita: 7 Editores
Avda. San Francisco Javier, 9 · Edificio Sevilla 2 · Planta 11 · Módulos 25-27 · 41018 Sevilla
Teléfono: 954 784 411 · WEB: www.mad.es · e-mail: administracion@7editores.com
ISBN: 978-84-142-7756-0
© "Editorial Mad" y "Eduforma" son nombres comerciales registrados de
7 Editores Recursos para la Cualificación Profesional y el Empleo, S.L.

Índice

TEST
PARTE JURÍDICA

TEST N.º 1

La Constitución Española de 1978. Estructura y principios generales.
Los derechos fundamentales en la Constitución.
La reforma de la Constitución

1. ¿En qué se fundamenta la Constitución Española?

a) En un Estado social y democrático de Derecho.
b) En la indisoluble unidad de la Nación española.
c) En la independencia de los poderes del Estado.
d) En la organización territorial del Estado.

2. La Constitución Española reconoce y garantiza el derecho a la autonomía:

a) De las nacionalidades que la integran.
b) De las regiones que la integran.
c) De las Comunidades Autónomas que la integran.
d) De las nacionalidades y regiones que la integran.

3. Señala la respuesta correcta, respecto de la aprobación, ratificación y publicación de la Constitución Española:

a) Aprobada por las Cortes el 31 de octubre de 1978, ratificada por el pueblo en referéndum el 6 de diciembre de 1978 y publicada el 29 de diciembre de 1978.
b) Aprobada por las Cortes el 30 de octubre de 1978, ratificada por el pueblo en referéndum el 16 de diciembre de 1978 y publicada el 27 de diciembre de 1978.
c) Aprobada por las Cortes el 31 de octubre de 1978, ratificada por el pueblo en referéndum el 16 de diciembre de 1978 y publicada el 29 de diciembre de 1978.
d) Aprobada por las Cortes el 10 de octubre de 1978, ratificada por el pueblo en referéndum el 26 de diciembre de 1978 y publicada el 30 de diciembre de 1978.

4. La Constitución Española fue sancionada por:

a) El Rey.
b) El Presidente del Congreso.

c) Las Cortes Generales.
d) El Presidente del Gobierno.

5. Según la CE son fundamentos del orden político y la paz social:

a) La dignidad de la persona, los derechos violables que les son inherentes y el respeto a la ley.
b) La dignidad de la persona, el desarrollo limitado de la personalidad y el respeto a la ley.
c) El respeto a la ley, a los reglamentos administrativos y demás disposiciones legales.
d) La dignidad de la persona, los derechos inviolables que le son inherentes, el libre desarrollo de su personalidad, el respeto a la ley y a los derechos de los demás.

6. La forma política del Estado español es:

a) Democracia parlamentaria.
b) Gobierno parlamentario.
c) Monarquía parlamentaria.
d) República democrática.

7. Según la CE, la soberanía nacional:

a) Corresponde a las Cortes Generales, al estar compuestas por los representantes del pueblo.
b) Corresponde al Rey.
c) Reside en el pueblo español.
d) Corresponde al Gobierno de la Nación elegido directamente por el pueblo.

8. ¿En qué parte de la Carta Magna se señalan los valores superiores del ordenamiento jurídico?

a) En el Preámbulo.
b) En el Título Preliminar.
c) En el Título I.
d) Ninguna respuesta es correcta.

9. Son el fundamento del orden político y de la paz social:

a) El libre desarrollo de la personalidad.
b) Los derechos inviolables que les son inherentes.
c) El respeto a la ley y a los derechos de los demás.
d) Todas las respuestas son correctas.

10. Dispone la Carta Magna que todos contribuirán al sostenimiento de los gastos públicos de acuerdo con su capacidad económica mediante un sistema tributario justo inspirado en los principios de:

a) Legalidad y equidad.
b) Igualdad y progresividad.
c) Publicidad y legalidad.
d) Eficacia y sostenibilidad.

11. El referéndum en el que se aprobó popularmente la Constitución se llevó a efecto él:

a) 27 de diciembre de 1978.
b) 6 de diciembre de 1978.
c) 31 de octubre de 1978.
d) 29 de diciembre de 1979.

12. Si un poder público, en su actuación, infringe lo dispuesto en el Preámbulo de la Constitución:

a) Incurre en nulidad.
b) Incurre en inconstitucionalidad.
c) No pasa nada salvo que, como consecuencia de esa actuación, se infrinja un artículo de la propia Constitución.
d) Nada de lo anterior es cierto.

13. El principio en virtud del cual un Reglamento no puede contradecir una ley es el de:

a) Legalidad.
b) Jerarquía normativa.
c) Las respuestas a) y b) son correctas.
d) Seguridad jurídica.

14. Todos los españoles, respecto al castellano, tienen él:

a) Derecho-deber de conocerlo.
b) Derecho de usar y deber de conocerlo.
c) Derecho-deber de usarlo.
d) Nada de lo anterior.

15. El Título de la Constitución que trata de la reforma constitucional es él:

a) Primero.
b) Décimo.

c) Noveno.
d) Undécimo.

16. El Título de la misma que trata del Gobierno y la Administración es él:

a) Tercero.
b) Cuarto.
c) Quinto.
d) Sexto.

17. La derogación de una norma posconstitucional que vaya en contra de la Constitución se efectúa por el/la/las:

a) Propia Constitución.
b) Tribunal Constitucional.
c) Cortes Generales.
d) Gobierno de la Nación.

18. ¿En qué artículo de la CE se regula la suspensión de los derechos y libertades?

a) Viene regulada en el art. 50 de la Constitución.
b) Viene regulada en el art. 55 de la Constitución.
c) Viene regulada en el art. 65 de la Constitución.
d) Viene regulada en el art. 105 de la Constitución.

19. Un español de origen puede perder esta nacionalidad:

a) Por sanción administrativa.
b) Cuando libremente renuncie a la misma.
c) Por condena penal.
d) En ningún caso.

20. Las Comunidades Autónomas deben usar o instalar la bandera española:

a) En sus edificios.
b) En los actos oficiales.
c) Cuando lo solicite el Delegado del Gobierno de la Nación en las mismas.
d) Cuando lo estimen oportuno.

21. La defensa de la integridad territorial de España se atribuye por la Constitución a/al/a las:

a) Fuerzas y Cuerpos de Seguridad.
b) Fuerzas Armadas.
c) Gobierno de la Nación.
d) Todas las anteriores.

22. El Título de la Constitución que trata de las relaciones entre el Gobierno y las Cortes Generales es él:

a) Cuarto.
b) Quinto.
c) Sexto.
d) Tercero.

23. La Constitución entró en vigor:

a) Al día siguiente de su publicación en el Boletín Oficial del Estado.
b) El 27 de diciembre de 1978.
c) El 29 de diciembre de 1978.
d) Al ser aprobada en la sesión conjunta por el Congreso de los Diputados y el Senado.

24. Puede instar la reforma de la Constitución el/los/las:

a) Asambleas Legislativas de las Comunidades Autónomas.
b) Presidente del Gobierno de la Nación.
c) Consejos de Gobierno de las Comunidades Autónomas.
d) Ninguno de los anteriores.

25. No puede instar la reforma de la Constitución el/los:

a) Presidente del Gobierno de la Nación.
b) Gobierno de la Nación.
c) Congreso de los Diputados.
d) Parlamentos autonómicos.

26. En el procedimiento ordinario de reforma constitucional, el referéndum es:

a) Obligatorio en todo caso.
b) Preceptivo cuando se solicite por una décima parte de los Diputados o Senadores, dentro de los quince días siguientes a la aprobación de la reforma.
c) Voluntario en cualquier caso.
d) Improcedente.

27. La disolución de las Cortes Generales, cuando se va a proceder a la reforma de la Constitución, se produce en caso de:

a) Reforma por el procedimiento excepcional.
b) Reforma por el procedimiento ordinario.
c) Cualquier tipo de reforma.
d) Que así lo estime oportuno el Rey.

28. No puede iniciarse la reforma constitucional en:

a) Tiempo de guerra.
b) El supuesto de que el Rey no lo estime oportuno.
c) Un período extraordinario de sesiones de las Cámaras.
d) Se puede efectuar en los tres supuestos anteriores.

29. En el procedimiento general de reforma constitucional, en principio, el proyecto de reforma debe ser aprobado por:

a) El Congreso de los Diputados por mayoría de dos tercios.
b) El Congreso de los Diputados y el Senado por mayoría de tres quintos.
c) Ambas Cámaras, por mayoría absoluta.
d) Una Comisión Paritaria.

30. El procedimiento excepcional de reforma está previsto en caso de intentarse esta respecto del siguiente Título de la Constitución:

a) Cualquiera.
b) Segundo.
c) Tercero.
d) Ninguno de los anteriores.

31. ¿En qué artículo de la CE se regula " El deber de conservación del medio ambiente"?

a) En el art. 45.
b) En el art. 34.
c) En el art. 106.
d) En el art. 144.

32. ¿Qué artículo de la CE dispone acerca de la dignidad de la persona, los derechos inviolables que le son inherentes, el libre desarrollo de la personalidad, el respeto a la ley y a los derechos de los demás son el fundamento del orden político y de la paz social?

a) En el art. 10.
b) En el art. 100.
c) En el art. 13.
d) En el art. 104.

33. ¿De qué trata el art. 14 de la CE?

a) De la libertad ideológica.
b) De la seguridad personal.
c) Del principio de igualdad.
d) De la libertad de pensamiento.

34. La "Libertad ideológica, religiosa y de culto", se recoge en el artículo:

a) 12.
b) 16.
c) 18.
d) 24.

35. ¿Qué artículo de la CE establece que el domicilio es inviolable?

a) El artículo 16.
b) El artículo 17.
c) El artículo 18.
d) El artículo 19.

Soluciones comentadas

1. **b) En la indisoluble unidad de la Nación española (ver apartado 1.5.).**

   La fundamentación legal de esta pregunta la encontramos en el artículo 2 de la Constitución Española, conforme al cual:

   La Constitución se fundamenta en la indisoluble unidad de la Nación española, patria común e indivisible de todos los españoles, y reconoce y garantiza el derecho a la autonomía de las nacionalidades y regiones que la integran y la solidaridad entre todas ellas.

2. **d) De las nacionalidades y regiones que la integran (ver apartado 1.5.).**

   La fundamentación legal de esta pregunta la encontramos en el artículo 2 de la Constitución Española, antes expuesto.

3. **a) Aprobada por las Cortes el 31 de octubre de 1978, ratificada por el pueblo en referéndum el 6 de diciembre de 1978 y publicada el 29 de diciembre de 1978 (ver apartado 1.1.).**

   La fundamentación legal de esta pregunta la encontramos en la Disposición Final de la Constitución Española, que establece:

   Esta Constitución entrará en vigor el mismo día de la publicación de su texto oficial en el Boletín Oficial del Estado. Tras la pertinente tramitación parlamentaria, ambas Cámaras (Congreso de los Diputados y Senado), por separado, aprobaron el texto de la Constitución el 31 de octubre de 1978. Posteriormente, el 6 de diciembre siguiente, se aprobó en referéndum, sancionándolo y promulgándolo el Rey el 27 del mismo mes y año, y publicándose en el Boletín Oficial del Estado el 29 de diciembre de 1978, entrando en vigor ese mismo día, a tenor de lo dispuesto en su Disposición Final.

4. **a) El Rey (ver apartado 1.1.).**

   El 6 de diciembre de 1978 se aprobó en referéndum, sancionándolo y promulgándolo el Rey el 27 del mismo mes y año.

5. **d) La dignidad de la persona, los derechos inviolables que le son inherentes, el libre desarrollo de su personalidad, el respeto a la ley y a los derechos de los demás (ver apartado 1.6.).**

   La fundamentación legal de esta pregunta la encontramos en el artículo 10 de la Constitución Española, conforme al cual:

La dignidad de la persona, los derechos inviolables que le son inherentes, el libre desarrollo de la personalidad, el respeto a la ley y a los derechos de los demás son fundamento del orden político y de la paz social.

6. c) Monarquía parlamentaria (ver apartado 1.2.).

La fundamentación legal de esta pregunta la encontramos en el artículo 1.3 de la Constitución Española, que dispone:

3. La forma política del Estado español es la Monarquía parlamentaria.

7. c) Reside en el pueblo español (ver apartado 1.5.).

La fundamentación legal de esta pregunta la encontramos en el artículo 1.2 de la Constitución Española, conforme al cual:

2. La soberanía nacional reside en el pueblo español, del que emanan los poderes del Estado.

8. b) En el Título Preliminar (ver apartado 1.5.).

La fundamentación legal de esta pregunta la encontramos en el artículo 1.1 de la Constitución Española, que establece:

1. España se constituye en un Estado social y democrático de Derecho, que propugna como valores superiores de su ordenamiento jurídico la libertad, la justicia, la igualdad y el pluralismo político.

Los valores superiores del ordenamiento jurídico, como ha indicado PECES-BAR-BA, constituyen la meta del Estado y del Derecho que pretende el Constituyente de 1978, siendo el punto de partida de todo el resto del ordenamiento jurídico, en el sentido de que suponen el marco, el límite y el objetivo a alcanzar por el ordenamiento, al que tienen que acoplarse todas las demás normas y al que tienen que ajustar su actuación todos los operadores jurídicos

9. d) Todas las respuestas son correctas (ver apartado 1.6.).

La fundamentación legal de esta pregunta la encontramos en el artículo 10.1 de la Constitución Española, conforme al cual:

1. La dignidad de la persona, los derechos inviolables que le son inherentes, el libre desarrollo de la personalidad, el respeto a la ley y a los derechos de los demás son fundamento del orden político y de la paz social.

10. b) Igualdad y progresividad (ver apartado 2.2.).

La fundamentación legal de esta pregunta la encontramos en el artículo 31.1 de la Constitución Española, que establece:

1. Todos contribuirán al sostenimiento de los gastos públicos de acuerdo con su capacidad económica mediante un sistema tributario justo inspirado en los principios de igualdad y progresividad que, en ningún caso, tendrá alcance confiscatorio.

11. b) 6 de diciembre de 1978 (ver apartado 1.1.).

Hecho de nuestra historia que tuvo lugar en la fecha indicada en esta respuesta.

12. c) No pasa nada salvo que, como consecuencia de esa actuación, se infrinja un artículo de la propia Constitución (ver apartado 1.4.).

Podemos encontrar la respuesta en el sentido del propio Preámbulo de nuestra Constitución, así como en la doctrina del Profesor ALZAGA VILLAAMIL, que considera el Preámbulo como un texto sin fuerza jurídica de obligar, aunque con un gran valor declaratorio-político, constituyendo, en cuanto declaración solemne de intenciones que formula colectivamente el poder constituyente, un factor decisivo o de la mayor importancia a la hora de interpretar rectamente el contenido normativo de nuestra Ley política fundamental.

13. c) Las respuestas a) y b) son correctas (ver apartado 1.5.).

La fundamentación legislativa la encontramos igualmente en el artículo 9.3 de la Constitución antes expuesto.

14. b) Derecho de usar y deber de conocerlo (ver apartado 1.5.).

La fundamentación legal de esta pregunta la encontramos en el artículo 3.1 de nuestra Constitución:

1. El castellano es la lengua española oficial del Estado. Todos los españoles tienen el deber de conocerla y el derecho a usarla.

15. b) Décimo (ver apartado 1.15.).

La fundamentación legislativa la encontramos en el Título Décimo de la Constitución:

TÍTULO X. De la reforma constitucional.

16. b) Cuarto (ver apartado 1.9.).

La fundamentación legal de esta pregunta la encontramos en el propio enunciado del Título de la CE:

TÍTULO IV. Del Gobierno y de la Administración.

17. a) Propia Constitución (ver apartado 1.17.).

La fundamentación legal de esta pregunta la encontramos en el párrafo tercero de la de la CE:

3. Asimismo quedan derogadas cuantas disposiciones se opongan a lo establecido en esta Constitución.

18. b) Viene regulada en el art. 55 de la Constitución (ver apartado 2.5.).

La suspensión de los derechos y libertades, regulada en el artículo 55, cierra, constituyendo su Capítulo Quinto, el Título I de la Constitución, que lleva por rúbrica, precisamente, "De los derechos y deberes fundamentales".

19. b) Cuando libremente renuncie a la misma (ver apartado 1.6.).

La fundamentación legal de esta pregunta la encontramos en el artículo 11 de nuestra CE:

1. La nacionalidad española se adquiere, se conserva y se pierde de acuerdo con lo establecido por la ley.

2. Ningún español de origen podrá ser privado de su nacionalidad.

3. El Estado podrá concertar tratados de doble nacionalidad con los países iberoamericanos o con aquellos que hayan tenido o tengan una particular vinculación con España. En estos mismos países, aun cuando no reconozcan a sus ciudadanos un derecho recíproco, podrán naturalizarse los españoles sin perder su nacionalidad de origen.

20. b) En los actos oficiales (ver apartado 1.5.).

La fundamentación legal de esta pregunta la encontramos en el artículo 4 de nuestra CE:

1. La bandera de España está formada por tres franjas horizontales, roja, amarilla y roja, siendo la amarilla de doble anchura que cada una de las rojas.

2. Los Estatutos podrán reconocer banderas y enseñas propias de las Comunidades Autónomas. Estas se utilizarán junto a la bandera de España en sus edificios públicos y en sus actos oficiales.

21. b) Fuerzas Armadas (ver apartado 1.5.).

La fundamentación legal de esta pregunta la encontramos en el artículo 8 de nuestra CE:

1. Las Fuerzas Armadas, constituidas por el Ejército de Tierra, la Armada y el Ejército del Aire, tienen como misión garantizar la soberanía e independencia de España, defender su integridad territorial y el ordenamiento constitucional.

2. Una ley orgánica regulará las bases de la organización militar conforme a los principios de la presente Constitución.

22. b) Quinto (ver apartado 1.10.).

La fundamentación legal de esta pregunta la encontramos en el propio Título V, denominado: De las relaciones entre el Gobierno y las Cortes Generales.

23. c) El 29 de diciembre de 1978 (ver apartado 1.1.).

La fundamentación legal de esta pregunta la encontramos en la Disposición Final de la CE, que establece lo siguiente:

Esta Constitución entrará en vigor el mismo día de la publicación de su texto oficial en el Boletín Oficial del Estado. Se publicará también en las demás lenguas de España.

24. **a) Asambleas Legislativas de las Comunidades Autónomas (ver apartado 3.2.).**

La fundamentación legal de esta pregunta la encontramos en el artículo 166 de nuestra CE, en relación con el 87. 1 y 2:

Artículo 166

La iniciativa de reforma constitucional se ejercerá en los términos previstos en los apartados 1 y 2 del artículo 87.

Artículo 87

1. La iniciativa legislativa corresponde al Gobierno, al Congreso y al Senado, de acuerdo con la Constitución y los Reglamentos de las Cámaras.

2. Las Asambleas de las Comunidades Autónomas podrán solicitar del Gobierno la adopción de un proyecto de ley o remitir a la Mesa del Congreso una proposición de ley, delegando ante dicha Cámara un máximo de tres miembros de la Asamblea encargados de su defensa.

25. **a) Presidente del Gobierno de la Nación (ver apartado 3.2.).**

La fundamentación legal de esta pregunta la encontramos en el artículo 166 de nuestra CE, en relación con el 87. 1 y 2, antes vistos.

26. **b) Preceptivo cuando se solicite por una décima parte de los Diputados o Senadores, dentro de los quince días siguientes a la aprobación de la reforma (ver apartado 3.3.1.).**

La fundamentación legal de esta pregunta la encontramos en el artículo 167 de nuestra CE:

1. Los proyectos de reforma constitucional deberán ser aprobados por una mayoría de tres quintos de cada una de las Cámaras. Si no hubiera acuerdo entre ambas, se intentará obtenerlo mediante la creación de una Comisión de composición paritaria de Diputados y Senadores, que presentará un texto que será votado por el Congreso y el Senado.

2. De no lograrse la aprobación mediante el procedimiento del apartado anterior, y siempre que el texto hubiere obtenido el voto favorable de la mayoría absoluta del Senado, el Congreso, por mayoría de dos tercios, podrá aprobar la reforma.

3. Aprobada la reforma por las Cortes Generales, será sometida a referéndum para su ratificación, cuando así lo solicite, dentro de los quince días siguientes a su aprobación, una décima parte de los miembros de cualquiera de las Cámaras.

27. **a) Reforma por el procedimiento excepcional (ver apartado 3.3.2.).**

La fundamentación legal de esta pregunta la encontramos en el artículo 168 de nuestra CE:

1. Cuando se propusiere la revisión total de la Constitución o una parcial que afecte al Título Preliminar, al Capítulo segundo, Sección primera del Título I, o al Título II,

se procederá a la aprobación del principio (de revisión o de conveniencia o necesidad de la reforma) por mayoría de dos tercios de cada Cámara, y a la disolución inmediata de las Cortes.

2. Las Cámaras elegidas deberán ratificar la decisión (por mayoría absoluta de sus miembros, como establece, por ejemplo, el artículo 159 del Reglamento del Senado, aunque el Reglamento del Congreso de los Diputados no contiene previsión específica al efecto) y proceder al estudio del nuevo texto constitucional, que deberá ser aprobado por mayoría de dos tercios de ambas Cámaras.

3. Aprobada la reforma por las Cortes Generales, será sometida a referéndum para su ratificación.

28. a) Tiempo de guerra (ver apartado 3.4.).

La fundamentación legal de esta pregunta la encontramos en el artículo 169 de la CE 169 CE, que dispone: "no podrá iniciarse la reforma constitucional en tiempo de guerra o de vigencia de algunos de los estados previstos en el artículo 116."

29. b) El Congreso de los Diputados y el Senado por mayoría de tres quintos (ver apartado 3.3.2.).

La fundamentación legal de esta pregunta la encontramos en el artículo 167.1 de nuestra CE:

1. Los proyectos de reforma constitucional deberán ser aprobados por una mayoría de tres quintos de cada una de las Cámaras. Si no hubiera acuerdo entre ambas, se intentará obtenerlo mediante la creación de una Comisión de composición paritaria de Diputados y Senadores, que presentará un texto que será votado por el Congreso y el Senado.

30. b) Segundo (ver apartado 3.3.2.).

La fundamentación legal de esta pregunta la encontramos en el artículo 168.1 de nuestra CE:

1. Cuando se propusiere la revisión total de la Constitución o una parcial que afecte al Título Preliminar, al Capítulo segundo, Sección primera del Título I, o al Título II, se procederá a la aprobación del principio (de revisión o de conveniencia o necesidad de la reforma) por mayoría de dos tercios de cada Cámara, y a la disolución inmediata de las Cortes.

31. a) En el art. 45 (ver apartado 2.3.).

Según recoge el artículo 45 de la CE, los poderes públicos velarán por la utilización racional de todos los recursos naturales, con el fin de proteger y mejorar la calidad de la vida y defender y restaurar el medio ambiente, apoyándose en la indispensable solidaridad colectiva.

32. a) En el art. 10 (ver apartado 2.2.).

Artículo 10 de CE:

1. La dignidad de la persona, los derechos inviolables que le son inherentes, el libre desarrollo de la personalidad, el respeto a la ley y a los derechos de los demás son fundamento del orden político y de la paz social.

2. Las normas relativas a los derechos fundamentales y a las libertades que la Constitución reconoce se interpretarán de conformidad con la Declaración Universal de Derechos Humanos y los tratados y acuerdos internacionales sobre las mismas materias ratificados por España.

33. c) Trata del principio de igualdad (ver apartado 2.2.).

El artículo 14 establece que «los españoles son iguales ante la ley, sin que pueda prevalecer discriminación alguna por razón de nacimiento, raza, sexo, religión, opinión o cualquier otra condición o circunstancia personal o social».

34. b) 16 (ver apartado 2.2.).

Artículo 16 de la CE:

1. Se garantiza la libertad ideológica, religiosa y de culto de los individuos y las comunidades sin más limitación, en sus manifestaciones, que la necesaria para el mantenimiento del orden público protegido por la ley.

2. Nadie podrá ser obligado a declarar sobre su ideología, religión o creencias.

3. Ninguna confesión tendrá carácter estatal. Los poderes públicos tendrán en cuenta las creencias religiosas de la sociedad española y mantendrán las consiguientes relaciones de cooperación con la Iglesia Católica y las demás confesiones.

35. c) El artículo18 (ver apartado 2.2.).

El artículo 18 de la CE establece que el domicilio es inviolable. Ninguna entrada o registro podrá hacerse en él sin consentimiento del titular o resolución judicial, salvo en caso de flagrante delito.

TEST N.º 2

Ley 14/1986, de 25 de abril, General de Sanidad

1. ¿De cuántos Títulos consta la Ley General de Sanidad?

a) De cuatro.
b) De cinco.
c) De seis.
d) De siete.

2. Las Áreas de Salud serán dirigidas por un órgano propio, donde deberán participar las Corporaciones Locales en ellas situadas, con una representación no inferior al:

a) 20 %.
b) 30 %.
c) 40 %.
d) 50 %.

3. Entre las características fundamentales del Sistema Nacional de Salud no se encuentra:

a) La extensión de sus servicios a toda la población.
b) La coordinación y, en su caso, la integración de todos los recursos sanitarios públicos en tres dispositivos únicos (estatal, autonómico y local).
c) La prestación de una atención integral de la salud procurando altos niveles de calidad debidamente evaluados y controlados.
d) Todas son correctas.

4. Para la delimitación de las zonas básicas no deberá tenerse en cuenta:

a) El grado de concentración o dispersión de la población.
b) Las características epidemiológicas de la zona.
c) Las instalaciones y recursos sanitarios de la zona.
d) Las distancias mínimas de las agrupaciones de población más cercanas de los servicios y el tiempo normal a invertir en su recorrido usando los medios ordinarios.

5. El Título II de la Ley General de Sanidad regula:

a) El sistema de salud.
b) La estructura del sistema sanitario público.
c) Las actividades sanitarias privadas.
d) Ninguna es correcta.

6. El Sistema Nacional de Salud está integrado por:

a) Los servicios de salud de la Administración del Estado, únicamente.
b) El conjunto de los servicios de salud de las Comunidades Autónomas, sin participación estatal.
c) El conjunto de los servicios de salud de la Administración del Estado y de los servicios de salud de las Comunidades Autónomas.
d) Los servicios de salud del Estado y de las Diputaciones, Ayuntamientos y cualesquiera otras Administraciones locales, sin participación autonómica.

7. Los Consejos de dirección de Área:

a) Se corresponden con el órgano de participación de las Áreas de salud.
b) Están formados por un 40 % de sus miembros en representación de las Entidades Locales.
c) Nombran y cesan al Gerente de Área.
d) Constituye el órgano de gestión de las Áreas de Salud.

8. El Plan Integrado de Salud:

a) Es el documento que recoge las necesidades financieras del Sistema Nacional de salud.
b) Es aprobado por el Consejo Interterritorial del Sistema Nacional de Salud.
c) Tendrá una vigencia de un año.
d) Recoge en un documento único los Planes estatales, los de las Comunidades Autónomas y los conjuntos.

9. El régimen legal básico del personal al servicio de las instituciones sanitarias se regula por:

a) La normativa propia que establezcan las Comunidades Autónomas para sus respectivos servicios de salud, y por la Ley 55/2003, de 16 de diciembre.
b) La Ley 30/1984, de 2 de agosto, de Medidas para la Reforma de la Función Pública.
c) El estatuto de personal médico, el estatuto de personal sanitario no facultativo y el estatuto de personal no sanitario.
d) La Ley 55/2003, de 16 de diciembre, del Estatuto Marco del personal estatutario de los servicios de salud, únicamente, al tratarse de una competencia exclusiva del Estado.

10. ¿A quién le corresponde delimitar y constituir las denominadas Áreas de Salud teniendo en cuenta a tal efecto los principios básicos que se establecen en la Ley General de Sanidad?

a) Al Ministerio de Sanidad.
b) A las Comunidades Autónomas.
c) A los Municipios y Provincias.
d) Al Consejo Interterritorial del Sistema Nacional de Salud.

11. Se exceptúan de la regla general prevista en la pregunta anterior:

a) Las Comunidades Autónomas de País Vasco y Cataluña.
b) Las Comunidades Autónomas de Murcia, Cantabria y las ciudades de Ceuta y Melilla.
c) Las Comunidades Autónomas de Cataluña y País Vasco y las ciudades de Ceuta y Melilla.
d) Las Comunidades Autónomas de Baleares y Canarias y las ciudades de Ceuta y Melilla.

12. ¿Cuántas Áreas de salud tendrán, como mínimo, cada provincia?

a) Una.
b) Dos.
c) Tres.
d) Cuatro.

13. ¿Cuál es el órgano de dirección de las Áreas de Salud?

a) La Gerencia.
b) El Consejo de salud de Área.
c) El Consejo de dirección de Área.
d) El Comité de dirección.

14. ¿Cuál es el órgano de participación de las Áreas de Salud?

a) La Gerencia.
b) El Consejo de salud de Área.
c) El Consejo de dirección de Área.
d) El Comité de dirección.

15. Señala una de las funciones del Consejo de salud:

a) Promover la participación comunitaria en el seno del área de salud.
b) Verificar la adecuación de las actuaciones en el área de salud a las normas y directrices de la política sanitaria y económica.
c) Conocer e informar el anteproyecto del Plan de Salud del área y de sus adaptaciones anuales.
d) Todas las respuestas son correctas.

16. ¿A quién corresponde en el Área de Salud formular las directrices en política de salud y controlar la gestión del Área, dentro de las normas y programas generales establecidos por la Administración autonómica?

a) A la Gerencia.
b) Al Consejo de salud de Área.
c) Al Consejo de dirección de Área.
d) Al Comité de dirección.

17. ¿Qué porcentaje de los miembros del Consejo de dirección está formado por la representación de la Comunidad Autónoma?

a) El 60 %.
b) El 50 %.
c) El 40 %.
d) El 35 %.

18. ¿A quién le corresponde la aprobación de las prioridades específicas del Área de Salud?

a) Al Consejo de salud.
b) Al Comité de dirección.
c) A la Gerencia.
d) Al Consejo de dirección.

19. Señala la respuesta incorrecta respecto al Gerente del Área de Salud:

a) Es el órgano de gestión de la misma y podrá, previa convocatoria, asistir con voz, pero sin voto, a las reuniones del Consejo de dirección.
b) Presentará los anteproyectos del Plan de Salud y de sus adaptaciones anuales y el proyecto de memoria anual del Área de Salud.
c) Será el encargado de la ejecución de las directrices establecidas por el Consejo de dirección, de las propias del Plan de Salud del Área y de las normas correspondientes a la Administración autonómica y del Estado.
d) Será nombrado y cesado por el Consejo de dirección del Área.

20. Señala una de las funciones de los centros de salud:

a) Servir como centro de reunión entre la comunidad y los profesionales sanitarios.
b) Albergar la estructura física de consultas y servicios asistenciales personales correspondientes a la población en que se ubica.
c) Facilitar el trabajo en equipo de los profesionales sanitarios de la zona.
d) Todas las respuestas son correctas.

21. El Título I de la Ley General de Sanidad regula:

a) El sistema de salud.
b) La estructura del sistema sanitario público.
c) Las actividades sanitarias privadas.
d) Ninguna es correcta.

22. El Título V de la Ley General de Sanidad regula:

a) El sistema de salud.
b) Los productos farmacéuticos.
c) Las actividades sanitarias privadas.
d) Ninguna es correcta.

23. ¿Qué título de la Ley General de Sanidad 14/1986, de 25 de abril, regula la estructura del Sistema Sanitario Público?

a) El Título II.
b) El Título III.
c) El Título V.
d) El título IV.

24. Según el artículo 38.1 de la Ley General de Sanidad, son competencia exclusiva del Estado:

a) Vigilar la salud de los ciudadanos.
b) La sanidad exterior y las relaciones y acuerdos sanitarios internacionales.
c) Que las instalaciones están cuidadas.
d) El diagnóstico de la enfermedad.

25. El artículo 41 de la Ley General de Sanidad, establece que:

a) Las Comunidades Autónomas ejercerán las competencias asumidas en sus Estatutos y las que el Estado les transfiera o, en su caso, les delegue.
b) Las normas de las Comunidades Autónomas, al disponer sobre la organización de sus respectivos Servicios de Salud, deberán tener en cuenta las responsabilidades y competencias de las provincias, municipios y demás Administraciones territoriales.
c) Las Corporaciones Locales participarán en los órganos de dirección de las Áreas de Salud.
d) Las funciones de Alta Inspección se ejercerán por los órganos del Estado competentes en materia de sanidad.

26. ¿Quiénes aprobarán planes de salud en el ámbito de sus respectivas competencias, en los que se preverán las inversiones y acciones sanitarias a desarrollar, anual o plurianualmente?

a) Los Ayuntamientos y las Comunidades Autónomas.
b) Las Diputaciones Provinciales y el Estado.
c) Las Comunidades Autónomas y las Diputaciones Provinciales.
d) El Estado y las Comunidades Autónomas.

27. La Coordinación General Sanitaria, de acuerdo con la Ley 14/1986, de 25 de abril, General de Sanidad, incluirá:

a) El establecimiento con carácter general de fines u objetivos mínimos básicos y comunes para evaluar las necesidades de personal, centros o servicios sanitarios, el inventario definitivo de recursos institucionales y de personal sanitario y los mapas sanitarios nacionales.
b) La determinación de índices o criterios mínimos comunes en materia de prevención, protección, promoción y asistencia sanitaria.
c) El marco de actuaciones y prioridades para alcanzar un sistema sanitario coherente, armónico y solidario.
d) El establecimiento con carácter general de fines u objetivos mínimos básicos y comunes de evaluación de la eficacia y rendimiento de los programas, centros o servicios sanitarios.

28. Según la Ley 14/1986, de 25 de abril, General de Sanidad, ¿quién elaborará los criterios generales de coordinación sanitaria?

a) El órgano superior colegiado de las Comunidades Autónomas de acuerdo con las previsiones que le sean suministradas por el Gobierno y el asesoramiento y colaboración de los sindicatos y organizaciones empresariales
b) El Gobierno de acuerdo con las previsiones que le sean suministradas por las Comunidades Autónomas y el asesoramiento y colaboración de los sindicatos y organizaciones empresariales.
c) El Congreso de los Diputados de acuerdo con las previsiones que le sean suministradas por las Comunidades Autónomas y el asesoramiento y colaboración de los sindicatos y organizaciones empresariales.
d) La Asamblea Legislativa de las Comunidades Autónomas de acuerdo con las previsiones que le sean suministradas por el Gobierno y el asesoramiento y colaboración de los sindicatos y organizaciones empresariales

29. ¿Quién aprobará los criterios generales de coordinación sanitaria, de acuerdo con la Ley 14/1986, de 25 de abril, General de Sanidad?

a) El Gobierno.
b) El Congreso de los Diputados.

c) El Senado.
d) El Estado.

30. Según la Ley 14/1986, de 25 de abril, General de Sanidad, el Estado y las Comunidades Autónomas podrán establecer planes de salud conjuntos que impliquen a todas las Comunidades Autónomas, que se formularán en el seno de:

a) La Conferencia Sectorial del Sistema Nacional de Salud.
b) El Consejo Interterritorial del Sistema Nacional de Salud.
c) Los órganos legislativos correspondientes.
d) El Departamento de Sanidad de la Administración del Estado y por el órgano competente de las Comunidades Autónomas.

31. El Plan Integrado de Salud, que deberá tener en cuenta los criterios de coordinación general sanitaria, recogerá en un documento único los planes estatales, los planes de las Comunidades Autónomas y los planes conjuntos. El Plan Integrado de Salud tendrá el plazo de vigencia:

a) De cinco años.
b) De cuatro años.
c) De tres años.
d) Que en el mismo se determine

32. Conforme a la Ley 14/1986, de 25 de abril, General de Sanidad, ¿quiénes consignarán las partidas precisas para atender las necesidades sanitarias de todos los Organismos e Instituciones dependientes de las Administraciones Públicas y para el desarrollo de sus competencias?

a) Los Presupuestos del Estado, Comunidades Autónomas, Corporaciones Locales.
b) Los Presupuestos del Estado, Comunidades Autónomas y Seguridad Social
c) Los Presupuestos del Estado, Comunidades Autónomas, Corporaciones Locales y Seguridad Social.
d) Los Presupuestos del Estado, Comunidades Autónomas, Corporaciones Locales y Sistema Nacional de Salud.

33. De acuerdo con la Ley 14/1986, de 25 de abril, General de Sanidad, La financiación de la asistencia prestada se realizará con cargo:

a) A cotizaciones sociales.
b) A contribuciones especiales por la prestación de determinados servicios.
c) Por aportaciones del Estado.
d) A tributos autonómicos cedidos.

34. Según la Ley 14/1986, de 25 de abril, General de Sanidad, la financiación de la asistencia prestada se realizará con cargo a Transferencias del Estado, que abarcarán:

a) La participación en la contribución de las Comunidades Autónomas al sostenimiento de la Seguridad Social.

b) La participación en la contribución de las Corporaciones Locales al sostenimiento de la Seguridad Social.

c) La compensación por la extensión de la asistencia sanitaria de la Seguridad Social a aquellas personas sin recursos económicos.

d) La compensación por la integración, en su caso, de los hospitales de las Comunidades Autónomas en el Sistema Nacional de Salud.

35. Conforme a la Ley 14/1986, de 25 de abril, General de Sanidad, las Comunidades Autónomas, en el ejercicio de sus competencias, a efectos del ejercicio de sus competencias sanitarias, podrán dictar:

a) Normas de desarrollo de la legislación básica del régimen estatutario de los funcionarios al servicio de las distintas Administraciones Públicas.

b) La legislación básica del régimen estatutario de los funcionarios al servicio de las mismas.

c) Instrucciones en desarrollo de la legislación básica del régimen estatutario de los funcionarios al servicio de las distintas Administraciones Públicas.

d) Circulares en desarrollo de la legislación básica del régimen estatutario de los funcionarios al servicio de las distintas Administraciones Públicas.

Soluciones comentadas

1. **d) De siete (ver apartado 1.2.).**

   La Ley General de Sanidad consta de 116 artículos, distribuidos en un Título Preliminar, 7 Títulos, 10 Disposiciones Adicionales, 6 Disposiciones Transitorias, 2 Disposiciones Derogatorias y 16 Disposiciones Finales.

2. **c) 40 % (ver apartado 2.2.).**

   El artículo 56.3 de la Ley General de Sanidad dispone que las Áreas de Salud serán dirigidas por un órgano propio, donde deberán participar las Corporaciones Locales en ellas situadas con una representación no inferior al 40 %, dentro de las directrices y programas generales sanitarios establecidos por la Comunidad Autónoma.

3. **b) La coordinación y, en su caso, la integración de todos los recursos sanitarios públicos en tres dispositivos únicos (estatal, autonómico y local) (ver apartado 2.1.).**

   Dispone el artículo 46 de la Ley General de Sanidad que las características fundamentales del Sistema Nacional de Salud son:

   a) La extensión de sus servicios a toda la población.

   b) La organización adecuada para prestar una atención integral a la salud, comprensiva tanto de la promoción de la salud y prevención de la enfermedad como de la curación y rehabilitación.

   c) La coordinación y, en su caso, la integración de todos los recursos sanitarios públicos en un dispositivo único.

   d) La financiación de las obligaciones derivadas de esta ley se realizará mediante recursos de las Administraciones Públicas, cotizaciones y tasas por la prestación de determinados servicios.

   e) La prestación de una atención integral de la salud procurando altos niveles de calidad debidamente evaluados y controlados.

4. **d) Las distancias mínimas de las agrupaciones de población más cercanas de los servicios y el tiempo normal a invertir en su recorrido usando los medios ordinarios (ver apartado 2.3.).**

   Dispone el artículo 62 LGS que para conseguir la máxima operatividad y eficacia en el funcionamiento de los servicios a nivel primario, las áreas de salud se dividirán en zonas básicas de salud, delimitadas en atención a las distancias de las agrupación de población más alejadas, al grado de concentración de la población, a las característi-cas epidemiológicas y a las instalaciones y recursos de la zona.

5. **d) Ninguna es correcta (ver apartado 1.2.).**

    El Título II de la Ley General de Sanidad establece las competencias de las Administraciones Públicas en los artículos 38 a 43, y se compone de los siguientes Capítulos:

    – Capítulo I. De las competencias del Estado.

    – Capítulo II. De las competencias de las Comunidades Autónomas.

    – Capítulo III. De las competencias de las Corporaciones Locales.

    – Capítulo IV. De la Alta Inspección.

6. **c) El conjunto de los servicios de salud de la Administración del Estado y de los servicios de salud de las Comunidades Autónomas (ver apartado 2.1.).**

    La Ley General de Sanidad señala que todas las estructuras y servicios públicos al servicio de la salud integrarán el Sistema Nacional de Salud. El Sistema Nacional de Salud es el conjunto de los servicios de salud de la Administración del Estado y de los servicios de salud de las Comunidades Autónomas.

7. **b) Están formados por un 40 % de sus miembros en representación de las Enti-dades Locales (ver apartado 2.3.).**

    Señala el artículo 59.2 LGS que el Consejo de dirección estará formado por la repre-sentación de la Comunidad Autónoma, que supondrá el 60 % de los miembros de aquel, y los representantes de las Corporaciones Locales, elegidos por quienes osten-ten tal condición en el Consejo de salud.

8. **d) Recoge en un documento único los Planes estatales, los de las Comunidades Autónomas y los conjuntos (ver apartado 2.4.2.).**

    A tenor del art. 74.1 LGS, el Plan integrado de salud deberá tener en cuenta los criterios de coordinación general sanitaria elaborados por el Gobierno (es decir, los criterios mínimos básicos y comunes para evaluar las necesidades de perso-nal, centros o servicios sanitarios, así como, para evaluar la eficacia y el rendi-miento de los programas, centros o servicios sanitarios; los objetivos mínimos comunes en materia de prevención, protección, y asistencia sanitaria; el marco de actuaciones y prioridades para alcanzar un sistema sanitario coherente y ar-mónico) y recogerá en un documento único los Planes estatales, los Planes de las Comunidades Autónomas y los Planes conjuntos. Asimismo relacionará las asignaciones a realizar por las diferentes Administraciones Públicas y las fuentes de su financiación.

9. a) La normativa propia que establezcan las Comunidades Autónomas para sus respectivos servicios de salud, y por la Ley 55/2003, de 16 de diciembre (ver apartado 1.1.).

En desarrollo de la normativa básica contenida en la Ley 55/2003, el Estado y las Comunidades Autónomas, en el ámbito de sus respectivas competencias, aprobarán los estatutos y las demás normas aplicables al personal estatutario de cada servicio de salud.

10. b) A las Comunidades Autónomas (ver apartado 2.3.).

El art. 56.1 LGS dispone que las Comunidades Autónomas delimitarán y constituirán en su territorio demarcaciones denominadas Áreas de Salud, debiendo tener en cuenta a tal efecto los principios básicos que se establecen en la Ley General de Sanidad, para organizar un sistema sanitario coordinado e integral.

11. d) Las Comunidades Autónomas de Baleares y Canarias y las ciudades de Ceuta y Melilla (ver apartado 2.3.).

Según dispone expresamente el artículo 56.5 LGS, como regla general, y sin perjuicio de las excepciones a que hubiera lugar, atendidos los factores geográficos, socioeconómicos, demográficos, laborales, epidemiológicos, culturales, climatológicos y de dotación de vías y medios de comunicación, el Área de Salud extenderá su acción a una población no inferior a 200.000 habitantes ni superior a 250.000. Se exceptúan de la regla anterior las Comunidades Autónomas de Baleares y Canarias y las ciudades de Ceuta y Melilla, que podrán acomodarse a sus específicas peculiaridades.

12. a) Una (ver apartado 2.3.).

En todo caso, cada provincia tendrá, como mínimo, un área (art. 56.5 LGS).

13. c) El Consejo de dirección de Área (ver apartado 2.3.).

El artículo 57 de la Ley General de Sanidad dispone que las Áreas de Salud contarán, como mínimo, con los siguientes órganos:

1.º De participación: El Consejo de Salud de Área.

2.º De dirección: El Consejo de Dirección de Área.

3.º De Gestión: El Gerente de Área.

14. b) El Consejo de salud de Área (ver apartado 2.3.).

El artículo 57 de la Ley General de Sanidad dispone que las Áreas de Salud contarán con un Consejo de Dirección de Área como órgano de dirección.

15. d) Todas las respuestas son correctas (ver apartado2.3.).

El art. 58.3 LGS dispone que las funciones del Consejo de salud son las siguientes:

a) Verificar la adecuación de las actuaciones en el Área de Salud a las normas y directrices de la política sanitaria y económica.

b) Orientar las directrices sanitarias del Área, a cuyo efecto podrán elevar mociones e informes a los órganos de dirección.

c) Proponer medidas a desarrollar en el Área de Salud para estudiar los problemas sanitarios específicos de la misma, así como sus prioridades.

d) Promover la participación comunitaria en el seno del Área de Salud.

e) Conocer e informar el anteproyecto del Plan de Salud del Área y de sus adaptaciones anuales.

f) Conocer e informar la memoria anual del Área de Salud.

16. c) Al Consejo de dirección de Área (ver apartado 2.3.).

Al Consejo de dirección del Área de Salud corresponde formular las directrices en política de salud y controlar la gestión del Área, dentro de las normas y programas generales establecidos por la Administración autonómica (art. 59.1 LGS).

17. a) El 60 % (ver apartado 2.3.).

El Consejo de Dirección estará formado por la representación de la Comunidad Autónoma, que supondrá el 60 por 100 de los miembros de aquel, y los representantes de las Corporaciones Locales elegidos por quienes ostenten tal condición en el Consejo de Salud (Art. 59.2.)

18. d) Al Consejo de dirección (ver apartado 2.3.).

Artículo 59.3 LGS: Serán funciones del Consejo de Dirección:

a) La propuesta de nombramiento y cese del gerente del Área de Salud.

b) La aprobación del proyecto del Plan de Salud del Área, dentro de las normas, directrices y programas generales establecidos por la Comunidad Autónoma.

c) La aprobación de la Memoria anual del Área de Salud.

d) El establecimiento de los criterios generales de coordinación en el Área de Salud.

e) La aprobación de las prioridades específicas del Área de Salud.

f) La aprobación del anteproyecto y de los ajustes anuales del Plan de Salud del Área.

g) La elaboración del Reglamento del Consejo de Dirección y del Consejo de Salud del Área, dentro de las directrices generales que establezca la Comunidad Autónoma.

19. d) Será nombrado y cesado por el Consejo de dirección del Área (ver apartado 2.3).

El Gerente del Área de Salud será nombrado y cesado por la dirección del servicio de salud de la Comunidad Autónoma, a propuesta del Consejo de dirección del Área (art. 60.1 LGS).

20. d) Todas las respuestas son correctas (ver apartado 2.3.).

El artículo 64 LGS dispone que el centro de salud tenga las siguientes funciones:

a) Albergar la estructura física de consultas y servicios asistenciales personales correspondientes a la población en que se ubica.

b) Albergar los recursos materiales precisos para la realización de las exploraciones complementarias de que se pueda disponer en la zona.

c) Servir como centro de reunión entre la comunidad y los profesionales sanitarios.

d) Facilitar el trabajo en equipo de los profesionales sanitarios de la zona.

e) Mejorar la organización administrativa de la atención de salud en su zona de influencia.

21. a) El sistema de salud (ver apartado 1.2.).

Título I. Del sistema de salud (artículos 3 a 37):

– Capítulo I. De los principios generales.

– Capítulo II. De las actuaciones sanitarias del sistema de salud.

– Capítulo III. De la salud mental.

– Capítulo IV. De la salud laboral.

– Capítulo V. De la intervención pública en relación con la salud individual y colectiva.

– Capítulo VI. De las infracciones y sanciones.

22. b) Los productos farmacéuticos (ver apartado 1.2.).

El Título V. De los productos farmacéuticos. Incluye un Capítulo único (artículos 95 a 103).

23. b) El Título III (ver apartado 2).

El Título III, de la estructura del Sistema Sanitario Público, de la Ley General de Sanidad está formado por cinco capítulos.

24. b) La sanidad exterior y las relaciones y acuerdos sanitarios internacionales (ver apartado 3.1.).

Son competencia exclusiva del Estado «la sanidad exterior y las relaciones y acuerdos sanitarios internacionales» (art. 38.1 LGS).

25. a) Las Comunidades Autónomas ejercerán las competencias asumidas en sus Estatutos y las que el Estado les transfiera o, en su caso, les delegue (ver apartado 3.2.).

La Ley General de Sanidad describe las competencias sanitarias de las Comunidades Autónomas: «Las Comunidades Autónomas ejercerán las competencias asumidas en sus Estatutos y las que el Estado les transfiera o, en su caso, les delegue» (art. 41.1 LGS).

26. d) El Estado y las Comunidades Autónomas (ver apartado 2.4.1.).

Conforme a lo dispuesto en el artículo 70.1 de la Ley 14/1986, de 25 de abril, General de Sanidad, que expone que:

"1. El Estado y las Comunidades Autónomas aprobarán planes de salud en el ámbito de sus respectivas competencias, en los que se preverán las inversiones y acciones sanitarias a desarrollar, anual o plurianualmente."

27. c) El marco de actuaciones y prioridades para alcanzar un sistema sanitario coherente, armónico y solidario (ver apartado 2.4.1.).

De acuerdo con el artículo 70.2 de la Ley 14/1986, de 25 de abril, General de Sanidad, que establece que:

"2. La Coordinación General Sanitaria incluirá:

a) El establecimiento con carácter general de índices o criterios mínimos básicos y comunes para evaluar las necesidades de personal, centros o servicios sanitarios, el inventario definitivo de recursos institucionales y de personal sanitario y los mapas sanitarios nacionales.

b) La determinación de fines u objetivos mínimos comunes en materia de prevención, protección, promoción y asistencia sanitaria.

c) El marco de actuaciones y prioridades para alcanzar un sistema sanitario coherente, armónico y solidario.

d) El establecimiento con carácter general de criterios mínimos básicos y comunes de evaluación de la eficacia y rendimiento de los programas, centros o servicios sanitarios."

28. b) El Gobierno de acuerdo con las previsiones que le sean suministradas por las Comunidades Autónomas y el asesoramiento y colaboración de los sindicatos y organizaciones empresariales (ver apartado 2.4.1.).

Según el artículo 70.3 de la Ley 14/1986, de 25 de abril, General de Sanidad, que dispone que:

"3. El Gobierno elaborará los criterios generales de coordinación sanitaria de acuerdo con las previsiones que le sean suministradas por las Comunidades Autónomas y el asesoramiento y colaboración de los sindicatos y organizaciones empresariales."

29. d) El Estado (ver apartado 2.4.1.).

Conforme el artículo 70.4 de la Ley 14/1986, de 25 de abril, General de Sanidad, que expone que:

"4. Los criterios generales de coordinación aprobados por el Estado se remitirán a las Comunidades Autónomas para que sean tenidos en cuenta por estas en la formulación de sus planes de salud y de sus presupuestos anuales. El Estado comunicará asimismo a las Comunidades Autónomas los avances y previsiones de su nuevo presupuesto que puedan utilizarse para la financiación de los planes de salud de aquellas."

30. d) El Departamento de Sanidad de la Administración del Estado y por el órgano competente de las Comunidades Autónomas (ver apartado 2.4.1.).

Conforme a lo dispuesto en el artículo 71.2 de la Ley 14/1986, de 25 de abril, General de Sanidad, que dispone que:

"2. Los planes conjuntos, una vez formulados, se tramitarán por el Departamento de Sanidad de la Administración del Estado y por el órgano competente de las Comunidades Autónomas, a los efectos de obtener su aprobación por los órganos legislativos correspondientes, de acuerdo con lo establecido en el artículo 18 de la Ley orgánica para la Financiación de las Comunidades Autónomas."

31. d) Que en el mismo se determine (ver apartado 2.4.2.).

De acuerdo con lo dispuesto en el artículo 74 de la Ley 14/1986, de 25 de abril, General de Sanidad, que expone que:

"1. El Plan Integrado de Salud, que deberá tener en cuenta los criterios de coordinación general sanitaria elaborados por el Gobierno de acuerdo con lo previsto en el artículo 70, recogerá en un documento único los planes estatales, los planes de las Comunidades Autónomas y los planes conjuntos. Asimismo relacionará las asignaciones a realizar por las diferentes Administraciones Públicas y las fuentes de su financiación.

2. El Plan Integrado de Salud tendrá el plazo de vigencia que en el mismo se determine."

32. c) Los Presupuestos del Estado, Comunidades Autónomas, Corporaciones Locales y Seguridad Social (ver apartado 2.5.).

Conforme el artículo 78 de la Ley 14/1986, de 25 de abril, General de Sanidad, que expone que:

"Los Presupuestos del Estado, Comunidades Autónomas, Corporaciones Locales y Seguridad Social consignarán las partidas precisas para atender las necesidades sanitarias de todos los Organismos e Instituciones dependientes de las Administraciones Públicas y para el desarrollo de sus competencias."

33. a) A cotizaciones sociales (ver apartado 2.5.).

De acuerdo con lo dispuesto en el artículo 79.1 de la Ley 14/1986, de 25 de abril, General de Sanidad, que establece que:

"1. La financiación de la asistencia prestada se realizará con cargo a:

a) Cotizaciones sociales.

b) Transferencias del Estado, que abarcarán: la participación en la contribución de aquel al sostenimiento de la Seguridad Social. La compensación por la extensión de la asistencia sanitaria de la Seguridad Social a aquellas personas sin recursos económicos. La compensación por la integración, en su caso, de los hospitales de las Corporaciones Locales en el Sistema Nacional de Salud.

c) Tasas por la prestación de determinados servicios.

d) Por aportaciones de las Comunidades Autónomas y de las Corporaciones Locales.

e) Tributos estatales cedidos."

34. c) La compensación por la extensión de la asistencia sanitaria de la Seguridad Social a aquellas personas sin recursos económicos (ver apartado 2.5.).

Conforme a lo dispuesto en el artículo 79.1. b) de la Ley 14/1986, de 25 de abril, General de Sanidad, que dispone que:

"1. La financiación de la asistencia prestada se realizará con cargo a:

a) Cotizaciones sociales.

b) Transferencias del Estado, que abarcarán: la participación en la contribución de aquel al sostenimiento de la Seguridad Social. La compensación por la extensión de la asistencia sanitaria de la Seguridad Social a aquellas personas sin recursos económicos. La compensación por la integración, en su caso, de los hospitales de las Corporaciones Locales en el Sistema Nacional de Salud.

c) Tasas por la prestación de determinados servicios.

d) Por aportaciones de las Comunidades Autónomas y de las Corporaciones Locales.

e) Tributos estatales cedidos."

35. a) Normas de desarrollo de la legislación básica del régimen estatutario de los funcionarios al servicio de las distintas Administraciones Públicas (ver apartado 2.6.).

Conforme el artículo 85.2 de la Ley 14/1986, de 25 de abril, General de Sanidad, que establece que:

"1. Los funcionarios al servicio de las distintas Administraciones Públicas, a efectos del ejercicio de sus competencias sanitarias, se regirán por la Ley 30/1984, de 2 de agosto, y el resto de la legislación vigente en materia de funcionarios.

2. Igualmente, las Comunidades Autónomas, en el ejercicio de sus competencias, podrán dictar normas de desarrollo de la legislación básica del régimen estatutario de estos funcionarios."

TEST N.º 3

Estatuto Marco del Personal Estatutario de los Servicios de Salud

1. Es objeto de la Ley 55/2003, de 16 de diciembre, del Estatuto Marco del personal estatutario de los servicios de salud:

a) Determinar el régimen jurídico del personal laboral al servicio del Sistema Nacional de Salud.

b) Establecer las bases reguladoras de la relación funcionarial especial del personal estatutario de los servicios de salud que conforman el Sistema Nacional de Salud.

c) Establecer las bases del régimen estatutario de los funcionarios del sector público estatal incluidos en su ámbito de aplicación.

d) Determinar las normas aplicables al personal laboral al servicio de las Administraciones Públicas.

2. La Ley 55/2003, de 16 de diciembre, determina la relación del personal estatutario de los servicios de salud como:

a) Laboral especial.

b) Funcionarial convencional.

c) Contractual asimilada.

d) Funcionarial especial.

3. Las bases reguladoras de la relación funcionarial especial del personal estatutario de los servicios de salud que conforman el Sistema Nacional de Salud, se articulan:

a) Mediante un estatuto marco.

b) A través de un convenio colectivo.

c) Conforme al desarrollo legislativo de cada comunidad autónoma.

d) Según el contrato de trabajo marco de cada categoría laboral.

4. El ámbito de aplicación del Estatuto Marco previsto en la Ley 55/2003, de 16 de diciembre, abarca:

a) A todo el personal de los servicios de salud públicos o privados dentro del territorio nacional.

b) Al personal de los servicios de salud de titularidad estatal o de las comunidades autónomas.

43

c) A los trabajadores de los centros de salud dependientes del Estado únicamente, sirviendo como subsidiario para los de las comunidades autónomas.

d) A quienes presten servicios para un centro sanitario, público o privado, en el territorio nacional o en el extranjero si dicho centro es de una administración española o de una empresa con sede en España.

5. ¿Cuál de los siguientes valores no se indica expresamente por el artículo 4 de la Ley 55/2003, de 16 de diciembre, que deba ser incorporado en la actuación profesional del personal estatutario de los servicios de salud?

a) Integridad.
b) Competencia.
c) Neutralidad.
d) Transparencia.

6. ¿Cuál de los siguientes principios no se encuentra entre los que el artículo 4 de la Ley 55/2003, de 16 de diciembre, cita expresamente como los que rigen las relaciones entre las Administraciones Públicas sanitarias en relación con el régimen estatutario del personal sanitario?

a) Colaboración.
b) Cooperación.
c) Mutua información.
d) Coordinación.

7. ¿Cuál de los siguientes criterios no permite clasificar, a la luz de lo dispuesto en la Ley 55/2003, de 16 de diciembre, al personal estatutario de los servicios de salud?

a) Tipo de nombramiento.
b) Antigüedad en el servicio.
c) Nivel del título exigido para el ingreso.
d) La función desarrollada.

8. En la división del personal de formación universitaria, la Ley 55/2003, de 16 de diciembre, atiende a la diferencia entre licenciados y diplomados, y también en:

a) Que haya obtenido el título de especialista en ciencias de la salud.
b) Las calificaciones obtenidas en la obtención del título.
c) La experiencia profesional.
d) La practicidad del título.

9. Para el desempeño de una plaza vacante de los centros o servicios de salud, cuando sea necesario, se nombrará a personal:

a) Eventual.
b) De sustitución.

c) Interino.
d) Laboral.

10. ¿Quién desarrollará las actividades de planificación, diseño de programas de formación y modernización de los recursos humanos del Sistema Nacional de Salud?

a) El Consejo Interterritorial del Sistema Nacional de Salud.
b) La Comisión de Recursos Humanos del Sistema Nacional de Salud.
c) El Foro Marco para el Diálogo Social.
d) El Ministerio de Sanidad y Consumo (actualmente Ministerio de Sanidad).

11. ¿Cuál es el principal instrumento de configuración y cohesión del Sistema Nacional de Salud?

a) El Consejo Interterritorial del Sistema Nacional de Salud.
b) La Comisión de Recursos Humanos del Sistema Nacional de Salud.
c) El Foro Marco para el Diálogo Social.
d) El Ministerio de Sanidad y Consumo (actualmente Ministerio de Sanidad).

12. ¿Quién tiene como objetivo constituir el ámbito de diálogo e información de carácter laboral, así como promover el desarrollo armónico de los recursos humanos del Sistema Nacional de Salud?

a) El Consejo Interterritorial del Sistema Nacional de Salud.
b) La Comisión de Recursos Humanos del Sistema Nacional de Salud.
c) El Foro Marco para el Diálogo Social.
d) El Ministerio de Sanidad y Consumo (actualmente Ministerio de Sanidad).

13. ¿Quién establecerá las diferentes categorías o grupos profesionales existentes en su ámbito, de acuerdo con el criterio de agrupación unitaria de las funciones, competencias y aptitudes profesionales, de las titulaciones y de los contenidos específicos de la función a desarrollar?

a) El Sistema Nacional de Salud.
b) El servicio de salud.
c) El área de salud.
d) El distrito de salud.

14. ¿Quién acordará los requisitos y procedimientos para posibilitar el tratamiento conjunto y la utilización recíproca de la información contenida en los registros de personal de los servicios de salud?

a) El Consejo Interterritorial del Sistema Nacional de Salud.
b) La Comisión de Recursos Humanos del Sistema Nacional de Salud.

c) El Foro Marco para el Diálogo Social.

d) El Ministerio de Sanidad y Consumo (actualmente Ministerio de Sanidad).

15. El personal estatutario de los servicios de salud ostenta los siguientes derechos:

a) A la inamovilibilidad en el empleo y al ejercicio o desempeño efectivo de la profesión o funciones que correspondan a su nombramiento.

b) A la percepción puntual de las retribuciones complementarias e indemnizaciones por razón del servicio en cada caso establecidas.

c) A la formación continuada adecuada a la función desempeñada y al reconocimiento de su cualificación profesional en relación con dichas funciones.

d) A recibir prevención eficaz en materia de seguridad y salud en el trabajo, así como sobre riesgos generales en el centro sanitario o derivados del trabajo habitual, y a la información y formación específica en esta materia conforme a lo dispuesto en la Ley 31/1995, de 8 de noviembre, de Prevención de Riesgos Laborales.

16. El personal estatutario ostenta, en los términos establecidos en la Constitución y en la legislación específicamente aplicable, el siguiente derecho colectivo:

a) A que sea respetada su dignidad e intimidad personal en el trabajo y a ser tratado con educación, consideración y respeto por sus jefes y superiores, sus compañeros y sus subordinados.

b) Al descanso periódico retribuido, mediante la limitación de la jornada, las vacaciones y permisos necesarios en los términos que se establezcan.

c) A recibir asistencia y protección de las Administraciones Públicas y servicios de salud en el ejercicio del Régimen General de la Seguridad Social.

d) A la libre sindicación.

17. El personal estatutario de los servicios de salud ostenta los siguientes derechos:

a) A recibir prevención eficaz en materia de seguridad y salud en el trabajo, así como sobre riesgos generales en el centro sanitario o derivados del trabajo habitual, y a la información y formación específica en esta materia conforme a lo dispuesto en la Ley 31/1995, de 8 de noviembre, de Prevención de Riesgos Laborales.

b) A la movilidad obligatoria, promoción interna y desarrollo profesional, en la forma en que prevean las disposiciones en cada caso aplicables.

c) A que sea respetada su dignidad e intimidad personal en el trabajo y a ser tratado con corrección, consideración y respeto por sus jefes y superiores, sus compañeros y sus subordinados.

d) A recibir asistencia y protección de las Administraciones Públicas y servicios de salud en el ejercicio del Régimen General de la Seguridad Social.

18. El personal estatutario ostenta, en los términos establecidos en la Constitución y en la legislación específicamente aplicable, el siguiente derecho colectivo:

a) A recibir prevención eficaz en materia de seguridad y salud en el trabajo, así como sobre riesgos generales en el centro sanitario o derivados del trabajo habitual, y a la información y formación específica en esta materia conforme a lo dispuesto en la Ley 31/1995, de 8 de noviembre, de Prevención de Riesgos Laborales.

b) A la movilidad obligatoria, promoción interna y carrera profesional, en la forma en que prevean las disposiciones en cada caso aplicables.

c) A que sea respetada su dignidad e intimidad personal en el trabajo y a ser tratado con educación, consideración y respeto por sus jefes y superiores, sus compañeros y sus subordinados.

d) A la actividad sindical.

19. El personal estatutario de los servicios de salud viene obligado a:

a) Cumplir con obediencia las instrucciones recibidas de sus superiores jerárquicos en relación con las funciones propias de su nombramiento, y colaborar leal y activamente en el trabajo en equipo.

b) Participar y colaborar eficientemente, en el nivel que corresponda en función de su nivel profesional, en la fijación y consecución de los hitos cuantitativos y cualitativos asignados a la institución, centro o unidad en la que preste servicios.

c) Prestar colaboración profesional cuando así sea requerido por las autoridades como consecuencia de la adopción de medidas especiales por razones de urgencia o necesidad.

d) Aconsejar debidamente, de acuerdo con las normas y procedimientos aplicables en cada caso y dentro del ámbito de sus competencias, a los usuarios y pacientes sobre su proceso asistencial y sobre los servicios disponibles.

20. El personal estatutario de los servicios de salud viene obligado a:

a) Cumplir las normas relativas a la seguridad y salud en el trabajo, así como las disposiciones adoptadas en el centro sanitario en relación con esta materia.

b) Prestar colaboración social cuando así sea requerido por las autoridades como consecuencia de la adopción de medidas especiales por razones de emergencia o necesidad.

c) Cumplir el régimen de horarios y jornada, atendiendo a la cobertura de las jornadas nocturnas que se hayan establecido para garantizar de forma permanente el funcionamiento de las instituciones, centros y servicios.

d) Aconsejar debidamente, de acuerdo con las normas y procedimientos aplicables en cada caso y dentro del ámbito de sus competencias, a los usuarios y pacientes sobre su proceso asistencial y sobre los servicios disponibles.

21. Según establece el artículo 20 de la Ley 55/2003, de 16 de diciembre, la condición de personal estatutario fijo no se adquiere por el cumplimiento sucesivo de los siguientes requisitos:

a) Superación de las pruebas de selección.

b) Nombramiento conferido por el órgano competente.

c) Incorporación, previo cumplimiento de los requisitos formales en cada caso establecidos, a una plaza del servicio, institución o centro que corresponda en el plazo determinado en la convocatoria.

d) Incorporación, con posterior cumplimiento de los requisitos formales en cada caso establecidos, a una plaza del servicio, institución o centro que corresponda en el plazo determinado en la convocatoria.

22. ¿Qué ocurre si, a efectos del nombramiento conferido por el órgano competente, no se acredita, una vez superado el proceso selectivo, que se reúnen los requisitos y condiciones exigidos en la convocatoria?

a) Se otorga un plazo máximo de un mes para su acreditación.

b) No podrán ser nombrados y quedarán sin efecto sus actuaciones.

c) No podrán ser nombrados y quedarán suspensas sus actuaciones hasta que sea subsanado.

d) Ninguna es correcta.

23. En base al artículo 21 de la Ley 55/2003, no es causa de extinción de la condición de personal estatutario fijo:

a) La pena principal o accesoria de inhabilitación absoluta y, en su caso, la especial para empleo o cargo público o para el ejercicio de la correspondiente profesión.

b) La jubilación.

c) La incapacidad temporal, en los términos previstos en esta ley.

d) La sanción disciplinaria firme de separación del servicio.

24. Supondrá la pérdida de la condición de personal estatutario, la pena de inhabilitación especial para la correspondiente profesión, siempre que esta exceda de:

a) Cinco años.

b) Seis años.

c) Diez años.

d) Tres años.

25. Respecto a la jubilación, ¿cuándo procederá la prórroga en el servicio activo, a instancia del interesado?

a) Cuando en el momento de cumplir la edad de jubilación forzosa, le resten seis años o menos de cotización para causar pensión de jubilación.

b) En cualquier momento.

c) Cuando en el momento de cumplir la edad de jubilación forzosa, le resten cinco años de cotización para causar pensión de jubilación.

d) Cuando cumpla la edad de jubilación forzosa o voluntaria.

26. En el caso de pérdida de la condición de personal estatutario como consecuencia de pérdida de la nacionalidad:

a) El interesado podrá recuperar dicha condición si acredita la desaparición de la causa que la motivó.

b) El interesado podrá recuperarla en el plazo de un año aun sin acreditar la desaparición de la causa que la motivó.

c) Si la revisión se produce dentro de los cinco años siguientes a la fecha de la declaración de incapacidad, el interesado tendrá derecho a incorporarse a plaza de la misma categoría y área de salud en que prestaba sus servicios.

d) Todas son correctas.

27. El interesado tendrá derecho a incorporarse a plaza de la misma categoría y área de salud en que prestaba sus servicios:

a) En todo caso.

b) Si la revisión se produce dentro de los dos años siguientes a la fecha de la declaración de incapacidad.

c) Solo a la misma categoría pero no al área de salud donde prestaba sus servicios.

d) En ningún caso.

28. Indica en cuál de los siguientes casos se recupera la condición de personal estatutario fijo:

a) En el caso de pérdida de la condición de personal estatutario como consecuencia de pérdida de la nacionalidad, el interesado podrá recuperar dicha condición si acredita la desaparición de la causa que la motivó.

b) Procederá la recuperación de la condición de personal estatutario cuando se hubiera perdido como consecuencia de incapacidad, si esta es revisada conforme a las normas reguladoras del Régimen General de la Seguridad Social.

c) En ninguno de los anteriores.

d) Son correctas las respuestas a) y b).

29. Indica cuál de las siguientes reglas es incorrecta. En relación con los nombramientos de personal estatutario fijo:

a) Los nombramientos como personal estatutario fijo serán expedidos a favor de los aspirantes que obtengan mayor puntuación en el conjunto de las pruebas y evaluaciones.

b) Los nombramientos podrán ser publicados en la forma que se determine en cada servicio de salud.

c) En el nombramiento se indicará expresamente el ámbito al que corresponde, conforme a lo previsto en la convocatoria y en las disposiciones aplicables en cada servicio de salud.

d) Las reglas sobre los nombramientos de personal estatutario fijo se regulan en el artículo 32 de la Ley 55/2003, de 16 de diciembre, del Estatuto Marco del personal estatutario de los servicios de salud.

30. ¿Cuál de los siguientes sistemas no se utiliza en la promoción interna del personal estatutario fijo?

a) Libre designación.
b) Concurso.
c) Oposición.
d) Concurso-oposición.

31. El ejercicio de funciones en promoción interna temporal…:

a) Podrá ser considerado como mérito en los sistemas de promoción interna del personal estatutario fijo.
b) Será considerado como mérito en los sistemas de promoción interna del personal estatutario fijo.
c) Supondrá la consolidación de derechos de carácter retributivo del nuevo nombramiento.
d) Supondrá la consolidación de derechos en relación con la obtención de nuevo nombramiento.

32. Según los principios y criterios de ordenación del régimen estatutario establecidos en la Ley 55/2003, de 16 de diciembre, las necesidades de recursos de los servicios de salud deberán ser objeto de:

a) Una planificación eficiente.
b) Una regulación normativa.
c) Una programación periódica.
d) Una fiscalización plena y eficaz.

33. Los procedimientos de movilidad voluntaria, que se efectuarán con carácter periódico en cada servicio de salud se harán preferentemente:

a) Cada dos años.
b) Cada tres años.
c) Cada cinco años.
d) En todo caso, cada dos años.

34. Se entenderá que solicita excedencia como personal estatutario, y será declarado en dicha situación por el servicio de salud en que prestaba servicios, quien no se incorpore al destino obtenido en un procedimiento de movilidad voluntaria dentro de los plazos establecidos o de las prórrogas de los mismos que legal o reglamentariamente procedan. ¿De qué excedencia se trata?

a) Forzosa.
b) Voluntaria por interés particular.
c) Servicios especiales.
d) Servicios en otras Administraciones Públicas.

35. Por necesidades del servicio, y cuando una plaza o puesto de trabajo se encuentre vacante o temporalmente desatendido, podrá ser cubierto por personal estatutario de la correspondiente categoría y especialidad:

a) En comisión de servicios, con carácter indefinido.
b) En comisión de servicios, con carácter temporal.
c) En comisión de servicios, con carácter indefinido o temporal en función de la plaza o puesto de trabajo vacante.
d) Por adscripción provisional.

36. La carrera profesional supondrá el derecho de los profesionales a progresar, de forma individualizada, como reconocimiento a su desarrollo profesional en cuanto a:

a) Conocimientos.
b) Experiencia.
c) Cumplimiento de los objetivos de la organización a la cual prestan sus servicios.
d) Todas son correctas.

37. ¿Cómo se estructura el sistema retributivo del personal estatutario?

a) El sistema retributivo del personal estatutario se estructura en retribuciones básicas y retribuciones complementarias.
b) El sistema retributivo del personal estatutario se estructura en salario base y complementos retributivos.
c) El sistema retributivo del personal estatutario se estructura en retribuciones principales y retribuciones accesorias.
d) La estructura del sistema retributivo del personal estatutario la fija cada servicio de salud.

38. ¿A qué se orientan prioritariamente las retribuciones complementarias del personal estatutario? Señala la respuesta incorrecta:

a) A la motivación del personal.
b) A la incentivación de la actividad y la calidad del servicio.
c) A la dedicación y a la consecución de los objetivos planificados.
d) A las características de los puestos de trabajo.

39. El complemento específico NO retribuye:

a) La penosidad del puesto que se desempeña.
b) El nivel del puesto que se desempeña.
c) La especial dificultad técnica del puesto que se desempeña.
d) La incompatibilidad asociada al puesto que se desempeña.

40. Los excesos de jornada sobre el máximo de 48 horas de duración máxima conjunta de la jornada ordinaria y la complementaria, establecido por el artículo 48.2, tendrán:

a) Un límite máximo de 150 horas al año.
b) Un límite mínimo de 150 horas al año.
c) Un límite máximo de 250 horas al año.
d) Un límite máximo de 85 horas al año.

41. En la forma de trabajo por turnos, ¿cómo se realiza la organización del trabajo?

a) Individualmente.
b) Por binomios.
c) En equipo.
d) En periodo nocturno.

42. Cuando deba establecer un periodo de descanso durante la jornada, la duración de aquel deberá ser:

a) No superior a 15 minutos.
b) No inferior a 15 minutos.
c) No superior a 20 minutos.
d) No inferior a 20 minutos.

43. Cuando la mención sobre periodos de tiempo se efectúa a un periodo de tiempo semestral, se entenderá referida, según el artículo 57 de la Ley 55/2003:

a) A los seis meses posteriores siguientes al del día a que se refiera.
b) A los seis meses naturales posteriores a partir del siguiente al que se refiera el día en cuestión.
c) Al primero o al segundo de los semestre de cada año natural.
d) A lo que en cada supuesto específico se establezca.

44. ¿Pueden las comunidades autónomas conceder permisos para la asistencia a tareas docentes o de investigación sobre materias relacionadas con la actividad de los servicios de salud?

a) Sí, pero serán permisos no retribuidos en todo caso.
b) Sí, en el ámbito de sus competencias, y podrán ser no retribuidos o con retribución parcial.
c) Sí, en el ámbito de sus competencias, y podrán ser totalmente retribuidos, ya que la materia de la actividad docente o investigadora está relaciona con la actividad de los servicios de salud.
d) No.

45. ¿Establece la Ley del Estatuto Marco alguna restricción para adoptar la medida de suspensión de las disposiciones relativas a jornadas de trabajo y periodos de descanso en cuanto al personal que pueda resultar afectado?

a) Sí, estas medidas especiales no pueden afectar al personal que se encuentra en situación de permiso de maternidad o licencia por riesgo durante el embarazo o por riesgo durante la lactancia natural.

b) Sí, estas medidas especiales no pueden afectar al personal que se encuentra en situación de permiso por maternidad, pero sí a las personas que se encuentren disfrutando de licencia por riesgo durante el embarazo o por riesgo durante la lactancia natural.

c) No, la Ley no establece restricción alguna al respecto; todo el personal sanitario puede verse afectado por la medida suspensiva.

d) No, la Ley no establece restricción alguna al respecto, lo que no quiere decir que no se pueda pactar alguna restricción entre la autoridad sanitaria y los representantes del personal.

46. ¿En qué situación se halla el personal estatutario de los servicios de salud cuando desempeñe puesto de trabajo de las relaciones de puestos de las Administraciones Públicas abierto al personal estatutario?

a) En servicios especiales.

b) En servicios bajo otro régimen jurídico.

c) En servicio activo.

d) En excedencia por servicios en el sector público.

47. ¿En qué situación quedará el personal estatutario de los servicios de salud privado, durante el tiempo de permanencia en la misma, del ejercicio de sus funciones y de todos los derechos inherentes a su condición el personal?

a) En la situación de suspensión provisional o firme.

b) En la situación de suspensión provisional.

c) En la situación de suspensión firme.

d) Ninguna respuesta es correcta.

48. ¿Durante cuánto tiempo ostentará el personal en situación de servicios bajo otro régimen jurídico el derecho para la reincorporación al servicio activo en la misma categoría y área de salud de origen o, si ello no fuera posible, en áreas limítrofes con aquella?

a) Siempre.

b) Durante los primeros seis años.

c) Durante los cinco primeros años.

d) Durante los tres primeros años.

49. ¿Cuál es el tiempo mínimo de permanencia en la situación de excedencia voluntaria por interés particular?

a) Seis meses.
b) Un año.
c) Dos años.
d) No hay tiempo mínimo.

50. El procedimiento del régimen disciplinario del personal estatutario responderá, entre otros, al principio de:

a) Tipicidad.
b) Proporcionalidad.
c) Eficacia.
d) Economía procesal.

51. Salvo paralización del procedimiento imputable al interesado, cuando la suspensión provisional de funciones del personal estatutario se produzca como consecuencia de expediente disciplinario, no podrá exceder de:

a) 3 meses.
b) 6 meses.
c) 9 meses.
d) 1 año.

52. La sanción de suspensión de funciones:

a) Solo se puede imponer por falta muy grave.
b) Puede imponerse por cualquier tipo de falta.
c) Puede imponerse por falta grave.
d) Solo puede imponerse por falta grave.

53. ¿Qué régimen de incompatibilidades se aplica al personal estatutario?

a) El mismo régimen que se aplique al personal funcionario.
b) Uno específico.
c) El régimen de incompatibilidades establecido con carácter general para los funcionarios públicos, con las normas específicas que se determinan en la Ley 55/2003.
d) El que la Comunidad Autónoma apruebe específicamente para el personal estatutario de su servicio de salud.

54. Será compatible el disfrute de becas y ayudas de ampliación de estudios concedidas en régimen de ……….. ……………… al amparo de programas oficiales de formación y perfeccionamiento del personal, siempre que para participar en tales acciones se requiera la previa propuesta favorable del servicio de salud en el que se esté destinado y que las bases de la convocatoria no establezcan lo contrario. Señala las palabras que faltan:

a) Adjudicación directa.
b) Sorteo público.
c) Concurrencia competitiva.
d) Orden cronológico.

55. Dispone el artículo 79 en su apartado primero de la Ley 55/2003, de 16 de diciembre, del Estatuto Marco del personal estatutario de los servicios de salud, que la negociación colectiva de las condiciones de trabajo del personal estatutario de los servicios de salud se efectuará mediante la capacidad representativa reconocida a las organizaciones sindicales en:

a) La Constitución y en la Ley 9/1987, de 12 de junio, de órganos de representación, determinación de las condiciones de trabajo y de participación del personal al servicio de las Administraciones Públicas.
b) La Ley 9/1987, de 12 de junio, de órganos de representación, determinación de las condiciones de trabajo y de participación del personal al servicio de las Administraciones Públicas y en la Ley Orgánica 11/1985, de 2 de agosto, de Libertad Sindical.
c) La Ley Orgánica 11/1985, de 2 de agosto, de Libertad Sindical y en la Ley 55/2003, de 16 de diciembre, del Estatuto Marco del personal estatutario de los servicios de salud.
d) La Ley Orgánica 11/1985, de 2 de agosto, de Libertad Sindical y en la Constitución.

56. ¿Qué dos principios presidirán la negociación colectiva?

a) Publicidad y voluntad negociadora.
b) Voluntad negociadora y buena fe.
c) Transparencia y publicidad.
d) Buena fe y transparencia.

Soluciones comentadas

1. **b) Establecer las bases reguladoras de la relación funcionarial especial del personal estatutario de los servicios de salud que conforman el Sistema Nacional de Salud (ver apartado 1.2.).**

   El artículo 1 de la Ley 55/2003, de 16 de diciembre, dispone que la misma "…tiene por objeto establecer las bases reguladoras de la relación funcionarial especial del personal estatutario de los servicios de salud que conforman el Sistema Nacional de Salud, a través del Estatuto Marco de dicho personal.

   La Ley General de Sanidad, en su artículo 84, estableció que un estatuto marco regularía la normativa básica aplicable al personal estatutario en todos los servicios de salud, normas básicas específicas y diferenciadas de las generales de los funcionarios públicos. La conveniencia de una normativa propia para este personal deriva de la necesidad de que su régimen jurídico se adapte a las específicas características del ejercicio de las profesiones sanitarias y del servicio sanitario-asistencial, así como a las peculiaridades organizativas del Sistema Nacional de Salud. Este último aspecto, la adecuación del estatuto marco a los peculiares principios organizativos del Sistema Nacional de Salud merece ser resaltado por cuanto constituye una de las piezas angulares de la nueva regulación del personal.

2. **d) Funcionarial especial (ver apartado 1.1.).**

   El artículo 1 de la Ley 55/2003, de 16 de diciembre, determina que su objeto se encuentra en "establecer las bases reguladoras de la relación funcionarial especial del personal estatutario de los servicios de salud que conforman el Sistema Nacional de Salud, a través del Estatuto Marco de dicho personal."

   El Capítulo I de la norma establece con nitidez el carácter funcionarial de la relación estatutaria, sin perjuicio de sus peculiaridades especiales, que se señalan en la propia ley y que deberán ser desarrolladas por cada una de las comunidades autónomas respecto de su propio personal.

3. **a) Mediante un estatuto marco (ver apartado 1.2.).**

   El artículo 1 de la Ley 55/2003, de 16 de diciembre, determina que "las bases reguladoras de la relación funcionarial especial del personal estatutario de los servicios de salud que conforman el Sistema Nacional de Salud…" se lleva a cabo "a través del Estatuto Marco de dicho personal."

El Estatuto Marco lo constituye precisamente el desarrollo de esas bases legalmente predeterminadas, y que establecen los derechos y deberes que el personal ostenta frente al empleador, en este caso, los servicios de salud que conforman el Sistema Nacional de Salud, fijando un mínimo infranqueable para las distintas Administraciones Públicas equitativo en todo el territorio nacional con independencia de a cuál de tales servicios pertenezca el trabajador, sin perjuicio del desarrollo que las mismas tengan en cada uno de estos.

4. b) Al personal de los servicios de salud de titularidad estatal o de las comunidades autónomas (ver apartado 1.2.).

El artículo 2 de la Ley 55/2003, de 16 de diciembre, preceptúa que "Esta ley es aplicable al personal estatutario que desempeña su función en los centros e autónomas o en los centros y servicios sanitarios de la Administración General del Estado."

Se deja claro, así, que todas las comunidades autónomas a las que les haya sido transferida la gestión de los servicios de salud deben acoger la norma básica que define el Estatuto Marco del personal estatutario de los servicios de salud sin posibilidad de que se produzcan discrepancias, dado su carácter de básico, entre sus disposiciones y el Estatuto.

A sensu contrario, la propia consideración de la relación como funcionarial del personal estatutario impide que se pueda aplicar a los trabajadores que prestan servicios para centros sanitarios privados, no obstante, poderse utilizar con carácter supletorio o integrador de sus contratos y convenios colectivos correspondientes.

5. b) Competencia (ver apartado 1.4.).

El apartado h) del artículo 4 de la Ley 55/2003, de 16 de diciembre, relaciona como valores a incorporar los de "integridad, neutralidad, transparencia en la gestión, deontología y servicio al interés público y a los ciudadanos". La competencia, junto con la imparcialidad en el desempeño de las funciones, por su parte, no son valores sino criterios de ordenación del régimen estatutario que son garantizados por los principios de Responsabilidad en el ejercicio profesional y objetividad conforme al apartado e) del propio artículo 4 de la ley.

6. a) Colaboración (ver apartado 1.4.).

El artículo 4, apartado j), de la Ley 55/2003, de 16 de diciembre, determina como principios y criterios orientadores por los que se rige la ordenación del régimen del personal estatutario de los servicios de salud respecto a las relaciones entre las distintas Administraciones sanitarias públicas, la "Coordinación, cooperación y mutua información", aunque, sin duda, la respuesta incorrecta también podría formar parte de esa terna.

7. b) Antigüedad en el servicio (ver apartado 2.).

El artículo 5 de la Ley 55/2003, de 16 de diciembre, bajo la rúbrica "Criterios de clasificación del personal estatutario" dispone que: "El personal estatutario de los servicios de salud se clasifica atendiendo a la función desarrollada, al nivel del título exigido para el ingreso y al tipo de su nombramiento." En consecuencia, la "antigüedad" en el puesto no es un criterio que clasifique al personal estatutario.

8. a) Que haya obtenido el título de especialista en ciencias de la salud (ver apartado 2.).

El artículo 6.2 de la Ley 55/2003, de 16 de diciembre, en cuanto referido al personal de formación universitaria, manifiesta que este personal se divide en:

1.º Licenciados con título de especialista en Ciencias de la Salud.

2.º Licenciados sanitarios.

3.º Diplomados con título de Especialista en Ciencias de la Salud.

4.º Diplomados sanitarios.

Obviando la necesaria equivalencia entre estos títulos universitarios a que hace referencia la ley y los actuales de Grado o Máster, lo cierto es que ambas categorías a las que se refiere se subdividen a su vez en quienes han obtenido el título de especialista en Ciencias de la Salud y aquellos que no.

9. c) Interino (ver apartado 2).

Así define a este personal estatutario temporal el apartado 2 del artículo 9 de la Ley 55/2003, de 16 de diciembre, cuando dispone que "El nombramiento de carácter interino se expedirá para el desempeño de una plaza vacante de los centros o servicios de salud, cuando sea necesario atender las correspondientes funciones."

El personal interino es, en definitiva, aquel que se nombra cuando la plaza está vacante y no ha podido ser cubierta por uno de los procesos selectivos de personal habituales.

10. b) La Comisión de Recursos Humanos del Sistema Nacional de Salud (ver apartado 3.3.).

De acuerdo con el artículo 10.1 de la Ley 55/003, de 16 de diciembre, del Estatuto Marco del personal estatutario de los servicios de salud, que dispone que:

"1. La Comisión de Recursos Humanos del Sistema Nacional de Salud desarrollará las actividades de planificación, diseño de programas de formación y modernización de los recursos humanos del Sistema Nacional de Salud."

11. a) El Consejo Interterritorial del Sistema Nacional de Salud (ver apartado 3.3.).

Conforme al artículo 10.2 de la Ley 55/003, de 16 de diciembre, del Estatuto Marco del personal estatutario de los servicios de salud, que establece que:

"2. El Consejo Interterritorial del Sistema Nacional de Salud, como principal instrumento de configuración y cohesión del Sistema Nacional de Salud, conocerá, debatirá y, en su caso, emitirá recomendaciones sobre los criterios para la coordinación de la política de recursos humanos del Sistema Nacional de Salud."

12. c) El Foro Marco para el Diálogo Social (ver apartado 3.3.).

De acuerdo con el artículo 11.1 de la Ley 55/003, de 16 de diciembre, del Estatuto Marco del personal estatutario de los servicios de salud, que establece que:

"1. El Foro Marco para el Diálogo Social tiene como objetivo constituir el ámbito de diálogo e información de carácter laboral, así como promover el desarrollo armónico de los recursos humanos del Sistema Nacional de Salud."

13. b) El servicio de salud (ver apartado 3.2).

Según el artículo 14.1 de la Ley 55/003, de 16 de diciembre, del Estatuto Marco del personal estatutario de los servicios de salud, que expone que:

"1. De acuerdo con el criterio de agrupación unitaria de las funciones, competencias y aptitudes profesionales, de las titulaciones y de los contenidos específicos de la función a desarrollar, los servicios de salud establecerán las diferentes categorías o grupos profesionales existentes en su ámbito."

14. a) El Consejo Interterritorial del Sistema Nacional de Salud (ver apartado 3.1.).

Conforme al artículo 16.2 de la Ley 55/003, de 16 de diciembre, del Estatuto Marco del personal estatutario de los servicios de salud, que expone que:

"2. El Consejo Interterritorial del Sistema Nacional de Salud acordará los requisitos y procedimientos para posibilitar el tratamiento conjunto y la utilización recíproca de la información contenida en los registros de personal de los servicios de salud, que se integrarán en el Sistema de Información Sanitaria del Sistema Nacional de Salud."

15. c) A la formación continuada adecuada a la función desempeñada y al reconocimiento de su cualificación profesional en relación con dichas funciones (ver apartado 4.1.).

De acuerdo con el artículo 17.1 c) de la Ley 55/003, de 16 de diciembre, del Estatuto Marco del personal estatutario de los servicios de salud, que dispone que:

"1. El personal estatutario de los servicios de salud ostenta los siguientes derechos:

a) A la estabilidad en el empleo y al ejercicio o desempeño efectivo de la profesión o funciones que correspondan a su nombramiento.

b) A la percepción puntual de las retribuciones e indemnizaciones por razón del servicio en cada caso establecidas.

c) A la formación continuada adecuada a la función desempeñada y al reconocimiento de su cualificación profesional en relación con dichas funciones.

d) A recibir protección eficaz en materia de seguridad y salud en el trabajo, así como sobre riesgos generales en el centro sanitario o derivados del trabajo habitual, y a la información y formación específica en esta materia conforme a lo dispuesto en la Ley 31/1995, de 8 de noviembre, de Prevención de Riesgos Laborales.

16. d) A la libre sindicación (ver apartado 4.2.).

Según el artículo 18.a) de la Ley 55/003, de 16 de diciembre, del Estatuto Marco del personal estatutario de los servicios de salud, que establece que:

"El personal estatutario ostenta, en los términos establecidos en la Constitución y en la legislación específicamente aplicable, los siguientes derechos colectivos:

a) A la libre sindicación.

b) A la actividad sindical.

c) A la huelga, garantizándose en todo caso el mantenimiento de los servicios que resulten esenciales para la atención sanitaria a la población.

d) A la negociación colectiva, representación y participación en la determinación de las condiciones de trabajo.

e) A la reunión.

f) A disponer de servicios de prevención y de órganos representativos en materia de seguridad laboral."

17. c) A que sea respetada su dignidad e intimidad personal en el trabajo y a ser tratado con corrección, consideración y respeto por sus jefes y superiores, sus compañeros y sus subordinados (ver apartado 4.1.).

Según el artículo 17.1.f de la Ley 55/003, de 16 de diciembre, del Estatuto Marco del personal estatutario de los servicios de salud, que establece que:

"1. El personal estatutario de los servicios de salud ostenta los siguientes derechos:

a) A la estabilidad en el empleo y al ejercicio o desempeño efectivo de la profesión o funciones que correspondan a su nombramiento.

b) A la percepción puntual de las retribuciones e indemnizaciones por razón del servicio en cada caso establecidas.

c) A la formación continuada adecuada a la función desempeñada y al reconocimiento de su cualificación profesional en relación con dichas funciones.

d) A recibir protección eficaz en materia de seguridad y salud en el trabajo, así como sobre riesgos generales en el centro sanitario o derivados del trabajo habitual, y a la información y formación específica en esta materia conforme a lo dispuesto en la Ley 31/1995, de 8 de noviembre, de Prevención de Riesgos Laborales.

e) A la movilidad voluntaria, promoción interna y desarrollo profesional, en la forma en que prevean las disposiciones en cada caso aplicables.

f) A que sea respetada su dignidad e intimidad personal en el trabajo y a ser tratado con corrección, consideración y respeto por sus jefes y superiores, sus compañeros y sus subordinados.

g) Al descanso necesario, mediante la limitación de la jornada, las vacaciones periódicas retribuidas y permisos en los términos que se establezcan.

h) A recibir asistencia y protección de las Administraciones públicas y servicios de salud en el ejercicio de su profesión o en el desempeño de sus funciones."

18. d) A la actividad sindical (ver apartado 4.2.).

Conforme al artículo 18.b) de la Ley 55/003, de 16 de diciembre, del Estatuto Marco del personal estatutario de los servicios de salud, que dispone que:

"El personal estatutario ostenta, en los términos establecidos en la Constitución y en la legislación específicamente aplicable, los siguientes derechos colectivos:

a) A la libre sindicación.

b) A la actividad sindical.

c) A la huelga, garantizándose en todo caso el mantenimiento de los servicios que resulten esenciales para la atención sanitaria a la población.

d) A la negociación colectiva, representación y participación en la determinación de las condiciones de trabajo.

e) A la reunión.

f) A disponer de servicios de prevención y de órganos representativos en materia de seguridad laboral."

19. c) Prestar colaboración profesional cuando así sea requerido por las autoridades como consecuencia de la adopción de medidas especiales por razones de urgencia o necesidad (ver apartado 4.3.).

Según el artículo 19. f) de la Ley 55/003, de 16 de diciembre, del Estatuto Marco del personal estatutario de los servicios de salud, que establece que:

"El personal estatutario de los servicios de salud viene obligado a:

f) Prestar colaboración profesional cuando así sea requerido por las autoridades como consecuencia de la adopción de medidas especiales por razones de urgencia o necesidad.

20. a) Cumplir las normas relativas a la seguridad y salud en el trabajo, así como las disposiciones adoptadas en el centro sanitario en relación con esta materia (ver apartado 4.3.).

Conforme al artículo 19.m) de la Ley 55/003, de 16 de diciembre, del Estatuto Marco del personal estatutario de los servicios de salud, que expone que:

"El personal estatutario de los servicios de salud viene obligado a:

m) Cumplir las normas relativas a la seguridad y salud en el trabajo, así como las disposiciones adoptadas en el centro sanitario en relación con esta materia.

21. d) Incorporación, con posterior cumplimiento de los requisitos formales en cada caso establecidos, a una plaza del servicio, institución o centro que corresponda en el plazo determinado en la convocatoria (ver apartado 5.1.).

El apartado 1 del artículo 20 de la Ley 55/2003, de 16 de diciembre regula la adquisición de la condición de personal estatutario fijo en los términos siguientes:

1. La condición de personal estatutario fijo se adquiere por el cumplimiento sucesivo de los siguientes requisitos:

   a) Superación de las pruebas de selección.

   b) Nombramiento conferido por el órgano competente.

   c) Incorporación, previo cumplimiento de los requisitos formales en cada caso establecidos, a una plaza del servicio, institución o centro que corresponda en el plazo determinado en la convocatoria.

22. b) No podrán ser nombrados y quedarán sin efecto sus actuaciones (ver apartado 5.1.).

El apartado 2 del artículo 20 de la Ley 55/2003, de 16 de diciembre indica que no podrán ser nombrados y quedarán sin efecto sus actuaciones, quienes no acrediten, una vez superado el proceso selectivo, que reúnen los requisitos y condiciones exigidos en la convocatoria.

23. c) La incapacidad temporal, en los términos previstos en esta ley (ver apartado 5.2.).

El artículo 21 de la Ley 55/2003, de 16 de diciembre regula las causas de extinción de la condición de personal estatutario fijo, siendo las siguientes:

a) La renuncia.

b) La pérdida de la nacionalidad tomada en consideración para el nombramiento.

c) La sanción disciplinaria firme de separación del servicio.

d) La pena principal o accesoria de inhabilitación absoluta y, en su caso, la especial para empleo o cargo público o para el ejercicio de la correspondiente profesión.

e) La jubilación.

f) La incapacidad permanente, en los términos previstos en esta ley.

24. b) Seis años (ver apartado 5.2.).

El artículo 25 de la Ley 55/2003, de 16 de diciembre regula las penas de inhabilitación absoluta o especial, en los términos siguientes:

Artículo 25. Penas de inhabilitación absoluta o especial.

La pena de inhabilitación absoluta, cuando hubiera adquirido firmeza, produce la pérdida de la condición de personal estatutario. Igual efecto tendrá la pena de inhabilitación especial para empleo o cargo público si afecta al correspondiente nombramiento.

Supondrá la pérdida de la condición de personal estatutario la pena de inhabilitación especial para la correspondiente profesión, siempre que esta exceda de seis años.

25. a) Cuando en el momento de cumplir la edad de jubilación forzosa, le resten seis años o menos de cotización para causar pensión de jubilación (ver apartado 5.2.).

El artículo 26.3 de la Ley 55/2003, de 16 de diciembre establece que procederá la prórroga en el servicio activo, a instancia del interesado, cuando, en el momento de cumplir la edad de jubilación forzosa, le resten seis años o menos de cotización para causar pensión de jubilación.

26. a) El interesado podrá recuperar dicha condición si acredita la desaparición de la causa que la motivó (ver apartado 5.3.).

El artículo 28 de la Ley 55/2003, de 16 de diciembre, en su apartado 1 indica que, en el caso de pérdida de la condición de personal estatutario como consecuencia de pérdida de la nacionalidad, el interesado podrá recuperar dicha condición si acredita la desaparición de la causa que la motivó.

27. b) Si la revisión se produce dentro de los dos años siguientes a la fecha de la declaración de incapacidad (ver apartado 5.3.).

El artículo 28 de la Ley 55/2003, de 16 de diciembre, en su apartado 2 establece lo siguiente:

2. Procederá también la recuperación de la condición de personal estatutario cuando se hubiera perdido como consecuencia de incapacidad, si esta es revisada conforme a las normas reguladoras del Régimen General de la Seguridad Social.

Si la revisión se produce dentro de los dos años siguientes a la fecha de la declaración de incapacidad, el interesado tendrá derecho a incorporarse a plaza de la misma categoría y área de salud en que prestaba sus servicios.

28. d) Son correctas las respuestas a) y b) (ver apartado 5.3.).

El artículo 28 de la Ley 55/2003, de 16 de diciembre, del Estatuto Marco del personal estatutario de los servicios de salud regula la recuperación de la condición de personal estatutario fijo, señalando en sus párrafos 1 y 2 lo siguiente:

"1. En el caso de pérdida de la condición de personal estatutario como consecuencia de pérdida de la nacionalidad, el interesado podrá recuperar dicha condición si acredita la desaparición de la causa que la motivó.

2. Procederá también la recuperación de la condición de personal estatutario cuando se hubiera perdido como consecuencia de incapacidad, si esta es revisada conforme a las normas reguladoras del Régimen General de la Seguridad Social.

Si la revisión se produce dentro de los dos años siguientes a la fecha de la declaración de incapacidad, el interesado tendrá derecho a incorporarse a plaza de la misma categoría y área de salud en que prestaba sus servicios."

29. b) Los nombramientos podrán ser publicados en la forma que se determine en cada servicio de salud (ver apartado 6.).

Según establece el artículo 32 de la Ley 55/2003, de 16 de diciembre, del Estatuto Marco del personal estatutario de los servicios de salud. Este precepto contiene la siguiente regulación:

«1. Los nombramientos como personal estatutario fijo serán expedidos a favor de los aspirantes que obtengan mayor puntuación en el conjunto de las pruebas y evaluaciones.

2. Los nombramientos serán publicados en la forma que se determine en cada servicio de salud.

3. En el nombramiento se indicará expresamente el ámbito al que corresponde, conforme a lo previsto en la convocatoria y en las disposiciones aplicables en cada servicio de salud.»

30. a) Libre designación (ver apartado 6.2.).

Según establece el artículo 34.3 de la Ley 55/2003, de 16 de diciembre, del Estatuto Marco del personal estatutario de los servicios de salud. Los procedimientos para la promoción interna se desarrollarán de acuerdo con los principios de igualdad, mérito y capacidad y por los sistemas de oposición, concurso o concurso-oposición. Podrán realizarse a través de convocatorias específicas si así lo aconsejan razones de planificación o de eficacia en la gestión.

31. a) Podrá ser considerado como mérito en los sistemas de promoción interna del personal estatutario fijo (ver apartado 6.2.).

Según establece el artículo 35.3 de la Ley 55/2003, de 16 de diciembre, del Estatuto Marco del personal estatutario de los servicios de salud.

Por necesidades del servicio y en los supuestos y bajo los requisitos que al efecto se establezcan en cada servicio de salud, se podrá ofrecer al personal estatutario fijo el desempeño temporal, y con carácter voluntario, de funciones correspondientes a nombramientos de una categoría del mismo nivel de titulación o de nivel superior, siempre que ostente la titulación correspondiente. Estos procedimientos serán objeto de negociación en las mesas correspondientes.

Durante el tiempo en que realice funciones en promoción interna temporal, el interesado se mantendrá en servicio activo en su categoría de origen, y percibirá las retribuciones correspondientes a las funciones efectivamente desempeñadas, con excepción de los trienios, que serán los correspondientes a su nombramiento original.

El referido precepto establece que el ejercicio de funciones en promoción interna temporal no supondrá la consolidación de derecho alguno de carácter retributivo o en relación con la obtención de nuevo nombramiento, sin perjuicio de su posible consideración como mérito en los sistemas de promoción interna del personal estatutario fijo.

32. a) Una planificación eficiente (ver apartado 6.).

Otro de los principios establecidos en el apartado f) del artículo 4 de la Ley 55/2003, de 16 de diciembre, es referido a la organización y gestión de los servicios de salud, disponiendo una "Planificación eficiente de las necesidades de recursos y programación periódica de las convocatorias."

Los artículos 12 y 13 del Estatuto marco del personal estatutario de los servicios de salud establecen la necesidad de la planificación en la gestión de los recursos humanos de los servicios de salud, orientada a su adecuado dimensionamiento, distribución, estabilidad, desarrollo, formación y capacitación, en orden a mejorar la calidad, eficacia y eficiencia de los servicios. En concreto, el artículo 12.2 determina que, en el ámbito de cada servicio de salud y previa negociación en las mesas correspondientes, se adoptarán las medidas necesarias para la planificación eficiente de las necesidades de personal y situaciones administrativas derivadas de la reasignación de efectivos, y para la programación periódica de las convocatorias de selección, promoción interna y movilidad.

El artículo 69.2 del texto refundido de la Ley del Estatuto Básico del Empleado Público, recoge la oferta de empleo público entre las medidas de posible inclusión en los mencionados planes de ordenación, estableciendo el artículo 70 que las necesidades de recursos humanos con asignación presupuestaria que deban proveerse mediante la incorporación de personal de nuevo ingreso serán objeto de dicha oferta.

33. a) Cada dos años (ver apartado 7.2.).

El artículo 37 de la Ley 55/2003, de 16 de diciembre, en su apartado 2 establece que los procedimientos de movilidad voluntaria, que se efectuarán con carácter periódico, preferentemente cada dos años, en cada servicio de salud, estarán abiertos a la participación del personal estatutario fijo de la misma categoría y especialidad, así como, en su caso, de la misma modalidad, del resto de los servicios de salud, que participarán en tales procedimientos con las mismas condiciones y requisitos que el personal estatutario del servicio de salud que realice la convocatoria. Se resolverán mediante el sistema de concurso, previa convocatoria pública y de acuerdo con los principios de igualdad, mérito y capacidad.

34. b) Voluntaria por interés particular (ver apartado 7.2.).

El artículo 37 de la Ley 55/2003, de 16 de diciembre, establece en su apartado 5 que se entenderá que solicita la excedencia voluntaria por interés particular como personal estatutario, y será declarado en dicha situación por el servicio de salud en que prestaba servicios, quien no se incorpore al destino obtenido en un procedimiento de movilidad voluntaria dentro de los plazos establecidos o de las prórrogas de los mismos que legal o reglamentariamente procedan.

35. b) En comisión de servicios, con carácter temporal (ver apartado 7.3.).

El artículo 39 de la Ley 55/2003, de 16 de diciembre, en su apartado 2 establece que el personal estatutario podrá ser destinado en comisión de servicios, con carácter temporal, al desempeño de funciones especiales no adscritas a una determinada plaza o puesto de trabajo.

En este supuesto, el interesado percibirá las retribuciones de su plaza o puesto de origen.

36. d) Todas son correctas (ver apartado 8.).

El artículo 40 de la Ley 55/2003, de 16 de diciembre, en su apartado 2 regula que la carrera profesional supondrá el derecho de los profesionales a progresar, de forma individualizada, como reconocimiento a su desarrollo profesional en cuanto a conocimientos, experiencia y cumplimiento de los objetivos de la organización a la cual prestan sus servicios.

37. a) El sistema retributivo del personal estatutario se estructura en retribuciones básicas y retribuciones complementarias (ver apartado 9.).

Es correcta la respuesta a), en base al artículo 41.1 de la Ley 55/2003, de 16 de diciembre, del Estatuto Marco del personal estatutario de los servicios de salud, en relación con el artículo 22.1 del Real Decreto Legislativo 5/2015, de 30 de octubre, por el que se aprueba el texto refundido de la Ley del Estatuto Básico del Empleado Público. Este último precepto establece que las retribuciones de los funcionarios de carrera se clasifican en básicas y complementarias.

El artículo 41.1 referido dispone lo siguiente: «El sistema retributivo del personal estatutario se estructura en retribuciones básicas y retribuciones complementarias, responde a los principios de cualificación técnica y profesional y asegura el mantenimiento de un modelo común en relación con las retribuciones básicas.»

38. d) A las características de los puestos de trabajo (ver apartado 9.).

Es correcta la respuesta d), en base al artículo 41.2 de la Ley 55/2003, de 16 de diciembre, del Estatuto Marco del personal estatutario de los servicios de salud: «Las retribuciones complementarias se orientan prioritariamente a la motivación del personal, a la incentivación de la actividad y la calidad del servicio, a la dedicación y a la consecución de los objetivos planificados.»

39. b) El nivel del puesto que se desempeña (ver apartado 9.).

Es correcta la respuesta b), en base al artículo 43.2.b) de la Ley 55/2003, de 16 de diciembre, del Estatuto Marco del personal estatutario de los servicios de salud. Efectivamente, el complemento específico está destinado a retribuir las condiciones particulares de algunos puestos en atención ha su:

- Especial dificultad técnica.

- Dedicación.

- Responsabilidad.

- Incompatibilidad.

- Peligrosidad.

- Penosidad.

40. a) Un límite máximo de 150 horas al año (ver apartado 10.2.).

Este es límite máximo que contempla el segundo párrafo del apartado 1 del artículo 49; establece expresamente: "los excesos de jornada sobre lo establecido en el artículo 48.2 tendrán el carácter de jornada complementaria y un límite máximo de 150 horas al año".

41. c) En equipo (ver apartado 10.9.).

La letra h) del artículo 46.2, al definir el trabajo por turnos, lo concibe como una forma de organización del trabajo "en equipo", por la que el personal ocupe sucesivamente las mismas plazas con arreglo a un ritmo determinado, incluido el ritmo rotatorio.

42. b) No inferior a 15 minutos (ver apartado 10.3.).

El artículo 50 de la Ley del Estatuto Marco del personal estatutario de los servicios de salud señala que, siempre que la duración de una jornada exceda de seis horas continuadas, deberá establecerse un periodo de descanso durante la misma de duración no inferior a 15 minutos.

43. c) Al primero o al segundo de los semestres de cada año natural (ver apartado 10.2.).

El artículo 57, en su párrafo segundo dispone que cuando la mención se efectúa a un periodo de tiempo semestral, se entenderá referida al primero o al segundo de los semestres de cada ano natural. Es decir, son entendidos, en el mismo sentido que los años naturales, como semestres naturales, dividiendo el año natural en dos semestres (del 1 de enero al 30 de junio y del 1 de julio al 31 de diciembre) y a estos se refieren los periodos de tiempo semestrales.

También esta previsión difiere de la general prevista por la Ley del Procedimiento Administrativo Común de las Administraciones Públicas, por el apartado 4 de su artículo 30 establece que si el plazo se fija en meses o años, estos se computarán a partir del día siguiente a aquel en que tenga lugar la notificación o publicación del acto de que se trate, o desde el siguiente a aquel en que se produzca la estimación o desestimación por silencio administrativo.

44. b) Sí, en el ámbito de sus competencias, y podrán ser no retribuidos o con retribución parcial (ver apartado 10.11.).

Así lo dispone el apartado 4 del artículo 61 de la Ley del Estatuto Marco, cuando establece los requisitos para ello:

- Que se trate de las siguientes actividades:

  * Asistencia a cursos o seminarios de formación.

* Participación en programas acreditados de cooperación internacional.

* Actividades o tareas docentes o de investigación.

– Que se trate de materias relacionadas con la actividad de los servicios de salud.

– Que el permiso sea no retribuido o con retribución parcial.

45. a) Sí, estas medidas especiales no pueden afectar al personal que se encuentra en situación de permiso de maternidad o licencia por riesgo durante el embarazo o por riesgo durante la lactancia natural (ver apartado 10.5.).

El apartado 3 del artículo 59 establece tres restricciones concretas respecto del personal que puede verse afectado por las medidas especiales previstas en el propio artículo 59; no podrán afectar a personal que se encuentre en situación de:

– Permiso por maternidad.

– Licencia por riesgo durante el embarazo.

– Licencia por riesgo durante la lactancia natural.

Hay que tener en cuenta que la situación de maternidad y las prestaciones que de ellas se derivan han sufrido una modificación en el Texto Refundido de la Ley General de la Seguridad Social –artículos 177 y siguientes–, aprobado por el Real Decreto Legislativo 8/2015, de 30 de octubre, pasando a denominarse nacimiento y cuidado de menor, es decir, la situación protegida es el nacimiento, la adopción, la guarda con fines de adopción y el acogimiento familiar, modificándose asimismo los beneficiarios y la prestación económica a la que se tiene derecho.

46. c) En servicio activo (ver apartado 11.1.).

El personal estatutario se hallará en servicio activo cuando preste los servicios correspondientes a su nombramiento como tal, o cuando desempeñe funciones de gestión clínica, cualquiera que sea el servicio de salud, institución o centro en el que se encuentre destinado, así como cuando desempeñe puesto de trabajo de las relaciones de puestos de las Administraciones Públicas abierto al personal estatutario.

47. c) En la situación de suspensión firme (ver apartado 11.7.).

A tenor del artículo 68.1 del Estatuto Marco del personal estatutario de los servicios de salud, el personal declarado en la situación de suspensión firme quedará privado durante el tiempo de permanencia en la misma del ejercicio de sus funciones y de todos los derechos inherentes a su condición.

48. d) Durante los tres primeros años (ver apartado 11.3.).

El personal en situación de servicios bajo otro régimen jurídico tendrá derecho al cómputo de tiempo a efectos de antigüedad. Durante los tres primeros años se ostentará derecho para la reincorporación al servicio activo en la misma categoría y área de salud de origen o, si ello no fuera posible, en áreas limítrofes con aquella.

49. c) Dos años (ver apartado 11.6.).

El artículo 67.2 del Estatuto Marco del personal estatutario de los servicios de salud, señala que en los supuestos de excedencia voluntaria por interés particular y excedencia voluntaria del personal estatutario que, cuando finalizada la causa que determinó el pase a una situación distinta a la de activo, incumplan la obligación de solicitar el reingreso al servicio activo en el plazo que se determine en cada servicio de salud, el tiempo mínimo de permanencia en la situación de excedencia voluntaria será de dos años.

50. d) Economía procesal (ver apartado 12.1.).

Según el artículo 71.1 del Estatuto Marco, el régimen disciplinario responderá a los principios de tipicidad, eficacia y proporcionalidad en todo el Sistema Nacional de Salud, y su procedimiento, a los de inmediatez, economía procesal y pleno respeto de los derechos y garantías correspondientes.

51. b) 6 meses (ver apartado 12.6.).

Según el artículo 75.2 del Estatuto Marco, cuando la suspensión provisional se produzca como consecuencia de expediente disciplinario, no podrá exceder de seis meses, salvo paralización del procedimiento imputable al interesado.

52. c) Puede imponerse por falta grave (ver apartado 12.4.).

 Según la letra c) del artículo 73.1 del Estatuto Marco, Cuando esta sanción se imponga por faltas muy graves, no podrá superar los seis años ni será inferior a los dos años; si se impusiera por faltas graves, no superará los dos años. Así que se puede aplicar tanto para faltas muy graves como para faltas graves.

53. c) El régimen de incompatibilidades establecido con carácter general para los funcionarios públicos, con las normas específicas que se determinan en la Ley 55/2003 (ver apartado 13.).

Según el artículo 76.1 del Estatuto Marco, resultará de aplicación al personal estatutario el régimen de incompatibilidades establecido con carácter general para los funcionarios públicos, con las normas específicas que se determinan en esta ley. En relación con el régimen de compatibilidad entre las funciones sanitarias y docentes, se estará a lo que establezca la legislación vigente.

54. c) Concurrencia competitiva (ver apartado 13.).

Según el artículo 77.1 del Estatuto Marco, será compatible el disfrute de becas y ayudas de ampliación de estudios concedidas en régimen de concurrencia competitiva al amparo de programas oficiales de formación y perfeccionamiento del personal, siempre que para participar en tales acciones se requiera la previa propuesta favorable del servicio de salud en el que se esté destinado y que las bases de la convocatoria no establezcan lo contrario.

55. d) La Ley Orgánica 11/1985, de 2 de agosto, de Libertad Sindical y en la Constitución (ver apartado 14.).

La negociación colectiva de las condiciones de trabajo del personal estatutario de los servicios de salud se efectuará mediante la capacidad representativa reconocida a las organizaciones sindicales en la Constitución y en la Ley Orgánica 11/1985, de 2 de agosto, de Libertad Sindical (artículo 79.1 de la Ley 55/2003, de 16 de diciembre, del Estatuto Marco del personal estatutario de los servicios de salud).

56. b) Voluntad negociadora y buena fe (ver apartado 14.).

A tenor del artículo 80.3 de la Ley 55/2003, de 16 de diciembre, del Estatuto Marco del personal estatutario de los servicios de salud, la negociación colectiva estará presidida por los principios de buena fe y de voluntad negociadora, debiendo facilitarse las partes la información que resulte necesaria para la eficacia de la negociación.

TEST N.º 4

Ley 31/1995, de 8 de noviembre, de Prevención de Riesgos Laborales

1. Los representantes de los trabajadores con competencia en materia de prevención de riesgos laborales es/son:

a) Los miembros de la Junta de personal, Junta Facultativa y Junta de Enfermería.
b) Los técnicos de prevención de riesgos laborales.
c) El Servicio de Medicina Preventiva.
d) Los delegados de prevención.

2. ¿Qué se entiende por "riesgo laboral"?

a) La posibilidad de que un trabajador sufra un determinado daño derivado del trabajo.
b) La posibilidad de que un trabajador sufra una enfermedad en el trabajo.
c) La posibilidad de que un trabajador sufra acoso.
d) El riesgo que supone el ir a trabajar.

3. ¿Quién debe garantizar a los trabajadores la vigilancia periódica de su estado de salud en función de los riesgos inherentes al trabajo?

a) La Inspección de Trabajo.
b) El propio trabajador.
c) El empresario.
d) Las secciones sindicales.

4. El derecho básico reconocido a los trabajadores por la Ley 31/1995, de 8 de noviembre, es:

a) La vigilancia de su estado de salud.
b) Una protección eficaz en materia de seguridad y salud en el trabajo.
c) La formación en materia preventiva.
d) La información, consulta y participación.

5. Indica cuál es la definición de prevención:

a) La probabilidad racional de que un riesgo se materialice de forma inminente.

b) El estudio de los procesos potencialmente peligrosos para el trabajo.

c) Conjunto de actividades o medidas adoptadas o previstas en todas las fases de actividad de la empresa con el fin de evitar o disminuir los riesgos derivados del trabajo.

d) Posibilidad de que un trabajador sufra un determinado daño derivado del trabajo.

6. Quedan bajo el ámbito de la Ley de Prevención de Riesgos Laborales:

a) La totalidad de las relaciones laborales reguladas en el Estatuto de los Trabajadores.

b) La totalidad de las relaciones laborales establecidas en el ámbito de las funciones públicas de policía y seguridad.

c) Las relaciones laborales de carácter especial del servicio del hogar familiar.

d) La totalidad de las relaciones laborales establecidas en los servicios operativos de protección civil y peritaje forense.

7. Entre los principios de la acción preventiva recogidos por el artículo 15 de la Ley de Prevención de Riesgos Laborales, no figura:

a) Evitar los riesgos.

b) Evaluar los riesgos que se puedan evitar.

c) Tener en cuenta la evolución de la técnica.

d) Dar las debidas instrucciones a los trabajadores.

8. ¿Cuántos delegados de prevención se deberán elegir en empresas entre 3001 y 4000 trabajadores?

a) 5.

b) 6.

c) 7.

d) 8.

9. En las empresas de hasta 30 trabajadores, el Delegado de Prevención será:

a) El propio empresario.

b) El trabajador más antiguo.

c) El trabajador de mayor cualificación.

d) El delegado de personal.

10. Según la Ley de Prevención de Riesgos Laborales, se constituirá un Comité de Seguridad y Salud en todas las empresas o centros de trabajo que cuenten con:

a) 30 o más trabajadores.

b) 50 o más trabajadores.

c) 75 o más trabajadores.

d) 100 o más trabajadores.

11. Entre las obligaciones de los trabajadores recogidas por la Ley de Prevención de Riesgos Laborales, no figura:

a) Informar directamente al empresario de cualquier situación que entrañe riesgo para la seguridad o salud de los trabajadores.

b) Contribuir al cumplimiento de las obligaciones establecidas por la autoridad competente con el fin de proteger la seguridad y la salud de los trabajadores en el trabajo.

c) Cooperar con el empresario para que este pueda garantizar unas condiciones de trabajo que sean seguras y no entrañen riesgos para la seguridad y la salud de los trabajadores.

d) Utilizar correctamente los medios y equipos de protección facilitados por el empresario, de acuerdo con las instrucciones recibidas de este.

12. La Ley 31/1995, de 8 de noviembre, de Prevención de Riesgos Laborales, ¿se aplica a los empleados de la Administración Pública?

a) Sí, sin distinciones.

b) A los funcionarios sí, al personal laboral no.

c) Al personal laboral sí, a los funcionarios no.

d) No se aplica ni a funcionarios ni a personal laboral.

13. El órgano paritario y colegiado de participación destinado a la consulta regular y periódica de las actuaciones de la empresa en materia de prevención de riesgos, es:

a) El Comité de Empresa.

b) El Consejo de Vigilancia de la Prevención.

c) La Comisión de Evaluación de Riesgos Laborales.

d) El Comité de Seguridad y Salud.

14. La acción preventiva en la empresa:

a) Se planificará por el Comité de Seguridad y Salud a partir de una evaluación inicial de riesgos.

b) Se planificará por los Delegados de Prevención a partir de una evaluación inicial de riesgos.

c) Se planificará por el empresario a partir de una evaluación inicial de riesgos.

d) Se planificará por los Delegados de Personal a partir de una evaluación inicial de riesgos.

15. ¿Cuándo se deben utilizar los equipos de protección individual?

a) Siempre.
b) Cuando los riesgos no hayan sido evaluados.
c) Cuando los riesgos no se puedan evitar o no puedan limitarse.
d) Cuando el trabajador lo estime oportuno.

16. Cuando los trabajadores estén expuestos a un riesgo grave e inminente con ocasión de su trabajo, y el empresario no adopte o no permita la adopción de las medidas necesarias para garantizar la seguridad y la salud de los trabajadores, la Ley 31/1995, de 8 de noviembre, de Prevención de Riesgos Laborales prevé:

a) Los trabajadores afectados podrán paralizar la actividad.
b) El órgano de representación del personal instará formalmente al empresario a la adopción de las medidas necesarias.
c) Los Delegados de Prevención lo comunicarán a la autoridad laboral, que adoptará las medidas necesarias.
d) El órgano de representación de personal podrá acordar la paralización de la actividad.

17. ¿Pueden los trabajadores efectuar propuestas al empresario y a los órganos de participación para mejorar los niveles de protección de la seguridad y salud en la empresa?

a) No.
b) Sí.
c) Según el tamaño de la empresa.
d) Según el número de trabajadores.

18. Según establece el art. 4 de la Ley 31/1995, de 8 de noviembre, de Prevención de Riesgos Laborales, se define como daños derivados del trabajo:

a) La posibilidad de que un trabajador sufra un determinado daño derivado del trabajo.
b) El que resulte probable racionalmente que se materialice en un futuro inmediato y pueda suponer un daño grave para la salud de los trabajadores.
c) Las enfermedades, patologías o lesiones sufridas con motivo u ocasión del trabajo.
d) Cualquier máquina, aparato, instrumento o instalación utilizada en el trabajo.

19. ¿Debe el trabajador prestar su consentimiento para que le realicen vigilancia de la salud?

a) No.
b) Sí.
c) Depende del número de trabajadores de la empresa.
d) Esta prestación es solo para personal fijo en la empresa.

20. El art. 21 de la LPRL establece los requisitos y el procedimiento para que los representantes legales de los trabajadores acuerden la paralización de la actividad de los trabajadores que están o puedan estar expuestos a un riesgo grave e inminente si el empresario no adopta las medidas necesarias para garantizar la seguridad y salud de los trabajadores. La medida será adoptada por:

a) Acuerdo por mayoría absoluta de sus miembros. Tal acuerdo será comunicado de inmediato a la empresa y a la autoridad laboral, la cual, en el plazo de 48 horas, anulará o ratificará la paralización acordada.

b) Acuerdo por mayoría de 2/3 de sus miembros. Tal acuerdo será comunicado de inmediato a la empresa y a la autoridad laboral, la cual, en el plazo de 24 horas, anulará o ratificará la paralización acordada.

c) Acuerdo por mayoría de sus miembros. Tal acuerdo será comunicado de inmediato a la empresa y a la autoridad laboral, la cual, en el plazo de 48 horas, anulará o ratificará la paralización acordada.

d) Acuerdo por mayoría de sus miembros. Tal acuerdo será comunicado de inmediato a la empresa y a la autoridad laboral, la cual, en el plazo de 24 horas, anulará o ratificará la paralización acordada.

21. El art. 29 de la LPRL establece las obligaciones de los trabajadores en materia de prevención de riesgos. De las siguientes no se considera una obligación del trabajador:

a) Utilizar correctamente los medios y equipos de protección facilitados por el empresario, de acuerdo con las instrucciones recibidas de este.

b) Usar adecuadamente, de acuerdo con su naturaleza y los riesgos previsibles, las máquinas, aparatos, herramientas, sustancias peligrosas, equipos de transporte y, en general, cualesquiera otros medios con los que desarrollen su actividad.

c) Informar de inmediato a su superior jerárquico directo, y a los trabajadores designados para realizar las actualizaciones que consideren oportunas en el equipo de protección individual.

d) No poner fuera de funcionamiento y utilizar correctamente los dispositivos de seguridad existentes o que se instalen en los medios relacionados con su actividad o en los lugares de trabajo en los que esta tenga lugar.

22. Señala la afirmación incorrecta en relación con el art. 35 de la LPRL:

a) Los Delegados de Prevención son los representantes de los trabajadores con funciones específicas en materia de prevención de riesgos en el trabajo.

b) Los Delegados de Prevención serán designados por y entre los representantes del personal.

c) En una empresa de dos mil quinientos trabajadores existirán 6 Delegados de Prevención.

d) En las empresas de treinta y un trabajadores el Delegado de Prevención será el Delegado de Personal.

23. Los instrumentos esenciales para la gestión y aplicación del Plan de Prevención de Riesgos Laborales son:

a) La evaluación de riesgos y la planificación de la actividad preventiva.
b) La evaluación inicial de riesgos y la formación.
c) La planificación y la gestión de la actividad preventiva.
d) La identificación y la evaluación de los riesgos.

24. El posible cambio de puesto de trabajo con riesgo para una trabajadora embarazada:

a) Deberá realizarse en caso de imposibilidad de adaptación del propio puesto.
b) Se hará previo informe en tal sentido del Servicio de Prevención.
c) Se determinará por el empresario, y dará información a los representantes de los trabajadores.
d) Se extenderá al período de lactancia.

25. La prevención de riesgos laborales deberá integrarse en el sistema general de gestión de la empresa a través de:

a) La política preventiva.
b) El plan de prevención.
c) El consenso de las partes.
d) El poder de decisión del empresario.

26. La regulación de los requisitos mínimos que deben reunir las condiciones de trabajo para la protección de la seguridad y la salud de los trabajadores, corresponde a:

a) Las Cortes Generales.
b) El Gobierno de la nación, previa consulta a las organizaciones sindicales y empresariales más representativas.
c) El Consejo de Gobierno de cada Comunidad Autónoma; por delegación del Consejo de Ministros.
d) Los Convenios Colectivos.

27. La Comisión Nacional de Seguridad y Salud en el Trabajo, está compuesta por:

a) Representantes de las organizaciones sindicales y empresariales.
b) Un representante de cada una de las Comunidades Autónomas y representantes de las organizaciones sindicales y empresariales.
c) Representantes de la Administración y representantes de las organizaciones sindicales y empresariales.
d) Un representante de cada una de las Comunidades Autónomas y por igual número de miembros de la Administración General del Estado y, paritariamente con todos los anteriores, por representantes de las organizaciones empresariales y sindicales más representativas.

28. La función de vigilancia y control de la normativa sobre prevención de riesgos laborales corresponde:

a) A la Dirección General de Personal y Desarrollo Profesional.
b) A la Delegación Provincial de Trabajo.
c) A la Inspección de Trabajo y Seguridad Social.
d) Al Servicio de Medicina Preventiva.

29. El empresario deberá constituir un servicio de prevención propio siempre que se trate de empresas que cuenten con:

a) Más de 500 trabajadores.
b) Menos de 250 trabajadores.
c) Más de 250 trabajadores.
d) Más de 250 y menos de 500 trabajadores.

30. Según el art. 32 de la LPRL, en relación con las mutuas de accidente de trabajo y enfermedades profesionales, es cierto que:

a) En ningún caso podrán desarrollar para empresas las funciones correspondientes a los servicios de prevención.
b) Podrán desarrollar, para las empresas a ellas asociadas, las funciones correspondientes a los servicios de prevención, sin ningún tipo de restricción.
c) Podrán desarrollar, para las empresas a ellas asociadas, las funciones correspondientes a los servicios de prevención, siempre que hayan sido objeto de acreditación por la Administración Laboral y previa aprobación de la Administración Sanitaria en cuanto a los aspectos de carácter sanitario.
d) Podrán desarrollar, libremente, las funciones correspondientes a los servicios de prevención de las empresas que así se los soliciten.

Soluciones comentadas

1. d) Los delegados de prevención (ver apartado 6.1).

Según el art. 35.1 de la Ley 31/1995, los Delegados de Prevención son los representantes de los trabajadores con funciones específicas en materia de prevención de riesgos en el trabajo.

2. a) La posibilidad de que un trabajador sufra un determinado daño derivado del trabajo (ver apartado 2.3).

El artículo 4, punto 2º, de la Ley 31/1995, define así Riesgo laboral: la posibilidad de que un trabajador sufra un determinado daño derivado del trabajo.

3. c) El empresario (ver apartado 4.1).

Según el artículo 22.1º de la Ley 31/1995, el empresario garantizará a los trabajadores a su servicio la vigilancia periódica de su estado de salud en función de los riesgos inherentes al trabajo.

4. b) Una protección eficaz en materia de seguridad y salud en el trabajo (ver apartado 4.1).

El principio básico de la Ley 31/1995 es el derecho de los trabajadores a una protección eficaz en materia de seguridad y salud en el trabajo; como así se deduce de su artículo 14.1.

5. c) Conjunto de actividades o medidas adoptadas o previstas en todas las fases de actividad de la empresa con el fin de evitar o disminuir los riesgos derivados del trabajo (ver apartado 2.3).

El artículo 4, punto 1º, define así Prevención: el conjunto de actividades o medidas adoptadas o previstas en todas las fases de actividad de la empresa con el fin de evitar o disminuir los riesgos derivados del trabajo.

6. a) La totalidad de las relaciones laborales reguladas en el Estatuto de los Trabajadores (ver apartado 2.2).

Según el artículo 3 de la Ley 31/1995:

1. Esta Ley y sus normas de desarrollo serán de aplicación tanto en el ámbito de las relaciones laborales reguladas en el texto refundido de la Ley del Estatuto de los

Trabajadores, como en el de las relaciones de carácter administrativo o estatutario del personal al servicio de las Administraciones Públicas, con las peculiaridades que, en este caso, se contemplan en la presente Ley o en sus normas de desarrollo. Ello sin perjuicio del cumplimiento de las obligaciones específicas que se establecen para fabricantes, importadores y suministradores, y de los derechos y obligaciones que puedan derivarse para los trabajadores autónomos. Igualmente serán aplicables a las sociedades cooperativas, constituidas de acuerdo con la legislación que les sea de aplicación, en las que existan socios cuya actividad consista en la prestación de un trabajo personal, con las peculiaridades derivadas de su normativa específica.

Cuando en la presente Ley se haga referencia a trabajadores y empresarios, se entenderán también comprendidos en estos términos, respectivamente, de una parte, el personal con relación de carácter administrativo o estatutario y la Administración pública para la que presta servicios, en los términos expresados en la disposición adicional tercera de esta Ley, y, de otra, los socios de las cooperativas a que se refiere el párrafo anterior y las sociedades cooperativas para las que prestan sus servicios.

2. La presente Ley no será de aplicación en aquellas actividades cuyas particularidades lo impidan en el ámbito de las funciones públicas de:

– Policía, seguridad y resguardo aduanero.

– Servicios operativos de protección civil y peritaje forense en los casos de grave riesgo, catástrofe y calamidad pública.

– Fuerzas Armadas y actividades militares de la Guardia Civil.

No obstante, esta Ley inspirará la normativa específica que se dicte para regular la protección de la seguridad y la salud de los trabajadores que prestan sus servicios en las indicadas actividades.

3. En los centros y establecimientos militares será de aplicación lo dispuesto en la presente Ley, con las particularidades previstas en su normativa específica.

En los establecimientos penitenciarios, se adaptarán a la presente Ley aquellas actividades cuyas características justifiquen una regulación especial, lo que se llevará a efecto en los términos señalados en la Ley 7/1990, de 19 de julio, sobre negociación colectiva y participación en la determinación de las condiciones de trabajo de los empleados públicos.

7. b) Evaluar los riesgos que se puedan evitar (ver apartado 4.4).

Según el artículo 15.1 de la Ley 31/1995, el empresario aplicará las medidas que integran el deber general de prevención citado anteriormente, con arreglo a los siguientes principios generales:

a) Evitar los riesgos.

b) Evaluar los riesgos que no se puedan evitar.

c) Combatir los riesgos en su origen.

d) Adaptar el trabajo a la persona, en particular en lo que respecta a la concepción de los puestos de trabajo, así como a la elección de los equipos y los métodos de trabajo y de producción, con miras, en particular, a atenuar el trabajo monótono y repetitivo y a reducir los efectos del mismo en la salud.

e) Tener en cuenta la evolución de la técnica.

f) Sustituir lo peligroso por lo que entrañe poco o ningún peligro.

g) Planificar la prevención, buscando un conjunto coherente que integre en ella la técnica, la organización del trabajo, las condiciones de trabajo, las relaciones sociales y la influencia de los factores ambientales en el trabajo.

h) Adoptar medidas que antepongan la protección colectiva a la individual.

i) Dar las debidas instrucciones a los trabajadores.

8. c) 7 (ver apartado 6.1.1).

Según el artículo 35.2 de la Ley 31/1995, los Delegados de Prevención serán designados por y entre los representantes del personal, en el ámbito de los órganos de representación previstos en las normas a que nos referimos en la introducción de este apartado, con arreglo a la siguiente escala:

– De 50 a 100 trabajadores: 2 Delegados de Prevención.

– De 101 a 500 trabajadores: 3 Delegados de Prevención.

– De 501 a 1.000 trabajadores: 4 Delegados de Prevención.

– De 1.001 a 2.000 trabajadores: 5 Delegados de Prevención.

– De 2.001 a 3.000 trabajadores: 6 Delegados de Prevención.

– De 3.001 a 4.000 trabajadores: 7 Delegados de Prevención.

– De 4.001 en adelante: 8 Delegados de Prevención.

9. d) El delegado de personal (ver apartado 6.1.1).

Tal como se señala en el artículo 35.2 de la Ley 31/1995, en las empresas de hasta treinta trabajadores el Delegado de Prevención será el Delegado de Personal.

10. b) 50 o más trabajadores (ver apartado 6.2).

Según el artículo 38.2 de la Ley 31/1995, se constituirá un Comité de Seguridad y Salud en todas las empresas o centros de trabajo que cuenten con 50 o más trabajadores.

11. a) Informar directamente al empresario de cualquier situación que entrañe riesgo para la seguridad o salud de los trabajadores (ver apartado 4.2).

Según el artículo 29.2 de la Ley 31/1995, los trabajadores, con arreglo a su formación y siguiendo las instrucciones del empresario, deberán en particular:

1. Usar adecuadamente, de acuerdo con su naturaleza y los riesgos previsibles, las máquinas, aparatos, herramientas, sustancias peligrosas, equipos de transporte y, en general, cualesquiera otros medios con los que desarrollen su actividad.

2. Utilizar correctamente los medios y equipos de protección facilitados por el empresario, de acuerdo con las instrucciones recibidas de este.

3. No poner fuera de funcionamiento y utilizar correctamente los dispositivos de seguridad existentes o que se instalen en los medios relacionados con su actividad o en los lugares de trabajo en los que ésta tenga lugar.

4. Informar de inmediato a su superior jerárquico directo, y a los trabajadores designados para realizar actividades de protección y de prevención o, en su caso, al servicio de prevención, acerca de cualquier situación que, a su juicio, entrañe, por motivos razonables, un riesgo para la seguridad y la salud de los trabajadores.

5. Contribuir al cumplimiento de las obligaciones establecidas por la autoridad competente con el fin de proteger la seguridad y la salud de los trabajadores en el trabajo.

6. Cooperar con el empresario para que éste pueda garantizar unas condiciones de trabajo que sean seguras y no entrañen riesgos para la seguridad y la salud de los trabajadores.

12. a) Sí, sin distinciones (ver apartado 2.2).

Según el artículo 3 de la Ley 31/1995, este Ley y sus normas de desarrollo son de aplicación tanto en el ámbito de las relaciones laborales reguladas en el Texto Refundido de la Ley del Estatuto de los Trabajadores, como en el de las relaciones de carácter administrativo o estatutario del personal al servicio de las Administraciones Públicas, con las peculiaridades que, en este caso, se contemplan en la presente Ley o en sus normas de desarrollo.

13. d) El Comité de Seguridad y Salud (ver apartado 6.2).

Según el artículo 38.1 de la Ley 31/1995, el Comité de Seguridad y Salud es el órgano paritario y colegiado de participación destinado a la consulta regular y periódica de las actuaciones de la empresa en materia de prevención de riesgos.

14. c) Se planificará por el empresario a partir de una evaluación inicial de riesgos (ver apartado 4.3).

Para ello, en el marco de sus responsabilidades, el empresario realizará la prevención de los riesgos laborales mediante:

– La integración de la actividad preventiva en la empresa.

– La adopción de cuantas medidas sean necesarias para la protección de la seguridad y la salud de los trabajadores, con las especialidades previstas en materia de:

* Plan de prevención de riesgos laborales.

* Evaluación de riesgos.

* Información, consulta y participación de los trabajadores.

* Formación de los trabajadores.

* Actuación en casos de emergencia y de riesgo grave e inminente.

* Vigilancia de la salud.

* Constitución de una organización y de los medios necesarios.

– Desarrollo de una acción permanente de seguimiento de la actividad preventiva, con el fin de perfeccionar de manera continua:

* Las actividades de identificación, evaluación y control de los riesgos que no se hayan podido evitar.

* Los niveles de protección existentes.

– Disponer lo necesario para la adaptación de las medidas de prevención señaladas a las modificaciones que puedan experimentar las circunstancias que incidan en la realización del trabajo.

15. c) Cuando los riesgos no se puedan evitar o no puedan limitarse (ver apartado 4.6).

Tal como se indica en el artículo 17.2 de la Ley 31/1995, los equipos de protección individual deberán utilizarse cuando los riesgos no se puedan evitar o no puedan limitarse suficientemente por medios técnicos de protección colectiva o mediante medidas, métodos o procedimientos de organización del trabajo.

16. d) El órgano de representación de personal podrá acordar la paralización de la actividad (ver apartado 4.1).

Esta situación concreta se trata en el artículo 21.3 de la Ley 31/1995.

El artículo 21 establece lo siguiente:

1. Cuando los trabajadores estén o puedan estar expuestos a un riesgo grave e inminente con ocasión de su trabajo, el empresario estará obligado a:

   a) Informar lo antes posible a todos los trabajadores afectados acerca de la existencia de dicho riesgo y de las medidas adoptadas o que, en su caso, deban adoptarse en materia de protección.

   b) Adoptar las medidas y dar las instrucciones necesarias para que, en caso de peligro grave, inminente e inevitable, los trabajadores puedan interrumpir su actividad y, si fuera necesario, abandonar de inmediato el lugar de trabajo. En este supuesto no podrá exigirse a los trabajadores que reanuden su actividad mientras persista el peligro, salvo excepción debidamente justificada por razones de seguridad y determinada reglamentariamente.

c) Disponer lo necesario para que el trabajador que no pudiera ponerse en contacto con su superior jerárquico, ante una situación de peligro grave e inminente para su seguridad, la de otros trabajadores o la de terceros a la empresa, esté en condiciones, habida cuenta de sus conocimientos y de los medios técnicos puestos a su disposición, de adoptar las medidas necesarias para evitar las consecuencias de dicho peligro.

2. De acuerdo con lo previsto en el apartado 1 del artículo 14 de la presente Ley, el trabajador tendrá derecho a interrumpir su actividad y abandonar el lugar de trabajo, en caso necesario, cuando considere que dicha actividad entraña un riesgo grave e inminente para su vida o su salud.

3. Cuando en el caso a que se refiere el apartado 1 de este artículo el empresario no adopte o no permita la adopción de las medidas necesarias para garantizar la seguridad y la salud de los trabajadores, los representantes legales de éstos podrán acordar, por mayoría de sus miembros, la paralización de la actividad de los trabajadores afectados por dicho riesgo. Tal acuerdo será comunicado de inmediato a la empresa y a la autoridad laboral, la cual, en el plazo de veinticuatro horas, anulará o ratificará la paralización acordada.

El acuerdo a que se refiere el párrafo anterior podrá ser adoptado por decisión mayoritaria de los Delegados de Prevención cuando no resulte posible reunir con la urgencia requerida al órgano de representación del personal.

4. Los trabajadores o sus representantes no podrán sufrir perjuicio alguno derivado de la adopción de las medidas a que se refieren los apartados anteriores, a menos que hubieran obrado de mala fe o cometido negligencia grave.

17. b) Sí (ver apartado 4.1).

En el artículo 18.2 de la Ley 31/1995, se indica que, los trabajadores tienen derecho a efectuar propuestas al empresario, así como a los órganos de participación y representación, dirigidas a la mejora de los niveles de protección de la seguridad y la salud en la empresa.

18. c) Las enfermedades, patologías o lesiones sufridas con motivo u ocasión del trabajo (ver apartado 2.3).

En el artículo 4, punto 3º, de la Ley 31/1995, se define así Daños derivados del trabajo: las enfermedades, patologías o lesiones sufridas con motivo u ocasión del trabajo.

19. b) Sí (ver apartado 4.1).

Según el artículo 22.1 de la Ley 31/1995, el empresario garantizará a los trabajadores a su servicio la vigilancia periódica de su estado de salud en función de los riesgos inherentes al trabajo.

Esta vigilancia sólo podrá llevarse a cabo cuando el trabajador preste su consentimiento. De este carácter voluntario sólo se exceptuarán, previo informe de los representantes de los trabajadores, los supuestos en los que la realización de los reconocimientos sea imprescindible para evaluar los efectos de las condiciones de trabajo sobre la salud de los trabajadores o para verificar si el estado de salud del trabajador puede constituir un peligro para el mismo, para los demás trabajadores o para otras personas relacionadas con la empresa o cuando así esté establecido en una disposición legal en relación con la protección de riesgos específicos y actividades de especial peligrosidad.

En todo caso se deberá optar por la realización de aquellos reconocimientos o pruebas que causen las menores molestias al trabajador y que sean proporcionales al riesgo.

20. d) Acuerdo por mayoría de sus miembros. Tal acuerdo será comunicado de inmediato a la empresa y a la autoridad laboral, la cual, en el plazo de 24 horas, anulará o ratificará la paralización acordada (ver apartado 4.1).

Según el artículo 21 de la Ley 31/1995:

1. Cuando los trabajadores estén o puedan estar expuestos a un riesgo grave e inminente con ocasión de su trabajo, el empresario estará obligado a:

    a) Informar lo antes posible a todos los trabajadores afectados acerca de la existencia de dicho riesgo y de las medidas adoptadas o que, en su caso, deban adoptarse en materia de protección.

    b) Adoptar las medidas y dar las instrucciones necesarias para que, en caso de peligro grave, inminente e inevitable, los trabajadores puedan interrumpir su actividad y, si fuera necesario, abandonar de inmediato el lugar de trabajo. En este supuesto no podrá exigirse a los trabajadores que reanuden su actividad mientras persista el peligro, salvo excepción debidamente justificada por razones de seguridad y determinada reglamentariamente.

    c) Disponer lo necesario para que el trabajador que no pudiera ponerse en contacto con su superior jerárquico, ante una situación de peligro grave e inminente para su seguridad, la de otros trabajadores o la de terceros a la empresa, esté en condiciones, habida cuenta de sus conocimientos y de los medios técnicos puestos a su disposición, de adoptar las medidas necesarias para evitar las consecuencias de dicho peligro.

2. De acuerdo con lo previsto en el apartado 1 del artículo 14 de la presente Ley, el trabajador tendrá derecho a interrumpir su actividad y abandonar el lugar de trabajo, en caso necesario, cuando considere que dicha actividad entraña un riesgo grave e inminente para su vida o su salud.

3. Cuando en el caso a que se refiere el apartado 1 de este artículo el empresario no adopte o no permita la adopción de las medidas necesarias para garantizar la seguridad y la salud de los trabajadores, los representantes legales de éstos podrán acordar, por mayoría de sus miembros, la paralización de la actividad de los trabajadores afectados por dicho riesgo. Tal acuerdo será comunicado de inmediato a la empresa y a la autoridad laboral, la cual, en el plazo de veinticuatro horas, anulará o ratificará la paralización acordada.

El acuerdo a que se refiere el párrafo anterior podrá ser adoptado por decisión mayoritaria de los Delegados de Prevención cuando no resulte posible reunir con la urgencia requerida al órgano de representación del personal.

4. Los trabajadores o sus representantes no podrán sufrir perjuicio alguno derivado de la adopción de las medidas a que se refieren los apartados anteriores, a menos que hubieran obrado de mala fe o cometido negligencia grave.

21. c) Informar de inmediato a su superior jerárquico directo, y a los trabajadores designados para realizar las actualizaciones que consideren oportunas en el equipo de protección individual (ver apartado 4.2).

Según el artículo 29.2 de la Ley 31/1995, los trabajadores, con arreglo a su formación y siguiendo las instrucciones del empresario, deberán en particular:

1. Usar adecuadamente, de acuerdo con su naturaleza y los riesgos previsibles, las máquinas, aparatos, herramientas, sustancias peligrosas, equipos de transporte y, en general, cualesquiera otros medios con los que desarrollen su actividad.

2. Utilizar correctamente los medios y equipos de protección facilitados por el empresario, de acuerdo con las instrucciones recibidas de este.

3. No poner fuera de funcionamiento y utilizar correctamente los dispositivos de seguridad existentes o que se instalen en los medios relacionados con su actividad o en los lugares de trabajo en los que esta tenga lugar.

4. Informar de inmediato a su superior jerárquico directo, y a los trabajadores designados para realizar actividades de protección y de prevención o, en su caso, al servicio de prevención, acerca de cualquier situación que, a su juicio, entrañe, por motivos razonables, un riesgo para la seguridad y la salud de los trabajadores.

5. Contribuir al cumplimiento de las obligaciones establecidas por la autoridad competente con el fin de proteger la seguridad y la salud de los trabajadores en el trabajo.

6. Cooperar con el empresario para que este pueda garantizar unas condiciones de trabajo que sean seguras y no entrañen riesgos para la seguridad y la salud de los trabajadores.

22. d) En las empresas de treinta y un trabajadores el Delegado de Prevención será el Delegado de Personal (ver apartado 6.1).

El artículo 35 de la Ley 31/1995 dispone lo siguiente:

1. Los Delegados de Prevención son los representantes de los trabajadores con funciones específicas en materia de prevención de riesgos en el trabajo.

2. Los Delegados de Prevención serán designados por y entre los representantes del personal, en el ámbito de los órganos de representación previstos en las normas a que se refiere el artículo anterior, con arreglo a la siguiente escala:

   • De 50 a 100 trabajadores: 2 Delegados de Prevención.

   • De 101 a 500 trabajadores: 3 Delegados de Prevención.

- De 501 a 1.000 trabajadores: 4 Delegados de Prevención.
- De 1.001 a 2.000 trabajadores: 5 Delegados de Prevención.
- De 2.001 a 3.000 trabajadores: 6 Delegados de Prevención.
- De 3.001 a 4.000 trabajadores: 7 Delegados de Prevención.
- De 4.001 en adelante: 8 Delegados de Prevención.

En las empresas de hasta treinta trabajadores el Delegado de Prevención será el Delegado de Personal. En las empresas de treinta y uno a cuarenta y nueve trabajadores habrá un Delegado de Prevención que será elegido por y entre los Delegados de Personal.

3. A efectos de determinar el número de Delegados de Prevención se tendrán en cuenta los siguientes criterios:

   a) Los trabajadores vinculados por contratos de duración determinada superior a un año se computarán como trabajadores fijos de plantilla.

   b) Los contratados por término de hasta un año se computarán según el número de días trabajados en el período de un año anterior a la designación. Cada doscientos días trabajados o fracción se computarán como un trabajador más.

4. No obstante lo dispuesto en el presente artículo, en los convenios colectivos podrán establecerse otros sistemas de designación de los Delegados de Prevención, siempre que se garantice que la facultad de designación corresponde a los representantes del personal o a los propios trabajadores.

Asimismo, en la negociación colectiva o mediante los acuerdos a que se refiere el artículo 83, apartado 3, del Estatuto de los Trabajadores podrá acordarse que las competencias reconocidas en esta Ley a los Delegados de Prevención sean ejercidas por órganos específicos creados en el propio convenio o en los acuerdos citados. Dichos órganos podrán asumir, en los términos y conforme a las modalidades que se acuerden, competencias generales respecto del conjunto de los centros de trabajo incluidos en el ámbito de aplicación del convenio o del acuerdo, en orden a fomentar el mejor cumplimiento en los mismos de la normativa sobre prevención de riesgos laborales.

Igualmente, en el ámbito de las Administraciones públicas se podrán establecer, en los términos señalados en la Ley 7/1990, de 19 de julio, sobre negociación colectiva y participación en la determinación de las condiciones de trabajo de los empleados públicos, otros sistemas de designación de los Delegados de Prevención y acordarse que las competencias que esta Ley atribuye a éstos puedan ser ejercidas por órganos específicos.

23. a) La evaluación de riesgos y la planificación de la actividad preventiva (ver apartado 4.5).

Tal como se indica en el artículo 16.2 de la Ley 31/1995, los instrumentos esenciales para la gestión y aplicación del Plan de prevención de riesgos laborales son:

- La evaluación de riesgos.
- La planificación de la actividad preventiva.

24. a) Deberá realizarse en caso de imposibilidad de adaptación del propio puesto (ver apartado 4.8.2).

Según el artículo 26.2 de la Ley 31/1995, cuando la adaptación de las condiciones o del tiempo de trabajo no resultase posible o, a pesar de tal adaptación, las condiciones de un puesto de trabajo pudieran influir negativamente en la salud de la trabajadora embarazada o del feto, y así lo certifiquen los Servicios Médicos del Instituto Nacional de la Seguridad Social o de las Mutuas, en función de la Entidad con la que la empresa tenga concertada la cobertura de los riesgos profesionales, con el informe del médico del Servicio Nacional de Salud que asista facultativamente a la trabajadora, esta deberá desempeñar un puesto de trabajo o función diferente y compatible con su estado.

25. b) El plan de prevención (ver apartado 4.5).

Según el artículo 16.1 de la Ley 31/1995, la prevención de riesgos laborales deberá integrarse en el sistema general de gestión de la empresa, tanto en el conjunto de sus actividades como en todos los niveles jerárquicos de ésta, a través de la implantación y aplicación de un plan de prevención de riesgos laborales a que se refiere el párrafo siguiente.

Este plan de prevención de riesgos laborales deberá incluir la estructura organizativa, las responsabilidades, las funciones, las prácticas, los procedimientos, los procesos y los recursos necesarios para realizar la acción de prevención de riesgos en la empresa, en los términos que reglamentariamente se establezcan.

Por su parte, el artículo 2 del Real Decreto 39/1997, de 17 de enero, por el que se aprueba el Reglamento de los Servicios de Prevención, señala que, el Plan de prevención de riesgos laborales es la herramienta a través de la cual se integra la actividad preventiva de la empresa en su sistema general de gestión y se establece su política de prevención de riesgos laborales.

26. b) El Gobierno de la nación, previa consulta a las organizaciones sindicales y empresariales más representativas (ver apartado 3.2).

Según el artículo 6.1 de la Ley 31/1995, el Gobierno, a través de las correspondientes normas reglamentarias y previa consulta a las organizaciones sindicales y empresariales más representativas, regulará las materias que a continuación se relacionan:

a) Requisitos mínimos que deben reunir las condiciones de trabajo para la protección de la seguridad y la salud de los trabajadores.

b) Limitaciones o prohibiciones que afectarán a las operaciones, los procesos y las exposiciones laborales a agentes que entrañen riesgos para la seguridad y la salud de los trabajadores. Específicamente podrá establecerse el sometimiento de estos procesos u operaciones a trámites de control administrativo, así como, en el caso de agentes peligrosos, la prohibición de su empleo.

c) Condiciones o requisitos especiales para cualquiera de los supuestos contemplados en el apartado anterior, tales como la exigencia de un adiestramiento o formación previa o la elaboración de un plan en el que se contengan las medidas preventivas a adoptar.

d) Procedimientos de evaluación de los riesgos para la salud de los trabajadores, normalización de metodologías y guías de actuación preventiva.

e) Modalidades de organización, funcionamiento y control de los servicios de prevención, considerando las peculiaridades de las pequeñas empresas con el fin de evitar obstáculos innecesarios para su creación y desarrollo, así como capacidades y aptitudes que deban reunir los mencionados servicios y los trabajadores designados para desarrollar la acción preventiva.

f) Condiciones de trabajo o medidas preventivas específicas en trabajos especialmente peligrosos, en particular si para los mismos están previstos controles médicos especiales, o cuando se presenten riesgos derivados de determinadas características o situaciones especiales de los trabajadores.

g) Procedimiento de calificación de las enfermedades profesionales, así como requisitos y procedimientos para la comunicación e información a la autoridad competente de los daños derivados del trabajo.

27. d) Un representante de cada una de las Comunidades Autónomas y por igual número de miembros de la Administración General del Estado y, paritariamente con todos los anteriores, por representantes de las organizaciones empresariales y sindicales más representativas (ver apartado 3.9).

Según el artículo 13.2 de la Ley 31/1995, la Comisión Nacional de Seguridad y Salud en el Trabajo estará integrada por un representante de cada una de las Comunidades Autónomas y por igual número de miembros de la Administración General del Estado y, paritariamente con todos los anteriores, por representantes de las organizaciones empresariales y sindicales más representativas.

28. c) A la Inspección de Trabajo y Seguridad Social (ver apartado 3.5).

Según el artículo 9.1 de la Ley 31/1995, corresponde a la Inspección de Trabajo y Seguridad Social la función de la vigilancia y control de la normativa sobre prevención de riesgos laborales.

29. a) Más de 500 trabajadores (ver apartado 5.3).

Según el artículo 14 del Real Decreto 39/1997, de 17 de enero, por el que se aprueba el Reglamento de los Servicios de Prevención, el empresario deberá constituir un servicio de prevención propio cuando concurra alguno de los siguientes supuestos:

a) Que se trate de empresas que cuenten con más de 500 trabajadores.

b) Que, tratándose de empresas de entre 250 y 500 trabajadores, desarrollen alguna de las actividades incluidas en el anexo I.

c) Que, tratándose de empresas no incluidas en los apartados anteriores, así lo decida la autoridad laboral, previo informe de la Inspección de Trabajo y Seguridad Social y, en su caso, de los órganos técnicos en materia preventiva de las Comunidades Autónomas, en función de la peligrosidad de la actividad desarrollada o de la frecuencia o gravedad de la siniestralidad en la empresa, salvo que se opte por el concierto con una entidad especializada ajena a la empresa de conformidad con lo dispuesto en el artículo 16 de esta disposición.

Teniendo en cuenta las circunstancias existentes, la resolución de la autoridad laboral fijará un plazo, no superior a un año, para que, en el caso de que se optase por un servicio de prevención propio, la empresa lo constituya en dicho plazo. Hasta la fecha señalada en la resolución, las actividades preventivas en la empresa deberán ser concertadas con una entidad especializada ajena a la empresa, salvo de aquellas que vayan siendo asumidas progresivamente por la empresa mediante la designación de trabajadores, hasta su plena integración en el servicio de prevención que se constituya.

30. a) En ningún caso podrán desarrollar para empresas las funciones correspondientes a los servicios de prevención (ver apartado 5.4).

Según el artículo 32 de la Ley 31/1995, las Mutuas Colaboradoras con la Seguridad Social no podrán desarrollar las funciones correspondientes a los servicios de prevención ajenos, ni participar con cargo a su patrimonio histórico en el capital social de una sociedad mercantil en cuyo objeto figure la actividad de prevención.

TEST
PARTE ESPECÍFICA

TEST N.º 1

Legislación farmacéutica y de relación con la asistencia al paciente. Real Decreto Legislativo 1/2015, de 24 de julio, por el que se aprueba el texto refundido de la Ley de garantías y uso racional de los medicamentos y productos sanitarios. Funciones del personal técnico de farmacia

1. La Ley 29/2006, de julio, de Garantías y Uso Racional de los Medicamentos y productos Sanitarios, ha sido derogada por:

a) Ley 1/2015 de 24 de agosto.
b) Real Decreto legislativo 1/2015, de 24 de julio.
c) Ley Orgánica 1/2015 de 10 de abril.
d) Decreto legislativo 1/2015, de 26 de enero.

2. El Real Decreto Legislativo 1/2015, de 24 de julio, por el que se aprueba el Texto Refundido de la Ley de Garantías y Uso Racional de los Medicamentos y Productos Sanitarios. Dicho Real Decreto Legislativo se estructura:

a) En un título preliminar, y diez títulos, más 16 disposiciones adicionales, 2 transitorias, 1 derogatoria y 1 final.
b) En un título preliminar, y ocho títulos, más 6 disposiciones adicionales, 3 transitorias, 1 derogatoria y 1 final.
c) En un título preliminar, y once títulos, más 16 disposiciones adicionales, 3 transitorias, 1 derogatoria, y 2 finales.
d) En un título preliminar, y diez títulos, más 4 disposiciones adicionales, 3 transitorias, 1 derogatoria y 1 final.

3. El Real Decreto Legislativo 1/2015, de 24 de julio, por el que se aprueba el Texto Refundido de la Ley de Garantías y Uso Racional de los Medicamentos y Productos Sanitario. regula en su artículo 1:

a) Los medicamentos de uso humano y productos sanitarios, su investigación clínica, su evaluación, autorización, registro, fabricación, elaboración, control de calidad, almacenamiento, distribución, circulación, trazabilidad, comercialización, información y publicidad, importación y exportación, prescripción y dispensación, seguimiento de la relación beneficio-riesgo, así como la ordenación de su uso racional y el procedimiento para, en su caso, la financiación con fondos públicos.

b) La actuación de las personas físicas o jurídicas en cuanto intervienen en la circulación industrial o comercial y en la prescripción o dispensación de los medicamentos y productos sanitarios.

c) La ley, los criterios y exigencias generales aplicables a los medicamentos veterinarios y, en particular, a los especiales, como las fórmulas magistrales, y los relativos a los elaborados industrialmente incluidas las premezclas para piensos medicamentosos.

d) Todas son correctas.

4. Señala lo correcto. El Real Decreto Legislativo 1/2015, de 24 de julio, por el que se aprueba el Texto Refundido de la Ley de Garantías y Uso Racional de los Medicamentos y Productos Sanitarios. Define en su artículo 2 "Medicamento de uso Humano:

a) Es una sustancia o conjunto de sustancias, que administrada interiormente a un organismo animal, sirve para prevenir, curar o aliviar una enfermedad y corregir o reparar las secuelas de esta.

b) Es una sustancia o conjunto de sustancias, que administrada exteriormente a un organismo animal, sirve para prevenir o aliviar una enfermedad y corregir o reparar las secuelas de esta.

c) Toda sustancia o combinación de sustancias que se presente como poseedora de propiedades para el tratamiento o prevención de enfermedades en seres humanos o que pueda usarse en seres humanos o administrarse a seres humanos con el fin de restaurar, corregir o modificar las funciones fisiológicas ejerciendo una acción farmacológica, inmunológica o metabólica, o de establecer un diagnóstico médico.

d) Cualquiera de las anteriores.

5. ¿Qué es un principio activo, según el RDL 1/2015?

a) Es toda materia, cualquiera que sea su origen (humano, animal, vegetal, químico o de otro tipo), a la que se atribuye una actividad apropiada para construir un medicamento.

b) Es una sustancia o combinación de sustancias con propiedades para el tratamiento o prevención de enfermedades en seres humanos, que puede administrarse con el fin de restaurar, corregir o modificar las funciones fisiológicas ejerciendo una acción farmacológica, inmunológica o metabólica, o de establecer un diagnóstico médico.

c) Toda sustancia –activa o inactiva– empleada en la fabricación de un medicamento, ya permanezca inalterada, se modifique o desaparezca en el transcurso del proceso.

d) Es aquella materia que, incluida en las formas galénicas, se añade a los principios activos o a sus asociaciones para servirles de vehículo, posibilitar su preparación y estabilidad, modificar sus propiedades organolépticas o determinar las propiedades físicoquímicas del medicamento y su biodisponibilidad.

6. ¿Qué es una fórmula magistral, según el RDL 1/2015?

a) Es todo producto destinado a una posterior transformación industrial por un fabricante autorizado.

b) Es un medicamento destinado a un paciente individualizado, preparado por un farmacéutico, o bajo su dirección, para cumplimentar expresamente una prescripción facultativa detallada de los principios activos que incluye, según las normas de correcta elaboración y control de calidad establecidas al efecto, dispensado en oficina de farmacia o servicio farmacéutico y con la debida información al usuario.

c) Es todo medicamento con la misma composición cualitativa y cuantitativa en principios activos y la misma forma farmacéutica, y cuya bioequivalencia con el medicamento de referencia haya sido demostrada por estudios adecuados de biodisponibilidad.

d) Forma farmacéutica de un principio activo o placebo, que se investiga o se utiliza como referencia en un ensayo clínico, incluidos los productos con autorización cuando se utilicen o combinen (en la formulación o en el envase) de forma diferente a la autorizada, o cuando se utilicen para tratar una indicación no autorizada, o para obtener más información sobre un uso autorizado.

7. ¿Qué es un producto intermedio, según el RDL 1/2015?

a) Es todo medicamento con la misma composición cualitativa y cuantitativa en principios activos y la misma forma farmacéutica, y cuya bioequivalencia con el medicamento de referencia haya sido demostrada por estudios adecuados de biodisponibilidad.

b) Es todo producto destinado a una posterior transformación industrial por un fabricante autorizado.

c) Es un medicamento destinado a un paciente individualizado, preparado por un farmacéutico, o bajo su dirección, para cumplimentar expresamente una prescripción facultativa detallada de los principios activos que incluye, según las normas de correcta elaboración y control de calidad establecidas al efecto, dispensado en oficina de farmacia o servicio farmacéutico y con la debida información al usuario.

d) Cualquier instrumento, dispositivo, equipo, programa informático, material u otro artículo, utilizado solo o en combinación, incluidos los programas informáticos destinados por su fabricante a finalidades específicas de diagnóstico y/o terapia.

8. ¿Qué es un preparado oficinal, según el RDL 1/2015?

a) Es todo producto destinado a una posterior transformación industrial por un fabricante autorizado.

b) Es una sustancia o conjunto de sustancias, que administrada exteriormente a un organismo animal, sirve para prevenir o aliviar una enfermedad y corregir o reparar las secuelas de esta.

c) Es un medicamento elaborado según las normas de correcta elaboración y control de calidad establecidas y garantizado por un farmacéutico o bajo su dirección, dispensado en oficina de farmacia o servicio farmacéutico, enumerado y descrito por el Formulario Nacional, destinado a su entrega directa a los enfermos a los que abastece dicha farmacia o servicio farmacéutico.

d) Todo medicamento que tenga la misma composición cualitativa y cuantitativa en principios activos y la misma forma farmacéutica, y cuya bioequivalencia con el medicamento de referencia haya sido demostrada por estudios adecuados de biodisponibilidad.

9. La disposición a que se adaptan los principios activos y excipientes para constituir un medicamento se denomina:

a) Forma farmacéutica.
b) Forma galénica.
c) Medicamento genérico.
d) Las repuestas a) y b) son correctas.

10. Según El Real Decreto Legislativo 1/2015, de 24 de julio, por el que se aprueba el Texto Refundido de la Ley de Garantías y Uso Racional de los Medicamentos y Productos Sanitarios, , se considera "producto sanitario": cualquier instrumento, dispositivo, equipo, programa informático, material u otro artículo, utilizado solo o en combinación, incluidos los programas informáticos destinados por su fabricante a finalidades específicas de diagnóstico y/o terapia y que intervengan en su buen funcionamiento, destinado por el fabricante a ser utilizado en seres humanos con fines de:

a) Diagnóstico, prevención, control, tratamiento o alivio de una enfermedad.
b) Diagnóstico, control, tratamiento, alivio o compensación de una lesión o de una deficiencia.
c) Investigación, sustitución o modificación de la anatomía o de un proceso fisiológico.
d) Todas las respuestas son correctas.

11. La disposición a que se adaptan los principios activos y excipientes para constituir un medicamento se denomina:

a) Principio activo.
b) Excipiente.
c) Producto intermedio.
d) Forma galénica.

12. Un medicamento elaborado en la farmacia por un farmacéutico, o bajo su dirección, descrito en el formulario nacional y dirigido a los clientes de dicha farmacia se denomina:

a) Preparado oficinal.
b) Fórmula magistral.
c) Medicamento genérico.
d) Todas son falsas.

13. Cualquier instrumento, dispositivo, equipo, programa informático, material u otro artículo, utilizado solo o en combinación, incluidos los programas informáticos destinados por su fabricante a finalidades específicas de diagnóstico y/o terapia, se denomina:

a) Material sanitario.
b) Producto sanitario.
c) Preparado sanitario.
d) Producto de parafarmacia.

14. Según el Real Decreto Legislativo 1/2015, tendrán el tratamiento legal de medicamentos:

a) Las sustancias o combinaciones de sustancias autorizadas para su empleo en ensayos clínicos.
b) Las sustancias o combinaciones de sustancias de las que se desconozca su composición, pero tengan una denominación oficial.
c) Los preparados magistrales.
d) Los medicamentos notificados por la AEMPS.

15. Toda sustancia, sustancias o mezclas que, sin tener la consideración legal de medicamentos, productos sanitarios, cosméticos o biocidas, están destinados a ser aplicados sobre la piel, dientes o mucosas del cuerpo humano con finalidad de higiene o de estética, o para neutralizar o eliminar ectoparásitos, es considerada:

a) Producto cosmético.
b) Producto sanitario.
c) Producto de cuidado personal.
d) Producto higiénico.

16. Señala cuál No es una función de los excipientes:

a) Son el ingrediente que lleva el principio activo.
b) Facilitan la administración el principio activo.
c) Mejoran la eficacia del principio activo.
d) Aseguran la estabilidad y conservación del principio activo.

17. ¿Qué tipo de medicamento es el que tiene la misma composición cualitativa y cuantitativa en principios activos y la misma forma farmacéutica, y cuya bioequivalencia con el medicamento de referencia ha sido demostrada por estudios de biodisponibilidad?

a) Medicamento galénico.
b) Medicamento genérico.
c) Fórmula magistral de referencia.
d) Medicamento publicitario.

18. La custodia, conservación y dispensación de medicamentos de uso humano corresponderá exclusivamente a:

a) Oficinas de farmacia.
b) Servicios de farmacia de los hospitales.
c) Servicios de farmacia de los centros de salud y estructuras de atención primaria SNS.
d) Todas son correctas.

19. Según el RDL 1/2015, en su artículo 8, ¿cuál de ellos NO es un medicamento?

a) Las fórmulas magistrales.
b) Los preparados oficinales.
c) Los medicamentos especiales previstos en esta ley.
d) Los medicamentos de uso humano y veterinario no elaborados industrialmente.

20. Tienen el tratamiento legal de medicamentos a efectos de ley del medicamento:

a) Sustancias o combinaciones de sustancias autorizadas para su empleo en ensayo clínico.
b) Los remedios secretos.
c) Aquellos medicamentos de los que se desconoce aún su composición y características.
d) Todas son correctas.

21. Aquel medicamento preparado por un farmacéutico o bajo su dirección, dispensado en oficina de farmacia o servicio farmacéutico, enumerado y descrito en el Formulario Nacional, y destinado a la entrega directa a los enfermos se corresponde con:

a) Preparado oficinal.
b) Fórmula magistral.
c) Fórmula magistral tipificada.
d) Materia prima.

22. Señala la respuesta incorrecta. Son medicamentos legalmente reconocidos por la ley:

a) Los medicamentos de uso humano y veterinarios elaborados industrialmente.
b) Las fórmulas magistrales.
c) Los preparados oficinales.
d) Los productos dietoterapéuticos.

23. ¿Quién es el encargado de autorizar la comercialización de un medicamento en España?

a) La Organización Mundial de la Salud.
b) La Real Farmacopea Española.

c) La Agencia Española de Medicamentos y Productos Sanitarios.

d) La cartera de servicios de la CC. AA.

24. Según la LGURM, para que la AEMPS autorice un medicamento este debe satisfacer las siguientes condiciones:

a) Alcanzar los requisitos de calidad que se establezcan.

b) Ser seguro.

c) Ser eficaz en las indicaciones terapéuticas para las que se ofrece. Estar correctamente identificado.

d) Todas las respuestas son ciertas.

25. Señala lo incorrecto. ¿Qué condiciones deben cumplir los preparados oficinales?

a) Estar enumerados y descritos en la Real Farmacopea Española.

b) Ser elaborados y garantizados por un farmacéutico de la oficina de farmacia, o del servicio farmacéutico que los dispense.

c) Presentarse y dispensarse necesariamente bajo principio activo o, en su defecto, bajo una denominación común o científica o la expresada en el formulario nacional y en ningún caso bajo marca comercial.

d) Ir acompañados del nombre del farmacéutico que los prepare y de la información suficiente que garantice su correcta identificación y conservación, así como su segura utilización.

26. ¿Quién establece la calidad que den cumplir los principios activos y excipientes que entran en la composición de los medicamentos de uso humano y veterinario?

a) Formulario Nacional.

b) Real Farmacopea Española.

c) AEMPS.

d) Ministerio de Sanidad.

27. De acuerdo con la Ley de garantías y uso racional de los medicamentos y productos sanitarios, señala la respuesta correcta:

a) Los gases medicinales no se consideran medicamentos.

b) La Agencia Española de Medicamentos y Productos Sanitarios no autoriza la comercialización y distribución de las preparaciones homeopáticas.

c) Las fórmulas magistrales solo se podrán elaborar en los servicios farmacéuticos legalmente establecidos que dispongan de los medios necesarios.

d) Los derivados de la sangre, del plasma y el resto de sustancias de origen humano, así como sus correspondientes derivados, cuando se utilicen con finalidad terapéutica, se considerarán medicamentos.

28. El Formulario Nacional:

a) Contendrá las fórmulas magistrales tipificadas.
b) Contendrá los preparados oficinales reconocidos como medicamentos.
c) Contendrá las normas de correcta preparación y control.
d) Todas son correctas.

29. De acuerdo con la Ley de garantías y uso racional de los medicamentos y productos sanitarios, señala la respuesta correcta. Se considera medicamento de terapia génica:

a) La utilización en seres humanos de células somáticas vivas, tanto autólogas, procedentes del propio paciente, como alogénicas, procedentes de otro ser humano, o xenogénicas, procedentes de animales, cuyas características biológicas han sido alteradas sustancialmente como resultado de su manipulación para obtener un efecto terapéutico, diagnóstico o preventivo por medios metabólicos, farmacológicos e inmunológicos.
b) Cualquier producto que, cuando esté preparado para su uso con finalidad terapéutica o diagnóstica, contenga uno o más radionucleidos (isótopos radiactivos).
c) El producto obtenido mediante un conjunto de procesos de fabricación destinados a transferir, *in vivo* o *ex vivo*, un gen profiláctico, de diagnóstico o terapéutico, tal como un fragmento de ácido nucleico, a células humanas/animales y su posterior expresión *in vivo*. La transferencia genética supone un sistema de expresión contenido en un sistema de distribución conocido como vector, que puede ser de origen viral o no viral.
d) Ninguna es correcta.

30. De acuerdo con la Ley de garantías y uso racional de los medicamentos y productos sanitarios, señala la respuesta correcta. Se entiende por precursor:

a) Cualquier producto que, cuando esté preparado para su uso con finalidad terapéutica o diagnóstica, contenga uno o más radionucleidos (isótopos radiactivos).
b) Cualquier sistema que incorpore un radionucleido (radionucleido padre) que en su desintegración origine otro radionucleido (radionucleido hijo) que se utilizará como parte integrante de un radiofármaco.
c) Cualquier preparado industrial que deba combinarse con el radionucleido para obtener el radiofármaco final.
d) Todo radionucleido producido industrialmente para el marcado radiactivo de otras sustancias antes de su administración.

31. De acuerdo con la Ley de garantías y uso racional de los medicamentos y productos sanitarios, señala la respuesta incorrecta. Se considera medicamento homeopático:

a) Al obtenido a partir de sustancias denominadas cepas homeopáticas con arreglo a un procedimiento de fabricación homeopático descrito en la Farmacopea Europea o en la Real Farmacopea Española.

b) Al obtenido a partir de sustancias denominadas cepas génicas con arreglo a un procedimiento de fabricación homeopático descrito en la Farmacopea Europea o en la Real Farmacopea Española.

c) Al obtenido a partir de sustancias denominadas cepas axiónicas con arreglo a un procedimiento de fabricación homeopático descrito en la Farmacopea Europea o en la Real Farmacopea Española.

d) Al obtenido a partir de sustancias denominadas somáticas con arreglo a un procedimiento de fabricación homeopático descrito en la Farmacopea Europea o en la Real Farmacopea Española.

32. Señala la respuesta incorrecta. Se consideran gases medicinales licuados:

a) Oxígeno líquido.
b) Nitrógeno líquido.
c) Dióxido de carbono.
d) Protóxido de nitrógeno.

33. Se entiende por ensayo clínico a toda investigación efectuada en seres humanos, con el fin de determinar o confirmar los efectos:

a) Clínicos.
b) Farmacológicos.
c) Farmacodinámicos.
d) Todas son correctas.

34. ¿En qué caso la AEMPS no podrá interrumpir la realización de un ensayo clínico?

a) Si se alteran las condiciones de su autorización.
b) Si se cumplen los principios bioéticos.
c) Para proteger la salud de los sujetos de ensayo.
d) En defensa de la salud pública.

35. ¿Quién no puede prescribir una receta médica?

a) Farmacéutico.
b) Médico.
c) Odontólogo.
d) Podólogo.

36. Los medicamentos podrán ser objeto de publicidad destinada al público siempre que cumplan con unos requisitos; señala cuál No es un requisito:

a) Que no se financien con fondos públicos.
b) Que, por su composición y objetivo, estén destinados y concebidos para su utilización sin la intervención de un médico que realice el diagnóstico, la prescripción o el seguimiento del tratamiento, aunque requieran la intervención de un farmacéutico.

c) Que constituyan sustancias estupefacientes leves.

d) Que no constituyan sustancias psicotrópicas con arreglo a lo definido en los convenios internacionales.

37. Señala la respuesta incorrecta respecto a las prescripciones de medicamentos:

a) Para procesos agudos, la prescripción se hará, de forma general, por principio activo.

b) Para procesos agudos, la prescripción se realiza por marca comercial.

c) Para los procesos crónicos, la primera prescripción, correspondiente a la instauración del primer tratamiento, se hará, de forma general, por principio activo.

d) Para los procesos crónicos cuya prescripción se corresponda con la continuidad de tratamiento, podrá realizarse por denominación comercial, siempre y cuando esta se encuentre incluida en el sistema de precios de referencia o sea la de menor precio dentro de su agrupación homogénea.

38. ¿Qué ventajas proporciona la DCI?

a) La denominación común internacional (DCI) puede ser adaptada con facilidad a otros idiomas, evita posibles confusiones, es fácilmente reconocible y permite identificar sustancias del mismo grupo terapéutico.

b) Facilita el aprendizaje, dado que todos los estudios en Ciencias de la Salud (Farmacia, Medicina, Odontología, Enfermería…) utilizan los principios activos durante su formación en farmacología.

c) Ayuda a evitar errores.

d) Todas son correctas.

39. El uso racional de medicamentos implica:

a) Evaluación apropiada.

b) Paciente apropiado.

c) Indicación apropiada.

d) Todas son correctas.

40. Señala la respuesta incorrecta. La Organización Mundial de la Salud (OMS) dice que para un uso racional es preciso:

a) Que se recete el medicamento apropiado.

b) Que se disponga de este oportunamente y al precio recomendado (coste caro).

c) Que se dispense en las condiciones debidas.

d) Que se tome en la dosis indicada, así como a los intervalos y durante el tiempo prescrito.

Soluciones comentadas

1. **b) Real Decreto legislativo 1/2015, de 24 de julio (ver apartado 1).**

   La Ley 29/2006, de 26 de julio, de Garantías y Uso Racional de los Medicamentos y Productos Sanitarios ha sido derogada por el Real Decreto Legislativo 1/2015, de 24 de julio, por el que se aprueba el Texto Refundido de la Ley de Garantías y Uso Racional de los Medicamentos y Productos Sanitarios.

2. **c) En un título preliminar, y once títulos, más 16 disposiciones adicionales, 3 transitorias, 1 derogatoria, y 2 finales (ver apartado 1).**

   El Real Decreto Legislativo 1/2015, de 24 de julio, por el que se aprueba el Texto Refundido de la Ley de Garantías y Uso Racional de los Medicamentos y Productos Sanitarios. Dicho Real Decreto Legislativo se estructura en un título preliminar, y once títulos, más 16 disposiciones adicionales, 3 transitorias, 1 derogatoria, y 2 finales.

3. **d) Todas son correctas (ver apartado 1.1.1).**

   Objeto y ámbito de aplicación de la Ley (art. 1)

   La Ley regula, en el ámbito de las competencias que corresponden al Estado, los medicamentos de uso humano y productos sanitarios, su investigación clínica, su evaluación, autorización, registro, fabricación, elaboración, control de calidad, almacenamiento, distribución, circulación, trazabilidad, comercialización, información y publicidad, importación y exportación, prescripción y dispensación, seguimiento de la relación beneficio-riesgo, así como la ordenación de su uso racional y el procedimiento para, en su caso, la financiación con fondos públicos. La regulación también se extiende a las sustancias, excipientes y materiales utilizados para su fabricación, preparación o envasado.

   Asimismo, regula la actuación de las personas físicas o jurídicas en cuanto intervienen en la circulación industrial o comercial y en la prescripción o dispensación de los medicamentos y productos sanitarios.

   Regula también la ley los criterios y exigencias generales aplicables a los medicamentos veterinarios y, en particular, a los especiales, como las fórmulas magistrales, y los relativos a los elaborados industrialmente incluidas las premezclas para piensos medicamentosos.

4. **c) Toda sustancia o combinación de sustancias que se presente como poseedora de propiedades para el tratamiento o prevención de enfermedades en seres humanos o que pueda usarse en seres humanos o administrarse a seres humanos con el fin de restaurar, corregir o modificar las funciones fisiológicas ejerciendo una acción farmacológica, inmunológica o metabólica, o de establecer un diagnóstico médico (ver apartado 1.1.2).**

A los efectos de esta ley se entenderá por:

a) «Medicamento de uso humano»: toda sustancia o combinación de sustancias que se presente como poseedora de propiedades para el tratamiento o prevención de enfermedades en seres humanos o que pueda usarse en seres humanos o administrarse a seres humanos con el fin de restaurar, corregir o modificar las funciones fisiológicas ejerciendo una acción farmacológica, inmunológica o metabólica, o de establecer un diagnóstico médico.

5. **a) Es toda materia, cualquiera que sea su origen (humano, animal, vegetal, químico o de otro tipo), a la que se atribuye una actividad apropiada para construir un medicamento (ver apartado 1.1.2).**

«Principio activo» o «sustancia activa»: toda sustancia o mezcla de sustancias destinadas a la fabricación de un medicamento y que, al ser utilizadas en su producción, se convierten en un componente activo de dicho medicamento destinado a ejercer una acción farmacológica, inmunológica o metabólica con el fin de restaurar, corregir o modificar las funciones fisiológicas, o de establecer un diagnóstico.

6. **b) Es un medicamento destinado a un paciente individualizado, preparado por un farmacéutico, o bajo su dirección, para cumplimentar expresamente una prescripción facultativa detallada de los principios activos que incluye, según las normas de correcta elaboración y control de calidad establecidas al efecto, dispensado en oficina de farmacia o servicio farmacéutico y con la debida información al usuario (ver apartado 1.1.2).**

«Fórmula magistral»: el medicamento destinado a un paciente individualizado, preparado por un farmacéutico, o bajo su dirección, para cumplimentar expresamente una prescripción facultativa detallada de los principios activos que incluye, según las normas de correcta elaboración y control de calidad establecidas al efecto, dispensado en oficina de farmacia o servicio farmacéutico y con la debida información al usuario.

7. **b) Es todo producto destinado a una posterior transformación industrial por un fabricante autorizado (ver apartado 1.1.2).**

Producto intermedio. Es todo producto destinado a una posterior transformación industrial por un fabricante autorizado.

8. **c) Es un medicamento elaborado según las normas de correcta elaboración y control de calidad establecidas y garantizado por un farmacéutico o bajo su dirección, dispensado en oficina de farmacia o servicio farmacéutico, enumerado y descrito por el Formulario Nacional, destinado a su entrega directa a los enfermos a los que abastece dicha farmacia o servicio farmacéutico (ver apartado 1.1.2).**

    «Preparado oficial»: aquel medicamento elaborado según las normas de correcta elaboración y control de calidad establecidas al efecto y garantizado por un farmacéutico o bajo su dirección, dispensado en oficina de farmacia o servicio farmacéutico, enumerado y descrito por el Formulario Nacional, destinado a su entrega directa a los enfermos a los que abastece dicha farmacia o servicio farmacéutico.

9. **d) Las repuestas a) y b) son correctas (ver apartado 1.1.2).**

    «Forma galénica» o «forma farmacéutica»: la disposición a que se adaptan los principios activos y excipientes para constituir un medicamento. Se define por la combinación de la forma en la que el producto farmacéutico es presentado por el fabricante y la forma en la que es administrado.

10. **d) Todas las respuestas son correctas (ver apartado 1.1.2).**

    Producto sanitario»: cualquier instrumento, dispositivo, equipo, programa informático, material u otro artículo, utilizado solo o en combinación, incluidos los programas informáticos destinados por su fabricante a finalidades específicas de diagnóstico y/o terapia y que intervengan en su buen funcionamiento, destinado por el fabricante a ser utilizado en seres humanos con fines de:

    1.º Diagnóstico, prevención, control, tratamiento o alivio de una enfermedad.

    2.º Diagnóstico, control, tratamiento, alivio o compensación de una lesión o de una deficiencia.

    3.º Investigación, sustitución o modificación de la anatomía o de un proceso fisiológico.

    4.º Regulación de la concepción.

11. **d) Forma galénica (ver apartado 1.1.2).**

    «Forma galénica» o «forma farmacéutica»: la disposición a que se adaptan los principios activos y excipientes para constituir un medicamento. Se define por la combinación de la forma en la que el producto farmacéutico es presentado por el fabricante y la forma en la que es administrado.

12. **a) Preparado oficial (ver apartado 1.1.2).**

    Preparado oficial»: aquel medicamento elaborado según las normas de correcta elaboración y control de calidad establecidas al efecto y garantizado por un farmacéutico o bajo su dirección, dispensado en oficina de farmacia o servicio farmacéutico, enumerado y descrito por el Formulario Nacional, destinado a su entrega directa a los enfermos a los que abastece dicha farmacia o servicio farmacéutico.

13. b) Producto sanitario (ver apartado 1.1.2).

«Producto sanitario»: cualquier instrumento, dispositivo, equipo, programa informático, material u otro artículo, utilizado solo o en combinación, incluidos los programas informáticos destinados por su fabricante a finalidades específicas de diagnóstico y/o terapia y que intervengan en su buen funcionamiento, destinado por el fabricante a ser utilizado en seres humanos.

14. a) Las sustancias o combinaciones de sustancias autorizadas para su empleo en ensayos clínicos (ver apartado 1.2.1).

Tendrán el tratamiento legal de medicamentos a efectos de la aplicación de esta ley y de su control general, las sustancias o combinaciones de sustancias autorizadas para su empleo en ensayos clínicos o para investigación en animales.

15. c) Producto de cuidado personal (ver apartado 1.1.2).

«Producto de cuidado personal»: sustancias o mezclas que, sin tener la consideración legal de medicamentos, productos sanitarios, cosméticos o biocidas, están destinados a ser aplicados sobre la piel, dientes o mucosas del cuerpo humano con finalidad de higiene o de estética, o para neutralizar o eliminar ectoparásitos.

16. a) Son el ingrediente que lleva el principio activo (ver apartado 1.1.2).

El excipiente es todo componente de un medicamento distinto del principio activo y del material de acondicionamiento.

17. b) Medicamento genérico (ver apartado 1.1.2).

Medicamento genérico»: todo medicamento que tenga la misma composición cualitativa y cuantitativa en principios activos y la misma forma farmacéutica, y cuya bioequivalencia con el medicamento de referencia haya sido demostrada por estudios adecuados de biodisponibilidad.

18. d) Todas son correctas (ver apartado 1.1.3).

La custodia, conservación y dispensación de medicamentos de uso humano corresponderá exclusivamente:

a) A las oficinas de farmacia abiertas al público, legalmente autorizadas.

b) A los servicios de farmacia de los hospitales, de los centros de salud y de las estructuras de atención primaria del Sistema Nacional de Salud para su aplicación dentro de dichas instituciones o para los medicamentos que exijan una particular vigilancia, supervisión y control del equipo multidisciplinar de atención a la salud, de conformidad con la calificación otorgada por la Agencia Española de Medicamentos y Productos Sanitarios (en adelante, AEMPS) para tales medicamentos.

c) En el ámbito del Sistema Nacional de Salud, además de los medicamentos especificados en el punto b) de este apartado, corresponderá a los servicios de farmacia de los hospitales, la custodia, conservación y dispensación de los medicamentos de uso humano en los que el Ministerio de Sanidad, Servicios Sociales e Igualdad (actualmente Ministerio de Sanidad) acuerde establecer reservas singulares, limitando su dispensación sin necesidad de visado a los pacientes no hospitalizados.

19. d) Los medicamentos de uso humano y veterinario no elaborados industrialmente (ver apartado 1.2.1).

Solo serán medicamentos los que se enumeran a continuación:

a) Los medicamentos de uso humano y veterinarios elaborados industrialmente o en cuya fabricación intervenga un proceso industrial.

b) Las fórmulas magistrales.

c) Los preparados oficinales.

d) Los medicamentos especiales previstos en esta ley.

20. a) Sustancias o combinaciones de sustancias autorizadas para su empleo en ensayo clínico (ver apartado 1.2.1).

Tendrán el tratamiento legal de medicamentos a efectos de la aplicación de esta ley y de su control general, las sustancias o combinaciones de sustancias autorizadas para su empleo en ensayos clínicos o para investigación en animales.

Tendrán el tratamiento legal de medicamentos a efectos de la aplicación de esta ley y de su control general, las sustancias o combinaciones de sustancias autorizadas para su empleo en ensayos clínicos o para investigación en animales.

Corresponde a la AEMPS (AEMPS) resolver sobre la atribución de la condición de medicamento.

Los remedios secretos están prohibidos. Serán considerados secretos aquellos productos de los que se desconozca su composición y características.

21. a) Preparado oficinal (ver apartado 1.1.2).

«Preparado oficinal»: aquel medicamento elaborado según las normas de correcta elaboración y control de calidad establecidas al efecto y garantizado por un farmacéutico o bajo su dirección, dispensado en oficina de farmacia o servicio farmacéutico, enumerado y descrito por el Formulario Nacional, destinado a su entrega directa a los enfermos a los que abastece dicha farmacia o servicio farmacéutico.

22. d) Los productos dietoterapéuticos (ver apartado 1.2.1).

Solo serán medicamentos los que se enumeran a continuación:

a) Los medicamentos de uso humano y veterinarios elaborados industrialmente o en cuya fabricación intervenga un proceso industrial.

b) Las fórmulas magistrales.

c) Los preparados oficinales.

d) Los medicamentos especiales previstos en esta ley.

23. c) La Agencia Española de Medicamentos y Productos Sanitarios (ver apartado 1.2.2).

Autorización y registro (art. 9)

Ningún medicamento elaborado industrialmente podrá ser puesto en el mercado sin la previa autorización de la AEMPS e inscripción en el Registro de Medicamentos o sin haber obtenido la autorización de conformidad con lo dispuesto en las normas europeas que establecen los procedimientos comunitarios para la autorización y control de los medicamentos de uso humano y veterinario y que regula la Agencia Europea de Medicamentos.

24. d) Todas las respuestas son ciertas (ver apartado 1.2.2).

Garantías exigibles para la autorización de medicamentos (art. 10)

La AEMPS otorgará la autorización a un medicamento si satisface las siguientes condiciones:

a) Alcanzar los requisitos de calidad que se establezcan.

b) Ser seguro, no produciendo en condiciones normales de utilización efectos tóxicos o indeseables desproporcionados al beneficio que procura.

c) Ser eficaz en las indicaciones terapéuticas para las que se ofrece.

d) Estar correctamente identificado.

e) Suministrar la información precisa, en formato accesible y de forma comprensible por el paciente, para su correcta utilización.

25. a) Estar enumerados y descritos en la Real Farmacopea Española (ver apartado 1.2.4).

Requisitos de los preparados oficinales (art. 43)

Los preparados oficinales deberán cumplir las siguientes condiciones:

a) Estar enumerados y descritos en el Formulario Nacional.

b) Cumplir las normas de la Real Farmacopea Española.

c) Ser elaborados y garantizados por un farmacéutico de la oficina de farmacia, o del servicio farmacéutico que los dispense.

d) Presentarse y dispensarse necesariamente bajo principio activo o, en su defecto, bajo una denominación común o científica o la expresada en el formulario nacional y en ningún caso bajo marca comercial.

e) Ir acompañados del nombre del farmacéutico que los prepare y de la información suficiente que garantice su correcta identificación y conservación, así como su segura utilización.

26. b) Real Farmacopea Española (ver apartado 1.2.2).

La Real Farmacopea Española es el código que establece la calidad que deben cumplir los principios activos y excipientes que entran en la composición de los medicamentos de uso humano y veterinario. Se actualizará y publicará periódicamente.

27. d) Los derivados de la sangre, del plasma y el resto de sustancias de origen humano, así como sus correspondientes derivados, cuando se utilicen con finalidad terapéutica, se considerarán medicamentos (ver apartado 1.2.5).

Medicamentos de origen humano (art. 46)

Los derivados de la sangre, del plasma y el resto de las sustancias de origen humano (fluidos, glándulas, excreciones, secreciones, tejidos y cualesquiera otras sustancias), así como sus correspondientes derivados, cuando se utilicen con finalidad terapéutica, se considerarán medicamentos y estarán sujetos al régimen previsto en esta ley, con las particularidades que se establezcan reglamentariamente según su naturaleza y características.

28. d) Todas son correctas (ver apartado 1.2.4).

Formulario Nacional (art. 44)

El Formulario Nacional contendrá las fórmulas magistrales tipificadas y los preparados oficiales reconocidos como medicamentos, sus categorías, indicaciones y materias primas que intervienen en su composición o preparación, así como las normas de correcta preparación y control de aquellos.

Las oficinas de farmacia y servicios farmacéuticos deben garantizar que disponen de acceso a la documentación correspondiente al Formulario Nacional.

Queda expresamente prohibida la publicidad de fórmulas magistrales y preparados oficiales.

29. c) El producto obtenido mediante un conjunto de procesos de fabricación destinados a transferir, *in vivo* o *ex vivo*, un gen profiláctico, de diagnóstico o terapéutico, tal como un fragmento de ácido nucleico, a células humanas/animales y su posterior expresión *in vivo*. La transferencia genética supone un sistema de

expresión contenido en un sistema de distribución conocido como vector, que puede ser de origen viral o no viral (ver apartado 1.2.5).

Medicamentos de terapia avanzada (art. 47)

Se considera «medicamento de terapia génica», el producto obtenido mediante un conjunto de procesos de fabricación destinados a transferir, *in vivo* o *ex vivo*, un gen profiláctico, de diagnóstico o terapéutico, tal como un fragmento de ácido nucleico, a células humanas/animales y su posterior expresión *in vivo*. La transferencia genética supone un sistema de expresión contenido en un sistema de distribución conocido como vector, que puede ser de origen viral o no viral. El vector puede incluirse asimismo en una célula humana o animal.

30. d) Todo radionucleido producido industrialmente para el marcado radiactivo de otras sustancias antes de su administración (ver apartado 1.2.5).

Radiofármacos (art. 48)

A los efectos de esta ley se entenderá por:

a) Radiofármaco: cualquier producto que, cuando esté preparado para su uso con finalidad terapéutica o diagnóstica, contenga uno o más radionucleidos (isótopos radiactivos).

b) Generador: cualquier sistema que incorpore un radionucleido (radionucleido padre) que en su desintegración origine otro radionucleido (radionucleido hijo) que se utilizará como parte integrante de un radiofármaco.

c) Equipo reactivo: cualquier preparado industrial que deba combinarse con el radionucleido para obtener el radiofármaco final.

d) Precursor: todo radionucleido producido industrialmente para el marcado radiactivo de otras sustancias antes de su administración.

31. a) Al obtenido a partir de sustancias denominadas cepas homeopáticas con arreglo a un procedimiento de fabricación homeopático descrito en la Farmacopea Europea o en la Real Farmacopea Española (ver apartado 1.2.5).

Medicamentos homeopáticos (art. 50)

Se considera medicamento homeopático, de uso humano o veterinario, el obtenido a partir de sustancias denominadas cepas homeopáticas con arreglo a un procedimiento de

fabricación homeopático descrito en la Farmacopea Europea o en la Real Farmacopea Española o, en su defecto, en una farmacopea utilizada de forma oficial en un Estado miembro de la Unión Europea. Un medicamento homeopático podrá contener varios principios activos.

32. c) Dióxido de carbono (ver apartado 1.2.5).

A tales efectos, se entenderá por gases medicinales licuados el oxígeno líquido, nitrógeno líquido y protóxido de nitrógeno líquido, así como cualesquiera otros que, con similares características y utilización, puedan fabricarse en el futuro.

33. d) Todas son correctas (ver apartado 1.3.1).

Ensayos clínicos y estudios observacionales (art. 58)

A los efectos de esta ley, se entiende por ensayo clínico toda investigación efectuada en seres humanos, con el fin de determinar o confirmar los efectos clínicos, farmacológicos, y/o demás efectos farmacodinámicos, y/o de detectar las reacciones adversas, y/o de estudiar la absorción, distribución, metabolismo y eliminación de uno o varios medicamentos en investigación con el fin de determinar su seguridad y/o su eficacia.

34. b) Si se cumplen los principios bioéticos (ver apartado 1.3.2).

La AEMPS podrá interrumpir en cualquier momento la realización de un ensayo clínico o exigir la introducción de modificaciones en su protocolo, en los casos siguientes:

a) Si se viola la ley.

b) Si se alteran las condiciones de su autorización.

c) Si no se cumplen los principios éticos recogidos en el artículo 60 de esta ley.

d) Para proteger la salud de los sujetos del ensayo.

e) En defensa de la salud pública.

35. a) Farmacéutico (ver apartado 1.7.1).

La receta médica y la prescripción hospitalaria (art. 79)

La receta médica, pública o privada, y la orden de dispensación hospitalaria son los documentos que aseguran la instauración de un tratamiento con medicamentos por instrucción de un médico, un odontólogo o un podólogo, en el ámbito de sus competencias respectivas, únicos profesionales con facultad para recetar medicamentos sujetos a prescripción médica.

36. c) Que constituyan sustancias estupefacientes leves (ver apartado 1.7.1).

Garantías en la publicidad de medicamentos y productos sanitarios destinada al público en general (art. 80)

Podrán ser objeto de publicidad destinada al público los medicamentos que cumplan todos los requisitos que se relacionan a continuación:

a) Que no se financien con fondos públicos.

b) Que, por su composición y objetivo, estén destinados y concebidos para su utilización sin la intervención de un médico que realice el diagnóstico, la prescripción o el seguimiento del tratamiento, aunque requieran la intervención de un farmacéutico. Este requisito podrá exceptuarse cuando se realicen campañas de vacunación aprobadas por las autoridades sanitarias competentes.

c) Que no constituyan sustancias psicotrópicas o estupefacientes con arreglo a lo definido en los convenios internacionales.

37. b) Para procesos agudos, la prescripción se realiza por marca comercial (ver apartado 1.7.4).

En el Sistema Nacional de Salud, las prescripciones de medicamentos incluidos en el sistema de precios de referencia o de agrupaciones homogéneas no incluidas en el mismo se efectuarán de acuerdo con el siguiente esquema:

a) Para procesos agudos, la prescripción se hará, de forma general, por principio activo.

b) Para los procesos crónicos, la primera prescripción, correspondiente a la instauración del primer tratamiento, se hará, de forma general, por principio activo.

c) Para los procesos crónicos cuya prescripción se corresponda con la continuidad de tratamiento, podrá realizarse por denominación comercial, siempre y cuando esta se encuentre incluida en el sistema de precios de referencia o sea la de menor precio dentro de su agrupación homogénea.

38. d) Todas son correctas (ver apartado 2.2).

Todos los medicamentos deberían designarse por medio de su denominación común internacional (DCI), ya que esta práctica aportaría numerosas ventajas:

– La denominación común internacional (DCI) puede ser adaptada con facilidad a otros idiomas, evita posibles confusiones, es fácilmente reconocible y permite identificar sustancias del mismo grupo terapéutico.

– Facilita el aprendizaje, dado que todos los estudios en Ciencias de la Salud (Farmacia, Medicina, Odontología, Enfermería…) utilizan los principios activos durante su formación en farmacología.

– Las publicaciones científicas tienen como norma obligatoria la utilización de la DCI en todos los escritos que hagan referencia a un medicamento. Es, además, la terminología utilizada en las guías de práctica clínica y en las fuentes de información de medicamentos.

– El principio activo es el nombre del medicamento que se utiliza en los sistemas de alerta farmacológica y ayuda a la prescripción, que se incorporan a herramientas de prescripción informatizada.

– Ayuda a evitar errores, dado que por una parte los profesionales emplearán en su ejercicio profesional, la misma terminología con la que se formaron y, por otra, los nombres comerciales suelen incluir combinaciones de varios principios activos, por lo que de forma inadvertida se podrían estar prescribiendo sustancias sin un claro objetivo terapéutico.

39. d) Todas son correctas (ver apartado 3).

El Uso Racional de Medicamentos implica:

- Evaluación apropiada.

- Paciente apropiado.

- Indicación apropiada.

- Medicamento apropiado.

- Administración, dosis y duración apropiadas.

- Información apropiada al paciente.

40. b) Que se disponga de este oportunamente y al precio recomendado (coste caro) (ver apartado 3).

La Organización Mundial de la Salud (OMS) dice que "para un uso racional es preciso que se recete el medicamento apropiado, que se disponga de este oportunamente y a un precio asequible, que se dispense en las condiciones debidas y que se tome en la dosis indicada, así como a los intervalos y durante el tiempo prescrito. El medicamento ha de ser eficaz y de calidad e inocuidad aceptable". Existen otras definiciones como que el uso racional de un medicamento sería "la prescripción por un facultativo de un medicamento determinado que, reuniendo las máximas condiciones de seguridad, dé respuesta a las necesidades terapéuticas de un paciente con una patología específica al menor coste posible".

TEST N.º 2

Medicamentos: concepto de medicamento. Origen y naturaleza química de los fármacos. Clasificación de los medicamentos: según sus propiedades fisicoquímicas, según la técnica de elaboración, según las indicaciones anatómicas

1. Uno de los siguientes no es un medicamento especial biológico:

a) Vacunas.
b) Sueros.
c) Insulinas.
d) Hemoderivados.

2. Selecciona la respuesta correcta:

a) El preparado oficinal es aquel medicamento destinado a un paciente individualizado, preparado por el farmacéutico, para cumplimentar expresamente una prescripción detallada de los principios activos que incluye.

b) Los radiofármacos son productos con finalidad terapéutica o diagnóstica que contengan isótopos radioactivos. Para su utilización es preciso proteger a los trabajadores y pacientes contra sus radiaciones.

c) La vía de administración en la cual el fármaco se introduce mediante inyección en el líquido cefalorraquídeo se denomina vía epidural.

d) La vía de administración de fármacos intravenosa se caracteriza por ser una vía rápida, a través de la cual el medicamento sufre el efecto de primer paso hepático, pero se consigue una dosificación exacta.

3. Sobre los productos farmacéuticos, señala la respuesta incorrecta:

a) Es cualquier producto del sector farmacéutico pudiendo estar patentado o no.
b) Engloba las los productos higiénicos.
c) Engloba a los productos dietéticos.
d) Engloba a los efectos sus accesorios.

4. Los productos farmacéuticos se clasifican atendiendo a diversos criterios; señala el criterio que No es correcto:

a) Según las condiciones de dispensación.
b) Según su financiación.
c) Según las condiciones de almacenamiento.
d) Según su patente.

5. Podemos clasificar los medicamentos de diferentes maneras según la finalidad que se persiga; señala cual cuál no es una clasificación útil:

a) Según la propiedad de la patente.
b) Según la financiación del SNS.
c) Según las condiciones de dispensación.
d) Todas son correctas.

6. Un medicamento clasificado según la propiedad de la patente puede ser:

a) Medicamento original.
b) Licencia.
c) Copia.
d) Todas son correctas.

7. Un medicamento original es:

a) Medicamentos fabricados por laboratorios que obtienen la licencia para fabricarlos, cedida por el laboratorio que ha hecho el desarrollo del producto y que tiene la patente del mismo.
b) Medicamentos que aparecen en el mercado una vez caducada la patente de los medicamentos originales.
c) Medicamentos desarrollados en el laboratorio que los comercializa. Tienen patente y dura cierto tiempo, y cuando se caduca la patente cualquier laboratorio puede fabricar estos medicamentos.
d) Todo medicamento que tenga la misma composición cualitativa y cuantitativa en principio activo y la misma fórmula farmacéutica, y cuya bioequivalencia con el medicamento de referencia haya sido demostrada por estudios adecuados de biodisponibilidad.

8. La codeína y el dextrometorfano son principios activos de:

a) Antitusivos.
b) Mucolíticos.

c) Expectorantes.
d) Todas son correctas.

9. Los requisitos específicos de la autorización de medicamentos genéricos se regulan en:

a) Real Decreto 1705/1998.
b) Real Decreto 225 /2010.
c) Real Decreto 1345/2007.
d) Real Decreto 900/2000.

10. Señala el enunciado correcto:

a) Respecto a los medicamentos genéricos, las diferentes sales, esteres, éteres, isómeros, mezclas de isómeros, complejos o derivados de un principio activo (p.a.) se considerarán un mismo p.a., a menos que tengan propiedades considerablemente diferentes en cuanto a seguridad y/o eficacia.
b) Las diferentes formas farmacéuticas (FF) orales de liberación inmediata se considerarán una misma forma farmacéutica.
c) Los medicamentos genéricos de un medicamento de referencia, autorizado con arreglo a la presente disposición, no se comercializarán hasta transcurridos diez años desde la fecha de la autorización inicial del medicamento de referencia.
d) Todas son correctas.

11. Señala cuál es un medicamento sujeto a prescripción médica:

a) De dispensación renovable y no renovable.
b) De dispensación restringida.
c) De prescripción especial.
d) Todas son correctas.

12. Uno de los siguientes medicamentos no es de dispensación restringida:

a) De uso hospitalario.
b) Estupefacientes.
c) De diagnóstico hospitalario.
d) De especial control médico.

13. Sobre los medicamentos sujetos a prescripción médica señala lo incorrecto:

a) La prescripción médica se lleva a cabo mediante receta o no.
b) Se identifican por la leyenda "medicamento sujeto a prescripción médica".
c) Presentan símbolo "O" en su etiquetaje.
d) Algunos tienen características especiales que se identifican en el etiquetado.

14. Según el artículo 19 del Real Decreto Legislativo 1/2015, están sujetos a prescripción médica los medicamentos que se encuentren en alguna de las siguientes condiciones:

a) Los quepuedan presentar, directa o indirectamente, un peligro para la salud.

b) Los que contengan sustancias, o preparados a base de dichas sustancias, cuya actividad y/o reacciones adversas sea necesario estudiar detalladamente.

c) Los que se administren por vía parenteral, salvo excepciones, bajo prescripción médica.

d) Todas son correctas.

15. Señala el enunciado incorrecto sobre los medicamentos de dispensación renovable:

a) Son los utilizados en tratamientos de larga duración.

b) El plazo máximo de duración del tratamiento que puede ser prescrito en una receta es de 1 año si la prescripción se realiza en papel.

c) El plazo máximo de duración del tratamiento que puede ser prescrito en una receta es de 6 meses de duración si la prescripción se realiza en receta electrónica.

d) Se identifica con las siglas MDR en su embalaje.

16. Los medicamentos de dispensación no renovables son prescritos para:

a) Tratamientos de hasta 6 meses de duración.

b) Tratamientos de larga duración.

c) Tratamientos de hasta 3 meses de duración.

d) Ninguna es correcta.

17. Señala cuál no es un medicamento de dispensación restringida:

a) Medicamentos de uso hospitalario.

b) Medicamentos de diagnóstico hospitalario.

c) Medicamentos TLD.

d) Medicamentos de especial control médico.

18. Señala la respuesta correcta en relación con los medicamentos de dispensación renovable:

a) Son los utilizados en tratamientos de larga duración.

b) El plazo máximo de duración del tratamiento que puede ser prescrito en una receta es hasta tres meses de duración en receta de papel.

c) Si la receta es electrónica tiene un plazo de duración de seis meses.

d) Todas son correctas.

19. Todas las especialidades farmacéuticas psicotrópicas (sustancia del anexo I), que requieren receta médica para su dispensación llevan rotulado en el cartonaje, junto a su código nacional:

a) Un círculo negro.
b) Un círculo de fondo blanco.
c) Un círculo de fondo blanco dividido por una franja negra vertical.
d) Medio círculo de fondo negro y el otro medio de fondo blanco.

20. Todas las especialidades farmacéuticas estupefacientes para su dispensación llevan rotulado en el cartonaje, junto a su código nacional:

a) Un círculo negro.
b) Un círculo de fondo blanco.
c) Un círculo de fondo blanco dividido por una franja negra vertical.
d) Medio círculo de fondo negro y el otro medio de fondo blanco.

21. Las especialidades farmacéuticas con receta, ¿qué símbolo presentan? el símbolo:

a) Un círculo negro.
b) Un círculo de fondo blanco.
c) Un círculo de fondo blanco dividido por una franja negra vertical.
d) Medio círculo de fondo negro y el otro medio de fondo blanco.

22. Para la dispensación de especialidades farmacéuticas psicotrópicas es necesario:

a) Receta médica.
b) DNI.
c) Receta oficial.
d) Las respuestas a) y b) son ciertas.

23. El medicamento cuya administración y seguimiento farmacoterapéutico debe realizarse bajo supervisión médica continuada, y no puede utilizarse de forma ambulatoria y siendo su dispensación exclusiva de los SFH son medicamentos cuya sigla es:

a) DH.
b) TLD.
c) H.
d) ECM.

24. El medicamento que se prescribe por un médico especialista en los centros especializados que disponen de los medios adecuados para realizar determinados diagnósticos, y cuya administración y seguimiento puede realizarse de forma ambulatoria por el médico de cabecera y se identifica por la sigla:

a) DH.
b) TDL.
c) H.
d) ECM.

25. Las especialidades DH:

a) Deben ser administradas bajo supervisión médica continuada y no pueden utilizarse de forma ambulatoria.
b) Requieren visado de inspección.
c) Pueden producir reacciones adversas muy graves.
d) Todas son correctas.

26. Citar cuál de los siguientes medicamentos es una especialidad de diagnóstico hospitalario:

a) Rocaltrol®.
b) Rocefalín®.
c) Cefotaxamina®.
d) Todas son especialidades de diagnóstico hospitalario.

27. Los medicamentos objeto de publicidad destinada al público deben cumplir unos requisitos; señala lo incorrecto:

a) Se pueden financiar con fondos públicos y privados.
b) Por su composición y objetivo, están destinados y concebidos para su uso sin la intervención de un médico que realice el diagnóstico, la prescripción o el seguimiento de tratamiento, aunque requieran la intervención de un farmacéutico.
c) No son sustancias psicotrópicas.
d) No son estupefacientes.

28. Sobre los OTC, señala lo incorrecto:

a) Los OTC son medicamentos que se denominan así por sus siglas en inglés, *Over The Counter*.
b) Los OTC engloban a las especialidades farmacéuticas publicitarias, y también encontramos productos de venta en farmacias y parafarmacias que también pueden englobarse dentro de la venta libre.
c) Como los OTC no requieren de prescripción médica para su dispensación, pueden estar reembolsados y pueden ser publicitados al público en general.

d) Están destinados al tratamiento de afecciones o enfermedades menores y son una pieza clave en el autocuidado del paciente.

29. ¿Cuáles de los siguientes medicamentos no están sujetos a prescripción médica?

a) Los medicamentos de uso hospitalario.
b) Los estupefacientes.
c) Los psicótropos.
d) OTC.

30. Señala cuál de los siguientes NO es un tipo de medicamento OTC:

a) Antitérmicos y analgésicos: paracetamol.
b) Preparados con vitaminas y hormonas (insulina).
c) Medicamentos para el estreñimiento (supositorios de glicerina, por ejemplo) o para la diarrea (rehidratadores orales).
d) Cremas, lociones y ungüentos para aliviar los dolores musculares, antihemorroidales, algunos colirios, pomadas para aliviar las irritaciones de la piel…

31. Los productos farmacéuticos también se pueden clasificar según su financiación. Dicha financiación la realiza el SNS teniendo en cuenta:

a) Gravedad, duración y secuelas de las patologías para las que resulten indicadas.
b) Necesidades específicas de ciertos colectivos.
c) Grado de innovación del medicamento.
d) Todas son correctas.

32. Uno de los siguientes enunciados No es correcto, en relación con los medicamentos financiados y la aportación por parte de los beneficiarios. El porcentaje de aportación del usuario será:

a) Un 60 % del PVP para los usuarios y sus beneficiarios cuya renta sea igual o superior a 100.000 euros consignada en la casilla de base liquidable general y del ahorro de la declaración del Impuesto sobre la Renta de las Personas Físicas.
b) Un 30 % del PVP para las personas que ostenten la condición de asegurado activo y sus beneficiarios cuya renta sea igual o superior a 18.000 euros e inferior a 100.000 euros consignada en la casilla de base liquidable general y del ahorro de la declaración del Impuesto sobre la Renta de las Personas Físicas.
c) Un 40 % del PVP para las personas que ostenten la condición de asegurado activo y sus beneficiarios.
d) Un 10 % del PVP para las personas que ostenten la condición de asegurado como pensionistas de la Seguridad Social y sus beneficiarios, con excepciones.

33. Los medicamentos que no pueden recibir financiación:

a) Se denominan medicamentos excluidos de la prestación del SNS (EXO).
b) No llevan cupón precinto.
c) Entre ellos encontramos medicamentos publicitarios y medicamentos que requieren receta.
d) Todas son correctas.

34. Un cícero a la izquierda de las siglas ASSS identifica que se trata de un medicamento de:

a) Uso restringido.
b) Aportación reducida.
c) Psicotrópico.
d) Especial control médico.

35. Los medicamentos de aportación reducida:

a) Se identifican por llevar rotulado en el cupón precinto los símbolos cícero y el rectángulo abierto por su parte inferior.
b) Son especialidades con indicación terapéutica financiada.
c) Son especialidades con visado de inspección.
d) Todas son correctas.

36. Un dato que aparece en todos los cupones precinto es:

a) Nombre del laboratorio farmacéutico.
b) Código nacional con 9 dígitos.
c) Nombre, dosis y posología del medicamento.
d) Las siglas AEMPS.

37. ¿A qué tipo de usuario NO se le prescribe medicamentos exentos de aportación?

a) Afectados por el síndrome tóxico.
b) Pacientes diagnosticados de VIH o SIDA.
c) Personas sin recursos preceptoras de pensiones no contributivas.
d) Parados que han perdido el derecho a percibir el subsidio de desempleo en tanto subsista su situación.

38. De los siguientes grupos de medicamentos, indica cuáles no deben llevar visado de inspección para poder ser financiados por el servicio nacional de salud:

a) Estupefacientes.
b) Vacunas individualizadas antialérgicas y antibacterianas.

c) Medicamentos de diagnóstico hospitalario (DH).
d) Medicamentos de especial control médico (ECM).

39. Sobre el visado de inspección señala lo incorrecto:

a) El visado de inspección es el acto mediante el cual la Administración sanitaria de la comunidad autónoma correspondiente autoriza la obtención de un medicamento financiado.

b) El visado de inspección es el acto mediante el cual la Administración sanitaria de la comunidad autónoma correspondiente autoriza la obtención de un producto sanitario financiado.

c) Llevan visado de inspección los medicamentos que contiene carnitina.

d) Los medicamentos antipsicóticos atípicos para mayores de 18 años.

40. Un medicamento genérico lleva las siglas:

a) EFP.
b) EFG.
c) ECM.
d) EGP.

41. Las siglas TLD significan:

a) Tratamiento de larga duración.
b) Medicamento de dispensación renovable.
c) Tratamiento hospitalario.
d) Las respuestas a) y b) son correctas.

42. Son características del medicamento que lleva el siguiente cupón precinto:

a) Medicamento antipsicótico atípico.
b) Necesita visado de inspección en mayores de 75 años.
c) Ambas respuestas son correctas.
d) Ninguna es correcta.

43. Señala la respuesta incorrecta de los medicamentos que precisan receta médica:

a) El uso incorrecto de estos medicamentos puede producir consecuencias graves para la salud.
b) Se permite su publicidad.
c) Algunos de estos medicamentos son genéricos.
d) Se dispensan en la oficina de farmacia con receta médica.

44. Señala la respuesta correcta sobre los medicamentos publicitarios:

a) Son medicamentos muy conocidos por el público.
b) No presentan toxicidad elevada y se utilizan para aliviar síntomas menores.
c) No dejan de ser medicamentos y se deben tomar con precaución.
d) Todas son correctas.

45. Las especialidades de diagnóstico hospitalario:

a) Se identifican con las siglas DH al lado del Código Nacional del envase.
b) El cupón prescrito lleva rotulado el rectángulo abierto por su parte inferior y el triángulo en la esquina superior derecha.
c) Todas las especialidades de DH requieren visado de inspección.
d) Todas son correctas

46. La L-dopa es un dopaminérgico que es un principio activo del fármaco:

a) Anticonvulsivos.
b) Anti parkinsonianos.
c) Antidepresivos.
d) Antigotosos.

47. La especialidad farmacéutica genérica:

a) Es la especialidad con la misma forma farmacéutica e igual composición cualitativa y cuantitativa en sustancias medicinales que otra especialidad de referencia.
b) Debe demostrar la equivalencia terapéutica con la especialidad de referencia mediante los correspondientes estudios de bioequivalencia.
c) La denominación estará constituida por la Denominación Oficial Española, y llevará las siglas EFG.
d) Todas son ciertas.

48. Las especialidades de diagnóstico hospitalario:

a) Se prescriben por médicos especialistas de centros especializados.
b) El cupón precinto lleva rotulado el rectángulo abierto por su parte inferior y el triángulo en la esquina superior derecha.
c) Todas las especialidades de diagnóstico hospitalario requieren visado de inspección.
d) Todas son correctas.

49. Los medicamentos de "Uso Hospitalario" tienen en su embalaje exterior la sigla:

a) MH.
b) H.
c) UH.
d) DH.

50. Señala la afirmación incorrecta con respecto a los medicamentos genéricos:

a) Tienen la misma composición cuantitativa que el medicamento de referencia.
b) Pueden tener distinta forma farmacéutica que el medicamento de referencia.
c) Son bioequivalentes con el medicamento de referencia.
d) Tiene la misma composición cualitativa que el medicamento de referencia.

51. Las especialidades farmacéuticas sometidas a especial control médico son aquellas que:

a) Pudieran producir efectos adversos graves.
b) Contienen sustancias psicotrópicas.
c) Contienen sustancias estupefacientes.
d) Se identifican con cupón precinto.

52. La disposición a que se adaptan los principios activos y excipientes para constituir un medicamento, se denomina:

a) Principio activo.
b) Excipiente.
c) Producto intermedio.
d) Forma Farmacéutica.

53. Los agentes anticolinérgicos (aminas terciarias, derivados de la tropina...) y agentes dopaminérgicos (dopa, inhibidores de la monoaminooxidasa B, agonistas de la dopamina) están dirigidos principalmente para:

a) Aliviar la sintomatología de la enfermedad de Parkinson.
b) Se utilizan para el tratamiento de la migraña.
c) Reducir los niveles ácido úrico.
d) El tratamiento de enfermedades óseas.

54. El embalaje primario:

a) Se denomina acondicionamiento primario.
b) Es el envase o forma de acondicionamiento.
c) Es el envase inmediato o en contacto directo con el medicamento.
d) Todas son correctas.

55. Un blíster es:

a) Acondicionamiento primario.
b) Acondicionamiento secundario.
c) Envase con función de información.
d) Las respuestas b) y c) son correctas.

56. El envase o cualquier otra forma de acondicionamiento, que se encuentra en contacto con un medicamento, es:

a) El acondicionamiento secundario.
b) El acondicionamiento terciario.
c) El acondicionamiento primario.
d) El acondicionamiento protector.

57. Una ampolla:

a) Es una forma farmacéutica.
b) Es un reenvasado.
c) Es un acondicionamiento primario.
d) Es un acondicionamiento secundario.

58. ¿Cómo se denomina la información escrita dirigida al paciente que acompaña al medicamento?

a) Etiquetado.
b) Prospecto.
c) Embalaje exterior o primario.
d) Ficha técnica.

59. ¿Cómo se denomina el documento autorizado por la AEMPS, donde se reflejan las condiciones de uso autorizadas para el medicamento y recoge la información científica esencial para los profesionales sanitarios?

a) Etiquetado.
b) Prospecto.
c) Acondicionamiento.
d) Ficha técnica.

60. Dentro de los medicamentos naturales se encuentra el ácido salicílico, que se extrae de:

a) *Papever somniferum.*
b) *Atropa belladona.*
c) Sauce.
d) *Digitalis purpurea.*

61. La digoxina es una sustancia de origen vegetal que proviene de la planta Digitalis purpurea, y tiene acción:

a) Anestésica.
b) El control de frecuencia cardiaca.

c) Antitusígena.
d) Calmante.

62. ¿Cómo actúan los antibióticos?

a) Impidiendo la síntesis de la pared bacteriana.
b) Impidiendo la síntesis proteica.
c) Alterando la permeabilidad de la membrana celular.
d) Todas son correctas.

63. La hormona del crecimiento, la heparina, los anticuerpos, son medicamentos cuyo origen es:

a) Microbiano.
b) Vegetal.
c) Animal.
d) Mineral.

64. Sobre el nombre químico de un fármaco se puede decir:

a) Que algunas clasificaciones de los fármacos se apoyan exclusivamente en la estructura química del fármaco.
b) Que la estructura química suele conocerse y por tanto pueden describirse.
c) Se describen según la IUPAC (Unión Internacional de Química Pura y Aplicada) de una forma inequívoca.
d) Todas son correctas.

65. Para nombrar un compuesto químico se debe tener en cuenta:

a) La naturaleza del compuesto determina el tipo de nomenclatura a usar.
b) Determina la clase de los grupos funcionales.
c) Determinar el esqueleto principal.
d) Todas son correctas.

66. La denominación común internacional o DCI se utiliza para designar principios activos aislados, e indica el parentesco entre sustancias que pertenecen a un mismo grupo farmacológico, son propuestas por la OMS, y es un nombre único para cada fármaco, más sencillo que el químico. Se pueden utilizar prefijos o sufijos como por ejemplo:

a) Mito- para antineoplásicos nucleotóxicos.
b) –caína- para anestésicos locales.
c) Nal- antibióticos relacionados con la morfina.
d) Todos son ejemplos válidos.

67. No es una nomenclatura de los medicamentos:

a) Nombre genérico o denominación común y denominación común internacional (DCI).
b) Nombre registrado.
c) Nombre químico sistemático (IUPAC).
d) Código anatómico terapéutico químico (ATQ).

68. El salbutamol tiene como nombre registrado:

a) Ventolin.
b) Asmatol.
c) Beclasma.
d) Todas son correctas.

69. ¿Cuál es el modo de acción del polipéptido, Polimixina G (antibiótico)?

a) Inhiben la síntesis de la pared celular.
b) Inhiben la función del ribosoma 50 S.
c) Destruyen la membrana citoplasmática.
d) Inhiben la síntesis de la pared celular.

70. La anfotericina B es un antibiótico del tipo:

a) Penicilina.
b) Macrólidos.
c) Polienos.
d) Aminoglucosódicos.

71. Según la FDA, los fármacos se clasifican en función de sus efectos teratógenos. Un medicamento clasificado en categoría A en función de sus efectos teratógenos:
a) Es un medicamento que no ha demostrado riesgo para el feto durante el primer trimestre.
b) Es un medicamento que ha demostrado riesgo para el embrión en el primer trimestre.
c) Es un medicamento que ha demostrado teratogenicidad, pero el beneficio de su uso puede ser aceptable a pesar del riesgo.
d) Es un medicamento que ha demostrado anomalías fetales.

72. Según la FDA, un fármaco clasificado en Categoría D:

a) Es un medicamento que no ha demostrado riesgo para el feto durante el primer trimestre.
b) Es un medicamento que ha demostrado riesgo para el embrión en el primer trimestre.

c) Es un medicamento que ha demostrado teratogenicidad, pero el beneficio de su uso puede ser aceptable a pesar del riesgo.

d) Es un medicamento que ha demostrado anomalías fetales.

73. Un fármaco inotrópico es aquel que:

a) Reduce la presión sanguínea.
b) Aumenta la actividad cardiaca.
c) Bloquea las arritmias cardíacas.
d) Todas son correctas.

74. ¿Qué fármacos disminuyen el peristaltismo intestinal?

a) Tónicos.
b) Purgantes.
c) Astringentes.
d) Laxantes.

75. Señala el enunciado correcto en relación con el código de clasificación anatomoterapéutica:

a) La clasificación ATC es la clasificación diseñada y adoptada por la OMS como estándar internacional para el desarrollo de los principios activos que contiene y en la que los medicamentos son ordenados de acuerdo con el uso terapéutico más importante de su principal principio activo.

b) Se estructura en cinco niveles con arreglo al sistema u órgano efector y al afecto farmacológico, las indicaciones terapéuticas y la estructura química de un fármaco.

c) A cada fármaco le corresponde un código ATC, y este se especifica en la ficha técnica (resumen de las características del producto) del medicamento.

d) Todas son correctas.

76. El primer nivel del código ATC hace referencia a:

a) Órgano o sistema sobre el que actúa el fármaco.
b) Subgrupo terapéutico.
c) Subgrupo terapéutico, farmacológico o químico.
d) Nombre del principio activo o de la asociación medicamentosa.

77. El segundo nivel del código ATC hace referencia a:

a) Órgano o sistema sobre el que actúa el fármaco.
b) Subgrupo terapéutico.
c) Subgrupo terapéutico, farmacológico o químico.
d) Nombre del principio activo o de la asociación medicamentosa.

78. El cuarto nivel del código ATC hace referencia al:

a) Órgano o sistema sobre el que actúa el fármaco.
b) Subgrupo terapéutico.
c) Subgrupo terapéutico, farmacológico o químico.
d) Nombre del principio activo o de la asociación medicamentosa.

79. El quinto nivel del código ATC hace referencia al:

a) Órgano o sistema sobre el que actúa el fármaco.
b) Subgrupo terapéutico.
c) Subgrupo terapéutico, farmacológico o químico.
d) Nombre del principio activo o de la asociación medicamentosa.

80. Cada medicamento tiene un código ATC que está estructura en 5 niveles. Se-lla el correcto de estos niveles:

a) Principio activo, grupo terapéutico, subgrupo terapéutico, subgrupo químico, grupo anatómico.
b) Grupo terapéutico, subgrupo terapéutico, grupo anatómico, subgrupo químico, principio activo.
c) Grupo anatómico, grupo terapéutico, subgrupo terapéutico, subgrupo químico, principio activo.
d) Principio activo, grupo anatómico, grupo terapéutico, subgrupo terapéutico, subgrupo químico.

81. Dentro del primer nivel de la clasificación ATC., la letra C indica:

a) Sangre.
b) Sistema cardiovascular.
c) Medicamentos dermatológicos.
d) Preparados hormonales.

82. ¿En qué grupo anatómico se encuentran las vitaminas?

a) Grupo A.
b) Grupo V.
c) Grupo H.
d) Grupo B

83. Los agentes antitrombóticos y antihemorrágicos pertenecen al grupo ana-tómico:

a) C.
b) B.
c) V.
d) D.

84. Los antiinfecciosos y antisépticos ginecológicos se incluyen en el grupo anatómico:

a) G.
b) H.
c) V.
d) D.

85. El código ATC D01AC08, ¿qué significa?

a) Actúa sobre la piel.
b) Con acción antifúngica.
c) Informa que es antifúngico de uso tópico.
d) Todas son correctas.

86. ¿Qué nivel de la clasificación ATC tiene dos cifras e identifica el principio activo o combinación de principios activos?

a) Nivel 2.
b) Nivel 4.
c) Nivel 5.
d) Nivel 1.

87. Los dos últimos dígitos del código ATC de un medicamento corresponden a:

a) Grupo terapéutico.
b) Grupo químico.
c) Principio activo.
d) Subgrupo terapéutico.

88. Siguiendo el Sistema de Clasificación Anatómica-Terapéutica-Química (ATC), ¿en qué grupo se encuentran las hormonas sexuales?

a) B.
b) G.
c) J.
d) H.

89. Siguiendo el Sistema de Clasificación Anatómica-Terapéutica-Química (ATC), ¿en qué grupo se encuentran las vacunas?

a) B.
b) C.
c) J.
d) N.

90. Respecto a la clasificación ATC es cierto que:

a) El sistema ATC de clasificación de medicamentos está estructurado en seis niveles.
b) El cuarto nivel corresponde al grupo anatómico.
c) Los medicamentos antineoplásicos e inmunomoduladores se identifican con el código L.
d) Todas las respuestas son FALSAS.

91. Los medicamentos que disminuyen la viscosidad de la secreción mucosa de los bronquios, de forma que se facilita la expulsión de esputo, se denominan:

a) Antitusígenos.
b) Mucolíticos.
c) Expectorantes
d) Adrenérgicos.

92. ¿A qué grupo anatómico pertenecen los antihistamínicos de uso sistémico?

a) Sistema respiratorio.
b) Sistema circulatorio.
c) Antiinfecciosos para uso sistémico.
d) Terapia dermatológica.

93. Atendiendo al sistema de clasificación ATC, el grupo terapéutico N01 corresponde a:

a) Antiepilépticos.
b) Analgésicos.
c) Anestésicos.
d) Antiparkinsonianos

94. ¿Qué principio activo de los citados a continuación interacciona sobre todo con fármacos analgésicos y antiinflamatorios, como el ácido acetil salicílico, y requiere un control periódico de los pacientes sometidos a tratamiento?

a) Fosfomicina.
b) Clopidogrel.
c) Oxibutinina.
d) Acenocumarol.

95. Entre los antitrombóticos indicados en la prevención y tratamiento de la obstrucción de un vaso sanguíneo mediante un coágulo podemos encontrar:

a) Antifibrinolíticos, fibrinógenos y vitamina k.
b) Glucósidos, vasodilatadores y estimulantes cardiacos.
c) Antagonistas de la vitamina k, inhibidores directos de la trombina y heparinas.
d) Tiazidas, sulfamidas y antagonistas de la aldosterona.

96. ¿Cuál de los siguientes fármacos antipsicóticos se utiliza en patologías como la esquizofrenia, trastorno bipolar, delirios, demencias, procesos de agitación psicomotriz y alucinaciones?

a) Rivastigmina.
b) Escitalopram.
c) Colchicina.
d) Haloperidol.

97. Selecciona entre los siguientes principios activos aquel que inhibe la testosterona 5-alfa reductasa disminuyendo el tamaño prostático:

a) Dutasterida.
b) Dexamentasona.
c) Tamsulosina.
d) Tadalafilo.

98. Selecciona la respuesta correcta:

a) Los diuréticos como la furosemida y el nifedipino son fármacos que disminuyen la volemia.
b) Entre los medicamentos para combatir la anemia podemos encontrar fármacos que contienen vitamina B_{12} o ácido fólico.
c) Los inhibidores de la bomba de protones, entre los que podemos encontrar principios activos como el omeprazol y el pantoprazol, aumentan la síntesis de ácido clorhídrico.
d) El paracetamol es un analgésico, antipirético y potente antiinflamatorio ampliamente utilizado en patologías como la artrosis y artritis reumatoide.

Soluciones comentadas

1. **b) Suero (ver apartado 1).**

   Son medicamentos especiales:

   – Vacunas y demás medicamentos biológicos. Vacunas, insulinas, hemoderivados, medicamentos biotecnológicos, etc.

   – Medicamentos de origen humano. Derivados de plasma, sangre, glándulas, tejidos… procedentes de donantes identificados.

   – Medicamentos de terapia avanzada. Medicamentos de terapia génica y medicamentos de terapia celular somática.

   – Radiofármacos. Productos con finalidad terapéutica o diagnóstica que contengan isótopos radiactivos. Deben ser utilizados en condiciones especiales y en unidades bajo estricto control médico. Para su uso es preciso proteger a los pacientes y a los trabajadores contra las radiaciones.

   – Medicamentos con sustancias psicoactivas con potencial adictivo. Sustancias estupefacientes y psicotrópicas que por su alto potencial adictivo están sometidas a controles rigurosos y condiciones especiales de dispensación.

   – Medicamentos homeopáticos. Medicamentos obtenidos a partir de cepas homeopáticas, por un procedimiento homeopático descrito en la Real Farmacopea Española o en la Farmacopea Europea.

   – Medicamentos de plantas medicinales. Plantas y sus mezclas, así como los preparados obtenidos de plantas con utilidad terapéutica, diagnóstica o preventiva.

   – Gases medicinales. Tales como el oxígeno o el nitrógeno líquido.

2. **b) Los radiofármacos son productos con finalidad terapéutica o diagnóstica que contengan isótopos radioactivos. Para su utilización es preciso proteger a los trabajadores y pacientes contra sus radiaciones (ver apartado 1).**

   Radiofármacos. Productos con finalidad terapéutica o diagnóstica que contengan isótopos radiactivos. Deben ser utilizados en condiciones especiales y en unidades bajo estricto control médico. Para su uso es preciso proteger a los pacientes y a los trabajadores contra las radiaciones.

3. **a) Es cualquier producto del sector farmacéutico pudiendo estar patentado o no (ver apartado 2).**

Un producto farmacéutico es cualquier producto del sector farmacéutico, patentado o manufacturado mediante un proceso patentado necesario para hacer frente a un problema de salud, engloba:

– Medicamentos.

– Productos sanitarios.

– Productos higiénicos.

– Cosméticos.

– Dietéticos.

– Efectos y accesorios.

4. **c) Según las condiciones de almacenamiento (ver apartado 2).**

Los productos farmacéuticos se clasifican atendiendo a diversos criterios,

– Según las condiciones de dispensación.

– Según su financiación.

– Según su patente.

5. **d) Todas son correctas (ver apartado 2).**

Los productos farmacéuticos se clasifican atendiendo a diversos criterios,

– Según las condiciones de dispensación.

– Según su financiación.

– Según su patente.

6. **d) Todas son correctas (ver apartado 2).**

Según su patente:

* Medicamentos originales: medicamentos desarrollados en el laboratorio que los comercializa. Tienen patente y esta dura cierto tiempo, y cuando se caduca la patente cualquier laboratorio puede fabricar estos medicamentos.

* Licencias: son medicamentos fabricados por laboratorios que obtienen la licencia para fabricarlos, cedida por el laboratorio que ha hecho el desarrollo del producto y que tiene la patente del mismo. El medicamento licencia es exacto al original, ya que el laboratorio posee toda la información necesaria.

* Copias: son medicamentos que aparecen en el mercado una vez caducada la patente de los medicamentos originales. Se fabrican a partir de la información recogida en la bibliografía disponible, pero sin tener todos los datos de que disponía el laboratorio que los desarrolló. Por eso, una copia de medicamento no asegura que su comportamiento farmacocinético sea igual al original, y se debe someter a estudios farmacocinéticos y/o ensayos clínicos.

7. c) Medicamentos desarrollados en el laboratorio que los comercializa. Tienen patente y dura cierto tiempo, y cuando se caduca la patente cualquier laboratorio puede fabricar estos medicamentos (ver apartado 2).

Medicamentos originales: medicamentos desarrollados en el laboratorio que los comercializa. Tienen patente y dura cierto tiempo, y cuando se caduca la patente cualquier laboratorio puede fabricar estos medicamentos.

8. a) Antitusivos (ver apartado 11.3).

Antitusígenos: la tos es un mecanismo de defensa para la eliminación de sustancias, y generalmente no debe ser suprimida, excepto si impide el sueño o es muy molesta. Actúan sobre el bulbo raquídeo, o sobre las terminaciones nerviosas bronquiales donde se inicia el reflejo. Ej.: dimemorfano, dextametorfona, codeína, cloperastina.

9. c) Real Decreto 1345/2007 (ver apartado 2).

Requisitos específicos de la autorización de medicamentos genéricos

Estos requisitos se plasman en el Real Decreto 1345/2007, de 11 de octubre, por el que se regula el procedimiento de autorización, registro y condiciones de dispensación de los medicamentos de uso humano fabricados industrialmente.

10. d) Todas son correctas (ver apartado 2).

Respecto a los medicamentos genéricos, las diferentes sales, esteres, éteres, isómeros, mezclas de isómeros, complejos o derivados de un principio activo (p.a.) se considerarán un mismo p.a., a menos que tengan propiedades considerablemente diferentes en cuanto a seguridad y/o eficacia.

Las diferentes formas farmacéuticas (FF) orales de liberación inmediata se considerarán una misma forma farmacéutica. El solicitante podrá estar exento de presentar los estudios de biodisponibilidad si puede demostrar que el medicamento genérico satisface los criterios pertinentes definidos en las correspondientes directrices detalladas.

Sin perjuicio del derecho relativo a la protección de la propiedad industrial y comercial, el solicitante no tendrá obligación de facilitar los resultados de los ensayos preclínicos y clínicos si puede demostrar que el medicamento es genérico de un medicamento de referencia (aquel autorizado en base a un expediente completo) que está o ha sido autorizado con arreglo a la presente disposición, desde hace ocho años como mínimo por un Estado miembro o en la Unión Europea por procedimiento centralizado.

11. d) Todas son correctas. (ver apartado 2.1.1)

Los medicamentos sujetos a prescripción médica se clasifican a su vez en subcategorías:

–   De dispensación renovable y no renovables.

–   De prescripción especial (art. 24 Real Decreto 1345/2007 por el que se regula el procedimiento de autorización, registro y condiciones de dispensación de los medicamentos de uso humano fabricados industrialmente):

    *   Estupefacientes o psicótropos.

–   De dispensación restringida:

    *   De uso hospitalario.

    *   De diagnóstico hospitalario.

    *   De especial control médico.

12. b) Estupefacientes (ver apartado 2.1).

Los estupefacientes son de prescripción especial, art. 24 Real Decreto 1345/2007 por el que se regula el procedimiento de autorización, registro y condiciones de dispensación de los medicamentos de uso humano fabricados industrialmente.

13. a) La prescripción médica se lleva a cabo mediante receta o no (ver apartado 2.1.1).

La prescripción médica se lleva a cabo mediante receta, se identifican por la leyenda "medicamento sujeto a prescripción médica" y símbolo "O" en su etiquetaje. Algunos tienen características especiales que se identifican en el etiquetado.

14. d) Todas son correctas (ver apartado 2.1.1).

Según el artículo 19 del Real Decreto Legislativo 1/2015, están sujetos a prescripción médica los medicamentos que se encuentren en alguna de las siguientes condiciones:

– Los que puedan presentar, directa o indirectamente, un peligro para la salud.

– Los que contengan sustancias o preparados a base de dichas sustancias, cuya actividad y/o reacciones adversas sea necesario estudiar detalladamente.

– Los que se administren por vía parenteral, salvo excepciones, bajo prescripción médica.

15. a) Son los utilizados en tratamientos de larga duración (ver apartado 2.1.1.1).

Medicamentos de dispensación renovable

Son los utilizados en tratamientos de larga duración, y el plazo máximo de duración del tratamiento que puede ser prescrito en una receta es de hasta seis meses de duración, si la prescripción se realiza en la receta en papel, o un año, si la prescripción se realiza en receta electrónica. Se identifican con las siglas TLD en su embalaje.

16. c) Tratamientos de hasta 3 meses de duración (ver apartado 2.1.2.2).

Medicamentos de dispensación no renovables

Son los medicamentos prescritos para tratamientos de hasta tres meses de duración.

17. c) Medicamentos TLD (ver apartado 2.1.1.3).

Medicamentos de dispensación restringida

- De uso hospitalario (H).
- De diagnóstico hospitalario (DH).
- De especial control médico (ECM).

18. a) Son los utilizados en tratamientos de larga duración (ver apartado 2.1.1.1).

Medicamentos de dispensación renovable

Son los utilizados en tratamientos de larga duración, el plazo máximo de duración del tratamiento que puede ser prescrito en una receta es de hasta seis meses de duración, si la prescripción se realiza en la receta en papel, o un año, si la prescripción se realiza en receta electrónica. Se identifican con las siglas TLD en su embalaje.

19. d) Medio círculo de fondo negro y el otro medio de fondo blanco (ver apartado 2.1.1.2).

Las sustancias consideradas psicotrópicas se identifican en el embalaje con los símbolos (sustancia del anexo I, salvo los de la lista I, que están prohibidos y, por tanto, no se identifican con este símbolo) o (sustancia del anexo II).

20. a) Un círculo negro. (ver apartado 2.1.1.2).

Las especialidades farmacéuticas que contienen sustancias estupefacientes se identifican porque en el embalaje llevan el símbolo ●.

21. b) Un círculo de fondo blanco (ver apartado 2.1.1).

La prescripción médica se lleva a cabo mediante receta, se identifican por la leyenda "medicamento sujeto a prescripción médica" y símbolo "O" en su etiquetaje. Algunos tienen características especiales que se identifican en el etiquetado.

22. d) Las respuestas a) y b) son ciertas (ver apartado 2.1.1.2).

Para la dispensación de los medicamentos psicótropos se exige comprobar la identidad de la persona que retira el medicamento, anotando en la receta médica su número de DNI o NIE (en caso de ciudadanos extranjeros). Después se registra en el libro recetario.

23. c) H (ver apartado 2.1.1.3).

Medicamento de uso hospitalario (H)

Su administración y seguimiento farmacoterapéutico debe realizarse bajo supervisión médica continuada, no pueden utilizarse de forma ambulatoria, siendo su dispensación exclusiva de los Servicios de farmacia hospitalaria de centros asistenciales autorizados. Se identifica por la sigla H junto al código nacional en el envase.

24. a) DH (ver apartado 2.1.1.3).

Se prescriben por médicos especialistas de centros especializados que disponen de los medios adecuados para realizar determinados diagnósticos, aunque su administración y seguimiento puede realizarse de forma ambulatoria por el médico de cabecera que hace las recetas para ser dispensadas en las oficinas de farmacia. Se identifican por llevar las siglas DH al lado del Código Nacional. El cupón precinto lleva rotulado el rectángulo abierto por su parte inferior y el triángulo en la esquina superior derecha.

25. b) Requieren visado de inspección (ver apartado 2.1.1.3).

Todas las especialidades de DH requieren visado de inspección, pero no todas las especialidades farmacéuticas que requieren visado de inspección son de DH (Celebrex® comprimidos requiere visado de inspección y no es de DH).

26. d) Todas son especialidades de diagnóstico hospitalario (ver apartado 2.1.1.3).

Para visar la receta el paciente debe llevar a inspección un informe cumplimentado por el médico especialista en el que figure: diagnóstico, indicación precisa para la que se prescribe, pauta de administración y duración del tratamiento. Ejemplos de medicamentos de este grupo son: Rocaltrol® capsulas 0,25 µg, Rocefalin® im 500 mg, Cefotaxima normon, iny im 1 g.

27. a) Se pueden financiar con fondos públicos y privados (ver apartado 2.1.2).

Los medicamentos objeto de publicidad destinada al público son aquellos que cumplen los siguientes requisitos:

– No se financian con fondos públicos.

– Por su composición y objetivo, están destinados y concebidos para su uso sin la intervención de un médico que realice el diagnóstico, la prescripción o el seguimiento de tratamiento, aunque requieran la intervención de un farmacéutico.

– No son sustancias psicotrópicas ni estupefacientes con arreglo a lo definido en los convenios internacionales.

28. c) Como los OTC no requieren de prescripción médica para su dispensación, pueden estar reembolsados y pueden ser publicitados al público en general (ver apartado 2.1.2).

Medicamento Publicitarios (EFP) (ya no) ahora de venta libre

Los OTC son medicamentos que se denominan así por sus siglas en inglés, *Over The Counter*. Son los medicamentos de mostrador o venta libre y no necesitan receta médica para su dispensación. El paciente tiene que pagar el importe completo de la compra porque no son financiables por los sistemas de salud. Están destinados al tratamiento de afecciones o enfermedades menores y son una pieza clave en el autocuidado del paciente.

Los OTC engloban a las especialidades farmacéuticas publicitarias, y también encontramos productos de venta en farmacias y parafarmacias que también pueden englobarse dentro de la venta libre, como son los productos de cosmética y dermofarmacia, los complementos alimenticios, las plantas de uso alimentario, los productos sanitarios para el autocuidado o los productos para la higiene y la salud.

Como los OTC no requieren de prescripción médica para su dispensación, tampoco están reembolsados y pueden ser publicitados al público en general.

29. d) OTC (ver apartado 2.1.2).

Como los OTC no requieren de prescripción médica para su dispensación, tampoco están reembolsados y pueden ser publicitados al público en general.

30. b) Preparados con vitaminas y hormonas (insulina) (ver apartado 2.1.2).

Tipos de medicamentos OTC

– Antitérmicos y analgésicos: paracetamol.

– Cremas, lociones y ungüentos para aliviar los dolores musculares, antihemorroidales, algunos colirios, pomadas para aliviar las irritaciones de la piel…

– Preparados con vitaminas y minerales.

– Medicamentos para el estreñimiento (supositorios de glicerina, por ejemplo) o para la diarrea (rehidratadores orales).

31. d) Todas son correctas (ver apartado 2.2).

La inclusión de medicamentos en la financiación del Sistema Nacional de Salud se posibilita mediante la financiación selectiva y no indiscriminada teniendo en cuenta criterios generales, objetivos y publicados y, concretamente, los siguientes:

a) Gravedad, duración y secuelas de las distintas patologías para las que resulten indicados.

b) Necesidades específicas de ciertos colectivos.

c) Valor terapéutico y social del medicamento y beneficio clínico incremental del mismo teniendo en cuenta su relación coste-efectividad.

d) Racionalización del gasto público destinado a prestación farmacéutica e impacto presupuestario en el Sistema Nacional de Salud.

e) Existencia de medicamentos u otras alternativas terapéuticas para las mismas afecciones a menor precio o inferior coste de tratamiento.

f) Grado de innovación del medicamento.

32. b) Un 30 % del PVP para las personas que ostenten la condición de asegurado activo y sus beneficiarios cuya renta sea igual o superior a 18.000 euros e inferior a 100.000 euros consignada en la casilla de base liquidable general y del ahorro de la declaración del Impuesto sobre la Renta de las Personas Físicas (ver apartado 2.2.1).

Con carácter general, el porcentaje de aportación del usuario seguirá el siguiente esquema:

a) Un 60 % del PVP para los usuarios y sus beneficiarios cuya renta sea igual o superior a 100.000 euros consignada en la casilla de base liquidable general y del ahorro de la declaración del Impuesto sobre la Renta de las Personas Físicas.

b) Un 50 % del PVP para las personas que ostenten la condición de asegurado activo   sus beneficiarios cuya renta sea igual o superior a 18.000 euros e inferior a 100.000 euros consignada en la casilla de base liquidable general y del ahorro de la declaración del Impuesto sobre la Renta de las Personas Físicas.

c) Un 40 % del PVP para las personas que ostenten la condición de asegurado activo y sus beneficiarios y no se encuentren incluidos en los apartados a) o b) anteriores.

d) Un 10 % del PVP para las personas que ostenten la condición de asegurado como pensionistas de la Seguridad Social y sus beneficiarios, con excepción de las personas incluidas en el apartado a).

33. d) Todas son correctas. (ver apartado 2.2.2).

Medicamentos no financiados

Se denominan medicamentos excluidos de la prestación del SNS (EXO) y no llevan cupón precinto. Los medicamentos de este grupo no pueden recibir financiación pública en ningún caso, la persona usuaria, debe abonar siempre su importe íntegro.

Entre ellos encontramos medicamentos publicitarios, como medicamentos que requieran receta.

34. b) Aportación reducida (ver apartado 2.2.1.1).

Los medicamentos y productos sanitarios de aportación reducida se identifican por llevar el "cícero" en el cupón precinto.

35. d) Todas son correctas (ver apartado 2.2.1.1).

Estas especialidades se identifican por llevar rotulado en el cupón precinto los símbolos I y el rectángulo abierto por su parte inferior.

Son especialidades farmacéuticas con indicación terapéutica financiada y con visado de inspección.

36. a) Nombre del laboratorio farmacéutico (ver apartado 2.2.1.1).

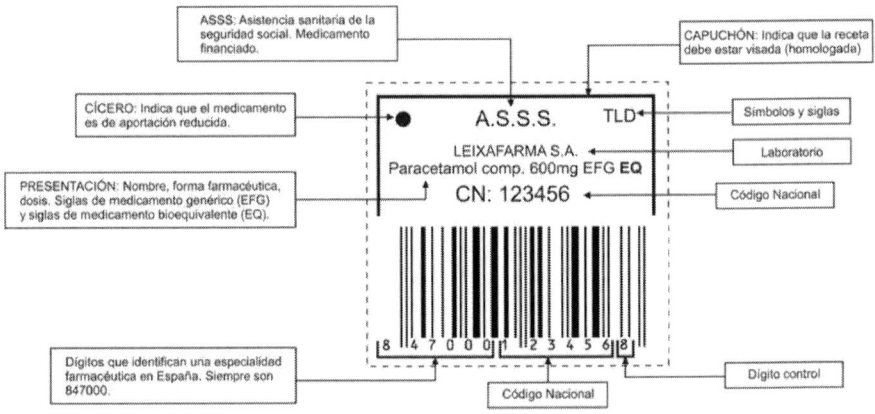

37. b) Pacientes diagnosticados de VIH o SIDA (ver apartado 2.2.1.2).

Son medicamentos exentos de aportación para los usuarios que pertenezcan a una de las siguientes categorías:

– Afectados por el síndrome tóxico.

– Personas con discapacidad en los supuestos contemplados en su normativa específica, salvo que sean titulares o beneficiarios de las prestaciones de asistencia sanitaria del régimen general o regímenes especiales de la Seguridad Social.

– Personas sin recursos preceptoras de pensiones no contributivas.

– Parados que han perdido el derecho a percibir el subsidio de desempleo en tanto subsista su situación.

– Personas con tratamientos derivados de accidente de trabajo y enfermedad profesional.

38. a) Estupefacientes (ver apartado 2.2.1.2).

Deben llevar visado de inspección para ser financiados:

– Los medicamentos con cupón precinto diferenciados.

- Los medicamentos de diagnóstico hospitalario.
- Los medicamentos de especial control médico.
- Los medicamentos que contengan carnitina.
- Los medicamentos antipsicóticos atípicos para mayores de 75 años.
- Las vacunas individualizadas antialérgicas y antibacterianas.
- Los dietoterápicos y la nutrición enteral.
- Los absorbentes de incontinencia urinaria.
- Las medias de compresión normal (con marcado CE).
- Las tiras reactivas.
- Los medicamentos con hipercolesterolemia familiar heterocigótica.
- Las fórmulas magistrales con determinados principios activos
- Los medicamentos para los que solo se financien algunas de sus indicaciones terapéuticas o a los que se aplique una aportación reducida en función del tipo de pacientes.

39. d) Los medicamentos antipsicóticos atípicos para mayores de 18 años (ver apartado 2.2.1.2).

Deben llevar visado de inspección para ser financiados:

- Los medicamentos con cupón precinto diferenciados.
- Los medicamentos de diagnóstico hospitalario.
- Los medicamentos de especial control médico.
- Los medicamentos que contengan carnitina.
- **Los medicamentos antipsicóticos atípicos para mayores de 75 años.**
- Las vacunas individualizadas antialérgicas y antibacterianas.
- Los dietoterápicos y la nutrición enteral.
- Los absorbentes de incontinencia urinaria.
- Las medias de compresión normal (con marcado CE).
- Las tiras reactivas.
- Los medicamentos con hipercolesterolemia familiar heterocigótica.
- Las fórmulas magistrales con determinados principios activos
- Los medicamentos para los que solo se financien algunas de sus indicaciones terapéuticas o a los que se aplique una aportación reducida en función del tipo de pacientes.

40. b) EFG (ver apartado 2).

Medicamento genérico (EFG): la Especialidad farmacéutica genérica (EFG) también es conocida como la especialidad que regula todo medicamento que tenga la misma composición cualitativa y cuantitativa en principio activo y la misma fórmula farmacéutica, y cuya bioequivalencia con el medicamento de referencia haya sido demostrada por estudios adecuados de biodisponibilidad.

41. d) Las respuestas a) y b) son correctas (ver apartado 2.1.1.1).

Medicamentos de dispensación renovable

Son los utilizados en tratamientos de larga duración, el plazo máximo de duración del tratamiento que puede ser prescrito en una receta es de hasta seis meses de duración, si la prescripción se realiza en la receta en papel, o un año, si la prescripción se realiza en receta electrónica. Se identifican con las siglas TLD en su embalaje.

42. c) Ambas respuestas son correctas. (ver apartado 2.2.1.2).

– Los medicamentos antipsicóticos atípicos para mayores de 75 años llevan visado de inspección, cícero en la parte izquierda del cupón precinto y la sigla E en la parte derecha.

43. b) Se permite su publicidad. (ver apartado 2.1).

Los medicamentos que precisan receta médica nunca se publicitan.

44. d) Todas son correctas (ver apartado 2.1.2).

Los medicamentos objeto de publicidad destinada al público son aquellos que cumplen los siguientes requisitos:

– No se financian con fondos públicos.

– Por su composición y objetivo están destinados y concebidos para su uso sin la intervención de un médico que realice el diagnóstico, la prescripción o el seguimiento de tratamiento, aunque requieran la intervención de un farmacéutico.

– No son sustancias psicotrópicas ni estupefacientes con arreglo a lo definido en los convenios internacionales.

45. d) Todas son correctas (ver apartado 2.1.1.3).

Medicamento de diagnóstico hospitalario (DH)

Se prescriben por médicos especialistas de centros especializados que disponen de los medios adecuados para realizar determinados diagnósticos, aunque su administración y seguimiento puede realizarse de forma ambulatoria por el médico de cabecera que hace las recetas para ser dispensadas en las oficinas de farmacia. Se identifican por llevar las siglas DH al lado del Código Nacional. El cupón precinto lleva rotulado el rectángulo abierto por su parte inferior y el triángulo en la esquina superior derecha.

Todas las especialidades de DH requieren visado de inspección, pero no todas las especialidades farmacéuticas que requieren visado de inspección son de DH (Celebrex® comprimidos requiere visado de inspección y no es de DH).

46. b) Antiparkinsonianos (ver apartado 13.2).

Son fármacos dopaminergicos que aumentan la cantidad de dopamina disponible (la L-Dopa es un precursor de la dopamina). Levodopa o L-dopa (Madopar®, Sinemet®).

– La levodopa: se debe administrar con las comidas, para prevenir la aparición de náuseas y vómitos, evitar dietas con alto contenido proteico y no interrumpir el tratamiento bruscamente por riesgo de efecto rebote.

– Puede aparecer hipotensión postural.

– La dieta rica en proteínas disminuye su efecto, por eso hay que evitar administrarlo con dietas que tienen alto contenido proteico.

– En general, en el tratamiento de la enfermedad de Parkinson, se intenta retrasar al máximo el empleo de la L-dopa que, aun siendo el más eficaz, a la larga tiene graves efectos secundarios y además pierde eficacia.

47. d) Todas son ciertas (ver apartado 2).

Medicamento genérico (EFG): la Especialidad farmacéutica genérica (EFG) también es conocida como la especialidad que regula todo medicamento que tenga la misma composición cualitativa y cuantitativa en principio activo y la misma fórmula farmacéutica, y cuya bioequivalencia con el medicamento de referencia haya sido demostrada por estudios adecuados de biodisponibilidad. El nombre estará constituido por la Denominación Oficial Española (DOE) o, en su defecto el DCI (Denominación Común Internacional) del principio activo e irá acompañado por el nombre del fabricante. La presencia de las siglas EFG en el cartonaje se convierte en un aspecto decisivo para poder identificar a un genérico. Las diferentes sales, esteres, éteres, isómeros, mezclas de isómeros, complejos o derivados de un principio activo se considerarán un mismo principio activo, a menos que tengan propiedades considerablemente diferentes en cuanto a seguridad y/o eficacia. Las diferentes formas farmacéuticas orales de liberación inmediata se considerarán una misma forma farmacéutica.

48. d) Todas son correctas (ver apartado 2.1.1.3).

Medicamento de uso hospitalario (H)

Su administración y seguimiento farmacoterapéutico debe realizarse bajo supervisión médica continuada, no pueden utilizarse de forma ambulatoria, siendo su dispensación exclusiva de los Servicios de farmacia hospitalaria de centros asistenciales autorizados. Se identifica por la sigla H junto al código nacional en el envase.

49. b) H (ver apartado 2.1.1.3).

Medicamento de uso hospitalario (H) Se identifica por la sigla H junto al código nacional en el envase.

50. b) Pueden tener distinta forma farmacéutica que el medicamento de referencia (ver apartado 2.).

Medicamento genérico (EFG): la Especialidad farmacéutica genérica (EFG) también es conocida como la especialidad que regula todo medicamento que tenga la misma composición cualitativa y cuantitativa en principio activo y la misma fórmula farmacéutica, y cuya bioequivalencia con el medicamento de referencia haya sido demostrada por estudios adecuados de biodisponibilidad.

51. a) Pudieran producir efectos adversos graves (ver apartado 2.1.1.3).

Medicamentos de especial control médico (ECM)

Aquellos destinados a pacientes ambulatorios, pero cuya utilización puede producir reacciones adversas muy graves, lo que requerirá, en su caso, prescripción por determinados médicos especialistas y una vigilancia especial durante el tratamiento.

52. d) Forma Farmacéutica (ver apartado 4).

Todo medicamento está compuesto por uno o varios principios activos, los excipientes y material de acondicionamiento y se presenta bajo una forma farmacéutica "FF" (comprimido, inyectable, etc.) que ha superado una serie de controles analitos (composición física, pureza, etc.) y físicos (actividad, efecto secundario…) antes de ser comercializado.

53. a) Aliviar la sintomatología de la enfermedad de Parkinson (ver apartado 11.3).

Fármacos parasimpaticolíticos o anticolinérgicos

–   Atropina y la escopolamina son los dos fármacos más representativos, bloquean la acción de la acetilcolina sobre los órganos efectores parasimpáticos sin afectar otras funciones de la acetilcolina.

–   Indicados en el tratamiento de las bradiarritmias graves.

–   Producen broncodilatación, indicados en obstrucción vías aéreas.

–   Se emplean como espasmolíticos (buscapina®).

–   Utilizados en exploraciones oculares para producir dilatación pupilar.

–   Se emplean en el tratamiento de la enfermedad de Parkinson (Akineton®).

–   Efectos adversos:

    *   Sequedad de boca.

    *   Ojo seco.

    *   Reducción de la producción de secreciones.

54. d) Todas son correctas (ver apartado 5).

Acondicionamiento primario: envase o cualquier otra forma de acondicionamiento, que se encuentre en contacto directo con el medicamento. Por ejemplo, un blíster, un tubo o una ampolla.

55. a) Acondicionamiento primario (ver apartado 5).

a) **Acondicionamiento primario:** envase o cualquier otra forma de acondicionamiento, que se encuentre en contacto directo con el medicamento. Por ejemplo, un blíster, un tubo o una ampolla.

b) **Acondicionamiento secundario:** aquel en el cual se encuentra el acondicionamiento 1º. Por ejemplo, la caja de cartón junto con el prospecto.

56. c) El acondicionamiento primario (ver apartado 5).

Acondicionamiento primario: envase o cualquier otra forma de acondicionamiento, que se encuentre en contacto directo con el medicamento. Por ejemplo, un blíster, un tubo o una ampolla.

57. c) Es un acondicionamiento primario (ver apartado 5).

Una ampolla es un acondicionamiento primario, está en contacto directo con el medicamento.

58. b) Prospecto (ver apartado 5).

El prospecto es aquella información escrita dirigida al paciente o usuario que acompaña al medicamento. El prospecto debe estar redactado de forma que asegure su comprensión por parte del paciente.

59. d) Ficha técnica (ver apartado 5).

La ficha técnica o resumen de las características del producto es el documento autorizado por la AEMPS donde se reflejan las condiciones de uso autorizadas para el medicamento y recoge la información científica esencial para los profesionales sanitarios.

60. c) Sauce (ver apartado 6.1.1).

Son innumerables los medicamentes cuyo origen son las plantas. Así, por ejemplo, del opio se extrae la morfina, de la *Digitalis purpurea* se extrae la digoxina, del sauce se extrae la aspirina, o determinados tipos de hongos, de donde se extraen los antibióticos.

61. b) El control de frecuencia cardiaca (ver apartado 6.1).

La digoxina es una sustancia de origen vegetal que proviene de la planta *Digitalis purpurea*, y tiene como acción el control de la frecuencia cardíaca.

62. d) Todas son correctas (ver apartado 6.1.3).

Clasificación de los antibióticos por su mecanismo de acción: existen antibióticos que actúan impidiendo la síntesis de la pared bacteriana, la síntesis proteica, alterando la permeabilidad de la membrana celular, bloqueando la síntesis de los ácidos nucleicos, etc.

63. c) Animal (ver apartado 6.1.2).

Medicamentos de origen animal

Dentro de los medicamentos de origen animal destacan los aceites de animales, aceite de hígado de bacalao para el déficit de vitaminas y los sueros animales, usados para neutralizar los efectos de algunas infecciones como el suero antitetánico, que en un principio se extraía del caballo; también algunas hormonas como las insulinas, la hormona de crecimiento, estrógenos. Y la heparina que es un anticoagulante natural. También los anticuerpos (suero antitetánico), y las vacunas.

64. d) Todas son correctas (ver apartado 7.2).

Nombre químico sistemático (IUPAC)

Algunas clasificaciones de los fármacos se apoyan exclusivamente en la estructura química del fármaco. Esta estructura suele conocerse y por tanto pueden describirse según la IUPAC de una forma inequívoca.

65. d) Todas son correctas (ver apartado 7.2).

Para nombrar un compuesto químico se deben tener en cuenta los siguientes pasos:

– La naturaleza del compuesto determina el tipo de nomenclatura a usar (sustitutica, aditiva, etc.).

– Determinar la clase de grupos funcionales, precisando el grupo principal, solo un grupo funcional puede ser citado como sufijo, los restantes como prefijo.

– Determinar el esqueleto principal.

– Nombrar el esqueleto principal y el grupo funcional principal.

– Nombrar los prefijos.

– La unidad estructural principal se numera de forma que el número más bajo corresponda a la función principal.

– Unir los nombres parciales en un nombre completo, usando los prefijos en orden alfabético o en orden de complejidad.

66. d) Todos son ejemplos válidos (ver apartado 7.3).

Ejemplos:

- acepan, Grupo diazepam.

Bar -, Derivados del ácido barbitúrico.

- caída, Anestésicos locales.

- ciclina, Antibióticos del grupo de la tetraciclina.

- micina, Antibióticos producidos por *Streptomyces*.

Nal -, Antibióticos relacionados con la morfina.

Mito -, Antineoplásicos nucleotóxicos.

Nifur -, Derivados de 5-nitrofurano.

Prost -, Prostaglandinas.

67. b) Nombre registrado (ver apartado 7).

Los fármacos y medicamentos han de identificarse. Es importante comenzar con la nomenclatura de los fármacos. Existen fundamentalmente cinco tipos de denominación:

– Designación codificada o número de código del fabricante.

– Nombre químico sistemático (IUPAC).

– Nombre genérico o denominación común y denominación común internacional (DCI).

– Nombre comercial.

– Código anatómico terapéutico químico (ATQ).

68. d) Todas son correctas (ver apartado 7.4).

– Nombre químico: 2 –terbutilamino- (4-hidroxi-3-hidroximetil) feniletanol.

– Nombre genérico: salbutamol.

– Nombre registrado: Ventolin, Asmatol, Beclasma.

– Acción terapéutica: broncodilatador.

69. c) Destruyen la membrana citoplasmática (ver apartado 6.1.3. cuadro).

El modo de acción de los polipéptidos (polimixina G, bacitracina) es por destrucción de la membrana citoplasmática.

70. c) Polienos (ver apartado 6.1.3. cuadro).

La anfotericina B pertenece al grupo de polienos, y su modo de acción es inactivando las membranas.

71. a) Es un medicamento que no ha demostrado riesgo para el feto durante el primer trimestre (ver apartado 8).

Categoría A: estudios controlados realizados en mujeres no han demostrado riesgo para el feto durante el primer trimestre (y no existe evidencia de riesgo durante trimestres posteriores) y la posibilidad de teratogénesis parece remota.

72. c) Es un medicamento que ha demostrado teratogenicidad, pero el beneficio de su uso puede ser aceptable a pesar del riesgo (ver apartado 9).

Categoría D: existe una clara evidencia de teratogenicidad, pero el beneficio de su uso puede ser aceptable a pesar del riesgo (por ejemplo, si el fármaco es necesario en una situación límite o para una enfermedad grave en la que fármacos más seguros son inefectivos o no pueden usarse).

73. b) Aumenta la actividad cardiaca (ver apartado 10).

Los fármacos inotrópicos aumentan la actividad cardíaca.

74. c) Astringentes (ver apartado 10).

Los fármacos astringentes disminuyen el peristaltismo intestinal.

75. d) Todas son correctas (ver apartado 11).

La clasificación ATC del inglés *Anatomical, Therapeutic, Chemical classification system*, es la clasificación diseñada y adoptada en 1996 por la Organización Mundial de la Salud (OMS) como estándar internacional para el desarrollo de los principios activos que contiene y en la que los medicamentos son ordenados de acuerdo con el uso terapéutico más importante de su principal principio activo, bajo la regla de un solo código ATC para cada formulación farmacéutica.

Desde este nivel es posible descender en 5 escalones hasta llegar al principio activo (grupos en total):

1.er nivel: grupo anatómico.

2.º nivel: subgrupo terapéutico.

3.er nivel: subgrupo terapéutico o farmacológico.

4.º nivel: subgrupo terapéutico, farmacológico o químico.

5.º nivel: nombre del principio activo (monofármaco) o de la asociación.

76. a) Órgano o sistema sobre el que actúa el fármaco (ver apartado 11.1).

Primer nivel

Hace referencia al grupo anatómico-terapéutico que se indica mediante una letra de la A a la V. La letra hace referencia al grupo anatómico, órgano o sistema. Existen 14 grupos establecidos.

77. b) Subgrupo terapéutico (ver apartado 11.1).

Segundo nivel

Indica el grupo terapéutico, es decir, qué acción realiza el fármaco y se establece a través de un numero de dos dígitos (01, 02, 03, etc.). Por ejemplo, A01 corresponde a preparaciones estomatológicas.

78. c) Subgrupo terapéutico, farmacológico o químico (ver apartado 11.1).

Cuarto nivel

Se nombra mediante una letra e indica el subgrupo químico terapéutico. Por ejemplo, el J01CA es un antibacteriano de uso sistémico, del subgrupo de las penicilinas con espectro ampliado.

79. d) Nombre del principio activo o de la asociación medicamentosa (ver apartado 11.1).

Quinto nivel

Se identifica a través de un número de dos cifras y hace alusión al principio activo o asociación farmacológica. Por ejemplo, el D01AC08 sería el antifúngico de uso tópico ketoconazol.

80. c) Grupo anatómico, grupo terapéutico, subgrupo terapéutico, subgrupo químico, principio activo (ver apartado 11.1).

Niveles de ATC

1.er nivel: grupo anatómico.

2.º nivel: subgrupo terapéutico.

3.er nivel: subgrupo terapéutico o farmacológico.

4.º nivel: subgrupo terapéutico, farmacológico o químico.

5.º nivel: nombre del principio activo (monofármaco) o de la asociación.

81. b) Sistema cardiovascular (ver apartado 11.1).

A   TRACTO ALIMENTARIO Y METABOLISMO

B   SANGRE Y ÓRGANOS HEMATOPOYÉTICOS

C   SISTEMA CARDIOVASCULAR

D   DERMATOLÓGICO

G   SISTEMA GENITOURINARIO Y HORMONAS SEXUALES

H   PREPARACIONES HORMONALES SISTÉMICAS, EXCLUIDAS HORMONAS SEXUALES E INSULINAS

J   ANTIINFECCIOSOS DE USO SISTÉMICO

L   AGENTES ANTINEOPLÁSICOS E INMUNOMODULADORES

M   SISTEMA MUSCULOESQUELÉTICO

N   SISTEMA NERVIOSO

P   PRODUCTO ANTIPARASITARIOS, INSECTICIDAS Y REPELENTES

R   SISTEMA RESPIRATORIO

S   ÓRGANOS DE LOS SENTIDOS

V   VARIOS

82. a) Grupo A (ver apartado 11.1).

Nivel anatómico A. Grupo terapéutico A11 Vitaminas

83. b) B (ver apartado 11.1).

Grupo anatomico B. Sangre y órganos hematopoyéticos.

84. a) G (ver apartado 11.1).

Grupo anatómico G. Sistema genitourinario y hormona sexuales.

85. d) Todas son correctas (ver apartado 11.1).

El código D01AC08: actúa sobre la piel y su acción es antifúngica.

Subgrupo: antifúngicos de uso tópico.

86. c) Nivel 5 (ver apartado 11.1).

Quinto nivel

Se identifica a través de un número de dos cifras y hace alusión al principio activo o asociación farmacológica. Por ejemplo, el D01AC08 sería el antifúngico de uso tópico ketoconazol.

87. c) Principio activo (ver apartado 11.1).

Quinto nivel

Se identifica a través de un número de dos cifras y hace alusión al principio activo o asociación farmacológica. Por ejemplo, el D01AC08 sería el antifúngico de uso tópico ketoconazol.

88. b) G (ver apartado 11.3).

Las hormonas sexuales pertenecen al nivel anatómico G, grupo terapéutico G03.

89. c) J (ver apartado 11.3).

Las vacunas pertenecen al nivel anatómico J, grupo terapéutico J07.

90. c) Los medicamentos antineoplásicos e inmunomoduladores se identifican con el código L (ver apartado 11.3).

Los medicamentos antineoplásicos e inmunomoduladores se identifican con el código L que es su nivel anatómico de la clasificación ATC.

91. b) Mucolíticos (ver apartado 11.3).

Mucolíticos: disminuyen la secreción de mucosa de los bronquios, para facilitar la expulsión del esputo. Indicados en patologías con tos poco productiva. Ej.: acetilcisteína, carbocisteína, bromhexina.

92. a) Sistema respiratorio (ver apartado 11.3).

Nivel anatomico R sistema respiratorio. Grupo terapéutico R06. Antihistamínicos para uso sistémico.

93. c) Anestésicos (ver apartado 11.3).

Nivel anatómico. N. sistema nervioso- grupo terapéutico N01 Anestésico

94. d) Acenocumarol (ver apartado 11.3).

Anticoagulantes orales: para largos tratamientos. Interacción con otros fármacos como analgésicos y antiinflamatorios. Es necesario el control médico.

Mecanismo de acción:

* Actúan como antagonistas de la vitamina K. Ej.: acenocumarol, warfarina.

95. c) Antagonistas de la vitamina k, inhibidores directos de la trombina y heparinas (ver apartado 11.3).

Indicados en la prevención y tratamiento de la trombosis (obstrucción de un vaso sanguíneo por un coágulo). Ej.: antagonistas de la vitamina K, heparina y derivados, enzimas, inhibidores de la trombina, antiagregantes plaquetarios, etc.

Cuadro b) sangre y órganos hematopoyéticos

96. d) Haloperidol (ver apartado 11.3).

Antipsicóticos, neurolépticos o tranquilizantes mayores: se usan en la esquizofrenia, el trastorno bipolar, las demencias, los delirios, la agitación psicomotriz, etc. Bloquean los receptores cerebrales de la dopamina. Ej.: haloperidol, litio, olanzapina, sertindol, sulpirida.

97. a) Dutasterida (ver apartado 11.3).

Fármacos para hipertrofia prostática benigna: se usan para aliviar síntomas de la hipertrofia, disminuyen la presión de la uretra y reducen la presión uretral, reduciendo la retención urinaria y así facilita la eliminación de la orina.

Mecanismo de acción:

* Antagonistas de los receptores alfa-adrenergéticos. Disminuyen el tono muscular del conducto urinario, reduciendo la obstrucción vesical y aumentar el flujo urinario. Ej.: tamsulosina, alfuzosina.

* Inhibidores de la testosterona- 5-alfa reductasa, disminuyen el tamaño de la próstata. Ej.: finasterida, dutasterida.

Preparados g. cuadro

98. b) Entre los medicamentos para combatir la anemia podemos encontrar fármacos que contienen vitamina B_{12} o ácido fólico (ver apartado 11.3. cuadro).

Para la anemia. Ej.: hierro, combinaciones de hierro y ácido fólico, vitamina B_{12}, etc.

TEST N.º 3

Medicamentos especiales. Estupefacientes y psicótropos. Medicamentos de especial control. Medicamentos de ensayos clínicos. Normas de buena práctica clínica

1. Se define "Uso de medicamentos en condiciones diferentes a las autorizadas":

a) El uso de medicamentos en condiciones distintas de las incluidas en la ficha técnica autorizada.

b) La utilización de un medicamento antes de su autorización en España en pacientes que padecen una enfermedad crónica o gravemente debilitante o que se considera que pone en peligro su vida y que no pueden ser tratados satisfactoriamente con un medicamento autorizado.

c) Utilización de medicamentos autorizados en otros países pero no autorizados en España, cuando no cumplan con la definición de uso compasivo de medicamentos en investigación.

d) Utilización de medicamentos autorizados en España y otros países, cuando no cumplan con la definición de uso compasivo de medicamentos en investigación.

2. Se define "Uso compasivo de medicamentos en investigación":

a) El uso de medicamentos en condiciones distintas de las incluidas en la ficha técnica autorizada.

b) La utilización de un medicamento antes de su autorización en España en pacientes que padecen una enfermedad crónica o gravemente debilitante o que se considera pone en peligro su vida y que no pueden ser tratados satisfactoriamente con un medicamento autorizado.

c) Utilización de medicamentos autorizados en otros países pero no autorizados en España, cuando no cumplan con la definición de uso compasivo de medicamentos en investigación.

d) Ninguna es correcta.

3. El acceso al uso de medicamento en investigación podrá efectuarse mediante:

a) Autorización de acceso colectivo.
b) Autorización temporal de utilización.

c) Autorización definitiva y protocolo de utilización.

d) Autorización del centro hospitalario.

4. El centro hospitalario solicita el acceso a medicamentos en investigación:

a) De forma individualizada a la AEMPS.

b) Debe haber un visto bueno por parte de la Dirección del Centro.

c) A la solicitud se debe adjuntar documentación; como informe clínico del médico responsable en el que se justifique la necesidad del medicamento para el paciente, la conformidad del promotor y el número de envases requeridos.

d) Todas son ciertas.

5. Señala lo incorrecto. La utilización de medicamentos autorizados en condiciones diferentes a las establecidas en su ficha técnica:

a) Tiene carácter excepcional.

b) No requiere consentimiento informado.

c) Se limita a situaciones en las que se careza de alternativas terapéuticas autorizadas para un determinado paciente.

d) El médico responsable del tratamiento deberá justificar convenientemente en la historia clínica la necesidad del uso del medicamento e informar al paciente de los posibles beneficios y los riesgos potenciales.

6. Los medicamentos de especial control médico son aquellos que:

a) Tienen un coste muy elevado.

b) Pueden producir efectos adversos graves.

c) Se utilizan en mujeres embarazadas.

d) Se utilizan en niños recién nacidos.

7. Los pedidos de estupefacientes fueron regulados internacionalmente por la Convención única de la ONU sobre estupefacientes del año:

a) 1961.

b) 1971.

c) 1969.

d) Ninguna es correcta.

8. Requieren receta oficial de estupefacientes los pertenecientes a la lista:

a) I.

b) II.

c) III.

d) Las respuestas b) y c) son correctas.

9. Señala la respuesta incorrecta respecto a los medicamentos de especial control médico:

a) Están destinados a pacientes ambulatorios.
b) Su utilización no produce RAM muy graves.
c) Se prescriben por parte de médicos especialistas.
d) Se identifican con las siglas ECM.

10. Para la dispensación de especialidades farmacéuticas psicotrópicas es necesario:

a) Receta médica.
b) DNI.
c) Receta oficial.
d) Las respuestas a) y b) son correctas.

11. Para la dispensación de especialidades farmacéuticas estupefacientes según Real Decreto 1675/2012, de 14 de diciembre:

a) Se prescribe mediante Receta oficial de estupefacientes.
b) En cada ROE, se podrán prescribir hasta un máximo de 4 envases.
c) La prescripción no superará los tres meses de tratamiento.
d) Todas son ciertas.

12. Cada dispensación de una especialidad farmacéutica psicotrópica debe registrarse en el libro recetario, anotando:

a) Fecha, número de registro, especialidad prescrita, nombre del médico, número de DNI y observaciones.
b) Nombre del paciente, número de receta, nombre del médico.
c) Fecha, número de receta, especialidad prescrita, nombre del paciente y su DNI.
d) Ninguna de las respuestas anteriores es cierta.

13. Citar cuál de los medicamentos que se mencionan a continuación pertenecen a la categoría de especialidad farmacéutica psicotrópica:

a) Lexatin®.
b) Orfidal®.
c) Trankimazín®.
d) Todos son psicotrópicos.

14. Citar cuál de los medicamentos que se señalan a continuación pertenece a la categoría de especialidad farmacéutica estupefaciente:

a) Somnovit®.
b) Noctamid®.

c) Durogesic®.
d) Orfidal®.

15. Las especialidades farmacéuticas psicotrópicas:

a) Necesitan receta médica para su dispensación.
b) Se requiere la presentación del DNI.
c) Cada dispensación psicotrópica debe registrarse en el libro recetario.
d) Todas son correctas.

16. Las especialidades farmacéuticas que contienen sustancias del anexo II o de las listas II, III y IV del anexo I del Convenio Internacional de Viena, son especialidades:

a) Estupefacientes.
b) Psicotrópicas.
c) De larga duración.
d) De diagnóstico hospitalario.

17. Es un símbolo del medicamento que contiene sustancias estupefacientes:

a) ○
b) ⓪
c) ●
d) Las respuestas b) y c) son correctas.

18. En referencia a las sustancias clasificadas como estupefacientes es cierto que:

a) Contendrán en el embalaje exterior un símbolo identificativo, un círculo cuyo interior será de color negro, y entre ellas podemos encontrar principios activos como el Durogesic® parches (fentanilo) o Sevredol® comprimidos (morfina).
b) Contendrán en el embalaje exterior un símbolo identificativo, un círculo cuyo interior será de color negro, y entre ellas podemos encontrar principios activos como el bromazepam y clometiazol.
c) Contendrán en el embalaje exterior un símbolo identificativo, un círculo cuyo interior será de color blanco, y deberán guardarse bajo llave en la farmacia hospitalaria.
d) Las respuestas a) y b) son correctas.

19. ¿Cuándo la AEMPS puede autorizar con carácter excepcional, el acceso a medicamentos no autorizados en España y destinados a su utilización en España?

a) Que no se encuentre el medicamento autorizado en España con igual composición.
b) Que esté en una forma farmacéutica que no permita el tratamiento del paciente.

c) Que no exista en España medicamento autorizado que constituya una alternativa adecuada para ese paciente.

d) Todas son correctas.

20. Según RD 1/2015, se define a toda investigación efectuada en seres humanos con el fin de determinar o confirmar los efectos clínicos, farmacológicos y/o demás efectos farmacodinámicos, y/o detectar las reacciones adversas, como:

a) Estudio observacional.

b) Ensayo clínico.

c) Estudio descriptivo.

d) Estudio analítico.

21. La investigación clínica con medicamentos:

a) Permite que los medicamentos sean autorizados por las agencias de los medicamentos.

b) Permite que los medicamentos sean comercializados por sus titulares con las garantizas que la legislación les exige.

c) Permite que los medicamentos lleguen a la práctica clínica para beneficio de los pacientes.

d) Todas son correctas.

22. Señala la respuesta incorrecta en relación con los ensayos clínicos:

a) Un ensayo clínico no es un estudio clínico donde se aplican procedimientos de diagnóstico a los sujetos de ensayo similares a la práctica clínica habitual.

b) El sujeto de ensayo es la persona que participa en un ensayo clínico, ya sea como receptor (experimental) o de control.

c) El promotor es el responsable de iniciar, gestionar y organizar la financiación de un ensayo clínico.

d) El monitor en ningún caso debe formar parte del equipo investigador.

23. Señala el enunciado incorrecto:

a) Los ensayos clínicos son una forma de investigación con seres humanos, y son necesarios, pero precisan de unas garantías metodológicas.

b) La investigación clínica debe desarrollarse en un entorno seguro, sin necesidad de la protección a las personas.

c) Las normas de Buena Práctica Clínica (BPC) exigen al investigador la trazabilidad de las muestras de investigación, y el manejo de las mismas siguiendo unos procedimientos que dependen del ensayo, pero que suelen ser bastante estrictas.

d) El Real Decreto 1090/2015, que regula los ensayos clínicos, con medicamentos, establece la composición de los Comités Éticos de Investigación Clínica, e indica que uno de sus miembros debe ser un farmacéutico del hospital.

24. ¿Qué legislación regula los ensayos clínicos con medicamentos, y los Comités de Ética de la Investigación con medicamentos?

a) Decreto 295/2001.
b) Real Decreto 1090/2015.
c) Ley 5/1995.
d) Ley 7/2017.

25. ¿Qué tipo de actividades NO se realizan en los SFH en el desarrollo de los EC?

a) Actividades clínicas.
b) Actividades de investigación.
c) Actividades éticas.
d) Actividades docentes.

26. ¿Qué tipo de actividad se está realizando cuando el farmacéutico realiza funciones de distribución y control de las muestras, y también proporciona la información sobre el seguimiento del ensayo clínico?

a) Actividad clínica.
b) Actividad técnica.
c) Actividad logística.
d) Actividad ética.

27. La definición de "medicamento que está siendo sometido a pruebas o utilizado como referencia, incluso como placebo, en un ensayo clínico", se refiere a:

a) Medicamento auxiliar.
b) Medicamento en investigación.
c) Medicamentos concomitantes.
d) Medicamento de ensayo.

28. La fabricación total o parcial de medicamentos en investigación, así como algunos procesos de división y acondicionamiento por parte de un SFH exige que este efectúe una solicitud formal de autorización del cumplimiento de normas de correcta fabricación a la AEMPS. Quedan exentos de esta solicitud uno de los siguientes procesos:

a) Reetiquetado.
b) Reacondicionamiento.
c) Reconstitución.
d) Todas son correctas.

29. La investigación clínica con medicamentos queda regulada por:

a) Ley 29/2006.
b) Real Decreto 1/2015, 24 de julio.

c) Real Decreto 1275/2011, 16 de septiembre.
d) Real Decreto 1090/2015, de 4 de diciembre.

30. Un ensayo clínico es toda investigación efectuada en seres humanos con el fin de determinar los efectos de los medicamentos en investigación. ¿Qué tipo de efectos se determinan?

a) Clínicos.
b) Farmacológicos.
c) Farmacodinámicos.
d) Todos los anteriores se determinan.

31. La normativa general europea en materia de ensayos clínicos sigue el Reglamento:

a) 536/2014 del Parlamento Europeo y del Consejo.
b) 234/2015 del Parlamento Europeo y del Consejo.
c) 132/2016 del Parlamento Europeo y del Consejo.
d) 345/2007 del Parlamento Europeo y del Consejo.

32. Para comprobar la eficacia de un nuevo fármaco, se distribuyeron al azar hipertensos en dos grupos, uno que recibió el nuevo fármaco y otro que recibió el tratamiento habitual. La tensión arterial fue menor en el primer grupo. ¿De qué tipo de estudio se trata?

a) Ensayo clínico.
b) Estudio de cohortes.
c) Ensayo de intervención comunitaria.
d) Ensayo de campo.

33. El propósito de un estudio de doble ciego es:

a) Evitar los efectos del placebo.
b) Evitar sesgos del observador y del sujeto.
c) Reducir los efectos de la perdida de seguimiento.
d) Reducir los efectos de la variación de la muestra.

34. En un ensayo clínico en el que para ver la eficacia de un fármaco, se da a un grupo el fármaco y al otro el placebo con iguales características organolépticas y en el que el investigador desconoce a qué grupo pertenece cada enfermo. ¿En qué técnica se ha utilizado el sesgo del observador?

a) Doble ciego.
b) Simple ciego.
c) Triple ciego.
d) Técnica de doble lectura.

35. El ensayo clínico aleatorio es el estudio que proporciona una mejor evidencia causa-efecto, porque existe:

a) Asignación aleatoria de los individuos a los diferentes grupos de tratamiento.
b) Un tratamiento alternativo.
c) Posibilidad de realizar un análisis estadístico multivariante.
d) Una muestra suficientemente amplia.

36. Un estudio clínico es toda investigación relativa a personas destinada a:

a) Descubrir o comprobar los efectos clínicos, farmacológicos o demás efectos farmacodinámicos de uno o más medicamentos.
b) Identificar cualquier reacción adversa a uno o más medicamentos.
c) Estudiar la absorción, la distribución, el metabolismo y la excreción de uno o más medicamentos, con el objetivo de determinar la seguridad y/o eficacia de dichos medicamentos.
d) Todas son correctas.

37. ¿Quién es la persona encargada de la realización del ensayo clínico en un centro de ensayos clínicos?

a) Monitor.
b) Farmacéutico.
c) Investigador.
d) Promotor.

38. ¿Cómo se denomina el primer acto de selección de un posible sujeto para un ensayo clínico concreto?

a) Manual del investigador.
b) Protocolo.
c) Inicio del ensayo clínico.
d) Finalización del ensayo clínico.

39. ¿Cómo se denomina cualquier incidente perjudicial para la salud que sobreviene a un sujeto de ensayo al que se ha administrado un medicamento, aunque no tenga necesariamente relación causal con el mismo?

a) Reacción adversa.
b) Acontecimiento adverso.
c) Reacción adversa grave.
d) Acontecimiento adverso grave.

40. Sobre el Comité de Ética de Investigación señala el enunciado correcto:

a) Órgano independiente.
b) De composición multidisciplinar.

c) Su finalidad principal es la de velar por la protección de los derechos, seguridad y bienestar de los sujetos que participen en un proyecto de investigación biomédica.

d) Todas son correctas.

41. Entendemos por monitor:

a) El profesional capacitado con la necesaria formación y competencia clínica y/o científica que se encarga del seguimiento directo de la realización del ensayo.

b) Los promotores que realizan conjuntamente un ensayo clínico y que se encuentran sometidos a las obligaciones del promotor.

c) La persona que participa en un ensayo clínico, bien como receptor del medicamento en investigación o bien como control.

d) El individuo, empresa, institución u organización responsable de iniciar, gestionar y organizar la financiación de un ensayo clínico.

42. Entendemos por promotor/es:

a) El profesional capacitado con la necesaria formación y competencia clínica y/o científica que se encarga del seguimiento directo de la realización del ensayo.

b) Los promotores que realizan conjuntamente un ensayo clínico y que se encuentran sometidos a las obligaciones del promotor.

c) La persona que participa en un ensayo clínico, bien como receptor del medicamento en investigación o bien como control.

d) El individuo, empresa, institución u organización responsable de iniciar, gestionar y organizar la financiación de un ensayo clínico.

43. ¿Cuándo se puede iniciar un ensayo clínico?

a) El ensayo es éticamente correcto y también metodológicamente correcto.

b) El ensayo es éticamente correcto y también metodológicamente correcto.

c) Se obtiene el consentimiento informado de cada uno de los participantes del ensayo. Y se respetan los derechos del sujeto.

d) Todas son correctas.

44. ¿Quién elige al monitor?

a) Investigador.
b) Farmacéutico.
c) Promotor.
d) CEI.

45. La fabricación e importación de medicamentos en investigación podrá realizarse por aquellos fabricantes e importadores de medicamentos que dispongan de la correspondiente autorización de acuerdo con lo establecido en:

a) Real Decreto 824/2010, de 25 de junio.

b) Los artículos 66 a 68 del Reglamento (UE) n.º 536/2014 del Parlamento Europeo y del Consejo, de 16 de abril de 2014.

c) Real Decreto 1/2015, 24 de julio.
d) En todo lo anterior.

46. El etiquetado de los medicamentos en investigación se ajustará en lo indicado en:

a) Real Decreto 824/2010, de 25 de junio.
b) Los artículos 66 a 68 del Reglamento (UE) n.º 536/2014 del Parlamento Europeo y del Consejo, de 16 de abril de 2014.
c) Real Decreto 1/2015, 24 de julio.
d) Ley 29/2006.

47. Señala cuál es una responsabilidad del promotor:

a) Establecer y mantener un sistema de garantías y control de calidad.
b) Firmar, junto con el investigador que corresponda, el protocolo y cualquiera de sus modificaciones.
c) Seleccionar al investigador más adecuado.
d) Todas son correctas.

48. Son funciones del monitor:

a) Cumplir con las obligaciones de indemnización por daños.
b) Comunicar las sospechas de reacciones adversas graves e inesperadas.
c) Comprobar que el almacenamiento, distribución, devolución y documentación de los medicamentos en investigación es seguro y adecuado.
d) Cumplir con las obligaciones que impone el Registro español de estudios clínicos para la publicación de los ensayos.

49. Una de las siguientes no es responsabilidad del Investigador:

a) Conocer a fondo las propiedades de los medicamentos en investigación.
b) Cerciorarse de que el centro donde se realizará la investigación son adecuados para este propósito durante el periodo de realización del ensayo.
c) Garantizar que el consentimiento informado se recoge.
d) Informar regularmente al CEIm de la marcha del ensayo.

50. Señala cuál de los siguientes es un error que se detectan en los ensayos clínicos:

a) Almacenamiento inadecuado.
b) Contabilidad inadecuada.
c) Deterioro de las muestras.
d) Todas son correctas.

51. Una o unas de las funciones del área de ensayos clínicos es o son:

a) Recepción, custodia, conservación y control de inventario de las muestras.
b) Preparación, dispensación, manejo y control de las muestras.

c) Devolución de los medicamentos sobrantes al final del estudio.
d) Todas son funciones.

52. Al inicio de un ensayo clínico:

a) Se deben conocer bien los aspectos del protocolo relacionados con los tratamientos.
b) Se debe comprobar el correcto etiquetado de la medicación y configurar la muestra en el programa informático.
c) Comprobar la temperatura del envío.
d) Todas son correctas.

53. La recepción de las muestras de investigación deben ser confirmadas por:

a) Monitor.
b) Promotor.
c) Farmacéutico responsable.
d) Investigador.

54. Señala el enunciado correcto sobre la recepción de muestras de investigación en un SFH:

a) Se debe comprobar el correcto etiquetado de la medicación y configurar la muestra en el programa informático: nombre, identificación, cantidad por caja, etc.
b) Cotejar la medicación recibida con el causo de recibo: cantidad, el lote y la caducidad y, si procede, la identificación.
c) Introducir la recepción en el programa informático.
d) Todas son correctas.

55. Señala el enunciado incorrecto sobre la conservación y custodia de las muestras de investigación:

a) Se debe disponer de un lugar separado del resto de la medicación que sea seguro.
b) Hay que conocer las condiciones de temperatura exigidas para cada medicamento y ubicar e identificar correctamente el mismo.
c) Los medicamentos que no estén en condiciones se registran en el programa informático.
d) Custodiar la medicación devuelta por el paciente.

56. ¿Cuándo se devuelven los medicamentos al promotor?

a) Cuando estén caducados.
b) Cuando sobren.
c) Cuando estén usados.
d) Todas son correctas.

Soluciones comentadas

1. a) Uso de medicamentos en condiciones diferentes de las autorizadas: el uso de medicamentos en condiciones distintas de las incluidas en la ficha técnica autorizada (ver apartado 1).

Uso de medicamentos en condiciones diferentes de las autorizadas: el uso de medicamentos en condiciones distintas de las incluidas en la ficha técnica autorizada.

2. b) La utilización de un medicamento antes de su autorización en España en pacientes que padecen una enfermedad crónica o gravemente debilitante o que se considera pone en peligro su vida y que no pueden ser tratados satisfactoriamente con un medicamento autorizado (ver apartado 1).

Uso compasivo de medicamentos en investigación: utilización de un medicamento antes de su autorización en España en pacientes que padecen una enfermedad crónica o gravemente debilitante o que se considera pone en peligro su vida y que no pueden ser tratados satisfactoriamente con un medicamento autorizado. El medicamento de que se trate deberá estar sujeto a una solicitud de autorización de comercialización, o bien deberá estar siendo sometido a ensayos clínicos.

3. b) Autorización temporal de utilización (ver apartado 1.1).

El acceso al uso de medicamentos en investigación podrá efectuarse mediante uno de los siguientes procedimientos:

– Autorización de acceso individualizado.

– Autorizaciones temporales de utilización.

4. d) Todas son ciertas (ver apartado 1.1.1).

El centro hospitalario solicitará el acceso a medicamentos en investigación de forma individualizada a la Agencia, previo visto bueno de la Dirección del centro. La solicitud se acompañará de la siguiente documentación:

– El informe clínico del médico responsable en el que se justifique la necesidad del medicamento para el paciente. El informe deberá adjuntar la documentación que apoye la necesidad de administrar el medicamento al paciente (motivo por el que no puede tratarse de forma satisfactoria con las alternativas terapéuticas autorizadas, datos que apoyan el uso del medicamento para el paciente y razones por las cuales el paciente no puede ser incluido en un ensayo clínico). Deberá indicarse la duración prevista del tratamiento.

– La conformidad del promotor de los ensayos clínicos o del solicitante de la autorización de comercialización en los casos que así lo requiera.

– El número de envases requeridos.

5. b) No requiere consentimiento informado (ver apartado 1.2).

La utilización de medicamentos autorizados en condiciones diferentes a las establecidas en su ficha técnica tendrá carácter excepcional y se limitará a las situaciones en las que se carezca de alternativas terapéuticas autorizadas para un determinado paciente, respetando en su caso las restricciones que se hayan establecido ligadas a la prescripción y/o dispensación del medicamento y el protocolo terapéutico asistencial del centro sanitario. El médico responsable del tratamiento deberá justificar convenientemente en la historia clínica la necesidad del uso del medicamento e informar al paciente de los posibles beneficios y los riesgos potenciales, obteniendo su consentimiento conforme a la Ley 41/2002, de 14 de noviembre.

6. b) Pueden producir efectos adversos graves (ver apartado 3).

Los ECM son aquellos medicamentos destinados a pacientes ambulatorios, pero cuya utilización puede producir reacciones adversas muy graves, lo que requerirá, en su caso, prescripción por determinados médicos especialistas y una vigilancia especial durante el tratamiento.

7. a) 1961 (ver apartado 2.1).

Son especialidades farmacéuticas que contienen sustancias estupefacientes incluidas en la lista I de la Convención única de Estupefacientes de 1961 ("Boletín Oficial del Estado" de 22 de abril de 1966), y posteriores modificaciones.

8. a) I (ver apartado 2).

Para la dispensación de medicamentos estupefacientes, según Real Decreto 1675/2012, de 14 de diciembre, la receta oficial de estupefacientes (ROE), es el documento de carácter sanitario, normalizado y obligatorio, mediante el cual, los médicos, odontólogos y veterinarios prescriben medicamentos que contienen sustancias estupefacientes incluidas en la lista I de la Convención Única de 1961 sobre estupefacientes.

9. b) Su utilización no produce RAM muy graves (ver apartado 3).

Los ECM son aquellos medicamentos destinados a pacientes ambulatorios, pero cuya utilización puede producir reacciones adversas muy graves, lo que requerirá, en su caso, prescripción por determinados médicos especialistas y una vigilancia especial durante el tratamiento.

10. d) Las respuestas a) y b) son correctas (ver apartado 2.2).

Para la dispensación de los medicamentos psicótropos se exige comprobar la identidad de la persona que retira el medicamento, anotando en la receta médica su número de DNI o NIE (en caso de ciudadanos extranjeros). Después se registra en el libro recetario.

11. d) Todas son ciertas (ver apartado 1).

Para la dispensación de medicamentos estupefacientes, según Real Decreto 1675/2012, de 14 de diciembre, la receta oficial de estupefacientes (ROE), es el documento de carácter sanitario, normalizado y obligatorio, mediante el cual, los médicos, odontólogos y veterinarios, prescriben medicamentos que contienen sustancias estupefacientes incluidas en la lista I de la Convención Única de 1961 sobre estupefacientes. En cada ROE se podrán prescribir hasta un máximo de cuatro envases, siempre que dicha prescripción no supere los tres meses de tratamiento.

12. a) Fecha, número de registro, especialidad prescrita, nombre del médico, número de DNI y observaciones (ver apartado 2.2).

Cada dispensación de una especialidad farmacéutica psicotrópica debe registrarse en el libro recetario, anotando: fecha, número de registro, especialidad prescrita, nombre del médico, número de DNI y observaciones.

13. d) Todos son psicotrópicos (ver apartado 2.2).

Algunos ejemplos de medicamentos de este grupo son: Lexatin®, Orfidal®, Trankimazín®, Noctamid®, Valium®, Somnovit®.

14. c) Durogesic® (ver apartado 2.1).

Algunos ejemplos de medicamentos de este grupo son: Durogesic® parches, Metasedin® ampollas, Sevredol® comprimidos.

15. d) Todas son correctas (ver apartado 2.2).

Para los psicotrópicos, siempre es necesaria la receta médica para su dispensación, así como la presentación del DNI de la persona que retira el medicamento para anotar sus datos en el reverso de la receta.

Cada dispensación de una especialidad farmacéutica psicotrópica debe registrarse en el libro recetario, anotando: fecha, número de registro, especialidad prescrita, nombre del médico, número de DNI y observaciones.

16. b) Psicotrópicas (ver apartado 2.2).

Son especialidades farmacéuticas que contienen sustancias del anexo II o de las listas II, III y IV del anexo I del Convenio Internacional sobre sustancias psicotrópicas de Viena de 1971. Estas especialidades se identifican por sus correspondientes símbolos en el cartonaje.

17. c) ● (ver apartado 2).

Las especialidades farmacéuticas que contienen sustancias estupefacientes se identifican porque en el embalaje lleva el símbolo ●.

18. a) Contendrán en el embalaje exterior un símbolo identificativo, un círculo cuyo interior será de color negro, y entre ellas podemos encontrar principios activos como el Durogesic® parches (fentanilo) o Sevredol® comprimidos (morfina) (ver apartado 2.1).

Algunos ejemplos de medicamentos de este grupo son: Durogesic® parches, Metasedin® ampollas, Sevredol® comprimidos.

19. d) Todas son correctas (ver apartado 4.1).

La Agencia podrá autorizar, con carácter excepcional, el acceso a medicamentos no autorizados en España y destinados a su utilización en España cuando se den las siguientes condiciones:

– Que no se encuentre el medicamento autorizado en España con igual composición o que esté en una forma farmacéutica que no permita el tratamiento del paciente.

– Que no exista en España medicamento autorizado que constituya una alternativa adecuada para ese paciente.

20. b) Ensayo clínico (ver apartado 5.1).

Un ensayo clínico es toda investigación efectuada en seres humanos con el fin de determinar o confirmar los efectos clínicos, farmacológicos y/o los demás efectos farmacodinámicos de uno o varios medicamentos en investigación y/o detectar reacciones adversas a uno o varios medicamentos en investigación, y/o estudiar el proceso LADME con el fin de determinar su inocuidad y/o su eficacia.

21. d) Todas son correctas (ver apartado 5.1).

La investigación clínica con medicamentos es un elemento que permite que los medicamentos sean autorizados por las agencias de medicamentos, que sean comercializados por sus titulares con las garantías que la legislación les exige y que lleguen a la práctica clínica para beneficio de los pacientes.

22. a) Un ensayo clínico no es un estudio clínico donde se aplican procedimientos de diagnóstico a los sujetos de ensayo similares a la práctica clínica habitual (ver apartado glosario).

«Ensayo clínico»: es un estudio clínico que cumple cualquiera de las siguientes condiciones:

* Se asigna de antemano al sujeto de ensayo a una estrategia terapéutica determinada, que no forma parte de la práctica clínica habitual del Estado miembro
implicado.

* La decisión de prescribir los medicamentos en investigación se toma junto con la
de incluir al sujeto en el estudio clínico.

* Se aplican procedimientos de diagnóstico o seguimiento a los sujetos de ensayo
que van más allá de la práctica clínica habitual.

**23. b) La investigación clínica debe desarrollarse en un entorno seguro, sin necesi-
dad de la protección a las personas (ver apartado 5.1).**

La investigación clínica debe desarrollarse en un entorno que garantice la protección de las personas que participen en conformidad con la Declaración de Helsinki
y el Informe Belmont, y el Convenio del Consejo de Europa para la protección de los
derechos humanos y la dignidad el ser humano con respecto a las aplicaciones de la
biología y medicina, suscrito en Oviedo. También garantiza los principios básicos de
autonomía del paciente, Ley 41/2002, de noviembre.

24. b) Real Decreto 1090/2015 (ver apartado 5.1).

El Real Decreto 1090/2015, que regula los ensayos clínicos, con medicamentos, establece la composición de los Comités Éticos de Investigación Clínica, e indica que uno
de sus miembros debe ser un farmacéutico del hospital.

25. c) Actividades éticas (ver apartado 5.3).

Las funciones que tiene un Servicio de Farmacia en relación con los ensayos clínicos.
Estas funciones se agrupan en cinco niveles:

– Control y gestión de los medicamentos en investigación.

– Actividades clínicas.

– Actividades de investigación.

– Miembro del Comité Ético de Investigación Clínica.

– Actividades docentes.

26. a) Actividad clínica (ver apartado 5.3.2).

Actividad clínica

El farmacéutico en la fase de ejecución del ensayo clínico realiza funciones de distribución y control de las muestras, y también proporciona la información sobre el
seguimiento del ensayo clínico.

Utiliza los perfiles farmacoterapéuticos para la monitorización y seguimiento de los
participantes y colabora con el equipo investigador en la recogida de parámetros
analíticos, registro y análisis de las reacciones adversas que aparecen a lo largo del
ensayo, tratando de establecer la relación causal de la misma.

27. b) Medicamento en investigación (ver apartado glosario).

«Medicamento en investigación»: el que se está sometiendo a prueba o utilizado como referencia, incluso como placebo, en un ensayo clínico.

28. d) Todas son correctas (ver apartado 5.2.2).

No se exigirá la citada autorización para el reetiquetado o el reacondicionamiento, en caso de que se realice en un servicio de farmacia autorizado de un centro participante, siempre que los medicamentos en investigación estén destinados a ser utilizados únicamente en hospitales, centros de salud o clínicas que participen en el mismo ensayo clínico.

29. d) Real Decreto 1090/2015, de 4 de diciembre (ver apartado 5.1).

La investigación clínica con medicamentos queda regulada por el Real Decreto 1090/2015, de 4 de diciembre, por el que se regulan los Ensayos Clínicos con medicamentos, los Comités de Ética de la Investigación con medicamentos y el Registro Español de Estudios Clínicos

30. d) Todos los anteriores se determinan (ver apartado 5.1).

Un ensayo clínico es toda investigación efectuada en seres humanos con el fin de determinar o confirmar los efectos clínicos, farmacológicos y/o los demás efectos farmacodinámicos de uno o varios medicamentos en investigación y/o detectar reacciones adversas a uno o varios medicamentos en investigación, y/o estudiar el proceso LADME con el fin de determinar su inocuidad y/o su eficacia.

31. a) 536/2014 del Parlamento Europeo y del Consejo (ver apartado 5.1).

La normativa general europea en materia de ensayos clínicos sigue el Reglamento n.º 536/2014 del Parlamento Europeo y del Consejo, de 16 de abril, sobre los ensayos clínicos de medicamentos de uso humano.

32. a) Ensayo clínico (ver apartado 5.1).

La principal característica de los ensayos clínicos es la asignación aleatoria de los sujetos del estudio a los grupos experimental o control garantizando que cada individuo tenga las mismas posibilidades de ser asignado a cada uno de ellos y tratando de que ambos grupos sean lo más parecidos posible entre sí al comienzo de la investigación. A este proceso se le denomina aleatorización o randomización.

33. b) Evitar sesgos del observador y del sujeto (ver apartado 5.1).

Dado que se trata de estudios experimentales en los que se quiere controlar el máximo posible las condiciones del mismo hay dos factores importantes que se deben tener en cuenta al principio del mismo para controlarlos y así evitar sesgos (errores)

que amenacen la validez del estudio. Estos factores se producen por el efecto psicológico del tratamiento en sí que puede ser independiente del efecto físico del mismo (efecto placebo) y las expectativas del sujeto de estudio o del grupo de investigador. Para controlar estos factores se utilizan técnicas de enmascaramiento o de "ciego".

- Simple ciego: el sujeto desconoce si pertenece al grupo experimental o de control, dato que sí conoce el investigador.

- Doble ciego: ni el sujeto ni el investigador conoce el estatus exposición.

- Triple ciego: es como el de doble ciego, pero además las personas que realizan el análisis estadístico de los datos desconocen el estatus de exposición.

34. a) Doble ciego (ver apartado 5.1).

Doble ciego: ni el sujeto ni el investigador conoce el estatus exposición.

35. a) Asignación aleatoria de los individuos a los diferentes grupos de tratamiento (ver apartado 5.1).

La principal característica de los ensayos clínicos es la asignación aleatoria de los sujetos del estudio a los grupos experimental o control garantizando que cada individuo tenga las mismas posibilidades de ser asignado a cada uno de ellos y tratando de que ambos grupos sean lo más parecidos posible entre sí al comienzo de la investigación.

36. d) Todas son correctas (ver apartado 5.1).

Un ensayo clínico es toda investigación efectuada en seres humanos con el fin de determinar o confirmar los efectos clínicos, farmacológicos y/o los demás efectos farmacodinámicos de uno o varios medicamentos en investigación y/o detectar reacciones adversas a uno o varios medicamentos en investigación, y/o estudiar el proceso LADME con el fin de determinar su inocuidad y/o su eficacia.

37. c) Investigador (ver apartado 5.2.6.3).

- El investigador dirige y se responsabiliza de la realización práctica del ensayo clínico en un determinado ámbito.

38. c) Inicio del ensayo clínico (ver apartado glosario).

«Inicio de un ensayo clínico»: primer acto de selección de un posible sujeto para un ensayo clínico concreto, salvo que el protocolo lo defina de otro modo.

39. b) Acontecimiento adverso (ver apartado glosario).

«Acontecimiento adverso»: cualquier incidente perjudicial para la salud que sobreviene a un sujeto de ensayo al que se ha administrado un medicamento, aunque no tenga necesariamente relación causal con el mismo.

40. d) Todas son correctas (ver apartado glosario).

«Comité de Ética de la Investigación (en adelante CEI)»: órgano independiente y de composición multidisciplinar cuya finalidad principal es la de velar por la protección de los derechos, seguridad y bienestar de los sujetos que participen en un proyecto de investigación biomédica y ofrecer garantía pública al respecto mediante un dictamen sobre la documentación correspondiente del proyecto de investigación, teniendo en cuenta los puntos de vista de las personas legas, en particular, los pacientes, o las organizaciones de pacientes.

41. a) El profesional capacitado con la necesaria formación y competencia clínica y/o científica que se encarga del seguimiento directo de la realización del ensayo (ver apartado glosario).

«Monitor»: profesional capacitado con la necesaria formación y competencia clínica y/o científica, elegido por el promotor, que se encarga del seguimiento directo de la realización del ensayo. Sirve de vínculo entre el promotor y el investigador principal, cuando estos no concurran en la misma persona. En ningún caso el monitor debe formar parte del equipo investigador.

42. d) El individuo, empresa, institución u organización responsable de iniciar, gestionar y organizar la financiación de un ensayo clínico (ver apartado glosario).

«Promotor»: individuo, empresa, institución u organización responsable de iniciar, gestionar y organizar la financiación de un ensayo clínico.

43. d) Todas son correctas (ver apartado 5.2.1).

Se podrá iniciar un ensayo clínico cuando el CEIM y la AEMPS consideren que se cumplen las siguientes condiciones:

- El ensayo es éticamente correcto y también metodológicamente correcto con el fin de obtener datos fiables.

- Los beneficios para el sujeto o la salud pública superan los riesgos e inconvenientes previsibles.

- Se obtiene el consentimiento informado de cada uno de los participantes del ensayo, y se respetan los derechos del sujeto.

- El ensayo está diseñado para reducir el dolor, la incomodidad, miedo, etc.

- Tanto las decisiones médicas que se adoptan y la atención sanitaria que se dispensa son responsabilidad de un médico, odontólogo o de otro profesional sanitario de acuerdo con sus competencias para prestar los cuidados necesarios.

- Se ha facilitado al sujeto, o a su representante legal, los datos de contacto de una entidad que pueda proporcionar información adicional en caso de necesidad.

- No se ha ejercido influencia indebida sobre los sujetos para que participen en el ensayo.

44. c) Promotor (ver apartado 5.2.6.1).

Son funciones del promotor designar el monitor que vigilará la marcha del ensayo.

45. a) Real Decreto 824/2010, de 25 de junio (ver apartado 5.2.2).

La fabricación e importación de medicamentos en investigación podrá realizarse por aquellos fabricantes e importadores de medicamentos que dispongan de la correspondiente autorización de acuerdo con lo establecido en el Real Decreto 824/2010, de 25 de junio, por el que se regulan los laboratorios farmacéuticos, los fabricantes de principios activos de uso farmacéutico y el comercio exterior de medicamentos y medicamentos en investigación.

46. b) Los artículos 66 a 68 del Reglamento (UE) n.º 536/2014 del Parlamento Europeo y del Consejo, de 16 de abril de 2014 (ver apartado 5.2.3).

El etiquetado se ajustará a lo indicado en los artículos 66 a 68 del Reglamento (UE) n.º 536/2014 del Parlamento Europeo y del Consejo, de 16 de abril de 2014, teniendo en cuenta lo establecido en las directrices detalladas de las normas de correcta fabricación aplicables a medicamentos en investigación de la Unión Europea y, en su caso, a la AEMPS.

47. d) Todas son correctas (ver apartado 5.2.6.1).

Son responsabilidades del promotor:

* Establecer y mantener un sistema de garantías y control de calidad, con procedimientos normalizados de trabajo escritos, de forma que los ensayos sean realizados y los datos generados, documentados y comunicados de acuerdo con el protocolo, las normas de buena práctica clínica y lo dispuesto en este real decreto. Deberá disponer de procedimientos normalizados de trabajo que garanticen estándares de calidad en todas las fases de la documentación de un acontecimiento adverso, recogida de datos, validación, evaluación, archivo, comunicación y seguimiento.

* Firmar, junto con el investigador que corresponda, el protocolo y cualquiera de sus modificaciones.

* Seleccionar al investigador más adecuado según su cualificación y medios disponibles, y asegurarse de que este llevará a cabo el estudio tal como está especificado en el protocolo.

48. c) Comprobar que el almacenamiento, distribución, devolución y documentación de los medicamentos en investigación es seguro y adecuado (ver apartado 5.2.6.2).

Son funciones del monitor Comprobar que el almacenamiento, distribución, devolución y documentación de los medicamentos en investigación es seguro y adecuado.

49. b) Cerciorarse de que el centro donde se realizará la investigación son adecuados para este propósito durante el periodo de realización del ensayo (ver apartado 5.2.6.3).

Son responsabilidades del investigador:

* Firmar junto con el promotor el protocolo del ensayo.

* Conocer a fondo las propiedades de los medicamentos en investigación.

* Garantizar que el consentimiento informado se recoge.

* Recoger, registrar y notificar los datos de forma correcta y garantizar su veracidad.

* Seguir las instrucciones respecto a la comunicación de acontecimientos adversos establecidas en el protocolo.

50. d) Todas son correctas (ver apartado 5.3.1).

Las muestras de medicamentos en investigación son un punto crítico en el circuito de actividades a realizar en el ensayo clínico. Los errores que se detectan en los ensayos clínicos pueden invalidar su resultado. Dentro de estos errores encontramos:

– Almacenamiento inadecuado.

– Roturas de stock.

– Rotura del carácter de doble ciego.

– Administración inadecuada.

– Deterioro de las muestras.

– Contabilidad inadecuada.

– Falta de cumplimentación de documentos y registros

51. d) Todas son funciones (ver apartado 5.3.1).

Las funciones principales de esta área son:

– Recepción, custodia, conservación y control de inventario de las muestras.

– Preparación, dispensación, manejo y control de las muestras.

– Devolución de los medicamentos sobrantes al final del estudio.

– Mantenimiento de los registros de movimiento de la medicación.

– Elaboración de normas y procedimientos escritos.

52. a) Se deben conocer bien los aspectos del protocolo relacionados con los tratamientos (ver apartado 5.4).

Al inicio del ensayo:

* Se deben conocer bien los aspectos del protocolo relacionados con los tratamientos.

* Acordar con el monitor los procedimientos de trabajo del ensayo clínico.

* Revisar que el ensayo dispone de las aprobaciones necesarias para poder iniciarse.

* Comunicar al investigador y acordar con él y con el monitor, la forma en que se prescribirán los tratamientos de ensayo y cómo los entregará al SF; previamente elaborados, en unidosis, etc.

53. c) Farmacéutico responsable (ver apartado 5.4).

La recepción de las muestras debe ser confirmada por el farmacéutico responsable mediante el correspondiente acuse de recepción. El original quedará archivado en el servicio de Farmacia y la copia del mismo será enviada al promotor.

54. d) Todas son correctas (ver apartado 5.4).

La recepción de las muestras debe ser confirmada por el farmacéutico responsable mediante el correspondiente acuse de recepción. El original quedará archivado en el servicio de Farmacia y la copia del mismo será enviada al promotor.

* Se debe comprobar el correcto etiquetado de la medicación y configurar la muestra en el programa informático: nombre, identificación, cantidad por caja, etc.

* Comprobar la temperatura del envío y si hay desvío, se debe comunicar al monitor.

* Cotejar la medicación recibida con el acuse de recibo: la cantidad, el lote y la caducidad y, si procede, la identificación.

* Introducir la recepción en el programa informático.

* Acusar el recibo del medicamento.

55. c) Los medicamentos que no estén en condiciones se registran en el programa informático (ver apartado 5.4).

Conservación y custodia: se debe disponer de un lugar separado del resto de la medicación que sea seguro, por ejemplo una nevera exclusiva para los ensayos.

* Disponer de un sistema de registro de temperaturas por cada lugar de almacenamiento, debiendo establecer la forma en que el monitor pueda consultar periódicamente los registros e informar de cualquier desviación importante.

* Conocer las condiciones de temperatura exigidas para cada medicamento y ubicar e identificar correctamente el mismo.

* Registrar las caducidades y llevar control de las mismas.

* Poner en cuarentena o retirar definitivamente aquella medicación que no esté en condiciones.

* Custodiar la medicación devuelta por el paciente.

56. d) Todas son correctas (ver apartado 5.4).

Devolución de los medicamentos al promotor:

* En el caso de medicamentos caducados, sobrantes y usados.

* Se certifica la devolución y se registran los datos de la medicación devuelta.

TEST N.º 4

Formas farmacéuticas y dosificación de los medicamentos: conceptos generales. Vías de administración de medicamentos. Formas farmacéuticas según la vía de administración. Tipos de dosis, relación dosis-efecto, factores que intervienen en la dosificación. Procesos Ladme: liberación, absorción, distribución, metabolismo, excreción

1. La parte de la farmacología que estudia mecanismos de acción y efectos de los fármacos en el organismo animal se denomina:

a) Farmacoterapéutica.
b) Farmacognosia.
c) Farmacodinámica.
d) Patogenia.

2. Se denomina Farmacocinética:

a) Al estudio y caracterización fisicoquímica de las materias primas de origen biológico (vegetal o animal) destinadas a la preparación de medicamentos.
b) Al estudio de las velocidades de reacción que ocurren en los procesos de liberación, absorción, distribución, metabolismo, y eliminación del fármaco en el organismo vivo.
c) Al estudio de los efectos adversos (previsibles) y efectos tóxicos (no previsibles) que determinadas sustancias originan en el organismo.
d) Al empleo de fármacos para el diagnóstico, tratamiento o prevención de una enfermedad o alteración fisiológica.

3. El estudio y características físico-químicas de las materias primas o principios activos de origen biológicos destinadas a la preparación de un fármaco, se denomina:

a) Farmacocinética.
b) Farmacognosia.
c) Farmacoterapia.
d) Farmacotecnología.

4. La farmacoterapéutica:

a) Es el empleo de fármacos para el tratamiento.
b) Es el empleo de fármacos para el diagnóstico.
c) Es el empleo de fármacos para la prevención de una enfermedad.
d) Todas son correctas.

5. El tratamiento etiológico es el que:

a) Pretende combatir la causa de la enfermedad.
b) Pretende bloquear el mecanismo patológico de una alteración fisiológica.
c) Está encaminado a definir una enfermedad.
d) Alivia los síntomas.

6. El tratamiento supresivo o paliativo:

a) Previene la enfermedad.
b) Diagnóstica la enfermedad.
c) Suprime la enfermedad.
d) Ninguna es correcta.

7. ¿Qué ciencia engloba todos los procesos técnicos de la elaboración de medicamentos, así como los analíticos y de control de calidad del producto acabado?

a) Farmacodinamia.
b) Farmacotecnia.
c) Farmacia galénica.
d) Las respuestas b) y c) son correctas.

8. En relación con la farmacocinética, señala la respuesta incorrecta:

a) La concentración de un fármaco en su lugar de acción depende del grado y velocidad de su absorción, distribución, fijación, biotransformación y excreción.
b) Es la ciencia que estudia los efectos de los fármacos en el ser humano.
c) Es la parte de la farmacología que estudia el movimiento de los fármacos en el organismo en función del tiempo y de la dosis.
d) Las respuestas a) y c) son correctas.

9. Los factores que determinan el grado de absorción de un fármaco no incluyen:

a) La capacidad del fármaco para cruzar las membranas biológicas.
b) La vía de administración.
c) La capacidad de biotransformación del fármaco.
d) La solubilidad del fármaco.

10. ¿Qué definición de farmacocinética es la más correcta?

a) Es la parte de la farmacología que estudia el movimiento de los fármacos en el organismo en función del tiempo y la dosis.

b) Es la ciencia que estudia el desplazamiento de los fármacos en torno a la célula.

c) Es la parte de la farmacología que estudia la absorción y distribución de los fármacos en el organismo.

d) Es la parte de la farmacología que estudia la distribución y excreción de los fármacos en el organismo.

11. ¿Qué evolución sigue un fármaco una vez administrado?

a) Liberación, distribución, biotransformación, absorción y eliminación.

b) Absorción, liberación, metabolización, distribución y eliminación.

c) Liberación, absorción, distribución, metabolización y eliminación.

d) Liberación, absorción, distribución, metabolización, eliminación y biotransformación.

12. La cantidad relativa del fármaco administrado que alcanza la circulación sanguínea o llega de forma activa a la circulación se denomina:

a) CMP.

b) CME.

c) Biodisponibilidad.

d) Periodo de latencia.

13. Un fármaco se ha liberado cuando:

a) Se ha disuelto en el lugar de absorción.

b) Ha pasado al torrente sanguíneo.

c) Se ha unido a su receptor específico.

d) Se difunde a través del plasma.

14. El transporte de un fármaco a través de las membranas celulares depende de:

a) Peso molecular del fármaco.

b) Gradiente de concentración.

c) Liposolubilidad y grado de ionización.

d) Todas son correctas.

15. ¿Cuál de las siguientes opciones define mejor el concepto de distribución en farmacología?

a) Es el tiempo que transcurre desde que el fármaco pasa al torrente sanguíneo hasta que deja de tener efecto.

b) Es el proceso de transporte del fármaco desde su lugar de absorción hasta el órgano diana.

c) Es el proceso por el cual un fármaco es trasladado desde el sitio de administración hasta la sangre.

d) Es la velocidad a la que una determinada droga se une a las proteínas que le permitirán introducirse dentro de la célula.

16. No es un factor que influye en la distribución tisular del fármaco:

a) La afinidad particular del fármaco con un tejido específico.
b) La vía de administración.
c) Las características físico-químicas del fármaco.
d) La capacidad para unirse a proteínas plasmáticas.

17. ¿Cómo viajan los fármacos por la sangre?

a) Libremente.
b) Unidos a proteínas plasmáticas como la albúmina.
c) Unidos a algunas proteínas específicas.
d) Todas son correctas.

18. Señala el enunciado incorrecto:

a) La fracción libre de fármaco es la única que puede difundir hacia los tejidos y dar lugar al efecto farmacológico.
b) La fracción libre del fármaco no tiene efecto terapéutico, porque no puede atravesar barreras y difundir los tejidos.
c) Los fármacos unidos a las proteínas circularán por la sangre, sin pasar a los tejidos; por tanto, aumentará su tiempo de vida media.
d) Los fármacos libres se difundirán hacia los tejidos diana, dando lugar al efecto farmacológico que será mayor al deseado, debido a que mayor cantidad de fármaco habrá contactado con los receptores en menor cantidad de tiempo.

19. Respecto a la excreción/eliminación de un fármaco, señala la respuesta incorrecta:

a) La eliminación urinaria se realiza a favor de los siguientes mecanismos: filtración glomerular, secreción tubular y reabsorción tubular.
b) La excreción biliar de fármacos permite su reabsorción a nivel intestinal.
c) Cuanto mayor sea el aclaramiento renal del fármaco, mayor será su velocidad de desaparición del plasma.
d) Por orden decreciente de importancia, las vías de eliminación de los fármacos son las siguientes: urinaria, sudor, leche, biliar-entérica, saliva y epitelios descamados.

20. Señala el enunciado incorrecto en relación con el primer paso hepático:

a) Es el fenómeno que se produce cuando el fármaco que se ha absorbido a escala gastrointestinal pasa al hígado, donde una parte se metaboliza, antes de alcanzar la circulación sistémica.
b) La vía sublingual tiene primer paso hepático.
c) La vía intramuscular carece de primer paso hepático.
d) Todas son correctas.

21. Señala la respuesta correcta en relación con la liberación y absorción de un fármaco:

a) El principio activo o fármaco es liberado de la forma farmacéutica tras su administración, en un proceso que depende principalmente de la misma forma farmacéutica y de su formulación.

b) La liberación se produce antes para un comprimido que para una gragea.

c) No todos los comprimidos liberan el fármaco al mismo tiempo, pues los excipientes modifican este proceso.

d) Todas son correctas.

22. Son características físico-químicas del fármaco:

a) Peso molecular.

b) Liposolubilidad.

c) Grado de ionización.

d) Todas son características físico-químicas.

23. Los procesos de distribución, metabolismo y excreción se denominan conjuntamente como:

a) Fase de disposición.

b) Fármaco-dinámica.

c) Fenómenos de metabolización.

d) Ninguna de las respuestas anteriores es cierta.

24. La característica principal dentro de la farmacología general, que se define como" a su paso por el organismo, se convierte en una sustancia de hidrosolubilidad creciente con el objeto de ser eliminada vía renal", corresponde con:

a) Distribución.

b) Absorción.

c) Eliminación.

d) Metabolismo.

25. La biotransformación de un fármaco ocurre en dos fases. Señala qué tipo de reacción NO se produce en la fase I:

a) Reacciones de conjugación.

b) Reacciones de oxidación.

c) Reacciones de reducción.

d) Reacciones de hidrólisis.

26. La principal vía de eliminación o excreción de fármacos y sus metabolitos es:

a) Pulmón.

b) Hígado.

c) Intestino.
d) Renal.

27. La metabolización de un fármaco ocurre en:

a) Riñón.
b) Hígado.
c) Pulmón.
d) Tracto gastrointestinal.

28. Se denomina concentración mínima eficaz o terapéutica (CME):

a) A la concentración a partir de la cual se inicia un efecto farmacológico.
b) A la concentración a partir de la cual se inicia un efecto tóxico.
c) A la concentración que produce un efecto acumulativo del fármaco.
d) Al tiempo que dura el efecto del fármaco en el organismo.

29. ¿A qué se denomina en farmacología biotransformación?

a) A las transformaciones que sufre un determinado organismo tras entrar en contacto con una droga.
b) Al proceso por el cual el organismo convierte un fármaco en un compuesto distinto al administrado originariamente.
c) A las transformaciones que debido al paso del tiempo sufre una droga.
d) A las transformaciones que suceden en un organismo y una droga al entrar en contacto.

30. La vía de excreción biliar es:

a) Usada por todos los fármacos.
b) Solo usada por los anestésicos volátiles.
c) Aquella en que los medicamentos sufren la circulación enterohepática.
d) Las respuestas a) y c) son correctas.

31. Una de las siguientes circunstancias disminuye la biotransformación o metabolización de los fármacos. Señala cuál:

a) Administración de barbitúricos.
b) Administración en niños prematuros.
c) Administración de inductores enzimáticos.
d) Todas son ciertas.

32. En su sujeto con insuficiencia renal hay que tener en cuenta:

a) Aclaramiento renal.
b) Fármacos que se eliminen principalmente por otras vías.

c) La toxicidad.
d) Las respuestas a) y c son correctas.

33. La principal vía de eliminación de fármacos es:

a) La leche materna.
b) La saliva.
c) El pulmón.
d) El riñón.

34. La farmacocinética estudia:

a) Lo relacionado con el origen de los fármacos naturales.
b) Las acciones y efectos de los fármacos.
c) Los procesos que experimenta el fármaco en el organismo desde el momento de su administración hasta su eliminación. Incluye los procesos de liberación, absorción, distribución, metabolismo, y eliminación del fármaco en el organismo vivo (LADME).
d) Todas son correctas.

35. ¿Qué evolución sigue un fármaco una vez administrado?

a) Liberación, distribución, biotransformación, absorción y eliminación.
b) Absorción, liberación, metabolización, distribución y eliminación.
c) Liberación, absorción, distribución, metabolización y eliminación.
d) Liberación, absorción, distribución, metabolización, eliminación y biotransformación.

36. ¿De qué factores depende la absorción de un fármaco?

a) De la solubilidad.
b) De la capacidad para cruzar las membranas biológicas.
c) De la vía de administración.
d) Todas ciertas.

37. El movimiento de un fármaco desde el sitio de administración al torrente sanguíneo se denomina:

a) Absorción.
b) Distribución.
c) Liberación.
d) Excreción.

38. Los fármacos cuando se distribuye desde la circulación sanguínea hasta los tejidos corporales, lo hacen unidos a proteínas, señale lo correcto:

a) La albumina es una proteína transportadora de fármacos.
b) Cuando el fármaco se presenta en forma libre en la circulación ejerce su acción.

c) Cuando el fármaco está unido a las proteínas transportadoras actúa como reservorio.
d) Todas son correctas.

39. El rango de concentraciones en las que el fármaco es eficaz y se observa un mínimo de afectos adversos siendo la zona de los medicamentos entre la dosis mínima y la dosis máxima se denomina:

a) Dosis de mantenimiento.
b) Dosis letal.
c) Margen de seguridad.
d) Toma.

40. El valor superior al rango terapéutico es:

a) La concentración mínima tóxica.
b) La concentración mínima eficaz.
c) Intervalo terapéutico.
d) Concentración máxima.

41. La CME:

a) Es la concentración mínima a partir de la cual se inicia el efecto farmacológico.
b) Es la concentración máxima a partir de la cual se inicia el efecto tóxico.
c) Es la concentración media en plasma.
d) Ninguna es correcta.

42. Denominamos periodo de latencia:

a) Al tiempo transcurrido entre en el momento en el que se alcanza la concentración mínima eficaz y el momento en que desciende por debajo de dicha concentración.
b) Al tiempo que transcurre desde el momento de administración hasta que se inicia el efecto farmacológico.
c) Todas son ciertas.
d) Ninguna es cierta.

43. El tiempo que tarda en reducirse a la mitad la cantidad de fármaco disponible para absorberse, se denomina:

a) Biodisponibilidad del fármaco.
b) Tiempo de ionización.
c) Vida media de absorción.
d) Solubilidad del fármaco.

44. El índice terapéutico:

a) Es la cantidad de fármaco que tiene efectos terapéuticos, que son los deseados.
b) Es la proporción entre la dosis letal y la dosis terapéutica.

c) Es la cantidad de fármaco que hace su efecto.

d) Es la cantidad de fármaco que no produce un efecto tóxico ni deseado.

45. Denominamos dosis terapéutica:

a) La cantidad de fármaco que provoca la muerte al 5 % de los pacientes a los a que se administra.

b) A la proporción entre la dosis letal y terapéutica.

c) A la cantidad de fármaco que produce un efecto tóxico.

d) A la cantidad de fármacos que tiene efectos terapéuticos, que son los deseados.

46. Un fármaco es:

a) Una sustancia que se utiliza para prevenir, diagnosticar o tratar la enfermedad.

b) Una sustancia química que interacciona con un sistema biológico produciendo efectos beneficiosos (toxicológicos) o negativos (terapéuticos).

c) Una sustancia química que interacciona con un sistema químico produciendo efectos beneficiosos (terapéuticos) o negativos (toxicológicos).

d) Una sustancia química que interacciona con un sistema biológico produciendo efectos negativos (terapéuticos) o beneficiosos (toxicológicos).

47. El estudio de las características físico-químicas de las materias primas o principios activos de origen biológico destinadas a la preparación del fármaco es la:

a) Farmacodinámica.

b) Farmacocinética.

c) Farmacognosia.

d) Farmacotecnia.

48. Los procesos de elaboración de medicamentos se encuentran dentro de:

a) Farmacodinámica.

b) Farmacocinética.

c) Farmacognosia.

d) Farmacotecnia.

49. La farmacocinética no se encarga de los procesos de:

a) Liberación, absorción y distribución del fármaco.

b) Metabolismo y eliminación del fármaco.

c) LADME.

d) Mecanismo patológico de una alteración física.

50. La formación del ultrafiltrado en la excreción renal se produce en:

a) Glomérulo.

b) Túbulo Distal.

c) Túbulo proximal.
d) Nefrona.

51. El parámetro que cuantifica la eliminación plasmática del fármaco como la cantidad de plasma depurada por unidad de tiempo es:
a) Reabsorción.
b) Filtración.
c) Aclaramiento.
d) Excreción.

52. Un fármaco capaz de alterar la excreción renal de otros fármacos mediante una variación del pH o por competencia por los sistemas de transporte activo para la reabsorción y secreción se conoce como:

a) Yatrógeno.
b) Fisiógeno.
c) Farmacógeno.
d) Transfármaco.

53. En cuanto a la excreción entérica biliar, no es cierto que:

a) Se eliminan por la bilis fármacos con elevado peso molecular o que lo adquieren por procesos de conjugación en el hígado.
b) Los fármacos se conjugan con el ácido glucurónico.
c) Los fármacos se pueden hidrolizar en el estómago rompiéndose los conjugados por las B-glucuronidasas.
d) Se pueden producir intoxicaciones de fármacos al reabsorberse el fármaco en el intestino.

54. La vida media de eliminación de un fármaco es el tiempo requerido para que la concentración sérica del fármaco:

a) Se reduzca al 50 %.
b) Se reduzca al 20 %.
c) Se reduzca al 40 %.
d) Se reduzca al 60 %.

55. ¿Cómo se denomina el fármaco que al unirse al receptor lo activa generando una respuesta terapéutica?

a) Efecto colateral.
b) Agonista.
c) Antagonista.
d) Sinérgico.

56. Señala el enunciado incorrecto:

a) La posología es la rama de la farmacología que estudia la dosificación de los medicamentos, es decir, las dosis que se deben administrar en cada toma o en un espacio de 24 horas.

b) La dosis terapéutica mínima o dosis mínima eficaz: es la menor dosis capaz de producir el efecto tóxico.

c) La dosis es la cantidad de fármaco que se administra de una vez. Se refiere a la cantidad de principio activo expresada en peso o en volumen.

d) Un fármaco es más potente que otro cuando necesita una dosis menor para que se manifieste el efecto.

57. Los fármacos antagonistas se unen al receptor:

a) Activándolo.
b) Sin activarlo.
c) Dependerá del fármaco antagonista.
d) Ninguna es correcta.

58. El efecto primario pretendido por un fármaco (la razón por la que se prescribe):

a) Efecto lateral.
b) Efecto terapéutico.
c) Toxicidad de un fármaco.
d) Efecto idiosincrásico.

59. Cualquier reacción nociva o no deseable que se presenta al administrar un fármaco a la dosis empleada habitualmente se denomina:

a) Reacción idiosincrásica.
b) Reacción adversa.
c) Reacción tóxica.
d) Efecto secundario.

60. Las RAM de tipo A (señala lo incorrecto):

a) Son debidas a efectos farmacológicos en los que el sistema inmunológico está involucrado.

b) Son previsibles.

c) Pueden ser RAM por sobredosis o toxicidad: se relaciona directamente con la acción terapéutica primaria.

d) Pueden ser RAM por efecto colateral: se relaciona con la acción terapéutica primaria, pero en un sitio diferente al blanco primario de acción.

61. Las RAM tipo B:

a) No son predecibles.
b) No hay relación dosis respuesta.
c) Pueden ser por hipersensibilidad, idiosincrasia y anafilactoide.
d) Todas son correctas.

62. Las RAM tipo C:

a) Son reacciones que dependen de la dosis de medicamento administrada.
b) Son reacciones que dependen del tiempo de duración del tratamiento
c) Aparecen debido a la acumulación del fármaco en el organismo tras su administración prolongada.
d) Todas son correctas.

63. ¿Qué tipo de RAM sería el síndrome de abstinencia?

a) A
b) B
c) C
d) E

64. Si un paciente presenta alergia a la penicilina tiene una RAM tipo:

a) C
b) E
c) F
d) B

65. Las interacciones farmacocinéticas:

a) Son incompatibilidades físico-químicas que se producen entre los componentes de determinados medicamentos cuando se mezclan, sobre todo vía intravenosa.
b) Son las que se producen sobre cualquier punto del proceso LADME, de modo que se modifica la cantidad de fármaco que debe actuar sobe el receptor.
c) Se producen cuando se administran conjuntamente fármacos que compiten por la unión al mismo receptor en el lugar donde van a ejercer su acción.
d) Se producen por incompatibilidades farmacológicas con otros alimentos.

66. Son reacciones adversas predecibles cuya aparición depende de la dosis de medicamento administrada:

a) Las reacciones idiosincrásicas.
b) Los efectos colaterales.
c) Las reacciones alérgicas.
d) Los efectos terapéuticos.

67. Una reacción adversa grave es:

a) La que ponen en peligro la vida.
b) La que tiene como consecuencia la muerte o una discapacidad significativa.
c) Las que exige hospitalización.
d) Todas son correctas.

68. Las interacciones farmacodinámicas:

a) Son incompatibilidades físico químicas que se producen entre los componentes de determinados medicamentos cuando se mezclan, sobre todo vía intravenosa.
b) Son las que se producen sobre cualquier punto del proceso LADME, de modo que se modifica la cantidad de fármaco que debe actuar sobe el receptor.
c) Se producen cuando se administran conjuntamente fármacos que compiten por la unión al mismo receptor en el lugar donde van a ejercer su acción.
d) Se producen por incompatibilidades farmacológicas con otros alimentos.

69. Las interacciones farmacocinéticas de absorción:

a) Pueden modificar la cantidad de fármaco que se absorbe y/o la velocidad de absorción.
b) Su causa más común es la modificación del pH gastrointestinal.
c) Las interacciones de absorción más frecuente s se producen en el aparato digestivo ya sea debido a la administración conjunta de fármacos o de fármacos y alimentos.
d) Todas son correctas.

70. ¿Cuál no es un objetivo del diseño de las formas farmacéuticas?

a) Posibilitar su administración de manera segura, por la vía más adecuada, en la dosis exacta y de la forma menos desagradable para el paciente.
b) Asegurar una heterogeneidad de dosis en las distintas unidades.
c) Dirigir el principio activo a su diana.
d) Proteger el principio activo de agentes ambientales (humedad, calor, etc.) y/o fisiológicos (jugos gástricos).

71. ¿Cómo se clasifican las formas farmacéuticas?

a) En función del modo de liberación.
b) En función de su vía de administración.
c) En función del estado físico en que se encuentran.
d) Todas son correctas.

72. Son formas farmacéuticas de liberación prolongada:

a) Son aquellas en las que el principio activo se libera de forma constante, minimizando así la fluctuación de sus niveles en plasma.

b) Son aquellas cuyo principio activo se libera inicialmente en cantidad suficiente para producir su efecto. Después, la liberación se realiza de manera más lenta, pero no constante, de modo que los niveles de fármaco en plasma varían dentro de la zona terapéutica y la acción se prolonga durante más tiempo.

c) Son aquellas en las que el principio activo se libera tras un periodo de tiempo después de su administración, en el momento en el que la forma farmacéutica alcanza el lugar donde se pretende que se inicie su acción.

d) Son aquellas en las que el principio activo se libera de manera inmediata, nada más contactar con una solución acuosa.

73. Son formas farmacéuticas de liberación retardada:

a) Son aquellas en las que el principio activo se libera de manera inmediata, nada más contactar con una solución acuosa.

b) Son aquellas en las que el principio activo se libera de forma constante, minimizando así la fluctuación de sus niveles en plasma.

c) Son aquellas en las que la liberación del principio activo se produce de forma secuencial, primero una dosis, y tras un intervalo de tiempo, las siguientes.

d) Son aquellas en las que el principio activo se libera tras un periodo de tiempo después de su administración, en el momento en el que la forma farmacéutica alcanza el lugar donde se pretende que se inicie su acción.

74. Las formas farmacéuticas líquidas que se administran por vía oral, pueden ser:

a) Disoluciones.
b) Emulsiones.
c) Suspensiones.
d) Todas son correctas.

75. Señala lo incorrecto en relación con las formas farmacéuticas líquidas administradas por vía parenteral:

a) Son formas farmacéuticas estériles.
b) Pirógenas.
c) Destinadas a su administración por inyección o perfusión.
d) Las perfusiones son disoluciones o emulsiones acuosas.

76. Las preparaciones inyectables (señala lo incorrecto):

a) NO pueden ser emulsiones.
b) Son límpidas.
c) Están constituidas por uno o más principios activos.
d) Pueden ser disoluciones o suspensiones (límpidas).

77. Los colirios (señala lo falso):

a) Son disoluciones o suspensiones estériles, acuosas u oleosas.
b) No pueden presentar más de un principio activo.
c) Se presentan en envases unidosis o multidosis.
d) El volumen máximo del envases es 10 ml.

78. De los siguientes enunciados uno es correcto sobre las gotas y aerosoles nasales:

a) Son disoluciones, emulsiones o suspensiones destinadas a su pulverización en las fosas nasales.
b) Las gotas nasales se suministran habitualmente en envases multidosis que presentan un aplicador adecuado.
c) Los aerosoles nasales líquidos se suministran en envases provistos de un dispositivo pulverizador, o en envases a presión dotados de un adaptador adecuado, con o sin válvula dosificadora.
d) Todas son correctas.

79. Los enemas (señala lo incorrecto):

a) Se utilizan para obtener un efecto terapéutico local.
b) Se utilizan para obtener un efecto terapéutico sistémico.
c) Se utilizan con fines diagnósticos.
d) Se utilizan con fines etiológicos.

80. ¿Qué forma farmacéutica semisólida está constituida por una base grasa que contiene el principio activo y en la que se pueden dispersar sustancias sólidas o líquidas?

a) Pomadas.
b) Cremas.
c) Geles.
d) Pastas.

81. ¿Qué forma farmacéutica semisólida sirve para aplicación cutánea y contiene una proporción elevada de sólidos dispersos en la base?

a) Pastas.
b) Cremas.
c) Geles.
d) Pomadas.

82. Uno de los siguientes No es una forma farmacéutica solida de vía parenteral:

a) Implantes.
b) Pellets.
c) Parches.
d) Polvos para preparaciones inyectables.

83. Las preparaciones sólidas constituidas por una cubierta gelatinosa de forma y capacidad variables que generalmente contiene una única dosis de uno o más principios activos se denominan:

a) Comprimidos.
b) Cápsulas.
c) Gomas de mascar.
d) Granulados.

84. Los parches transdérmicos:

a) Son preparaciones flexibles de tamaño variable.
b) Se aplican sobre piel intacta, limpia y seca.
c) Sus principios activos deben atravesar la barrera cutánea.
d) Todas son correctas.

85. Señala lo correcto en relación con los óvulos vaginales:

a) Preparaciones unidosis alargadas, lisas y de aspecto exterior uniforme. Contienen uno o varios principios activos que pueden ser solubles o dispersables en agua o que pueden fundir a la temperatura corporal.
b) Se presentan en formas farmacéuticas unidosis, generalmente ovoides, de volumen y consistencia adecuados. Pueden contener uno o más principios activos dispersados o disueltos en una base apropiada que puede ser soluble o dispersable en agua o puede fundirse a la temperatura corporal.
c) Preparaciones unidosis destinadas a la administración por vía vaginal y constituidas por uno o más principios activos que se obtienen aglomerando un volumen constante de partículas por compresión.
d) Preparaciones unidosis que se disuelven o dispersan en agua en el momento de su administración por vía vaginal.

86. Las formas farmacéuticas gaseosas se aplican sobre:

a) La piel.
b) Las mucosas.
c) Las vías respiratorias.
d) Todas son correctas.

87. ¿Qué forma farmacéutica gaseosa contienen soluciones o dispersiones de un principio activo en un envase a presión. La liberación del principio activo se produce por la acción de un agente impulsor que puede ser un gas comprimido o licuado?

a) Brumas.
b) Aerosoles.
c) Nebulizadores.
d) Presurizador.

88. Existen dos vías de administración de medicamentos:

a) Indirectas o mediatas.
b) Directa o parenteral.
c) Directa o inmediatas.
d) Indirectas o directas.

89. No es una vía mediata:

a) Bucal.
b) Transdérmica.
c) Subcutánea.
d) Inhalatoria.

90. ¿Cuál de estas vías no corresponde a una vía parenteral (directa, inmediata) de administración de medicamentos?

a) Intraósea.
b) Intratecal.
c) Subcutánea, intradérmica e intramuscular.
d) Transdérmica.

91. A la hora de administración de los medicamentos, ¿qué significado tiene (2-2-2)?

a) 2 comprimidos al día.
b) 2 comprimidos cada 8 horas.
c) 2 comprimidos cada 12 horas.
d) 2 comprimidos cada 6 horas.

92. ¿Qué formas farmacéuticas sólidas de administración oral no pueden fragmentarse?

a) Grageas.
b) Preparados gastrorresistentes.
c) Formas de liberación controlada.
d) Ninguna de las anteriores puede fragmentarse.

93. ¿Cuál de las siguientes no es una ventaja de la vía oral?

a) Facilidad y comodidad.
b) Económica.
c) Si existe intoxicación se puede provocar el vómito.
d) Es difícil precisar la toma y dosis administrada.

94. Los supositorios pueden ser:

a) De acción mecánica.
b) Con efectos locales.
c) Con efectos sistémicos.
d) Todos pueden ser.

95. En relación con la vía de administración de medicamentos sublingual señala la respuesta incorrecta:

a) Es una vía de absorción rápida.
b) Se usa con un gran número de fármacos.
c) Los fármacos más dispensados por esta vía son los nitritos.
d) Es una forma especial de la vía oral.

96. La vía intravenosa de administración de fármacos presenta las siguientes características excepto:

a) Posología precisa.
b) Acción rápida.
c) Evita absorción.
d) Provoca lesiones locales.

97. En relación con las diferentes formas de administración de medicamentos por vía parenteral:

a) La vía intramuscular es una vía de absorción rápida debido a la rica vascularización del músculo.
b) En la vía intravenosa el fármaco pasa directamente al compartimento vascular, por tanto el fármaco pasa a distribuirse directamente.
c) Las insulinas se utilizan por vía subcutánea.
d) Todas son correctas.

98. Señala cuál es un inconveniente de la vía de administración sublingual:

a) Es incómoda y molesta para el paciente.
b) Es una vía lenta.
c) Pocos fármacos se pueden administrar por esta vía.
d) Evitan la metabolización de parte de la dosis administrada (fenómeno de primer paso).

99. Los comprimidos sublinguales se utilizan para obtener una acción…

a) A nivel bucal.
b) A nivel bucofaríngeo.

c) A nivel sistémico.
d) A nivel gástrico.

100. Señala cuál es un medicamento administrado por vía sublingual:

a) Nitroglicerina.
b) Captopril, para crisis hipertensivas.
c) Benzodiacepinas para ataques de pánico.
d) Todos se administran.

101. Los principales inconvenientes de la vía oral o enteral son:

a) Irritación de la mucosa gástrica (AINES).
b) Baja biodisponibilidad por inactivación del fármaco en el hígado.
c) Es difícil precisar la toma y dosis administrada.
d) Todos son inconvenientes de esta vía de administración.

102. Los parches transdérmicos:

a) Liberan los principios activos a una velocidad programada en la circulación sanguínea.
b) La realización de estos parches se realiza en la oficina de farmacia.
c) No es una técnica sofisticada.
d) Libera fármacos hidrofílicos.

103. Son normas para la correcta administración de preparados semisólidos:

a) Eliminar posibles residuos de aplicación anterior.
b) Aplicar sobre piel seca.
c) Lavarse las manos antes y después de la aplicación.
d) Todas son normas.

104. Señala la respuesta correcta en relación con los colirios:

a) Se deben seguir estrictamente las instrucciones de conservación, refrigeración u mantenimiento de los envases.
b) Se trata de preparados estériles y muy sensibles que pueden contaminarse fácilmente una vez abiertos.
c) Hay que seguir técnicas de rigurosa asepsia, pues se contaminan con facilidad.
d) Todas son correctas.

105. Para la aplicación tópica de preparados semisólidos, se debe tener en cuenta:

a) Que la piel esté limpia y seca.
b) Que al abrir el tubo se coloca el tapón del revés, y se pone la pomada sobre una gasa, que usaremos para extenderla en capa fina sobre la piel.

c) Que es recomendable el uso de guantes o lavarse las manos antes y después de la aplicación.

d) Todo se tiene en cuenta.

106. Entre las vías de administración indirectas de uso tópico nos encontramos:

a) La cutánea, oftálmica, nasal, bucal, vaginal y transdérmica.
b) La cutánea, oftálmica, nasal, bucal y vaginal.
c) La cutánea, oftálmica, ótica, nasal, bucal, vaginal y transdérmica.
d) Ninguna es correcta

107. Indica la que sea una vía mediata de administración de medicamentos:

a) La subcutánea.
b) La intramuscular.
c) La inhalatoria.
d) La tópica.

Soluciones comentadas

1. **c) Farmacodinámica (ver apartado 1).**

   Farmacodinamia: Parte de la farmacología que estudia mecanismos de acción y efectos de los fármacos en el organismo animal y su extrapolación al organismo humano, sano o enfermo.

2. **b) Al estudio de las velocidades de reacción que ocurren en los procesos de liberación, absorción, distribución, metabolismo, y eliminación del fármaco en el organismo vivo (ver apartado 1).**

   Farmacocinética: estudio de los procesos que experimenta el fármaco en el organismo desde el momento de su administración hasta su eliminación. Incluye los procesos de liberación, absorción, distribución, metabolismo, y eliminación del fármaco en el organismo vivo (LADME).

3. **b) Farmacognosia (ver apartado 1).**

   Farmacognosia: estudio y caracterización físico-química de las materias primas de origen biológico (vegetal o animal) destinadas a la preparación de medicamentos.

4. **d) Todas son correctas (ver apartado 1).**

   La farmacoterapéutica es el empleo de fármacos para el diagnóstico, tratamiento, o prevención de una enfermedad o alteración fisiológica.

5. **a) Pretende combatir la causa de la enfermedad (ver apartado 1).**

   Existen diversos tipos de tratamientos, en función de su objetivo:

   * Etiológico: pretende combatir la causa de la enfermedad. Ejemplo: uso de antibióticos.

   * Patogénico o correctivo: pretende bloquear el mecanismo patológico de una alteración fisiológica. Ejemplo: administración de insulina en diabéticos.

   * Diagnóstico: tratamiento encaminado a diagnosticar una enfermedad. Ejemplo: uso de contrastes radiológicos.

   * Profiláctico: prevención de enfermedades. Ejemplo: vacunación.

* Supresivo: alivio pasajero de la enfermedad. Ejemplo: tratamiento paliativo de enfermos terminales.

* Sintomático: pretende suprimir los síntomas de la enfermedad. Ejemplo: uso de anticatarrales.

6. d) Ninguna es correcta (ver apartado 1).

* Supresivo: alivio pasajero de la enfermedad. Ejemplo: tratamiento paliativo de enfermos terminales.

7. d) Las respuestas b) y c) son correctas (ver apartado 1).

Farmacia galénica o farmacotecnia: engloba todos los procesos técnicos de la elaboración de medicamentos, así como los analíticos y de control de calidad sobre el producto acabado.

8. b) Es la ciencia que estudia los efectos de los fármacos en el ser humano (ver apartado 1).

La incorrecta es la b) porque esa definición es de farmacología que es una ciencia multidisciplinar, es decir, que estudia el fármaco desde diversos aspectos.

9. c) La capacidad de biotransformación del fármaco (ver apartado 2.2).

Los factores que determinan el grado de absorción de un fármaco no incluye la biotransformación del fármaco, si son factores que determinan su absorción, la capacidad del fármaco para cruzar las membranas (bajo peso molecular, liposolubilidad, carga iónica y gradiente de concentración), de las propiedades físico-químicas del fármaco (liposolubilidad, pH), la vía de administración y rapidez de absorción dependiendo del fármaco, etc.

10. a) Es la parte de la farmacología que estudia el movimiento de los fármacos en el organismo en función del tiempo y la dosis (ver apartado 1).

La farmacocinética es la parte de la farmacología (ciencia) que estudia el movimiento de los fármacos en el organismo en función del tiempo y la dosis.

11. c) Liberación, absorción, distribución, metabolización y eliminación (ver apartado 2).

Este proceso tiene lugar en cinco fases, cuyas iniciales dan nombre al proceso: liberación, absorción, distribución, metabolismo, y excreción.

12. c) Biodisponibilidad (ver apartado 2).

Biodisponibilidad: cantidad del fármaco administrado que llega en forma activa a la circulación.

13. a) Se ha disuelto en el lugar de absorción (ver apartado 2.1).

La liberación es el proceso por el cual el principio activo se separa de la forma farmacéutica que lo contiene y queda disponible para su absorción. Se considera que un fármaco se ha liberado cuando se ha disuelto en el lugar de absorción.

14. d) Todas son correctas (ver apartado 2.2).

El transporte a través de membranas celulares depende de:

– Peso molecular del fármaco.

– Gradiente de concentración.

– Liposolubilidad: que sea soluble en las grasas. Cuanto más liposoluble más rápidamente atravesará la membrana.

– Grado de ionización: pasan las sustancias no ionizadas. Depende del carácter del fármaco (si es ácido o básico) y del pH del medio. Las moléculas ionizadas, por pequeñas que sean, no atraviesan la barrera lipídica:

  * Un fármaco ácido en un medio ácido estará "no ionizado".

  * Un fármaco ácido en un medio básico estará "ionizado".

  * Un fármaco básico en un medio básico estará "no ionizado".

15. b) Es el proceso de transporte del fármaco desde su lugar de absorción hasta el órgano diana (ver apartado 2.3).

La distribución de los fármacos es el proceso en el que tiene lugar el transporte del fármaco desde su lugar de absorción hasta el órgano diana.

La distribución es el proceso mediante el cual, el fármaco, una vez absorbido, se distribuye a través de la sangre por todo el organismo de forma desigual según condiciones. Lo hace por medio del plasma mediante los procesos de distribución.

– Distribuciones especiales.

– Barrera hematoencefálica.

– Barrera feto-placentaria o materno-fetal.

16. b) La vía de administración (ver apartado 2.3).

Los factores que influyen en la distribución tisular de un fármaco son los siguientes:

– Las características físico-químicas del fármaco.

– La capacidad para unirse a proteínas plasmáticas.

– La irrigación del órgano.

– La superficie de intercambio.

- La afinidad particular del fármaco con un tejido específico.
- La presencia de barreras específicas (barrera hematoencefálica, barrera fetopla-centaria).
- La situación fisiopatológica del paciente.

17. d) Todas son correctas (ver apartado 2.3).

Los fármacos viajan por el torrente sanguíneo unidos a la albúmina (proteína plasmática) y también libremente, cuando lo hace libremente es activo.

18. b) La fracción libre del fármaco no tiene efecto terapéutico, porque no puede atravesar barreras y difundir los tejidos (ver apartado 2.3).

Solamente el fármaco libre es activo, puesto que es el único capaz de atravesar barreras (membranas celulares) y difundir a los tejidos.

La mayoría de los fármacos se unen a proteínas del plasma sanguíneo proteínas plasmáticas (como la albúmina), o a algunas globulinas o proteínas específicas.

La fracción libre de fármaco es la única que puede difundir hacia los tejidos y dar lugar al efecto farmacológico. Las proteínas transportadoras son saturables, de forma que cuando se administran varios fármacos a la vez con diferente afinidad para estas, los más afines se unirán y desplazarán a los menos afines.

Las consecuencias de todo esto son:

- Los fármacos unidos a las proteínas circularán por la sangre, sin pasar a los tejidos; por tanto, aumentará su tiempo de vida media.
- Los fármacos libres se difundirán hacia los tejidos diana, dando lugar al efecto farmacológico que será mayor al deseado, debido a que mayor cantidad de fármaco habrá contactado con los receptores en menor cantidad de tiempo.

19. a) La eliminación urinaria se realiza a favor de los siguientes mecanismos: filtración glomerular, secreción tubular y reabsorción tubular (ver apartado 2.5.1.1).

La eliminación del fármaco se realiza siguiendo los mismos mecanismos fisiológicos de la formación de orina: filtración glomerular, reabsorción tubular, y secreción.

20. b) La vía sublingual tiene primer paso hepático (ver apartado 2.2).

El primer paso hepático es el fenómeno que se produce cuando el fármaco que se ha absorbido a escala gastrointestinal pasa al hígado, donde una parte se metaboliza, antes de alcanzar la circulación sistémica. Algunas vías de administración, como la sublingual o la intramuscular, carecen de primer paso hepático.

21. d) Todas son correctas (ver apartado 2.1).

La liberación es el proceso por el cual el principio activo se separa de la forma farmacéutica que lo contiene y queda disponible para su absorción. Se considera que un fármaco se ha liberado cuando se ha disuelto en el lugar de absorción.

Por ejemplo, la liberación se produce antes para un comprimido que para una gragea, pues esta se encuentra recubierta por múltiples capas. Además, no todos los comprimidos liberan al fármaco al mismo tiempo, pues los excipientes modifican este proceso.

22. d) Todas son características físico-químicas (ver apartado 2.2).

Características físico-químicas del fármaco:

* Peso molecular del fármaco (tamaño).

* Liposolubilidad: cuanto más liposoluble, más rápidamente atravesará la membrana lipídica.

* Grado de ionización: depende del carácter del fármaco (si es ácido o básico) y del pH del medio. Un fármaco básico en un medio básico estará "no ionizado".

23. a) Fase de disposición (ver apartado 2.3).

Una vez iniciada la absorción, todos los procesos son simultáneos (distribución, metabolismo y excreción), es decir, todos se van dando al mismo tiempo. Por ello, estos tres procesos se denominan conjuntamente como fase de disposición.

24. d) Metabolismo (ver apartado 2.4).

El metabolismo de un fármaco hace referencia a la transformación de este en sustancias fáciles de eliminar. Es el conjunto de reacciones que sufre el fármaco, que tiene por objeto transformarlo en derivados (metabolitos) para su eliminación. Ocurre principalmente en el hí gado (en menor medida en riñones, tracto gastrointestinal, pulmones, etc.). Los metabolitos suelen ser más hidrosolubles y menos activos.

25. a) Reacciones de conjugación (ver apartado 2.3).

1.ª Fase de metabolización (reacciones fase I): en un primer momento el organismo trata de inactivar la molécula, alterando su estructura química. Esta modificación hace que el fármaco pase a metabolito (fármaco en primera fase de metabolización). En esta fase se producen reacciones de oxidación, reducción o hidrólisis, según el caso.

2.ª Fase de metabolización (conjugación): el metabolito se une a un sustrato que aumenta el tamaño de la molécula (ácido glucurónico), con lo cual inactiva el fármaco y así facilita su excreción. En algunas ocasiones la conjugación activa el fármaco.

26. d) Renal (ver apartado 2.5).

La excreción estudia las vías de expulsión de un fármaco y de sus metabolitos activos e inactivos desde el organismo al exterior, así como los mecanismos presentes en cada órgano para eliminar el fármaco.

La vía de excreción más común es la renal (orina), seguida de la entérica (biliar -> heces). Otras son: sudor, saliva, leche materna.

27. b) Hígado (ver apartado 1.1).

La metabolización de un fármaco ocurre principalmente en el hígado (en menor medida en riñones, tracto gastrointestinal, pulmones, etc.). Los metabolitos suelen ser más hidrosolubles y menos activos.

28. a) A la concentración a partir de la cual se inicia un efecto farmacológico (ver apartado 3).

Concentración mínima eficaz (CME o Cmáx): aquella a partir de la cual el fármaco tiene efecto terapéutico.

29. b) Al proceso por el cual el organismo convierte un fármaco en un compuesto distinto al administrado originariamente (ver apartado 2).

Conjunto de reacciones que tiene por objeto transformar los medicamentos en derivados llamados metabolitos más fáciles de eliminar. La eliminación de metabolitos se produce principalmente en el hígado.

30. c) Aquella en que los medicamentos sufren la circulación enterohepática (ver apartado 2.5.1.2).

Algunos fármacos se eliminan por la bilis. La mayoría de estos tienen alto peso molecular o lo adquieren por un proceso de conjugación en el hígado (unión del fármaco a moléculas endógenas como el ácido glucurónico). Estas sustancias conjugadas pueden pasar desde l hígado a la bilis, que se almacena en la vesícula biliar. La bilis vacía a través del colédoco en el intestino, desde donde el derivado conjugado del fármaco se elimina con las heces. Pero puede ocurrir que estos derivados conjugados, a su paso por el intestino grueso, se hidrolicen rompiéndose la conjugación del fármaco por la presencia de β-glucuronidasas (enzimas hidrolíticas), de forma que el fármaco queda otra vez activo, pudiendo reabsorberse en el intestino y constituyendo así la circulación enterohepática.

31. b) Administración en niños prematuros (ver apartado 2.4.2).

Edad: en el anciano existe un desgaste de estos sistemas enzimáticos, mientras que en prematuros y neonatos hay una gran inmadurez enzimática que se prolonga durante los primeros meses. Las dosis de fármaco para estos grupos de edad deben ser menores porque tienen menor capacidad de metabolización, y en consecuencia se alcanzan mayores niveles plasmáticos con las mismas dosis que los adultos sanos.

Inducción enzimática: algunos fármacos son capaces de estimular la síntesis de enzimas metabolizadores, de forma que se acelera la metabolización o inactivación de los fármacos, por lo que así su efecto es más fugaz. Un barbitúrico es un inductor enzimático, el fármaco se metabolizaría rápidamente.

32. d) Las respuestas a) y c) son correctas (ver apartado 2.5.1).

El aclaramiento es el parámetro farmacocinético que cuantifica la eliminación plasmática del medicamento, y se define como la cantidad de plasma que a su paso por el riñón es depurado de fármaco por unidad de tiempo. Los factores que modifican el aclaramiento renal son:

- Fisiológicos: la edad (en ancianos los sistemas de transporte y la permeabilidad de las membranas están alterados). Hay que tener cuidado con las dosis.

- Patológicos: la insuficiencia renal produce un aumento de la concentración plasmática del fármaco, pudiendo dar lugar a toxicidad.

En ambos casos es necesario ajustar las dosis al paciente, pudiendo ser necesaria la monitorización de los niveles plasmáticos del fármaco.

33. d) El riñón (ver apartado 2.5.1).

La vía renal es la vía más importante de excreción de un fármaco. Los mecanismos fisiológicos de formación de la orina suceden a nivel de las nefronas, unidades funcionales básicas del riñón. El fármaco al llegar por la sangre se filtra hacia la nefrona y parte de este fármaco filtrado, se eliminará, la otra parte se reabsorberá y sufrirá una nueva filtración. Al formarse la orina se elimina el fármaco.

34. c) Los procesos que experimenta el fármaco en el organismo desde el momento de su administración hasta su eliminación. Incluye los procesos de liberación, absorción, distribución, metabolismo, y eliminación del fármaco en el organismo vivo (LADME) (ver apartado 1).

Farmacocinética: estudio de los procesos que experimenta el fármaco en el organismo desde el momento de su administración hasta su eliminación. Incluye los procesos de liberación, absorción, distribución, metabolismo, y eliminación del fármaco en el organismo vivo (LADME).

35. c) Liberación, absorción, distribución, metabolización y eliminación (ver apartado 1.1).

Un fármaco sigue una evolución en el organismo una vez administrado es el proceso LADME, Liberación, Absorción, Distribucion, Metabolización y Eliminación.

36. d) Todas son ciertas (ver apartado 1.1).

La absorción de un fármaco depende de varios factores.

- Características fisicoquímicas del fármaco; peso molecular (tamaño), liposolubilidad, grado de ionización y pH del medio (las moléculas ionizadas no atraviesan la membrana lipídica), etc.

- Gradiente de concentración de la membrana.

- Vía de administración.

- Características del paciente.

- Interacciones farmacológicas.

37. a) Absorción (ver apartado 2.2).

La absorción es el movimiento de un fármaco desde el sitio de administración a la circulación sanguínea. Es el proceso por el cual el fármaco se incorpora a la circulación general que comprende todo el torrente circulatorio corporal, a excepción de la circulación portal y mesentérica.

38. d) Todas son correctas (ver apartado 2.3).

Los fármacos pueden unirse a proteínas (albúmina, lipoproteínas, etc.), siendo la forma libre la que ejerce la acción y la forma unida la que actúa como reservorio.

39. c) Margen de seguridad (ver apartado 3).

Intervalo terapéutico (margen de seguridad): rango de concentraciones en las que el fármaco es eficaz y se observa un mínimo de efectos adversos. Cuanto más estrecho sea este intervalo, mayor necesidad de monitorización.

40. a) La concentración mínima tóxica (ver apartado 3).

Concentración mínima tóxica (CMT): concentración sérica del fármaco asociada con la aparición de toxicidad en la mayoría de los pacientes. Es el valor superior del rango terapéutico.

41. a) Es la concentración mínima a partir de la cual se inicia el efecto farmacológico (ver apartado 3).

Concentración mínima eficaz (CME): concentración sérica mínima del fármaco necesario para producir el efecto farmacológico deseado en la mayoría de los pacientes. Es el valor inferior del rango terapéutico. La concentración mínima se mide inmediatamente antes de la siguiente dosis.

42. b) Al tiempo que transcurre desde el momento de administración hasta que se inicia el efecto farmacológico (ver apartado 3).

Periodo de latencia: espacio de tiempo entre el momento de la administración y el comienzo del efecto terapéutico.

43. c) Vida media de absorción (ver apartado 3).

Vida media de eliminación: tiempo requerido para que la concentración sérica del fármaco (o la cantidad corporal del mismo) se reduzca al 50 %.

44. b) Es la proporción entre la dosis letal y la dosis terapéutica (ver apartado 4.5).

El índice terapéutico es la relación entre la dosis terapéutica y la dosis tóxica, es una medida del margen de seguridad de un medicamento.

Se expresa como la relación entre la dosis letal y la dosis que causa el efecto deseado.

Dosis terapéutica o dosis efectiva (DE): dosis que se encuentra entre la dosis terapéutica mínima y la máxima. El intervalo entre la dosis máxima y la mínima se denomina margen terapéutico.

El Índice terapéutico (TI) es la proporción entre la dosis letal y la dosis terapéutica.

45. d) A la cantidad de fármacos que tiene efectos terapéuticos, que son los deseados (ver apartado 3).

La dosis terapéutica (TD) es la cantidad de fármaco que tiene efectos terapéuticos, que son los deseados. Dosis terapéutica o dosis efectiva (DE): dosis que se encuentra entre la dosis terapéutica mínima y la máxima. El intervalo entre la dosis máxima y la mínima se denomina margen terapéutico.

46. a) Una sustancia que se utiliza para prevenir, diagnosticar o tratar la enfermedad (ver apartado 1).

Fármaco: cualquier sustancia que se utiliza para prevenir, diagnosticar o tratar la enfermedad.

47. c) Farmacognosia (ver apartado 1).

Farmacognosia: Estudio y caracterización físico-química de las materias primas de origen biológico (vegetal o animal) destinadas a la preparación de medicamentos.

48. d) Farmacotecnia (ver apartado 1).

Farmacia galénica o farmacotecnia: engloba todos los procesos técnicos de la elaboración de medicamentos, así como los analíticos y de control de calidad sobre el producto acabado.

49. d) Mecanismo patológico de una alteración física (ver apartado 1).

Farmacocinética: estudio de los procesos que experimenta el fármaco en el organismo desde el momento de su administración hasta su eliminación. Incluye los procesos de liberación, absorción, distribución, metabolismo, y eliminación del fármaco en el organismo vivo (LADME).

50. a) Glomérulo (ver apartado 2.5.1.1).

La filtración glomerular consiste en la formación de un ultrafiltrado mediante difusión pasiva a favor de gradiente a partir del plasma que pasa por los capilares glomerulares. Se denomina ultrafiltrado, pues solo contiene solutos de pequeño tamaño capaces de atravesar la membrana semipermeable que constituye la pared de los capilares (fármacos libres). La orina primitiva, que se recoge en el espacio urinario del glomérulo, y que a continuación pasa al túbulo proximal, está constituida pues, por agua y pequeños solutos en una concentración idéntica a la del plasma; carece, no obstante, de células, proteínas y otras sustancias de peso molecular elevado, como los fármacos unidos a proteínas.

51. c) Aclaramiento (ver apartado 2.5.1.1).

El aclaramiento es el parámetro farmacocinético que cuantifica la eliminación plasmática del medicamento, y se define como la cantidad de plasma que a su paso por el riñón es depurado de fármaco por unidad de tiempo.

52. a) Yatrógeno (ver apartado 2.5.1.1).

Yatrógenos: unos fármacos pueden alterar la excreción renal de otros fármacos mediante una variación del pH o por competencia por los sistemas de transporte activo para la reabsorción y secreción.

53. c) Los fármacos se pueden hidrolizar en el estómago rompiéndose los conjugados por las B-glucuronidasas (ver apartado 2.5.1.2).

Algunos fármacos se eliminan por la bilis. La mayoría de estos tienen alto peso molecular o lo adquieren por un proceso de conjugación en el hígado (unión del fármaco a moléculas endógenas como el ácido glucurónico). Estas sustancias conjugadas pueden pasar desde el hígado a la bilis, que se almacena en la vesícula biliar. La bilis vacía a través del colédoco en el intestino, desde donde el derivado conjugado del fármaco se elimina con las heces. Pero puede ocurrir que estos derivados conjugados, a su paso por el intestino grueso, se hidrolicen rompiéndose la conjugación del fármaco por la presencia de β-glucuronidasas (enzimas hidrolíticas), de forma que el fármaco queda otra vez activo, pudiendo reabsorberse en el intestino y constituyendo así la circulación enterohepática. Este ciclo explica las intoxicaciones con algunos fármacos, especialmente los de estrecho margen terapéutico, siendo necesaria la monitorización de los niveles plasmáticos del fármaco.

54. a) Se reduzca al 50 % (ver apartado 3).

Semivida o vida media (t1/2): tiempo necesario para que una concentración de fármaco se reduzca a la mitad. Determina la posología.

55. b) Agonista (ver apartado 4.1.1).

La formación del complejo fármaco-receptor puede producir dos tipos de respuesta: estimulación o inhibición. Atendiendo a la respuesta que genera esta interacción, existen dos tipos de fármacos:

– Agonista. Es un fármaco que al unirse a un receptor lo activa generando una respuesta. Tiene afinidad y eficacia.

– Antagonista. Es aquel fármaco que al unirse a un receptor no genera respuesta. Inhibe el receptor y evita la unión de otras moléculas agonistas.

56. b) La dosis terapéutica mínima o dosis mínima eficaz: es la menor dosis capaz de producir el efecto tóxico (ver apartado 4.2).

Dosis terapéutica mínima o Dosis mínima eficaz: es la menor dosis capaz de producir el efecto terapéutico.

57. b) Sin activarlo (ver apartado 4.1.1.2).

Antagonista. Es aquel fármaco que al unirse a un receptor no genera respuesta. Inhibe el receptor y evita la unión de otras moléculas agonistas.

58. b) Efecto terapéutico (ver apartado 4.1.2).

Efecto terapéutico. Es el efecto primario, el deseado para ese fármaco. Es el motivo de su indicación terapéutica.

59. b) Reacción adversa (ver apartado 5)

Una reacción adversa a medicamentos (RAM) es cualquier reacción nociva o no deseable que se presenta al administrar un fármaco a la dosis empleada habitualmente, en cambio, cuando las reacciones adversas aparecen en dosis superiores a la terapéutica hablamos de Intoxicación.

60. a) Son debidas a efectos farmacológicos en los que el sistema inmunológico está involucrado (ver apartado 5.2).

Son debidas a efectos farmacológicos en los que el sistema inmunológico no está involucrado.

61. d) Todas son correctas (ver apartado 5.2).

Las reacciones tipo B (bizarre: raras) no son predecibles, no hay una relación dosis-respuesta y pueden ser mortales.

– Hipersensibilidad: respuesta inusual tras la administración de un medicamento después de que el paciente se ha puesto en contacto previo con concentraciones normales de este (contacto sensibilizante).

– Idiosincrasia: respuesta atípica a una droga en dosis apropiada, que ocurre cuando el medicamento se administra por primera vez. Está muy relacionada con deficiencias enzimáticas o anomalías de origen genético.

– Reacción pseudoalérgica o anafilactoide: es una reacción similar a la anafiláctica, con liberación de histamina y otros mediadores, pero por mecanismos no inmunológicos. No es necesario que haya una inmunización previa.

62. d) Todas son correctas (ver apartado 5.2).

Las reacciones tipo C (continuous: continua), están relacionadas con el tratamiento prolongado con un fármaco. Generalmente cursan como reacciones de dependencia o de taquifilaxia y son previsibles.

63. d) E (ver apartado 5.2).

Las reacciones tipo E (end-use) son las que se producen cuando cesa un tratamiento, el conocido "efecto rebote", es decir, el síntoma por el que se había iniciado el tratamiento, al suspenderlo, aparece de forma más acentuada.

64. d) B (ver apartado 5.2).

Las reacciones tipo B (bizarre: raras) no son predecibles, no hay una relación dosis-respuesta y pueden ser mortales.

– Hipersensibilidad: respuesta inusual tras la administración de un medicamento después de que el paciente se ha puesto en contacto previo con concentraciones normales de este (contacto sensibilizante).

65. b) Son las que se producen sobre cualquier punto del proceso LADME, de modo que se modifica la cantidad de fármaco que debe actuar sobe el receptor (ver apartado 6.1.1.1).

Las interacciones farmacocinéticas son las que se producen sobre cualquier punto del proceso LADME, de modo que se modifica la cantidad de fármaco que debe actuar sobre el receptor.

66. b) Los efectos colaterales (ver apartado 5).

Efecto colateral: efecto indeseable, pero inevitable a la dosis terapéutica. Forma parte de la acción del fármaco. Ejemplo: fármacos anticolinérgicos producen sequedad de boca.

67. d) Todas son correctas (ver apartado 5.1)

Reacción adversa grave, en las que se incluyen:

* Las anomalías congénitas y los defectos de nacimiento.

* Las RAM que ponen en peligro la vida.

* Las RAM que tienen como consecuencia la muerta o una discapacidad o invalidez significativa o persistente.

* Las RAM que exijan hospitalización o la prolongación de una hospitalización.

68. c) Se producen cuando se administran conjuntamente fármacos que compiten por la unión al mismo receptor en el lugar donde van a ejercer su acción (ver apartado 6.1.3).

Se producen cuando se administran conjuntamente fármacos que compiten por la unión al mismo receptor en el lugar donde van a ejercer su acción, o bien cuando dichos fármacos activan o inhiben sistemas fisiológicos sobre los que actúan.

69. d) Todas son correctas (ver apartado 6.1.1.1)

A nivel de absorción pueden existir varios tipos de interacciones:

- Las variaciones del pH del estómago pueden alterar el nivel de absorción al cambiar el grado de ionización.

- La motilidad intestinal puede ser modificada por determinados fármacos. Esta modificará la absorción de un segundo fármaco (ejemplo: motilidad aumentada, absorción disminuida).

- Existen medicamentos y alimentos que forman quelatos con un segundo fármaco impidiendo su absorción a nivel del tracto gastrointestinal (ejemplo: tetraciclinas y leche).

70. b) Asegurar una heterogeneidad de dosis en las distintas unidades (ver apartado 11.1).

Son objetivos del diseño de las formas farmacéuticas:

- Posibilitar su administración de manera segura, por la vía más adecuada, en la dosis exacta y de la forma menos desagradable para el paciente.

- Asegurar una homogeneidad de dosis en las distintas unidades.

- Dirigir el principio activo a su diana.

- Garantizar la estabilidad del producto hasta su fecha de caducidad.

- Proteger el principio activo de agentes ambientales (humedad, calor, etc.) y/o fisiológicos (jugos gástricos).

71. d) Todas son correctas (ver apartado 11.1).

Las formas farmacéuticas se pueden clasificar en función del modo de liberación, la vía de administración y el estado físico en que se encuentran.

72. b) Son aquellas cuyo principio activo se libera inicialmente en cantidad suficiente para producir su efecto. Después, la liberación se realiza de manera más lenta, pero no constante, de modo que los niveles de fármaco en plasma varían dentro de la zona terapéutica y la acción se prolonga durante más tiempo. (ver apartado 11.2).

De liberación modificada: son aquellas en las que el lugar o la velocidad de liberación del principio activo están alterados con respecto a las formas farmacéuticas de liberación convencional administradas por la misma vía. Este grupo podemos clasificarlo a su vez en formas farmacéuticas:

* *De liberación sostenida*: son aquellas en las que el principio activo se libera de forma constante, minimizando así la fluctuación de sus niveles en plasma.

* *De liberación prolongada*: son aquellas cuyo principio activo se libera inicialmente en cantidad suficiente para producir su efecto. Después, la liberación se realiza de ma-

nera más lenta, pero no constante, de modo que los niveles de fármaco en plasma varían dentro de la zona terapéutica y la acción se prolonga durante más tiempo.

* *De liberación retardada*: son aquellas en las que el principio activo se libera tras un periodo de tiempo después de su administración, en el momento en el que la forma farmacéutica alcanza el lugar donde se pretende que se inicie su acción.

* *De liberación acelerada*: son aquellas en las que el principio activo se libera de manera inmediata, nada más contactar con una solución acuosa.

* *De liberación pulsátil*: son aquellas en las que la liberación del principio activo se produce de forma secuencial, primero una dosis, y tras un intervalo de tiempo, las siguientes.

73. c) Son aquellas en las que la liberación del principio activo se produce de forma secuencial, primero una dosis, y tras un intervalo de tiempo, las siguientes (ver apartado 11.2).

* De liberación retardada: son aquellas en las que el principio activo se libera tras un periodo de tiempo después de su administración, en el momento en el que la forma farmacéutica alcanza el lugar donde se pretende que se inicie su acción.

* De liberación acelerada: son aquellas en las que el principio activo se libera.

74. d) Todas son correctas (ver apartado 11.3.1.1).

Las formas farmacéuticas líquidas que se administran por vía oral son disoluciones, emulsiones o suspensiones que contienen uno o más principios activos. También pueden estar constituidas por principios activos líquidos que se utilizan como tales (líquidos orales).

75. b) Pirógenas (ver apartado 11.3.1.2).

Son formas farmacéuticas estériles y libres de pirógenos (apirógenas) destinadas a su administración por inyección o perfusión.

76. a) No pueden ser emulsiones (ver apartado 11.3.1.2).

Preparaciones inyectables

Disoluciones, emulsiones o suspensiones, límpidas, es decir, exentas de partículas, constituidas por uno o más principios activos.

77. b) No pueden presentar más de un principio activo (ver apartado 11.3.1.4.).

Colirios

Son disoluciones o suspensiones estériles, acuosas u oleosas, de uno o más principios activos, destinados a su instilación en el ojo. Pueden presentarse en envases unidosis o multidosis, de 10 ml de volumen como máximo, salvo en excepciones autorizadas y justificadas. Los envases multidosis permiten la administración de la preparación gota a gota.

78. d) Todas son correctas (ver apartado 11.3.1.5).

Gotas y aerosoles nasales

Son disoluciones, emulsiones o suspensiones destinadas a su pulverización en las fosas nasales. Entre sus características destacamos:

– Las gotas nasales se suministran habitualmente en envases multidosis que presentan un aplicador adecuado.

– Los aerosoles nasales líquidos se suministran en envases provistos de un dispositivo pulverizador, o en envases a presión dotados de un adaptador adecuado, con o sin válvula dosificadora.

79. d) Se utilizan con fines etiológicos (ver apartado 11.3.1.7).

Enemas

Disoluciones, emulsiones y suspensiones rectales que contienen uno o más principios activos y que se pueden utilizar para obtener un efecto local, un efecto terapéutico local o sistémico, o con fines diagnósticos. Se presentan en envases que disponen de un aplicador que permite su administración en el recto.

80. a) Pomadas (ver apartado 11.3.2).

Pomadas: constituidas por una base grasa que contiene el principio activo y en la que se pueden dispersar sustancias sólidas o líquidas.

81. a) Pastas (ver apartado 11.3.2).

Pastas: para aplicación cutánea que contiene una proporción elevada de sólidos finamente dispersos en la base.

82. c) Parches (ver apartado 11.3.3).

Formas farmacéuticas sólidas

En función de la vía de administración, se pueden clasificar del siguiente modo:

– Oral: comprimidos, cápsulas, liofilizados, gomas de mascar medicamentosas, granulados, polvos.

– Parenteral: polvos para preparaciones inyectables, implantes o pellets.

– Tópica: polvos.

– Percutánea: parches transdérmicos, etc.

83. b) Cápsulas (ver apartado 11.3.3.1).

Preparaciones sólidas constituidas por una cubierta gelatinosa de forma y capacidad variables que generalmente contiene una única dosis de uno o más principios activos. La liberación del contenido se produce al ser atacada la cubierta por los jugos digestivos salvo en el caso de las cápsulas gastrorresistentes, que resisten el ataque de los jugos gástricos y liberan su contenido al estar en contacto con el fluido intestinal. Las cápsulas pueden ser duras, blandas, de cubierta gastrorresistentes, de liberación modificada...

84. d) Todas son correctas (ver apartado 11.3.3.4).

Parches transdérmicos, que son preparaciones flexibles, de tamaño variable, que se aplican sobre la piel (intacta, limpia y seca) para liberar y difundir en la circulación general los principios activos que contienen, una vez que atraviesan la barrera cutánea.

85. b) Se presentan en formas farmacéuticas unidosis, generalmente ovoides, de volumen y consistencia adecuados. Pueden contener uno o más principios activos dispersados o disueltos en una base apropiada que puede ser soluble o dispersable en agua o puede fundirse a la temperatura corporal. (ver apartado 11.3.3.9).

Óvulos

Se presentan en formas farmacéuticas unidosis, generalmente ovoides, de volumen y consistencia adecuados a la administración por vía vaginal. Pueden contener uno o más principios activos dispersados o disueltos en una base apropiada que puede ser soluble o dispersable en agua o puede fundirse a la temperatura corporal.

86. d) Todas son correctas (ver apartado 11.3.4).

Las formas farmacéuticas gaseosas se pueden aplicar sobre la piel, las mucosas y las vías respiratorias, siendo la inhalatoria la vía de administración más habitual.

87. b) Aerosoles (ver apartado 11.3.4).

Aerosoles: contienen soluciones o dispersiones de un principio activo en un envase a presión. La liberación del principio activo se produce por la acción de un agente impulsor que puede ser un gas comprimido o licuado.

88. d) Indirectas o directas (ver apartado 12).

Existen dos vías de administración: indirectas o mediatas y directas, inmediatas o parenterales.

89. c) Subcutánea (ver apartado 12).

Llamamos vías de administración a los puntos de entrada, así como a los caminos que se utilizan para que un medicamento ingrese en el organismo y alcance los lugares de acción.

Existen dos vías de administración: **indirectas** o mediatas y **directas**, inmediatas o parenterales.

Son vías indirectas o mediatas la vía: oral, rectal sublingual, inhalatoria, tópica (cutánea, oftálmica, ótica, nasal, bucal, vagina, transdérmica).

90. d) Transdérmica (ver apartado 12).

La vía transdérmica es una vía indirecta o mediata.

91. b) 2 comprimidos cada 8 horas (ver apartado 12.1.1).

Ejemplos de frecuencias: (2-2-2) o 2 comprimidos cada 8 horas; (1-1-1-1) o 1 comprimido cada 6 horas; (2-2) o 2 comprimidos cada 12 horas.

92. d) Ninguna de las anteriores puede fragmentarse (ver apartado 12.1.1).

Existen formas farmacéuticas sólidas de administración oral que no pueden fragmentarse, son las grageas, los preparados gastrorresistentes (algunas cápsulas y comprimidos), o las formas de liberación controlada (Oros®, Repetabs®). En las dos primeras el recubrimiento es esencial para mantener sus características farmacocinéticas o garantizar su estabilidad, mientras que las formas de liberación controlada poseen determinados recubrimientos y/o estructuras que les confieren unas cinéticas de liberación del fármaco muy especiales. Ninguna de estas formas farmacéuticas puede dividirse porque alteraría su farmacocinética.

93. d) Es difícil precisar la toma y dosis administrada (ver apartado 12.1.1)

Ventajas vía oral

Facilidad, comodidad.

Económica.

En caso de intoxicación se puede provocar el vómito, realizar lavado de estómago o utilizar sustancias que impidan la absorción de los medicamentos.

La opción d) precisamente es una de las desventajas de la administración de medicamentos por vía oral (v.o.).

94. d) Todos pueden ser (ver apartado 12.1.2)

Los supositorios se introducen en el orificio rectal o vaginal. El supositorio se disuelve gradualmente a la temperatura corporal, liberando el fármaco que se absorbe a través de la mucosa. La vía rectal se utiliza para conseguir efectos tópicos o sistémicos. Debe evitarse esta vía en pacientes con hemorroides.

95. b) Se usa con un gran número de fármacos (ver apartado 12.1.3)

Pocos fármacos se pueden administrar por esta vía sublingual.

96. d) Provoca lesiones locales (ver apartado 12.2.1)

Vía intravenosa (i.v.): por inyección intravenosa se administra el medicamento directamente a la sangre (evita la absorción). Se puede hacer mediante dosis única o por perfusión utilizando un sistema de goteo intravenoso. Se pincha siempre en vena, nunca en arteria. Es la vía de acción más rápida y efectiva, pero también la más peligrosa (posología precisa) por los posibles efectos secundarios que pueda desencadenar el medicamento.

97. d) Todas son correctas (ver apartado 12.2.3)

Vía iv: es la vía de acción más rápida y efectiva, pero también la más peligrosa (posología precisa) por los posibles efectos secundarios que pueda desencadenar el medicamento.

Vía intramuscular: el medicamento se inyecta en el tejido muscular. Se utilizan músculos muy irrigados. Los más frecuentes son la región glútea, el deltoides y la cara externa del muslo. En la punción la aguja debe formar un ángulo de 90º con la superficie de la piel. Esta vía se utiliza cuando no es posible utilizar la vía oral u otras vías. Es más rápida que la vía subcutánea y permite la administración de soluciones acuosas, soluciones oleosas, suspensiones y emulsiones.

Vía subcutánea: una inyección subcutánea (SBC) se utiliza para administrar medicación en el tejido subyacente a la dermis. Los fármacos más frecuentes son las insulinas, las heparinas y las vacunas.

98. c) Pocos fármacos se pueden administrar por esta vía (ver apartado 12.1.3)

Inconvenientes vía sublingual:

- Pocos fármacos se pueden administrar por esta vía sublingual.
- Poca superficie de absorción, solo se absorben pequeñas cantidades de fármaco.
- Puede provocar irritación de la mucosa bucal.
- Puede aumentar la salivación (sialorrea) y la deglución del fármaco lo que conlleva una pérdida de la eficacia.

99. c) A nivel sistémico (ver apartado 12.1.3)

La via sublingual produce su efecto a nivel sistémico. Esta vía evita el primer paso hepático, su rápida absorción permite un efecto rápido (ejemplo: nitroglicerina, captopril, buprenorfina, etc.). El medicamento se deposita debajo de la lengua y se absorbe por la mucosa sublingual, accede a las venas maxilares y sublinguales, pasa a las yugulares y, por fin, a la vena cava superior que desemboca en la aurícula derecha; con ello, se elude el primer paso hepático. Puede ocurrir que, al tragar la saliva en la que se encuentra disuelto el fármaco, se produzca absorción por vía oral.

100. d) Todos se administran (ver apartado 12.1.3)

Esta vía evita el primer paso hepático, su rápida absorción permite un efecto rápido (ejemplo: nitroglicerina, captopril, buprenorfina, benzodiacepinas, etc.).

101. d) Todos son inconvenientes de esta vía de administración (ver apartado 12.1.1)

Inconvenientes vía oral:

- Es difícil precisar la toma y dosis administrada.

- Se precisará al menos 20 minutos para el inicio de la acción (salvo comprimidos sublinguales).

- Puede producir lesiones en el estómago y tubo digestivo.

- Baja biodisponibilidad por inactivación del fármaco en el hígado.

102. a) Liberan los principios activos a una velocidad programada en la circulación sanguínea (ver apartado 11.3.3.4)

Parches transdérmicos, que son preparaciones flexibles, de tamaño variable, que se aplican sobre la piel (intacta, limpia y seca) para liberar y difundir en la circulación general los principios activos que contienen, una vez que atraviesan la barrera cutánea.

103. d) Todas son normas (ver apartado 12.1.5)

Para la aplicación de preparados semisólidos (pomadas, cremas...) debemos tener la superficie a tratar limpia y seca, eliminando los residuos de aplicaciones anteriores. Al abrir el tubo se coloca el tapón del revés, y se pone la pomada sobre una gasa, que usaremos para extenderla en capa fina sobre la piel, sobre todo en el caso de preparados que contengan corticoides. Otras consideraciones de interés sería el uso de guantes o lavarse las manos antes y después de la aplicación.

Después de la aplicación de preparados semisólidos (pomadas, cremas…) se lavarán las manos de nuevo, para evitar que el medicamento pueda llegar a la boca o a los ojos por contacto, y para que no tengan efecto local en las mano.

104. d) Todas son correctas (ver apartado 12.1.5)

Conservación y precauciones colirios y pomadas oftálmicas

- Seguir estrictamente las instrucciones de conservación, refrigeración y mantenimiento de los envases.

- Se trata de preparados estériles y muy sensibles que pueden contaminarse fácilmente una vez abiertos.

- Hay que seguir técnicas de rigurosa asepsia, pues se contaminan con facilidad.

- Previamente a su aplicación se deben adecuar a temperatura ambiente.

- Se debe tener cuidado especialmente en no lesionar la córnea durante su aplicación.

105. d) Todo se tiene en cuenta (ver apartado 12.1.5)

Para la aplicación de preparados semisólidos (pomadas, cremas...) debemos tener la superficie a tratar limpia y seca, eliminando los residuos de aplicaciones anteriores. Al abrir el tubo se coloca el tapón del revés, y se pone la pomada sobre una gasa, que usaremos para extenderla en capa fina sobre la piel, sobre todo en el caso de preparados que contengan corticoides. Otras consideraciones de interés sería el uso de guantes o lavarse las manos antes y después de la aplicación.

106. c) La cutánea, oftálmica, ótica, nasal, bucal, vaginal y transdérmica (ver apartado 12)

Vía tópica:

- Cutánea o dermatológica.
- Oftálmica.
- Ótica.
- Nasal.
- Bucal.
- Vaginal.
- Transdérmica.

107. c) La inhalatoria (ver apartado 12)

La vía inhalatoria es una vía indirecta o mediata, también los son: oral, rectal, sublingual, inhalatoria, tópica.

TEST N.º 5

Seguridad en el uso de los medicamentos: Efectos secundarios. Generalidades. Alergias. Medicamentos de alto riesgo su uso en los centros hospitalarios. Farmacovigilancia. Reacciones adversas de los medicamentos. Programa de notificación espontánea de reacciones adversas. Información y documentación relativas al sistema de farmacovigilancia. Alertas farmacéuticas

1. Cuando se administra un fármaco por vía oral se hace la comprobación de los cinco correctos; esto consiste en:

a) Asegurarse del nombre del paciente, medicamento, dosis a administrar, vía y horario.

b) Asegurarse del nombre del paciente, n.º de habitación, medicamento, vía de administración y horario.

c) Asegurarse del nombre del paciente, n.º de habitación y cama, dosis a administrar, vía y horario.

d) Asegurarse del medicamento correcto, dosis correcta, paciente correcto, vía correcta, momento correcto.

2. Un error en la medicación (EM):

a) Es cualquier error que se produce en cualquiera de los procesos de utilización de los medicamentos.

b) Es cualquier incidente prevenible que puede causar daño al paciente.

c) Incluye los errores de prescripción y seguimiento de medicamentos y son responsables de acontecimiento adversos de gravedad para el paciente.

d) Todas son correctas.

3. Señala la respuesta incorrecta en relación con los errores de la medicación:

a) Están relacionados con la práctica profesional.

b) Pueden presentarse por medicamentos con denominación genérica, nombre comercial o aspecto parecido.

c) Son inevitables.

d) Ocurre en el uso clínico con concentraciones y posología similares.

4. Los errores en la medicación No pueden presentarse por:

a) El conocimiento completo de los nombres de los medicamentos.

b) Los productos nuevos en el mercado.

c) Los envases o etiquetas similares.

d) La falta de evaluaciones rigurosas antes de la aprobación de los nombres para las sustancias nuevas.

5. Señala cuál es una solución para que no se produzcan errores en la medicación:

a) Asegurar la legibilidad de las recetas.

b) Exigir que las órdenes de medicamentos incluyan tanto la marca comercial como la denominación común, la forma de dosificación, la concentración, las instrucciones e indicaciones de uso.

c) Debe haber una separación física de los medicamentos con aspecto o nombres parecidos en las áreas de almacenamiento.

d) Todas son soluciones.

6. Según la clasificación de gravedad de errores en la medicación, un error que ha llegado al paciente pero que no causa daño es un error de:

a) Categoría A.

b) Categoría B.

c) Categoría C.

d) Categoría D.

7. Para detectar posibles errores se obtiene la historia farmacoterapéutica del paciente en el medio ambulatorio y se usa como referencia de comparación con la prescrita en el ingreso, traslado de servicio, etc. Este proceso se denomina:

a) Plan de acogida.

b) Conciliación del tratamiento.

c) Evaluación y registro de datos.

d) Criterios de estandarización.

8. Un error en la medicación puede presentarse por:

a) Medicamentos con denominación genérica, nombre comercial o aspecto parecido.

b) Confusión por la caligrafía ilegible de la fórmula.

c) El conocimiento incompleto de los nombres de los medicamentos.

d) Todas son correctas.

9. ¿Cómo se pueden evitar los errores en la medicación?

a) Asegurando la legibilidad de las recetas.
b) Exigir que las órdenes de medicamentos incluyan tanto la marca comercial como la denominación común, la forma de dosificación, la concentración., etc.
c) Análisis periódico de los nombres de los productos nuevos.
d) Todas son correctas.

10. Un acontecimiento adverso a medicamentos prevenible:

a) Es aquel que se causa por errores en la medicación.
b) Se producen a pesar del uso apropiado de los medicamentos.
c) Se corresponden con las reacciones adversas del os medicamentos.
d) Todas son correctas.

11. Un error de medicación es:

a) Efecto que puede evitarse y que es causado por una utilización inadecuada de un medicamento produciendo lesión a un paciente mientras la medicación está bajo control del personal sanitario.
b) Alteración y/o lesión producida cuando los medicamentos se utilizan de manera apropiada.
c) Las respuestas a) y b) son correctas.
d) Las respuestas a) y b) son falsas.

12. No administrar una dosis prescrita a un paciente antes de la siguiente dosis programada es:

a) Error de prescripción.
b) Error de omisión.
c) Error de dosificación.
d) Negligencia.

13. Las reacciones adversas caracterizadas por una respuesta no relacionada con la acción farmacológica y causada por una reactividad alterada del paciente, que generalmente es considerada de naturaleza alérgica se denominan:

a) Reacciones de intolerancia.
b) Reacciones idiosincrásicas.
c) Reacciones de hipersensibilidad.
d) Interacciones.

14. Cualquier reacción nociva o no deseable que se presenta al administrar un fármaco a la dosis empleada habitualmente se denomina:

a) Reacción idiosincrásica.
b) Reacción adversa.

c) Reacción tóxica.
d) Efecto secundario.

15. Son reacciones del fármaco independientemente de la dosis:

a) Reacciones idiosincrásicas.
b) Reacciones de hipersensibilidad.
c) Reacción absoluta.
d) Las respuestas a) y b) son ciertas.

16. La necesidad de tomar un fármaco de forma periódica, para evitar el malestar ocasionado por la deprivación, se denomina:

a) Tolerancia.
b) Dependencia.
c) Resistencia.
d) Taquifilaxia.

17. La disminución de la intensidad de la respuesta de un fármaco cuando se repite la misma dosis se conoce como:

a) Tolerancia.
b) Taquifilaxia.
c) Dependencia.
d) Resistencia.

18. Señala la respuesta incorrecta. Las prescripciones electrónicas:

a) Reducen los errores de medicación.
b) Aseguran la prescripción completa.
c) Ayudan a la decisión clínica con un sistema asistido (PEA).
d) Permiten el uso de abreviaturas para indicar dosis, vía y frecuencia de administración.

19. La sequedad de boca que presenta un paciente al que se administra fármacos anticolinérgicos es:

a) Un efecto secundario.
b) Un efecto colateral.
c) Un efecto a la sobredosificación.
d) Una reacción alérgica.

20. Señala la respuesta incorrecta. En las reacciones de hipersensibilidad:

a) Se produce un aumento del efecto farmacológico.
b) La sintomatología desaparece cuando se suprime la medicación.

c) La intensidad de la reacción es independiente de la dosis.

d) Existen fármacos que producen hipersensibilidad con mayor frecuencia que otros.

21. Las dermatitis por contacto pertenecen al tipo de reacciones alérgicas:

a) Anafilácticas.

b) Citotóxicas.

c) Diferidas.

d) Inmunocomplejas.

22. Llamamos taquifilaxia a un efecto indeseable que aparece a la administración de un fármaco y consiste en:

a) El efecto producido al suspender bruscamente la medicación.

b) El fenómeno por el que las células sensibles a un fármaco se vuelven resistentes a él.

c) La tolerancia que aparece a las pocas tomas de la administración del fármaco.

d) La necesidad compulsiva de tomar un fármaco de forma periódica.

23. El mejor método diagnóstico de la alergia a la penicilina es:

a) Test cutáneos para la reacción IgE dependiente.

b) Test epicutáneos.

c) Test de provocación de tolerancia progresiva.

d) Pruebas de parche.

24. Las jeringas especiales para la administración de soluciones orales que no se pueden conectar a sistemas de administración intravenosa:

a) Permiten limitar el número de dosis y concentraciones de un medicamento de alto riesgo.

b) Es un método "barrera" que puede prevenir la administración por error de un medicamento de alto riesgo.

c) Permiten administrar diferentes tipos de soluciones en un mismo vial.

d) Evitan la sobredosificación.

25. Algunos de los siguientes son errores detectados en la administración de antitrombóticos, excepto uno; indica cuál:

a) Confusión entre dosis y concentración debido al etiquetado inapropiado.

b) Administración inadvertida de dos medicamentos antitrombóticos (duplicidad terapéutica).

c) Programación incorrecta de las bombas de perfusión.

d) Administración de dosis incorrectas en pacientes con dificultad visual.

26. Una buena práctica de prevención en la administración de insulina es:

a) No almacenar la insulina cerca de la heparina, así como de otros medicamentos que se dosifiquen en unidades.

b) Aumentar las prestaciones de insulina disponibles en la institución.

c) Evitar que el paciente tenga acceso al fármaco.

d) Almacenar las especialidades con nombre y etiquetado similar en un mismo lugar.

27. Según la clasificación de gravedad de errores en medicación, un error que dio como resultado la muerte del paciente, ¿qué categoría tiene?

a) Categoría A.

b) Categoría E.

c) Categoría I.

d) Categoría Superior.

28. Los errores de medicación más comunes ocurren en las etapas de:

a) Prescripción y administración.

b) Transcripción y dispensación.

c) Preparación y administración.

d) Dispensación y prescripción.

29. En pacientes pediátricos, el uso de la Regla Broselow facilita:

a) La preparación del fármaco en el momento de la administración.

b) La elección de dosis y el calibre de los materiales.

c) El uso de dispositivos de infusión segura.

d) Unificar las dosis y protocolizar concentraciones.

30. Una de las recomendaciones para evitar errores de medicación en los hospitales en el proceso de administración es:

a) Limitar el número de especialidades disponibles en Farmacia.

b) Indicar si hay alergia medicamentosa conocida.

c) No extraer medicamentos de los cajetines hasta que se vayan a utilizar.

d) No mantener al personal en tareas repetitivas de forma continua.

31. Algunas de las medidas establecidas para detectar e interceptar los errores de medicación son las siguientes, excepto una; indica cuál:

a) Implantación de técnicas de doble chequeo.

b) Prescripción no electrónica.

c) Sistemas de dosis unitarias.

d) Bombas inteligentes.

32. Uno de los errores detectados relacionado con el medicamento potasio IV (cloruro o fosfato) es:

a) Prescripción por ampollas o viales en lugar de utilizar unidades de cantidad.

b) Errores en la preparación de diluciones.

c) Falta de detección de interacciones con otros medicamentos.
d) Confusión entre las líneas de administración: iv y otras.

33. Según la clasificación española, un tipo de error ocasionado por el medicamento erróneo, puede deberse a:

a) Falta de prescripción.
b) Frecuencia de administración errónea.
c) Historia previa de alergia o efecto adverso similar.
d) Paciente equivocado.

34. Utilizar sistemas de doble control de cálculo evitará errores en:

a) La preparación y administración de medicamentos.
b) La prescripción del medicamento.
c) La transcripción de la orden de medicación.
d) El almacenaje del medicamento.

35. ¿Cuál sería el primer paso que debería seguir una comisión hospitalaria destinada a abordar la prevención de los Errores de Medicación?

a) Establecer una sistemática continua de evaluación y mejora de los procesos.
b) Formar a los profesionales.
c) Buscar a los responsables de los errores.
d) Reconocer la incompetencia del personal.

36. Un acontecimiento adverso a medicamentos potencial es aquel que:

a) Puede haber contribuido o provocado un daño permanente en el paciente.
b) Podría haber causado un daño en el paciente.
c) Está originado por reacciones adversas a la medicación.
d) Es inevitable y no produce daños en el paciente.

37. Una reacción adversa medicamentosa (RAM):

a) Se produce por un error.
b) No ocasiona daños en el paciente.
c) Solo depende del medicamento administrado.
d) Es un efecto perjudicial o indeseado dependiente del fármaco y/o del organismo.

38. El procedimiento de seguimiento de las reacciones adversas de un medicamento se realiza mediante la elaboración de:

a) La tarjeta blanca.
b) La tarjeta amarilla.

c) La tarjeta negra.
d) La tarjeta verde.

39. La definición por procedimiento de urgencia que se realiza por las autoridades sanitarias con el objeto de la protección de la salud pública, cuando se detecta un posible defecto o alteración de la calidad o seguridad de un medicamento, se refiere a:

a) Producto en alerta.
b) Alerta farmacéutica.
c) Farmacovigilancia.
d) Medidas cautelares.

40. Las alertas farmacéuticas se clasifican en función de las causas que las origine en:

a) 3 clases.
b) 4 clases.
c) 2 clases.
d) 6 clases.

41. Dependiendo de la dosis las reacciones adversas pueden ser:

a) Absolutas.
b) Idiosincráticas.
c) Relativas.
d) Las opciones a) y c) son correctas.

Soluciones comentadas

1. **d) Asegurarse del medicamento correcto, dosis correcta, paciente correcto, vía correcta, momento correcto (ver apartado 1).**

   Los fallos que se producen en sus procesos (de selección, prescripción, validación, dispensación y seguimiento) impiden alcanzar los cinco correctos: medicamento correcto, dosis correcta, paciente correcto, vía correcta, momento correcto.

2. **d) Todas son correctas (ver apartado 1.1).**

   Un error en la medicación (EM) es cualquier error que se produce en cualquiera de los procesos de utilización de los medicamentos, cualquier incidente prevenible que puede causar daño al paciente o dar lugar a una utilización inapropiada de estos cuando están bajo el control de los profesionales sanitarios o del paciente consumidor.

   Estos errores están relacionados con la práctica profesional, con los productos, con los procedimientos o con los sistemas. Incluye los errores de prescripción y seguimiento y son responsables de acontecimientos adversos de gravedad para el paciente.

3. **c) Son inevitables (ver apartado 1.1).**

   Un error en la medicación (EM) es cualquier error que se produce en cualquiera de los procesos de utilización de los medicamentos, cualquier incidente prevenible que puede causar daño al paciente o dar lugar a una utilización inapropiada de estos cuando están bajo el control de los profesionales sanitarios o del paciente consumidor.

   Estos errores están relacionados con la práctica profesional, con los productos, con los procedimientos o con los sistemas. Incluye los errores de prescripción y seguimiento y son responsables de acontecimientos adversos de gravedad para el paciente.

   Los errores en la medicación pueden presentarse por:

   – Medicamentos con denominación genérica, nombre comercial o aspecto parecido.

4. **a) El conocimiento completo de los nombres de los medicamentos (ver apartado 1.1).**

   Los errores en la medicación pueden presentarse por:

   – Medicamentos con denominación genérica, nombre comercial o aspecto parecido.
   – Confusión por la caligrafía ilegible de la fórmula.

- El conocimiento incompleto de los nombres de los medicamentos.
- Los productos nuevos en el mercado.
- Los envases o etiquetas similares.
- El uso clínico, las concentraciones y la posología similares.
- La falta de reconocimiento de los potenciales errores por parte de los fabricantes.
- La falta de evaluaciones rigurosas antes de la aprobación de los nombres para las sustancias nuevas.

5. d) Todas son soluciones (ver apartado 1.1).

Las soluciones para este problema se centran en:

- Asegurar la legibilidad de las recetas.
- Exigir que las órdenes de medicamentos incluyan tanto la marca comercial como la denominación común, la forma de dosificación, la concentración, las instrucciones e indicaciones de uso.
- Exigir la lectura posterior y la aclaración de las órdenes orales y mejoras en la comunicación con los pacientes.
- Análisis periódico de los nombres de los productos nuevos.
- Debe haber una separación física de los medicamentos con aspecto o nombres parecidos en las áreas de almacenamiento.
- Utilización de tamaños de letra mezcladas mayúscula y minúsculas para enfatizar en las diferencias entre los nombres.
- Enseñar al personal sobre este tipo de medicamentos y el riesgo de los errores que se pueden cometer.

6. c) Categoría C (ver apartado 1.1).

Error potencial:

- Categoría A: circunstancias o eventos que tienen capacidad para causar un error.

Error producido sin lesión:

- Categoría B: no ha llegado al paciente (un error de omisión sin alcanzar al paciente)
- Categoría C: llegada al paciente, pero que no causa daño.
- Categoría D: ha llegado al paciente, y ha requerido monitorización para confirmar que no ha provocado daño al paciente.

Error producido con lesión:

- Categoría E: puede haber contribuido a o ha provocado un daño temporal al paciente y requiere intervención.

- Categoría F: puede haber contribuido a o ha provocado un daño temporal al paciente y requiere una hospitalización inicial o prolongación de la misma.

- Categoría G: puede haber contribuido o provocado un daño permanente en el paciente.

- Categoría H: ha requerido la intervención necesaria para el mantenimiento de la vida.

- Categoría I: puede haber contribuido a o ha provocado la muerte del paciente.

7. b) Conciliación del tratamiento (ver apartado 5).

Conciliación de la medicación; ingreso, alta, tránsitos

Los EM que ocurren en la transición de los pacientes entre los niveles asistenciales (ingreso, alta y transición inter servicios) se deben al desconocimiento, total o parcial, del tratamiento actual del paciente.

La conciliación del tratamiento es el proceso que intenta prevenir los EM que ocurren en la transición asistencial y consisten en obtener la historia farmacoterapéutica completa del paciente en el medio ambulatorio y usarla como referencia para compararla con las prescripciones realizadas en el ingreso, traslado de servicio o traslado de servicio o alta hospitalaria, para detectar posibles errores.

8. d) Todas son correctas (ver apartado 1.1).

Los errores en la medicación pueden presentarse por:
- Medicamentos con denominación genérica, nombre comercial o aspecto parecido.
- Confusión por la caligrafía ilegible de la fórmula.
- El conocimiento incompleto de los nombres de los medicamentos.
- Los productos nuevos en el mercado.
- Los envases o etiquetas similares.
- El uso clínico, las concentraciones y la posología similares.
- La falta de reconocimiento de los potenciales errores por parte de los fabricantes.
- La falta de evaluaciones rigurosas antes de la aprobación de los nombres para las sustancias nuevas.

9. d) Todas son correctas (ver apartado 1.1).

Las soluciones para este problema se centran en:
- Asegurar la legibilidad de las recetas.
- Exigir que las órdenes de medicamentos incluyan tanto la marca comercial como la denominación común, la forma de dosificación, la concentración, las instrucciones e indicaciones de uso.
- Exigir la lectura posterior y la aclaración de las órdenes orales y mejoras en la comunicación con los pacientes.

- Análisis periódico de los nombres de los productos nuevos.

- Debe haber una separación física de los medicamentos con aspecto o nombres parecidos en las áreas de almacenamiento.

- Utilización de tamaños de letra mezcladas mayúscula y minúsculas para enfatizar en las diferencias entre los nombres.

10. a) Es aquel que se causa por errores en la medicación (ver apartado 7.1).

Un acontecimiento adverso por medicamentos AAM se define como "cualquier daño grave o leve, causado por el uso (incluyendo la falta de uso) de un medicamento".

Los acontecimientos adversos por medicamentos AAM pueden clasificarse en:

- AAM prevenibles: causados por errores en la medicación.

- AAM no prevenibles: son los acontecimientos adversos que se producen a pesar de un uso apropiado de los medicamentos (daño sin error) y se corresponden con las reacciones adversas a los medicamentos (RAM).

11. a) Efecto que puede evitarse y que es causado por una utilización inadecuada de un medicamento produciendo lesión a un paciente mientras la medicación está bajo control del personal sanitario (ver apartado 1.1).

Un error en la medicación (EM) es cualquier error que se produce en cualquiera de los procesos de utilización de los medicamentos, cualquier incidente prevenible que puede causar daño al paciente o dar lugar a una utilización inapropiada de estos cuando están bajo el control de los profesionales sanitarios o del paciente consumidor.

12. b) Error de omisión (ver apartado 1.3.1).

Error por omisión: no administrar una dosis prescrita a un paciente antes de la siguiente dosis programada, si la hubiere.

13. c) Reacciones de hipersensibilidad (ver apartado 2).

Reacciones de hipersensibilidad: no están relacionadas con la acción farmacológica ni la dosis del fármaco. El organismo identifica al fármaco como un antígeno y desarrolla una reacción alérgica. Normalmente los fármacos suelen ser moléculas pequeñas que en situaciones normales no desencadenan las reacciones alérgicas. Lo que ocurre es que el fármaco actúa como un hapteno (molécula pequeña que se une a una proteína plasmática). Así es reconocido por el organismo como un antígeno, y se desencadena la reacción. Para que aparezca la reacción alérgica tiene que haber anteriormente una primera exposición al antígeno.

14. b) Reacción adversa (ver apartado 2).

Una reacción adversa a medicamentos (RAM) es cualquier reacción nociva o no deseable que se presenta al administrar un fármaco a la dosis empleada habitualmente, en cambio, cuando las reacciones adversas aparecen en dosis superiores a la terapéutica hablamos de intoxicación.

15. d) Las respuestas a) y b) son ciertas (ver apartado 2).

Independiente de la dosis:

– Reacciones idiosincráticas: son reacciones particulares del individuo; la manera de reaccionar el paciente ante un determinado fármaco. La causa es desconocida, pero se sabe que suele ser un problema enzimático a consecuencia del cual no se metaboliza bien el fármaco.

– Reacciones de hipersensibilidad: el organismo identifica al fármaco como un antígeno y desarrolla una reacción alérgica. Normalmente los fármacos suelen ser moléculas pequeñas que en situaciones normales no desencadenan las reacciones alérgicas. Lo que ocurre es que el fármaco actúa como un hapteno (molécula pequeña que se une a una proteína plasmática). Así es reconocido por el organismo como un antígeno, y se desencadena la reacción. Para que aparezca la reacción alérgica tiene que haber anteriormente una primera exposición al antígeno.

16. b) Dependencia (ver apartado 2).

Dependencia: estado psíquico y a veces físico caracterizado principalmente por la necesidad compulsiva de tomar un fármaco de forma periódica, con el fin de experimentar sus efectos psicológicos de nuevo o para evitar el malestar ocasionado por la deprivación.

17. a) Tolerancia (ver apartado 2).

Tolerancia: disminución de la intensidad de la respuesta a un fármaco cuando se repite la misma dosis. Se tendrá que aumentar la dosis del fármaco para mantener un efecto inicial. Es un mecanismo de adaptación del organismo. Hay posibilidades de aparición a la dependencia. Se confunde con aceptación.

18. d) Permiten el uso de abreviaturas para indicar dosis, vía y frecuencia de administración (ver apartado 5).

Prescripción electrónica: criterios de estandarización

La implantación de la prescripción electrónica (PE) reduce los EM, porque elimina los errores debidos a la caligrafía de la prescripción manuscrita y asegura que la prescripción esté completa y en la forma correcta. Esto es particularmente útil cuando la prescripción médica se integra en la historia clínica desde un punto de vista global (laboratorio, radiología…) y/o con sistemas de información de medicamentos o de ayuda a la decisión clínica (prescripción electrónica asistida PEA).

19. b) Un efecto colateral (ver apartado 2).

Efecto colateral: efecto indeseable, pero inevitable a la dosis terapéutica. Forma parte de la acción del fármaco (ejemplo: fármacos anticolinérgicos producen sequedad de boca).

20. a) Se produce un aumento del efecto farmacológico (ver apartado 2).

Características de las reacciones de hipersensibilidad:

* Intensidad independientemente de la dosis. Se produce la reacción alérgica con dosis pequeñas.

* La sintomatología desaparece cuando se suprime la medicación.

* La sintomatología no guarda relación con efectos farmacológicos. En reacciones por sobredosificación se produce un aumento del efecto farmacológico, pero en este los síntomas que aparecen son los síntomas típicos de la reacción alérgica: broncoconstricción, rinitis, eritemas..., y shock.

Existen fármacos que desencadenan hipersensibilidad con mayor frecuencia que otros. Ej.: aspirina, penicilina.

21. c) Diferidas (ver apartado 2).

Tipos de reacciones alérgicas o de hipersensibilidad

Tipo IV: de hipersensibilidad diferida. El hapteno farmacológico sensibiliza a linfocitos que se infiltran en los tejidos. Cuando el linfocito entra en contacto con el antígeno, desencadena una reacción inflamatoria tisular. A este pertenecen las dermatitis por contacto, que se dan sobre todo frente a sustancias administradas por vía cutánea.

22. c) La tolerancia que aparece a las pocas tomas de la administración del fármaco (ver apartado 2).

Taquifilaxia: tolerancia desarrollada rápidamente. Aparece a las pocas tomas de administración del fármaco (y cada vez el efecto es menor). Por ejemplo, los fármacos cuya acción consiste en liberar el contenido celular. Si la capacidad de formar esa sustancia celular es lenta, al administrar de nuevo el fármaco no producirá el mismo efecto porque existe poca sustancia intracelular. Esto ocurre en sinapsis nerviosas con los fármacos que inducen la liberación de neurotransmisores en el elemento presináptico.

23. a) Test cutáneos para la reacción IgE dependiente (ver apartado 3.3).

Test cutáneos: Prick-test® y pruebas intracutáneas. Se fundamentan en la provocación de una reacción IgE-dependiente a nivel cutáneo, dando lugar a una zona inflamatoria en la piel, proporcional a la severidad de la reacción. Es la forma más rápida, eficaz y fácil de demostrar anticuerpos de tipo IgE. Es el mejor método diagnóstico de la alergia a betalactámicos.

24. b) Es un método "barrera" que puede prevenir la administración por error de un medicamento de alto riesgo (ver apartado 4).

Prevenir errores con métodos barreras que eliminan o reducen la posibilidad de que se produzcan, ej.: la utilización de jeringas especiales para la administración de soluciones orales de medicamentos que no se pueden conectar a sistemas de administración intravenosa.

25. d) Administración de dosis incorrectas en pacientes con dificultad visual (ver apartado 4.1.1).

Heparina y otros antitrombóticos

– Errores por confusión entre dosis y concentración debidos a etiquetados inapropiados o similares.

– Existencia de viales multidosis que pueden ocasionar sobredosificaciones por error.

– Confusión con la insulina al dosificarse ambas en unidades.

– Administración inadvertida de dos medicamentos antitrombóticos (duplicidad terapéutica).

– Sobredosificación por ajuste inapropiado de dosis de heparinas de bajo peso molecular en pacientes con insuficiencia renal.

– Confusión de la abreviatura U (unidades) con un cero, lo que ocasiona la administración de una dosis 10 veces mayor.

– Errores en las diluciones cuando hay que manejar distintas concentraciones.

– Programación incorrecta de las bombas de perfusión.

26. a) No almacenar la insulina cerca de la heparina, así como de otros medicamentos que se dosifiquen en unidades (ver apartado 4.1.2).

Prácticas de prevención

– Simplificar las prestaciones de insulina disponibles en la institución.

– Incorporar alertas en los sistemas informáticos de prescripción y de dispensación, que adviertan de la posibilidad de confusión entre el nombre de algunas insulinas.

– Almacenar las especialidades con nombre y etiquetado similar en lugares separados.

– Prescribir por marca comercial para que se identifique correctamente el tipo de insulina.

– No almacenar la insulina cerca de la heparina, así como de otros medicamentos que se dosifiquen en unidades.

– Prescribir de manera clara legible, a poder ser en mayúsculas, y nunca emplear la "U", sino escribir la palabra completa "unidades".

– Prescribir de forma clara las pautas y coordinar siempre los horarios de administración de insulina con los horarios de las comidas.

27. c) Categoría I (ver apartado 1.1).

Error producido con lesión:

– Categoría E: puede haber contribuido a/o ha provocado un daño temporal al paciente y requiere intervención.

– Categoría F: puede haber contribuido a/o ha provocado un daño temporal al paciente y requiere una hospitalización inicial o prolongación de la misma.

– Categoría G: puede haber contribuido o provocado un daño permanente en el paciente.

– Categoría H: ha requerido la intervención necesaria para el mantenimiento de la vida.

– Categoría I: puede haber contribuido a/o ha provocado la muerte del paciente.

28. a) Prescripción y administración (ver apartado 4.1.2).

Los errores de medicación (EM) son comunes en el ámbito hospitalario. Los más comunes ocurren en las etapas de la prescripción y administración.

29. b) La elección de dosis y el calibre de los materiales (ver apartado 5).

En caso de pacientes pediátricos el uso de la Regla de Broselow facilita la elección de dosis y calibre de los materiales a emplear en las situaciones de emergencias en función de la estatura del niño.

30. c) No extraer medicamentos de los cajetines hasta que se vayan a utilizar (ver apartado 1.5).

Administración:

– Revisar diariamente la prescripción médica y la hoja de administración de enfermería y confrontar que sean coincidentes.

– No extraer medicamentos de los cajetines hasta que se vayan a administrar.

– No utilizar medicamentos de otros pacientes.

– Efectuar doble control de los cálculos.

– Preparar la medicación y administrarla de forma individualizada, sin acumular preparaciones de varios pacientes.

– Asegurarse de la identificación del paciente antes de administrar la medicación.

– No registrar la administración antes de haberla realizado.

– Respetar la dilución recomendada y la velocidad de administración de los medicamentos intravenosos.

– Devolver al Servicio de Farmacia los medicamentos que no se hayan administrado.

– Escuchar al paciente si cuestiona la administración de un fármaco.

31. b) Prescripción no electrónica (ver apartado 4).

Medidas establecidas para hacer visibles los errores:

– Se debe implantar controles en los procedimientos de trabajo que permitan detectar e interceptar los errores; implantación de técnicas de doble chequeo, sistemas de alerta utilizados en la prescripción electrónica asistida, sistemas de dosis unitarias, bombas inteligentes.

32. a) Prescripción por ampollas o viales en lugar de utilizar unidades de cantidad (ver apartado 4.1.4).

Medicamento potasio IV (cloruro o fosfato); errores detectados

– Almacenamiento de soluciones concretas en los botiquines de las unidades asistenciales.

– Confusión de las viales de CIK con otras soluciones IV de aspecto similar.

– Existencia de viales multidosis que pueden ocasionar sobredosificaciones por error.

– Administración por error de CIK a una velocidad superior a 10 mEq/h que puede causar parada cardiaca.

– Prescripción por "ampollas" o viales en lugar de utilizar unidades de cantidad (ej.: mEq).

33. c) Historia previa de alergia o efecto adverso similar (ver apartado 1.3.2).

Tipos de errores según la clasificación española

a) Medicamento erróneo:

  – Selección inapropiada del medicamento:

    * Medicamento no indicado para el diagnóstico que se pretende tratar.

    * Historia previa de alergia o efecto adverso similar con el mismo medicamento o con otro similar.

    * Medicamento contraindicado.

    * Medicamento inapropiado, por su edad, situación clínica o patología subyacente.

  – Medicamento innecesario.

  – Transcripción, dispensación o administración de un medicamento diferente al prescrito.

34. a) La preparación y administración de medicamentos (ver apartado 1.5).

Dispensación/Preparación:

– Normalizar todas las preparaciones que se realizan en el Servicio de Farmacia.

– Utilizar sistemas automáticos de cálculo de dosis o doble control del cálculo de dosis, en la preparación de medicamentos por el Servicio de Farmacia.

35. a) Establecer una sistemática continua de evaluación y mejora de los procesos (ver apartado 1.4).

El primer paso para abordar la prevención de los EM en los hospitales es constituir una comisión multidisciplinar, integrada por médicos, farmacéuticos, personal de enfermería, técnicos de farmacia, técnicos de la dirección del hospital y asesor de riesgos que establezca y coordine el desarrollo de las medidas de prevención de EM en la institución.

36. b) Podría haber causado un daño en el paciente (ver apartado 7.1).

Un acontecimiento adverso (AAM) potencial es un EM grave que podría haber causado un daño, pero no llego a causarlo (por azar o porque fue interceptado antes de llegar al paciente).

37. d) Es un efecto perjudicial o indeseado dependiente del fármaco y/o del organismo (ver apartado 7.2).

La OMS define como reacciones adversas medicamentosas (RAM) cualquier efecto perjudicial o indeseado, que ocurre tras la administración de un fármaco normalmente utilizado para la profilaxis, diagnóstico o tratamiento de una enfermedad o con objeto de modificar una función biológica. No se producen por error.

38. b) La tarjeta amarilla (ver apartado 9).

Tarjeta amarilla: formulario para la notificación de sospechas de reacciones adversas. Su formato puede ser en papel o electrónico.

Para notificar una sospecha de reacción adversa a un medicamento, el profesional sanitario debe cubrir el formulario de notificación conocido como tarjeta amarilla.

39. b) Alerta farmacéutica (ver apartado 9).

Las alertas farmacéuticas son documentos elaborados por AEMPS) con la finalidad de notificar un posible defecto o alteración de la calidad o seguridad de un medicamento (ya sea de uso humano o veterinario), de un producto sanitario, de un producto de higiene o de un cosmético.

Las alertas indican además qué medidas cautelares es preciso adoptar respecto al producto farmacéutico acerca del cual se está informando.

40. a) 3 clases (ver apartado 9).

Tipos de alertas

– De calidad: son las que se emiten cuando se detecta un error en cualquier aspecto que afecte a la calidad exigida en la autorización de comercialización de los medicamentos o productos sanitarios.

- De seguridad: se emiten cuando se detecta un defecto que altere el perfil de seguridad de la autorización de comercialización.

- De comercialización de medicamentos ilegales: se emiten por productos que no disponen de la autorización de la AEMPS necesaria para su comercialización.

41. d) Las opciones a) y c) son correctas (ver apartado 2).

Las reacciones adversas (aunque ya la hemos mencionado en otro capítulo) se dividen en dos grupos en función de los mecanismos de producción de los efectos:

1. Dependiente de la dosis (sobredosificación):

   - *Absoluta.*

   - *Relativa.*

2. Independiente de la dosis:

   - *Reacciones idiosincráticas.*

   - *Reacciones de hipersensibilidad.*

TEST N.º 6

Acondicionamiento de los medicamentos: conceptos generales. Material de acondicionamiento primario. Material de acondicionamiento secundario. Prospectos. Siglas y símbolos del acondicionamiento. Control de calidad del material de acondicionamiento

1. El material de acondicionamiento (señala la incorrecta):

a) Es cualquier material autorizado debidamente que se emplea en el acondicionamiento de medicamentos.

b) Es cualquier material autorizado debidamente que se emplea en el acondicionamiento de medicamentos incluido el embalaje utilizado para su transporte.

c) Tiene como función la protección frente a agentes externos.

d) Es cualquier material autorizado debidamente que se emplea en el acondicionamiento de medicamentos, excluido el embalaje utilizado para envío.

2. Señala cuál no es un requisito del acondicionamiento primario:

a) Tener resistencia mecánica.

b) Asegurar la identidad, la estabilidad, la potencia y la calidad del preparado.

c) No interaccionar de ninguna forma con el medicamento, ni cediendo componentes ni modificando las características del mismo.

d) No se ha de producir ni absorción ni adsorción del preparado sobre el mismo.

3. El envase o cualquier forma de acondicionamiento que se encuentra en contacto directo con el medicamento se llama:

a) Acondicionamiento secundario.

b) Etiquetado.

c) Prospecto.

d) Acondicionamiento primario.

4. Un recipiente o envase que contiene cantidad suficiente de producto para dos o más dosis es denominado:

a) Recipiente unidosis.

b) Recipiente multidosis.

c) Vial.
d) Blíster.

5. Un blíster es:

a) Acondicionamiento primario.
b) Embalaje.
c) Acondicionamiento secundario.
d) Material protector.

6. Los recipientes de capacidad variable, elaborados con vidrio, cuyo cerrado se realiza con un tapón de material elastomérico y sellado por una cápsula de aluminio o aluminio plástico se denominan:

a) Ampollas.
b) Vial.
c) Blíster.
d) Jeringa precargadas.

7. ¿Cómo se denomina el recipiente de pequeño volumen, elaborado con vidrio, donde el cerrado se efectúa después del llenado mediante difusión?

a) Ampolla.
b) Vial.
c) Blíster.
d) Cartucho.

8. Los comprimidos, grageas o cápsulas se acondicionan en envases de tipo:

a) Lamina.
b) Sellado.
c) Blíster.
d) Sobre.

9. Respecto al vidrio utilizado en farmacia, señala cuál es una ventaja de utilización:

a) Inercia química.
b) No presenta migraciones.
c) Es totalmente reciclable.
d) Todas son correctas.

10. No es un inconveniente de utilizar el vidrio como acondicionamiento primario:

a) Gran fragilidad.
b) Es caro.

c) Elevada resistencia hidrolítica.
d) Se agrieta con facilidad.

11. Señala cuál No es un requisito que debe cumplir el vidrio:

a) Capacidad de aislar la preparación farmacéutica que contiene en su interior agentes externos como el aire, la humedad o las radiaciones luminosas.
b) Elevada resistencia hidrolítica en un amplio intervalo de temperatura.
c) Heterogéneo y con propiedades de fusión adecuadas que le permitan evitar roturas a causa de tensiones superficiales.
d) Elevada resistencia mecánica, para soportar pequeños golpes que pueda sufrir durante su manipulación.

12. Es una ventaja de la utilización del plástico:

a) Gran versatilidad, lo que permite transformarlos obteniendo gran variedad de recipientes.
b) Pueden ser muy flexibles o muy rígidos.
c) Bajo peso molecular.
d) Todas son correctas

13. ¿Qué inconveniente presenta el plástico como acondicionamiento primario?

a) Permeabilidad a gases y vapores que aumentan de manera directamente proporcional con la temperatura.
b) Presenta fenómenos de adsorción y adsorción de sustancias.
c) Cede sustancias propias con facilidad.
d) Todas son correctas.

14. ¿Qué material es termoplástico, blanquecino y de transparente a translúcido, y frecuentemente fabricado en finas láminas transparentes?

a) Polipropileno.
b) Polietileno.
c) Cloruro de polivinilo.
d) Poliestireno.

15. ¿Cómo se denomina al plástico muy duro y resistente, que es opaco y con gran resistencia al calor pues se ablanda a una temperatura más elevada de los 150 ºC?

a) Polipropileno.
b) Polietileno.
c) Cloruro de polivinilo.
d) Poliestirenol.

16. ¿Qué material plástico deriva del petróleo y entre sus características destacan su excelente estética, brillo y transparencia, gran resistencia mecánica a la compresión y a las caídas, buenas propiedades barrera y de compatibilidad farmacológica y perfecta estanqueidad de aromas?

a) Polipropileno.
b) Polietileno.
c) Polietilentereftalato.
d) Poliestirenol.

17. ¿Qué material de acondicionamiento se emplea como constituyentes de cierres para la obturación de envases de uso farmacéutico?

a) Policarbonato.
b) Elastómeros.
c) Reforzadores mecánicos.
d) Poliamidas.

18. ¿Qué material se emplea para la fabricación de objetos de aplicación médico-farmacéutica, por sus buenas cualidades de resistencia mecánica, transparencia, facultad de esterilización térmica?

a) Teflón.
b) Poliamidas.
c) Policarbonato.
d) PTEE.

19. ¿Qué tipo de aditivos se añaden a los elastoméros para facilitar su producción o modificar sus características?

a) Aceleradores.
b) Activadores.
c) Antioxidantes.
d) Cualquiera de ellos se pueden añadir.

20. ¿Qué tipo de metales se emplean para la fabricación de envases de medicamentos?

a) Aluminio.
b) Plomo.
c) Estaño.
d) Todas son correctas.

21. Son materiales utilizados como acondicionamiento primario todos excepto:

a) Vidrio.
b) Metales.

c) Elastómeros.
d) Cerámica.

22. ¿Qué material es el que más se emplea para el envasado de productos semi-sólidos como emulsiones geles, pastas?

a) Aluminio.
b) Vidrio.
c) Plástico.
d) Estaño.

23. La información que NO debe incluirse en el acondicionamiento primario de pequeños envases y blísteres es:

a) Fecha de caducidad.
b) Precio de venta al público.
c) Código Nacional de Medicamentos.
d) Lote de fabricación.

24. Son datos obligatorios que debe incluir las ampollas de disolvente:

a) Identificación del contenido.
b) Contenido de volumen.
c) Número de lote de fabricación, nombre del titular.
d) Todas son correctas.

25. Señala el enunciado incorrecto en relación con el acondicionamiento secundario:

a) Es el embale externo.
b) En su interior contiene el envase primario.
c) Los materiales más usados son el plástico y vidrio.
d) Debe ser de fácil manejo.

26. La información recogida en el acondicionamiento secundario incluye:

a) Condiciones de prescripción y dispensación.
b) Leyendas.
c) Cupón precinto.
d) Todas son correctas.

27. En el embalaje exterior del medicamento NO debe aparecer:

a) Relación de los excipientes que tengan una acción o efecto conocidos y que sean de declaración obligatoria.
b) Advertencia: «Mantener fuera del alcance y de la vista de los niños».

c) Forma farmacéutica y vía de administración.
d) Las siglas abreviadas del medicamento.

28. Si el código nacional de un producto farmacéutico o parafarmacéutico se encuentra entre 650.001 a 999.999, sabremos que se trata de:

a) Producto de parafarmacia.
b) Efectos y accesorios financiados.
c) Presentaciones en envase normal.
d) Envases clínicos.

29. Si el código nacional de un producto se encuentra entre 400.000 y 500.000, sabremos que se trata de:

a) Producto de parafarmacia.
b) Efecto y accesorio financiado y dietoterapéutico.
c) Envase clínico de medicamentos.
d) Medicamento en envase normal.

30. ¿Qué significa este símbolo que aparece en el embalaje exterior de los medicamentos?

a) Material radiactivo.
b) Gas medicinal inflamable.
c) Gas medicinal comburente.
d) Gas medicinal reactivo.

31. ¿Qué significado tiene este símbolo que aparece en el etiquetado de los medicamentos ( )?

a) Dispensación sin receta médica.
b) Dispensación sujeta a prescripción médica.
c) Medicamentos que contienen sustancias psicotrópicas.
d) Medicamentos de uso publicitario.

32. Los medicamentos estupefacientes se identifican en el embalaje externo con el símbolo:

a) ( )
b) ●
c)
d) ✳

33. Los medicamentos que contienen sustancias psicotrópicas incluidas en el anexo I del Real Decreto 2829/1977, de 6 de octubre, llevan el símbolo:

a)

b)

c)

d) ✳

34. Un medicamento genérico lleva las siglas:

a) EFO.
b) EFG.
c) ECM.
d) EFP.

35. Un medicamento tradicional a base de plantas lleva las siglas en su etiquetado:

a) MBP.
b) MB.
c) MTP.
d) PM.

36. No forma parte del acondicionamiento primario:

a) Blíster.
b) Ampolla.
c) Ficha técnica.
d) Cápsulas.

37. El embalaje exterior de los medicamentos se clasifica como:

a) Material de acondicionamiento primario.
b) Material de acondicionamiento secundario.
c) Material de acondicionamiento terciario.
d) Ninguna es cierta.

38. En el embalaje exterior de los medicamentos aparecen una serie de siglas y leyendas; señala el enunciado incorrecto:

a) Los símbolos, siglas y leyendas nos proporcionan información sobre las condiciones de dispensación, correcta utilización y conservación.

b) Los símbolos y las siglas relacionadas con la dispensación y conservación de medicamentos deben estar situados en el ángulo superior izquierdo de las dos caras principales del embalaje exterior, al lado o encima del Código Nacional.

c) El resto de los símbolos se situarán en otro lugar bien visible del embalaje exterior con el fin de garantizar su máxima legibilidad.

d) En el embalaje exterior también se incluyen una serie de leyendas.

39. ¿Qué información podemos encontrar en la esquina superior derecha del cupón precinto?

a) ASSS (Asistencia Sanitaria Seguridad Social).

b) Cícero: medicación de aportación reducida.

c) GFE: equivalente farmacéutico genérico.

d) E: antipsicótico atípico, financiado con visado a mayores de 75 años.

40. ¿Qué significado tienen las siglas EX.O?

a) Caducidad mayor de 5 años.

b) Excluido de la oferta del SNS.

c) Medicamento exento de reacciones adversas graves.

d) Medicamento sometido a seguimiento adicional de su seguridad.

41. Señala cuál no es un requisito general del prospecto de los medicamentos:

a) El prospecto es la información escrita que acompaña al medicamento, dirigida al usuario.

b) El prospecto será redactado en términos claros y comprensibles.

c) El prospecto contiene la información del medicamento, relativa a distintas dosis y formas farmacéuticas disponibles de un mismo medicamento.

d) Es obligatoria la inserción del prospecto en todos los medicamentos.

42. El prospecto es la información escrita que acompaña al medicamento y va dirigida al usuario y contiene:

a) Titular de autorización de comercialización.

b) Datos clínicos.

c) Propiedades farmacológicas.

d) Ninguna es correcta.

43. De las siguientes afirmaciones con respecto al embalaje exterior de un medicamento, ¿cuál es INCORRECTA?

a) La denominación del medicamento se podrá imprimir en "Braille".

b) Nombre y dirección del Titular de la autorización de comercialización del medicamento.

c) El código nacional del medicamento debe ir situado en el ángulo superior derecho de las 2 caras principales.

d) El cupón precinto aparece en especialidades financiadas por el Sistema Nacional de Salud.

44. Indica cuál de las siguientes informaciones se incluyen actualmente en los prospectos de los medicamentos:

a) La información detallada y actualizada de este medicamento está en la página web de la AEMPS.

b) Los medicamentos no se deben tirar por los desagües, ni a la basura. Deposite los envases y medicamentos que no necesite en el punto SIGRE de su farmacia.

c) "Los antibióticos se utilizan para tratar infecciones bacterianas y no sirven para tratar infecciones víricas como la gripe o el catarro".

d) Todas las respuestas son VERDADERAS.

45. El documento autorizado por la agencia española de medicamentos y productos sanitarios (AEMPS) donde aparecen las condiciones de uso permitidas del medicamento y donde se recoge la información científica esencial para los profesionales sanitarios, se denomina:

a) Ficha técnica.

b) Prospecto.

c) Información farmacoterapéutica.

d) Nomenclátor.

46. La ficha técnica o resumen de las características del producto es un documento de la AEMPS donde aparecen las condiciones de uso autorizadas del medicamento y donde se recoge la información científica esencial para los profesionales sanitarios, consta de los siguientes apartados excepto:

a) Nombre del medicamento.

b) Composición cuantitativa y cualitativa.

c) Datos clínicos.

d) Indicaciones terapéuticas.

47. ¿Qué no contiene el acondicionamiento secundario de los radiofármacos?

a) Etiquetado.

b) Las condiciones de transporte.

c) Símbolo internacional de radioactividad.

d) Prospecto.

48. Una I en el cupón precinto identifica que se trata de un medicamento:

a) Financiable en las indicaciones legalmente establecidas.

b) Aportación reducida.

c) Psicotrópico.

d) De especial control médico.

49. Una barra negra en la zona superior del cupón indica que:

a) Es un medicamento de especial control médico.
b) Es un medicamento financiable.
c) Es un cupón precinto diferenciado (para visado de inspección).
d) Es un medicamento de aportación reducida

50. Señala lo incorrecto en relación con el cupón precinto:

a) Los medicamentos financiados por el SNS llevan un cupón precinto en el embalaje exterior.
b) El cupón precinto es parte del embalaje primario.
c) En el cupón precinto se especifican las características del medicamento.
d) En el cupón precinto aparece el código de barras diseñado para el control de las dispensación de medicamentos financiados por el SNS.

51. ¿Qué significa la sigla E presentes en el cupón precinto?

a) Equivalente farmacéutico.
b) Antipsicótico atípico (necesita visado de inspección para mayores de 75 años).
c) Equivalente genérico.
d) Ninguna es cierta.

52. ¿Qué significa en el cupón precinto ?

a) Cícero.
b) Medicamentos de aportación reducida.
c) El paciente aporta el 10,% del precio del medicamento con un máximo de 4,26 euros.
d) Todas son correctas.

53. ¿Qué significan las siglas TLD presentes en el cupón precinto?

a) Medicamentos de diagnóstico hospitalario.
b) Medicamentos de dispensación renovable.
c) Medicamentos de dispensación restringida.
d) Medicamentos de uso poco común en el hospital.

54. Los medicamentos que contengan este símbolo:

a) Indican que pueden producir foto sensibilidad.
b) Indican que pueden producir radiactividad.
c) Indican que pueden ser inflamables.
d) Indican que pueden ser comburentes.

55. El símbolo  **en el acondicionamiento secundario de un medicamento indica:**

a) Material radiactivo.
b) Medicamento que puede producir sensibilidad.
c) Medicamento que puede reducir la capacidad para conducir o manejar maquinaria peligrosa.
d) Medicamento psicotrópico que reduce la capacidad de conducción.

56. La normativa actual exige que el acondicionamiento de los medicamentos esté dotado de:

a) Un dispositivo de control.
b) Un dispositivo antirrotura.
c) Un dispositivo de seguridad anti manipulación.
d) Un dispositivo de advertencia.

Soluciones comentadas

1. **b) Es cualquier material autorizado debidamente que se emplea en el acondicionamiento de medicamentos incluido el embalaje utilizado para su transporte (ver apartado 1).**

   El material de acondicionamiento es cualquier material autorizado debidamente que se emplea en el acondicionamiento de medicamentos, a excepción de los embalajes utilizados para su transporte o envío.

   Las funciones principales del acondicionamiento son:

   – Protección.

   – Información e identificación.

2. **a) Tener resistencia mecánica (ver apartado 2.1).**

   El envase primario es el embalaje que protege al medicamento frente a cualquier contacto externo, y debe cumplir una serie de requisitos:

   – Tener resistencia física.

   – Asegurar la identidad, la estabilidad, la potencia y la calidad del preparado.

   – No interaccionar de ninguna forma con el medicamento, ni cediendo componentes ni modificando las características del mismo.

   – Ser impermeable a los componentes del producto que guarda.

   – No se ha de producir ni absorción ni adsorción del preparado sobre el mismo.

   – Debe proporcionar protección frente a agentes externos que puedan deteriorar o contaminar el medicamento durante su almacenamiento y utilización.

3. **d) Acondicionamiento primario (ver apartado 2.1).**

   El acondicionamiento primario es aquel acondicionamiento directo del medicamento en un recipiente con el cual está en contacto y que se denomina envase primario o inmediato.

4. **b) Recipiente multidosis (ver apartado 2.1.1).**

   Recipiente unidosis: contiene una cantidad de preparación destinada a ser utilizada total o parcialmente en una sola administración.

5. a) Acondicionamiento primario (ver apartado 2.1.1).

Un blíster es el acondicionamiento primario de un medicamento.

6. b) Viales (ver apartado 2.1.1).

Viales: recipientes de capacidad variable, elaborados con vidrio, cuyo cerrado se realiza con un tapón de material elastomérico y sellado por una cápsula de aluminio o aluminio plástico. Su contenido se extrae de una o varias veces. Para su administración se retira el opérculo (lengüeta que puede ser retirada) dejando el elastómero a la vista, permitiendo su perforación con una aguja.

7. a) Ampolla (ver apartado 2.1.1).

Ampolla: recipiente de pequeño volumen, elaborada con vidrio, donde el cerrado se efectúa después del llenado mediante difusión. El contenido se extrae de una sola vez por ruptura del envase por estrangulamiento en la zona de fragilidad señalada por un punto (ampolla OPC) o con un aro de pintura (ampolla Score Ring).

8. c) Blíster (ver apartado 2.1.1).

Formas sólidas: los comprimidos, grageas o cápsulas se acondicionan en envases de tipo blíster, que están formados por una lámina moldeada en forma de pequeñas cavidades, selladas por la parte inferior. Los granulados o polvos se envasan en recipientes como frascos de vidrio o plástico o en sobres unidosis elaborados con láminas mixtas de aluminio, papel y plástico.

9. d) Todas son correctas (ver apartado 2.1.1).

Ventajas del vidrio:

–   Inercia química: es inerte al contacto con fármacos, no se oxida, es impermeable a los gases, prácticamente inatacable por agentes físicos, químicos y biológicos.

–   No presenta "migraciones" de monómeros y aditivos hacia el producto.

–   Es 100 % reciclable, no perdiéndose material ni propiedades en este proceso y posibilitando un importante ahorro de energía con relación a la producción.

–   Es duradero en el tiempo sin alterarse.

–   Es resistente a la humedad y a la temperatura.

10. c) Elevada resistencia hidrolítica (ver apartado 2.1.2.1).

Inconvenientes del vidrio

–   Gran fragilidad, que hace que se rompa o agriete fácilmente al recibir un golpe. Para aumentar la resistencia a los choques se puede incorporar titanio a la red cristalina.

–   Producción, distribución y recuperación cara a causa de su elevado peso.

11. c) Heterogéneo y con propiedades de fusión adecuadas que le permitan evitar roturas a causa de tensiones superficiales (ver apartado 2.1.2.1).

Los requisitos que debe cumplir un vidrio de uso farmacéutico son:

− Capacidad de aislar la preparación farmacéutica que contiene en su interior de agentes externos como el aire, la humedad o las radiaciones luminosas.

− Elevada resistencia hidrolítica en un amplio intervalo de temperatura.

− Homogeneidad y propiedades de fusión adecuadas que le permitan evitar roturas a causa de tensiones superficiales.

− Elevada resistencia mecánica, para soportar pequeños golpes que pueda sufrir durante su manipulación.

− Tolerancia a cambios bruscos de temperatura y presiones (Autoclave).

12. d) Todas son correctas (ver apartado 2.1.2.2).

Ventajas de los plásticos:

− Gran versatilidad, lo que permite transformarlos obteniendo gran variedad de recipientes.

− Pueden ser muy flexibles o muy rígidos.

− Bajo peso molecular.

− Resistencia a los golpes.

− Transporte y almacenamiento sencillo.

− Protege el contenido de la luz en el caso de los plásticos opacos o coloreados.

− Más económico que el vidrio.

13. d) Todas son correctas (ver apartado 2.1.2.2).

B) Inconvenientes de los plásticos:

− Permeabilidad a gases y vapores que aumentan de manera directamente proporcional con la temperatura.

− Presenta con normalidad fenómenos de adsorción y absorción de sustancias y cede sustancias propias con relativa facilidad debido todo ello a la complejidad de sus composiciones.

14. b) Polietileno (ver apartado 2.1.2.2).

Material termoplástico, blanquecino, de transparente a translúcido, y frecuentemente fabricado en finas láminas transparentes. Las secciones gruesas son translúcidas y tienen una apariencia de cera. Mediante el uso de colorantes puede obtenerse una gran variedad de productos coloreados. Su utilización se basa en algunas de sus características: bajo peso, gran flexibilidad, tenacidad y alta resistencia química. Su estabilidad e inercia químicas son ideales para las soluciones acuosas.

15. a) Polipropileno (ver apartado 2.1.2.2).

Polímero similar al polietileno. Es un plástico muy duro y resistente, es opaco y con gran resistencia al calor pues se ablanda a una temperatura más elevada de los 150 °C.

16. c) Polietilentereftalato (ver apartado 2.1.2.2).

Polietilentereftalato (PET)

Deriva del petróleo y entre sus características destacan su excelente estética, brillo y transparencia, gran resistencia mecánica a la compresión y a las caídas, buenas propiedades barrera y de compatibilidad farmacológica y perfecta estanqueidad de aromas. La tecnología de inyección permite asegurar en los cuellos una perfecta estanqueidad en el cierre del envase. Es apto para la coloración (traslúcida u opaca) y decoración (serigrafía, termograbado, barnizado, etc.). Presenta un reducido peso de sus envases lo que conlleva una disminución en los costes de producción y transporte, además, no emite contaminantes al ser incinerado, lo que lo convierte en un material idóneo para la conservación del medio ambiente.

17. b) Elastómeros (ver apartado 2.1.2.3).

Materiales elastómeros

Se emplean como constituyentes de cierres (tapones) para la obturación de envases de uso farmacéutico (viales, frascos, jeringas, carpules, etc.); además se encuentran presentes en diversos productos sanitarios, como son tubos para transfusión sanguínea, sondas, tetinas para biberones, preservativos, etc.

18. b) Poliamidas (ver apartado 2.1.2.2).

Se emplean para la fabricación de objetos de aplicación médico-farmacéutica, por sus buenas cualidades de resistencia mecánica, transparencia, facultad de esterilización térmica (incluso a 150 °C). Su contacto transitorio con medicamentos no tiene inconvenientes (jeringas, cánulas, embudos), pero no es conveniente el contacto prolongado.

19. d) Cualquiera de ellos se pueden añadir (ver apartado 2.1.2.3).

A los elastómeros se les añaden aditivos para facilitar su producción o modificar sus características: como aceleradores, activadores, agentes de vulcanización, antioxidantes, etc.

20. d) Todas son correctas (ver apartado 2.1.2.4).

Los metales más empleados en la fabricación de envases de medicamentos son aluminio, plomo y estaño.

21. d) Cerámica (ver apartado 2.1).

La cerámica no es utilizada como acondicionamiento primario de los medicamentos.

22. a) Aluminio (ver apartado 2.1.2.4).

Aluminio.

Se emplea en tubos plegables para el envasado de productos semisólidos (emulsiones, pastas, geles, etc.), como películas para el envasado de formas sólidas y supositorios, formando parte del molde, sobre o blíster, solo o en combinación con el plástico. También se emplea en la fabricación de envases de tipo aerosol y como formador de cápsulas para el cierre de viales y frascos

23. b) Precio de venta al público (ver apartado 2.1.3).

Debe incluir los mismos datos que el etiquetado secundario, con excepción del precio de venta al público, el cupón precinto del Sistema Nacional de Salud, si lo hubiera, y las indicaciones referentes a prescripción, dispensación y utilización.

24. d) Todas son correctas (ver apartado 2.1.3).

Son datos obligatorios que deben incluir las ampollas de disolvente:

– Identificación del contenido.

– Contenido en volumen.

– Número de lote de fabricación.

– Nombre del titular de la autorización de comercialización del medicamento.

– Cualquier otra información necesaria para la conservación y el uso seguro del medicamento.

25. c) Los materiales más usados son el plástico y vidrio (ver apartado 2.2).

El acondicionamiento secundario es el embalaje externo o estuche que contiene en su interior el envase primario.

Los materiales más utilizados son el papel y el cartón y deben cumplir los siguientes requisitos:

– Proteger al medicamento de agentes externos que puedan deteriorarlo.

– Constituir un elemento de identificación del medicamento y facilitar la dispensación.

– Ser de fácil manejo, transporte y almacenamiento.

26. d) Todas son correctas (ver apartado 2.2).

La información recogida en el acondicionamiento secundario añade los siguientes datos al envase primario:

– Condiciones de prescripción y dispensación.

– Leyendas (no obligatorias en el acondicionamiento primario).

– Cupón precinto del Sistema Nacional de Salud.

– Recuadro o espacio en blanco para indicar la posología recetada, la duración del tratamiento y la frecuencia de uso.

27. d) Las siglas abreviadas del medicamento (ver apartado 2.2).

La información que debe incluirse en el embalaje exterior es:

1. Nombre del medicamento: seguida de la dosis y la forma farmacéutica. Se acompaña de la mención de los destinatarios en los casos en los que proceda. Debe indicarse también en alfabeto braille.

2. Nombre y dirección del titular de la autorización de comercialización del medicamento.

3. Composición cualitativa y cuantitativa: nombre de los principios activos por unidad de administración o según la forma de administración para un volumen o peso determinado.

4. Excipientes: relación de excipientes con acción o efecto conocido y que sean de declaración obligatoria. Hay que indicar todos los excipientes en: inyectables, colirios y preparaciones tópicas.

5. Forma farmacéutica, dosis y volumen o unidades de administración.

6. Vía de administración.

7. Código Nacional de Medicamento.

8. Lote de fabricación.

9. Condiciones de prescripción y dispensación.

10. Advertencias: "Mantener fuera del alcance y de la vista de los niños".

11. Advertencias especiales cuando el medicamento lo requiera.

12. Fecha de caducidad (mes/año): los medicamentos con una estabilidad reducida después de su reconstitución, dilución o apertura indicarán el tiempo de validez de la preparación reconstituida, diluida o tras su apertura e incluirán un recuadro para su consignación por los usuarios.

13. Precauciones especiales de conservación.

14. Símbolos, siglas y leyendas, etc.

28. c) Presentaciones en envase normal (ver apartado 2.2.1).

Productos de parafarmacia	El CN empieza por 1, 2 , 3.	
Efectos y accesorios financiados y dietoterápicos	El CN empieza por 4, 5.	
Medicamentos	El CN empieza por 6, 7, 8, 9.	600 000.649 999 Envases Clínicos (EC).
		650 000.999 999 Presentaciones en envase normal.

Códigos Nacionales según el producto

29. b) Efecto y accesorio financiado y dietoterapéutico (ver apartado 2.2.1).

Productos de parafarmacia	El CN empieza por 1, 2 , 3.	
Efectos y accesorios financiados y dietoterápicos	El CN empieza por 4, 5.	
Medicamentos	El CN empieza por 6, 7, 8, 9.	600 000.649 999 Envases Clínicos (EC).
		650 000.999 999 Presentaciones en envase normal.

Códigos Nacionales según el producto

30. c) Gas medicinal comburente (ver apartado 2.2.2).

El pictograma ⬦ corresponde a gas medicinal comburente.

31. b) Dispensación sujeta a prescripción médica (ver apartado 2.2.2).

Símbolos sobre dispensación de medicamentos	
⬤	Dispensación sujeta a prescripción médica.
⬤	Dispensación con receta oficial de estupefacientes de la lista I anexa a la Convención Única de Estupefacientes de 1961.
◑	Medicamentos que conlleven sustancias psicotrópicas incluidas en el anexo I del Real Decreto 2829/1977.
◐	Medicamentos que contienen sustancias psicotrópicas incluidas en el anexo II del Real Decreto 2829/1977.

32. b) ● **(ver apartado 2.2.2).**

	Símbolos sobre dispensación de medicamentos
●	Dispensación sujeta a prescripción médica.
●	Dispensación con receta oficial de estupefacientes de la lista I anexa a la Convención Única de Estupefacientes de 1961.
◐	Medicamentos que conlleven sustancias psicotrópicas incluidas en el anexo I del Real Decreto 2829/1977.
◒	Medicamentos que contienen sustancias psicotrópicas incluidas en el anexo II del Real Decreto 2829/1977.

33. c) ◐ **(ver apartado 2.2.2).**

	Símbolos sobre dispensación de medicamentos
●	Dispensación sujeta a prescripción médica.
●	Dispensación con receta oficial de estupefacientes de la lista I anexa a la Convención Única de Estupefacientes de 1961.
◐	Medicamentos que conlleven sustancias psicotrópicas incluidas en el anexo I del Real Decreto 2829/1977.
◒	Medicamentos que contienen sustancias psicotrópicas incluidas en el anexo II del Real Decreto 2829/1977.

34. b) EFG (ver apartado 2.2.2).

El medicamento genérico lleva las siglas EFG en el embalaje exterior.

35. c) MTP (ver apartado 2.2.2).

El medicamento tradicional a base de plantas llevan las siglas MTP en su embalaje exterior.

36. c) Ficha técnica (ver apartado 3).

La ficha técnica es el resumen de las características del producto y se trata de un documento autorizado por la AEMPS, donde se reflejan las condiciones de uso autorizadas para el medicamento y se recoge la información científica esencial para los profesionales sanitarios.

37. b) Material de acondicionamiento secundario (ver apartado 2.2).

El embalaje exterior de los medicamentos es material de acondicionamiento secundario.

38. b) Los símbolos y las siglas relacionadas con la dispensación y conservación de medicamentos deben estar situados en el ángulo superior izquierdo de las dos caras principales del embalaje exterior, al lado o encima del Código Nacional (ver apartado 2.2.2).

Los símbolos y las siglas relacionadas con la dispensación y conservación de los medicamentos deben estar situados en al ángulo superior derecho de las caras principales del embalaje exterior, al lado o debajo del Código Nacional (excepto las siglas EFG, que deben ir al lado del nombre del medicamento).

39. d) E: antipsicótico atípico, financiado con visado a mayores de 75 años (ver apartado 2.2.2).

Los símbolos y las siglas relacionadas con la dispensación y conservación de los medicamentos deben estar situados en al ángulo superior derecho de las caras principales del embalaje exterior, al lado o debajo del Código Nacional (excepto las siglas EFG, que deben ir al lado del nombre del medicamento).

40. b) Excluido de la oferta del SNS (ver apartado 2.2.2).

Otros símbolos y siglas que pueden aparecer	
EX.O	Excluido de la oferta del Sistema Nacional de Salud.
⌛	Caducidad inferior a cinco años.
(▼)	Medicamentos sometidos a seguimiento adicional de su seguridad.

41. c) El prospecto contiene la información del medicamento, relativa a distintas dosis y formas farmacéuticas disponibles de un mismo medicamento (ver apartado 3.2).

Es la información escrita dirigida al paciente o usuario que acompaña al medicamento. En él se identifica el titular de la autorización y si procede el nombre del representante local del titular de comercialización, así como el responsable de la fabricación del medicamento.

Se declara su composición y se dan instrucciones para su administración, empleo, conservación y uso racional. Se detallan los efectos adversos, interacciones, contraindicaciones y demás datos que se citan a continuación con el fin de promover un correcto empleo del tratamiento prescrito.

El prospecto debe estar redactado y concebido en términos sencillos comprensibles para el paciente o usuario, de manera que permita que estos actúen de forma adecuada, cuando sea necesaria con ayuda de los profesionales sanitarios.

Es obligatoria la inserción del prospecto en el embalaje de todos los medicamentos, salvo que toda la información exigida quepa en el embalaje exterior o, si no tiene embalaje exterior, en el acondicionamiento primario.

42. a) Titular de autorización de comercialización (ver apartado 3.2).

Titular de autorización de comercialización; responsable de fabricación:

– Nombre y dirección del titular de la autorización de comercialización y, en su caso, de su representante local.

– Nombre y dirección del responsable de la fabricación, si difiere del titular.

43. a) La denominación del medicamento se podrá imprimir en "Braille" (ver apartado 2.2).

La respuesta a) es la incorrecta. La información que se debe incluir en el embalaje exterior es:

1. Nombre del medicamento: seguida de la dosis y la forma farmacéutica. Se acompaña de la mención de los destinatarios en los casos en los que proceda. Debe indicarse también en alfabeto braille.

2. Nombre y dirección del titular de la autorización de comercialización del medicamento.

3. Composición cualitativa y cuantitativa: nombre de los principios activos por unidad de administración o según la forma de administración para un volumen o peso determinado.

4. Excipientes: relación de excipientes con acción o efecto conocido y que sean de declaración obligatoria. Hay que indicar todos los excipientes en: inyectables, colirios y preparaciones tópicas.

5. Forma farmacéutica, dosis y volumen o unidades de administración.

6. Vía de administración.

7. Código Nacional de Medicamento.

8. Lote de fabricación.

9. Condiciones de prescripción y dispensación.

10. Advertencias: "Mantener fuera del alcance y de la vista de los niños".

11. Advertencias especiales cuando el medicamento lo requiera.

12. Fecha de caducidad (mes/año): los medicamentos con una estabilidad reducida después de su reconstitución, dilución o apertura indicarán el tiempo de validez de la preparación reconstituida, diluida o tras su apertura e incluirán un recuadro para su consignación por los usuarios.

13. Precauciones especiales de conservación.

14. Símbolos, siglas y leyendas.

15. Cupón precinto del Sistema Nacional de Salud cuando proceda.

16. Precauciones especiales de eliminación.

17. Recuadro o espacio en blanco: para indicar la posología recetada, la duración del tratamiento y la frecuencia de tomas, excepto en los casos que la AEMPS determine, según las particularidades de cada medicamento.

44. d) Todas las respuestas son verdaderas (ver apartado 3.2).

El prospecto incluye:

– Indicaciones sobre donde obtener la información más actualizada (última frase del prospecto): la información detallada y actualizada de este medicamento está disponible en la página web de la AEMPS.

– Información sobre la eliminación de medicamentos: los medicamentos no se deben tirar por los desagües ni a la basura. Depositar en puntos SIGRE.

– En el caso de antibióticos se incluye el siguiente aviso: Los antibióticos se utilizan para tratar infecciones bacterianas y no sirven para tratar infecciones víricas como la gripe o el catarro.

45. a) Ficha técnica (ver apartado 3.1).

Es un documento que resume las características del producto autorizado por la AEMPS donde aparecen las condiciones de uso autorizadas del medicamento y donde se recoge la información científica esencial para los profesionales sanitarios.

46. d) Indicaciones terapéuticas (ver apartado 3.1).

La ficha técnica no consta de indicaciones terapéuticas, el prospecto sí. De todo lo demás si consta.

47. c) Símbolo internacional de radioactividad (ver apartado 4.1).

Acondicionamiento primario; contiene símbolo internacional de radiactividad y nombre del fabricante.

– Acondicionamiento secundario:

* Etiquetado, en el embalaje exterior deben incluirse las condiciones de transporte de mercancías peligrosas.

* Prospecto: debe incluir la información relativa a la manipulación y a las precauciones necesarias por parte del paciente, así como para la eliminación del envase y de los residuos generados.

48. a) Financiable en las indicaciones legalmente establecidas (ver apartado 2.2.3).

Medicamento con financiación restringida a una determinada indicación. (I)

Necesita visado de inspección correspondiente.

La aportación que el usuario debe pagar será reducida o normal en función de si el medicamento lleva o no cícero en el cupón precinto.

49. c) Es un cupón precinto diferenciado (para visado de inspección) (ver apartado 2.2.3).

La barra negra del cupón precinto significa: cupón precinto diferenciado (CPD). Necesita visado de inspección.

50. b) El cupón precinto es parte del embalaje primario (ver apartado 2.2.3).

Los medicamentos financiados por el SNS llevan un cupón precinto en el embalaje exterior. Los no financiados lo sustituyen por un recuadro con el código de barras del medicamento.

El cupón precinto es parte del embalaje externo y en él se especifican las características del medicamento y el código de barras que ha sido diseñado para el control de la dispensación de medicamentos financiados por el SNS.

51. b) Antipsicótico atípico (necesita visado de inspección para mayores de 75 años) (ver apartado 2.2.3).

E	Antipsicótico atípico (necesita visado de inspección para mayores de 75 años)

52. d) Todas son correctas (ver apartado 2.2.3).

 Cícero. Medicamentos de aportación reducida. El paciente aporta el 10 % del precio del medicamento con un máximo de 4,26 euros.

53. b) Medicamentos de dispensación renovable (ver apartado 2.2.2).

TLD Medicamento de dispensación renovable (tratamiento de larga duración).

54. b) Indican que pueden producir radiactividad (ver apartado 2.2.2).

 material radiactivo

55. c) Medicamento que puede reducir la capacidad para conducir o manejar maquinaria peligrosa (ver apartado 2.2.2).

 Medicamentos que pueden reducir la capacidad de conducir o manejar maquinaria peligrosa.

56. c) Un dispositivo de seguridad anti manipulación (ver apartado 7).

El acondicionamiento de los medicamentos está dotado de dos dispositivos de seguridad. El primero es un identificador único en forma de código datamatrix. El segundo dispositivo de seguridad es un sistema antimanipulación para garantizar que el envase no ha sido abierto desde su salida de la cadena de producción hasta su dispensación en la oficina de farmacia.

**Reenvasado de medicación. Procedimiento.
Tipos de reenvasado: reenvasadora de sólidos, líquidos.
Características del reenvasado**

1. Señala la respuesta correcta sobre el reenvasado de medicamentos:

a) Incluye el acondicionamiento de medicamentos, que son las operaciones que se realizan a todos los medicamentos, una vez que han sido elaborados, para que lleguen al paciente en condiciones óptimas de estabilidad, seguridad y eficacia.

b) Este envasado de fármacos es imprescindible porque posibilita su identificación, manipulación, transporte, distribución, almacenamiento, dispensación y utilización.

c) Todo reenvasado se considera una operación galénica, en donde se requiere cambio de envase por lo que deben estar presentes las Buenas Prácticas de Manufactura de Productos Farmacéuticos (BPM).

d) Todas son correctas.

2. Los reenvasados requieren BPM, con el fin de disminuir los riesgos inherentes a la producción farmacéutica. Señala cuál es un riesgo:

a) Contaminación cruzada.

b) Confusión por colocación equivocada de las etiquetas de los envases.

c) Generación de aerosoles.

d) Todos son riesgos a evitar en el reenvasado de medicamentos.

3. Las Buenas Prácticas de Manufacturación de Productos Farmacéuticos no exige:

a) Que todos los procesos se definan claramente, se revisen y se compruebe que cumplen con la calidad adecuada.

b) Que se compruebe alguna etapa.

c) Que las instrucciones y procedimientos se redacten de forma clara e inequívoca.

d) Que se mantengan registros, para demostrar que todas las operaciones exigidas por los procedimientos e instrucciones definidas han sido en realidad efectuados y que la calidad sea la prevista.

4. ¿Qué se entiende por reenvasado de medicamentos?

a) Sistema de distribución de medicamentos por dosis múltiple sin manipulación del medicamento.

b) Volver a envasar la medicación que las empresas farmacéuticas presentan en la dosis prescrita y unitaria para el paciente.

c) Todo continente o soporte destinado a contener el producto, facilitar el transporte y presentar el producto para la venta.

d) Envasar un medicamento para que pueda ser administrado al paciente en la dosis prescrita por el médico, permitiendo una fácil y completa identificación sin necesidad de manipulación.

5. De los siguientes productos, el procedimiento de reenvasado se utiliza para:

a) Geles.

b) Aerosoles.

c) Colirios.

d) Formas orales.

6. La SEFH recomienda reenvasar:

a) Aquellos medicamentos sólidos para administración parenteral.

b) Aquellos medicamentos líquidos para administración parenteral.

c) Aquellos medicamentos sólidos y líquidos para administración por vía oral que no se presentan en dosis unitarias.

d) Todas son correctas.

7. Se recomienda reenvasar:

a) Medicamentos que se destinen a unidades de enfermería del hospital en las cuales esté implantado el sistema de dispensación de medicamentos en dosis unitaria.

b) Medicamentos que se hacen inestables al modificar las condiciones iniciales.

c) Medicamentos de dosificación variable o de dosis no presentadas por la industria farmacéutica.

d) Todas son correctas.

8. Para que un medicamento se considere envasado como dosis unitaria debe cumplir unos requisitos; señala lo incorrecto:

a) Contener la cantidad de medicamento para una sola toma.

b) Proteger su contenido frente a la contaminación, luz y humedad.

c) No estar identificado en cuanto a composición, dosis, lote y caducidad.

d) Estar disponible para su administración directa, sin necesidad de cálculos y/o manipulación previos.

9. La Sociedad Española de Farmacia Hospitalaria (SEFH) recomienda los… como tipo de reenvasado:

a) Envases unitarios elaborados con máquina envasadora para sólidos. El material utilizado dependerá de la fotosensibilidad de los medicamentos reenvasados.
b) Envases nuevos elaborados con máquina envasadora para líquidos.
c) Por reetiquetado de los blísteres que suministra la industria farmacéutica.
d) Todas son correctas.

10. Para el proceso de reenvasado no se usan equipos:

a) Manuales.
b) Automáticos.
c) Dicom.
d) Electrónicos.

11. Antes del procedimiento del reenvasado se realiza un reconocimiento del medicamento y del envase original y se verifica uno de los siguientes aspectos:

a) Revisar que los materiales y equipos de reenvase se encuentren ade cuadamente acondicionados.
b) Confirmar la denominación del principio activo del medicamento a reenvasar.
c) Realizar una evaluación organoléptica y verificar los datos y características de los materiales de empaque.
d) Todas son correctas.

12. Señala lo incorrecto. En el etiquetado de los medicamentos reenvasados se debe contener la información sobre:

a) Denominación Común Internacional del medicamento.
b) Nombre del titular del reenvasado.
c) Indicaciones especiales de almacenamiento y uso, cuando se requiera.
d) Concentración, forma farmacéutica y vía de administración.

13. Señala lo incorrecto sobre el procedimiento de reenvasado:

a) El proceso completo se realiza en un área destinada a tal fin.
b) Se pueden reenvasar dos medicamentos simultáneamente.
c) Seleccionada una especialidad a reenvasar, se buscará su ficha correspondiente, cumplimentándola en todos sus apartados.
d) La información escrita que lleva cada lote de reenvasado (etiqueta autoadhesiva, o impresión directa en material de reenvasado), debe validarse por el farmacéutico encargado de la dispensación que firmará el conforme, todo ello antes de comenzar cada proceso.

14. ¿Qué se debe consignar en el registro del reenvasado?

a) Descripción completa del producto (nombre, concentración, forma farmacéutica, dosis, vía de administración).
b) El número de lote del producto reenvasado, si es que este es diferente al otorgado por el fabricante.
c) Fechas de expiración del producto original y del reenvasado.
d) Todo lo anterior es correcto.

15. NO es cierto que para el almacenamiento de los medicamentos reenvasados:

a) Se debe cumplir con las Buenas Prácticas de Almacenamiento.
b) Para minimizar la degradación causada por el calor y la humedad, todos los medicamentos se almacenarán en ambientes con temperatura y humedad controladas.
c) No se excederá de una humedad relativa del 85 % y una temperatura de 26 ºC.
d) Los materiales de empaque deben almacenarse de acuerdo con las instrucciones del fabricante.

16. ¿Cómo se puede evitar la contaminación cruzada en los procesos de reenvasado?

a) Que la producción se lleve a cabo en áreas segregadas, lo cual debe ser necesario para productos tales como penicilinas, vacunas vivas, etc., y con intervalos de tiempo, y limpieza adecuada entre un reenvasado y otro.
b) En casos necesarios se deben establecer áreas herméticas, con diferencias de presión, y dotadas de extractores de aire.
c) Que se reduzca al mínimo la contaminación causada por la recirculación o el reingreso de aire no tratado y utilizacion de EPI adecuados.
d) Todas son correctas.

17. Entre las siguientes afirmaciones, una NO es un fin a conseguir con el acondicionamiento de los medicamentos una vez elaborados; señala cuál:

a) Aprobación de la formulación.
b) Estabilidad de la forma farmacéutica.
c) Seguridad del medicamento.
d) Eficacia del fármaco.

18. Señala la respuesta incorrecta; el reenvasado de medicamentos:

a) Requiere cambio de envase, por tanto, deben estar presentes las BPM.
b) Permite el ajuste de prescripción.
c) Es responsabilidad directa del farmacéutico.
d) No necesita identificación individualizada.

19. Se recomienda reenvasar los siguientes medicamentos, excepto uno; señala cuál:

a) Antineoplásicos.
b) Comprimidos.
c) Caducados.
d) Medicamentos con dosis no presentadas por la industria farmacéutica.

20. Para que un medicamento envasado sea considerado como dosis unitaria debe cumplir, entre otros, el siguiente requisito:

a) Que tenga larga fecha de expiración.
b) Que esté disponible para su administración directa sin necesidad de cálculos y/o manipulación previas.
c) Que no pertenezca al grupo de medicamentos termolábiles.
d) Que esté identificado el paciente al que se va a administrar de forma clara y concisa para fraccionarlo en varias tomas.

21. La Sociedad Española de Farmacia Hospitalaria recomienda reenvasar aquellos medicamentos:

a) Para administración por vía oral que no se presentan en dosis unitarias.
b) Que no precisen un control de dispensación estricto.
c) Difíciles de almacenar para facilitar el estocaje.
d) Que el farmacéutico responsable considere necesarios.

22. Señala la respuesta incorrecta. Las formas farmacéuticas más fáciles de reenvasar son:

a) Comprimidos y grageas.
b) Jarabes y soluciones.
c) Cápsulas.
d) Viales inyectables.

23. El tipo de reenvasado recomendado para líquidos será:

a) Envases de plásticos reciclados.
b) Nuevos envases elaborados con máquina envasadora.
c) Reetiquetado de los envases.
d) Cargados en jeringas destinadas a tal fin.

24. En el procedimiento del reenvasado automático y semiautomático se debe considerar:

a) Que no exista deterioro en el envase.
b) Utilizar un etiquetado diferente al utilizado en el reenvasado manual.

c) La temperatura de sellado.
d) La posibilidad de reenvasar varios productos a la vez.

25. La ficha de la especialidad seleccionada a reenvasar contendrá los siguientes datos excepto uno; indica cuál:

a) Número de envases y unidades a reenvasar.
b) Lote y fecha de caducidad tanto del producto original como del reenvasado.
c) Identificación de las personas que intervienen en el proceso.
d) Denominación común internacional del medicamento.

26. El farmacéutico responsable debe cerciorarse de que la dosificación por dosis corresponde a la cantidad que aparece escrita en cada unidad reenvasada de:

a) Comprimidos.
b) Líquidos y polvos.
c) Cápsulas.
d) Grageas.

27. Para determinar la fecha de caducidad de un medicamento reenvasado:

a) Se le asignará la fecha establecida por el fabricante.
b) Se añadirán 12 meses a partir de la fecha de reenvasado del medicamento.
c) A la fecha del medicamento establecida por el fabricante se le resta la fecha del reenvasado y se divide entre 4, obteniéndose el número de meses para establecer la nueva fecha.
d) Se le asignará la fecha que corresponde a seis meses más a contar desde el día del reenvasado.

28. Para productos tales como penicilinas y vacunas vivas, es necesario adoptar medidas que eviten la contaminación cruzada:

a) Realizando la producción de reenvasado en áreas segregadas.
b) Reduciendo la producción al mínimo.
c) Agrupando la producción de envasado de tales productos en el mismo intervalo de tiempo.
d) Evitando corrientes de aire que diseminen restos del producto.

29. El empaque de medicamentos sólidos orales controlados debe:

a) Contar con una apertura a partir de un punto.
b) Tener un reverso continuo y numerado.
c) Tener un reverso opaco que permita imprimir información.
d) Ser calibrado en milímetros.

30. El envase utilizado para el reenvasado debe mantener ciertas características. Señala la que NO corresponda:

a) Versatilidad.
b) Resistencia y cierre de seguridad.
c) Transparencia.
d) Toxicidad.

31. En el etiquetado de formas líquidas reenvasadas no siempre es imprescindible la anotación de:

a) El nombre del fármaco.
b) La concentración y volumen envasado.
c) Fecha de envasado y caducidad.
d) Las características especiales del producto.

32. Si el producto envasado puede alterarse, se recomienda que la fecha de caducidad:

a) No supere los tres meses.
b) No sea superior al 25 % del tiempo transcurrido entre el reenvasado y la fecha asignada por el fabricante.
c) Sea asignada en el siguiente semestre a la fecha asignada por el fabricante.
d) Sea la misma que indique el fabricante.

33. Al finalizar el proceso de reenvasado, el Técnico de Farmacia debe:

a) Validar la composición química del producto terminado.
b) Anotar en la ficha el rendimiento del proceso.
c) Determinar la aceptación del medicamento reenvasado.
d) Determinar la fecha de vencimiento del medicamento reenvasado.

34. Para el proceso de reenvasado manual se utilizarán:

a) Bolsas de plástico autosellables.
b) Hojas de papel herméticamente cerradas.
c) Envases tipo Pounch.
d) Blísteres.

35. El software de la envasadora de sólidos permite las siguientes funciones excepto una; señala cuál:

a) Gestión de caducidades.
b) Contabilidad de unidades envasadas.
c) Copias de stock en almacén.
d) Editor de etiquetas.

36. De las siguientes cuál es una situación de riesgo que puede producirse en el reenvasado de medicamentos:

a) Generación de polvo.
b) Generación de aerosoles.
c) Contaminación cruzada por residuos en los equipos.
d) Todas son correctas.

37. ¿Para cuál de los siguientes productos se utiliza el procedimiento de reenvasado?

a) Geles.
b) Aerosoles.
c) Colirios.
d) Ninguna es correcta.

38. La Sociedad Española de Farmacia Hospitalaria recomienda distintos procedimientos para garantizar la seguridad del proceso de reenvasado. Entre las respuestas siguientes, señala la incorrecta:

a) En el área de reenvasado podemos trabajar con varios medicamentos a la vez y con el material necesario para su reenvasado.
b) El equipo y material necesario para el reenvasado debe utilizarse siguiendo las instrucciones del fabricante. Cualquier desviación debe ser justificada y autorizada por el responsable del área.
c) El proceso completo debe realizarse en un área destinada a tal fin.
d) Entre el reenvasado de dos medicamentos debe realizarse una inspección y limpieza exhaustiva de la máquina, adecuándola al nuevo proceso de reenvasado.

39. ¿Cuál de estas recomendaciones en el reenvasado de un citostático oral es falsa?

a) Usar guantes de látex con talco, bata y mascarilla.
b) Evitar aerosolización de polvo o líquido.
c) Si la presentación es en forma de suspensión, se administrará utilizando un vaso o una jeringa.
d) Las materias primas deben ir siempre etiquetadas con el término "citostático".

40. Como norma general, la cantidad de medicamentos a reenvasar no superará el consumo previsto:

a) Para un mes.
b) Para tres meses.
c) Para seis meses.
d) Para un año.

41. Señala la respuesta incorrecta. Aspectos a tener en cuenta en el reenvasado:

a) No reenvasar por un periodo mayor a 3 meses.
b) Utilizar materiales para el envasado con garantías adecuadas.
c) Mantener en todo el proceso condiciones de higiene.
d) Mantener la simplicidad en el proceso de reenvasado.

42. En el proceso automático de reenvasado de líquidos o polvos será preciso:

a) La comprobación del farmacéutico de que la dosificación por dosis corresponde a la cantidad que aparece escrita en cada unidad reenvasado.
b) La comprobación por el técnico de las dosis obtenidas.
c) Que toda la cantidad de medicamentos se retiren del área y se limpie posteriormente.
d) Validación del proceso terminado por el auxiliar autorizado.

43. El farmacéutico efectúa la revisión final del medicamento reenvasado, antes de que el lote quede listo para usarse, ¿con que finalidad?

a) Confirmar la identidad del medicamento y verificar la claridad de la etiqueta.
b) Inspeccionar los empaques y descartar los de dudosa calidad.
c) Determinar la aceptación del medicamento reenvasado.
d) Todas son correctas.

44. Los empaques en bolsa:

a) Deberán tener reverso opaco.
b) No deben permitir la liberación del contenido.
c) Deben ser calibrados en mililitros.
d) Todas son correctas.

45. Los empaques para inyectables:

a) Deberán tener reverso opaco.
b) No deben permitir la liberación del contenido.
c) Deben ser calibrados en mililitros.
d) Todas son correctas.

Soluciones comentadas

1. **d) Todas son correctas (ver apartado 1).**

    El reenvasado incluye el acondicionamiento de medicamentos, que son las operaciones que se realizan a todos los medicamentos, una vez que han sido elaborados, para que lleguen al paciente en condiciones óptimas de estabilidad, seguridad y eficacia. Este envasado de fármacos es imprescindible porque posibilita su identificación, manipulación, transporte, distribución, almacenamiento, dispensación y utilización.

    Todo reenvasado se considera una operación galénica, en donde se requiere cambio de envase por lo que deben estar presentes las Buenas Prácticas de Manufactura de Productos Farmacéuticos (BPM). Estas prácticas aseguran que los productos se reenvasen de forma controlada y de acuerdo.

2. **d) Todos son riesgos a evitar en el reenvasado de medicamentos (ver apartado 1).**

    Las reglamentaciones, que rigen las BPM tienen por objetivo principal disminuir los riesgos inherentes a toda producción farmacéutica que no pueden prevenirse completamente mediante el control definitivo de los productos. Esencialmente, tales riesgos son:

    – Contaminación cruzada: por contaminantes imprevistos.

    – Generación de aerosoles.

    – Confusión: por colocación equivocada de las etiquetas de los envases.

3. **b) Que se compruebe alguna etapa (ver apartado 1).**

    El texto de BPM exige:

    – Que todos los procesos se definan claramente, se revisen y se compruebe que cumplen con la calidad adecuada.

    – Que se comprueben las etapas críticas.

    – Que se disponga de los medios necesarios.

    – Que las instrucciones y procedimientos se redacten de forma clara e inequívoca.

    – Que los operadores estén capacitados para efectuar correctamente los procedimientos.

– Que se mantengan registros, para demostrar que todas las operaciones exigidas por los procedimientos e instrucciones definidas han sido en realidad efectuados y que la calidad sea la prevista.

– Que se establezca un sistema que haga posible el retiro de cualquier producto.

4. d) Envasar un medicamento para que pueda ser administrado al paciente en la dosis prescrita por el médico, permitiendo una fácil y completa identificación sin necesidad de manipulación (ver apartado 1).

Reenvasado de medicación

Es el procedimiento por el cual se envasa un medicamento para que pueda ser administrado al paciente a la dosis prescrita por el médico, para asegurar su correcta e inequívoca identificación, protegerlo de los agentes ambientales y asegurar que pueda ser utilizado con rapidez, seguridad y comodidad.

5. d) Formas orales (ver apartado 1).

Se aplica al reenvasado de formas farmacéuticas orales, sólidas y líquidas.

6. c) Aquellos medicamentos sólidos y líquidos para administración por vía oral que no se presentan en dosis unitarias (ver apartado 1).

La Sociedad Española de Farmacia Hospitalaria (SEFH) recomienda reenvasar aquellos medicamentos sólidos y líquidos para administración por vía oral que no se presentan en dosis unitaria (son los más fáciles de reenvasar).

7. d) Todas son correctas (ver apartado 1).

Se recomienda reenvasar los medicamentos comprendidos en estos grupos:

– Medicamentos que se destinen a unidades de enfermería del hospital en las cuales esté implantado el sistema de dispensación de medicamentos en dosis unitaria.

– Medicamentos que precisen un control de dispensación estricto (antineoplásicos o cistostáticos).

– Medicamentos de dosificación variable o de dosis no presentadas por la industria farmacéutica.

– Medicamentos elaborados en la farmacia hospitalaria.

– Medicamentos inadecuadamente identificados.

– Medicamentos inadecuadamente envasados.

– Medicamentos que se hacen inestables al modificar las condiciones iniciales.

8. **c) No estar identificado en cuanto a composición, dosis, lote y caducidad (ver apartado 1).**

Para que un medicamento se considere envasado como dosis unitaria debe cumplir los siguientes requisitos:

– Contener la cantidad de medicamento para una sola toma.

– Proteger su contenido frente a la contaminación, luz y humedad.

– Estar identificado en cuanto a composición, dosis, lote y caducidad, de forma clara y concisa.

– Estar disponible para su administración directa, sin necesidad de cálculos y/o manipulación previos.

9. **d) Todas son correctas (ver apartado 1).**

La Sociedad Española de Farmacia Hospitalaria (SEFH) recomienda los siguientes tipos de reenvasado:

1. En envases unitarios elaborados con máquina envasadora para sólidos. El material utilizado dependerá de la fotosensibilidad de los medicamentos reenvasados.

2. En envases nuevos elaborados con máquina envasadora para líquidos.

3. Por reetiquetado de los blísteres que suministra la industria farmacéutica.

10. **c) Dicom (ver apartado 1).**

Para el proceso de reenvasado se pueden usar equipos manuales, semiautomáticos, automáticos o electrónicos.

11. **d) Todas son correctas (ver apartado 2).**

Antes del procedimiento de reenvasado se debe realizarse un reconocimiento del medicamento y del envase original, verificando los siguientes aspectos:

* Revisar que los materiales y equipos de reenvase se encuentren adecuadamente acondicionados.

* Confirmar la denominación del principio activo del medicamento a reenvasar.

* Realizar una evaluación organoléptica: olor, color, apariencia física, etc., del medicamento que se va a reenvasar y examinar los envases originales para evidenciar posibles daños, contaminación u otros efectos de deterioro.

* Verificar los datos y características de los materiales de empaque a ser utilizados en el proceso de reenvase: composición química del envase, transmisión de luz, permeabilidad, tamaño, espesor y requisitos de almacenamiento. En el caso de reenvase semiautomático y automático se debe considerar la temperatura de sellado.

* Confirmar los datos que se anotará en el etiquetado.

12. b) Nombre del titular del reenvasado (ver apartado 2).

El nombre del medicamento y la concentración deben ser los datos más destacados del etiquetado, que debe contener la siguiente información:

* Denominación Común Internacional del medicamento.

* Concentración.

* Forma farmacéutica y vía de administración.

* Indicaciones especiales de almacenamiento y uso, cuando se requiera.

* Fecha de expiración.

* Número de lote del medicamento reenvasado.

13. b) Se pueden reenvasar dos medicamentos simultáneamente (ver apartado 2).

No se reenvasarán simultáneamente dos medicamentos. Ningún otro producto puede estar presente en el área de empaque, es decir, en el área de reenvasado se debe disponer de un solo medicamento y el material necesario para reenvasarlo. Tampoco otras etiquetas que no sean las del producto que se está reenvasado.

14. d) Todo lo anterior es correcto (ver apartado 2).

En el registro de reenvasado se debe consignar lo siguiente:

* Descripción completa del producto (nombre, concentración, forma farmacéutica, dosis, vía de administración).

* Proveedor y/o fabricante.

* Número de lote.

* El número de lote del producto reenvasado, si es que este es diferente al otorgado por el fabricante.

* Fechas de expiración del producto original y del reenvasado.

* Número de unidades reenvasadas y fecha.

* Nombre del técnico y del farmacéutico responsable del proceso.

* Descripción (incluyendo el número de lote de los materiales de empaque y del equipo utilizado).

* Toda deviación del procedimiento establecido.

15. c) No se excederá de una humedad relativa del 85 % y una temperatura de 26 ºC (ver apartado 2).

Para el almacenamiento de los medicamentos reenvasados se debe cumplir con las Buenas Prácticas de Almacenamiento. Para minimizar la degradación causada por el calor y la humedad, todos los medicamentos se almacenarán en ambientes con temperatura y humedad controladas. No se excederá de una humedad relativa del

75 % y una temperatura de 23 ºC. Los materiales de empaque deben almacenarse de acuerdo con las instrucciones del fabricante.

16. d) Todas son correctas (ver apartado 2.1).

Se debe evitar la contaminación cruzada mediante la adopción de las siguientes medidas técnicas y se recomienda:

* Que la producción se lleve a cabo en áreas segregadas, lo cual debe ser necesario para productos tales como penicilinas, vacunas vivas, etc., y con intervalos de tiempo, y limpieza adecuada entre un reenvasado y otro. Son zonas de acceso restringido durante el proceso de reenvasado.

* En casos necesarios se deben establecer áreas herméticas, con diferencias de presión, y dotadas de extractores de aire.

* Que se reduzca al mínimo la contaminación causada por la recirculación o el reingreso de aire no tratado.

* Que se utilice vestimenta apropiada: gorro, guantes, mascarilla y bata.

17. a) Aprobación de la formulación (ver apartado 1).

Incluye el acondicionamiento de medicamentos, que son las operaciones que se realizan a todos los medicamentos, una vez que han sido elaborados, para que lleguen al paciente en condiciones óptimas de estabilidad, seguridad y eficacia.

18. d) No necesita identificación individualizada (ver apartado 1 y glosario).

Reenvasado de Medicamentos: como procedimiento por el cual se envasa un medicamento para que pueda ser administrado al paciente a la dosis prescrita por el médico, permitiendo una fácil y completa identificación, sin necesidad de manipulaciones.

19. c) Caducados (ver apartado 1).

Se recomienda reenvasar los medicamentos comprendidos en estos grupos:

– Medicamentos que se destinen a unidades de enfermería del hospital en las cuales esté implantado el sistema de dispensación de medicamentos en dosis unitaria.

– Medicamentos que precisen un control de dispensación estricto (antineoplásicos o cistostáticos).

– Medicamentos de dosificación variable o de dosis no presentadas por la industria farmacéutica.

– Medicamentos elaborados en la farmacia hospitalaria.

– Medicamentos inadecuadamente identificados.

– Medicamentos inadecuadamente envasados.

– Medicamentos que se hacen inestables al modificar las condiciones iniciales.

20. b) Que esté disponible para su administración directa sin necesidad de cálculos y/o manipulación previas (ver apartado 1).

Para que un medicamento se considere envasado como dosis unitaria debe cumplir los siguientes requisitos:

- Contener la cantidad de medicamento para una sola toma.

- Proteger su contenido frente a la contaminación, luz y humedad.

- Estar identificado en cuanto a composición, dosis, lote y caducidad, de forma clara y concisa.

- Estar disponible para su administración directa, sin necesidad de cálculos y/o manipulación previos.

21. a) Para administración por vía oral que no se presentan en dosis unitarias (ver apartado 1).

La Sociedad Española de Farmacia Hospitalaria (SEFH) recomienda reenvasar aquellos medicamentos sólidos y líquidos para administración por vía oral que no se presentan en dosis unitaria (son los más fáciles de reenvasar).

22. d) Viales inyectables (ver apartado 1).

Los comprimidos, cápsulas y grageas, así como las soluciones líquidas orales (jarabes, soluciones, etc.) son las formas farmacéuticas más fáciles de reenvasar.

23. b) Nuevos envases elaborados con máquina envasadora (ver apartado 1).

La Sociedad Española de Farmacia Hospitalaria (SEFH) recomienda los siguientes tipos de reenvasado:

1. En envases unitarios elaborados con máquina envasadora para sólidos. El material utilizado dependerá de la fotosensibilidad de los medicamentos reenvasados.

2. En envases nuevos elaborados con máquina envasadora para líquidos.

3. Por reetiquetado de los blísteres que suministra la industria farmacéutica.

24. c) La temperatura de sellado (ver apartado 1).

En el caso de reenvase semiautomático y automático se debe considerar la temperatura.

25. d) Denominación común internacional del medicamento (ver apartado 2).

Seleccionada una especialidad a reenvasar se buscará su ficha correspondiente, cumplimentándola en todos sus apartados:

*   Fecha.

*   Número de envases, unidades a reenvasar.

* Lote y fecha de caducidad del producto original.
* Lote y caducidad del producto reenvasado.
* Identificación de las personas que intervienen en el proceso.

26. b) Líquidos y polvos (ver apartado 2).

En el proceso automático de reenvasado de líquidos o polvos será preciso la comprobación del farmacéutico de que la dosificación por dosis corresponde a la cantidad que aparece escrita en cada unidad reenvasada.

27. c) A la fecha del medicamento establecida por el fabricante se le resta la fecha del reenvasado y se divide entre 4, obteniéndose el número de meses para establecer la nueva fecha (ver apartado 2).

Es responsabilidad del farmacéutico determinar la fecha de vencimiento del medicamento reenvasado, la cual se calculará mediante la siguiente fórmula:

$$N.^o \text{ de meses} = FV\text{-}FR/4$$

Donde:

N.º de meses: número de meses para establecer la nueva fecha de vencimiento.

FV: fecha de vencimiento del medicamento establecido por el fabricante.

FR: fecha de reenvasado del medicamento.

En ningún caso debe ser mayor a seis meses.

28. a) Realizando la producción de reenvasado en áreas segregadas (ver apartado 2.1).

Se debe evitar la contaminación cruzada mediante la adopción de las siguientes medidas técnicas y se recomienda:

* Que la producción se lleve a cabo en áreas segregadas, lo cual debe ser necesario para productos tales como penicilinas, vacunas vivas, etc., y con intervalos de tiempo, y limpieza adecuada entre un reenvasado y otro. Son zonas de acceso restringido durante el proceso de reenvasado.

29. b) Tener un reverso continuo y numerado (ver apartado 2.2).

El empaque para sólidos orales (blíster) debe tener un reverso opaco que permita imprimir información, tener un blíster burbuja de material transparente, ser fácilmente removible, permitir el corte en unidades para ser empacadas, excepto para los medicamentos controlados, los cuales deben tener un reverso continuo y numerado.

30. a) Versatilidad (ver apartado 2.2).

Realizar estudios de las características del envase en cuanto a:

* Transparencia.
* Toxicidad.

* Resistencia y cierre de seguridad.
* Facilidad en el manejo y en la rotulación.
* Economía.

31. d) Las características especiales del producto (ver apartado 2).

El nombre del medicamento y la concentración deben ser los datos más destacados del etiquetado, que debe contener la siguiente información:

* Denominación Común Internacional del medicamento.
* Concentración.
* Forma farmacéutica y vía de administración.
* Indicaciones especiales de almacenamiento y uso, cuando se requiera.
* Fecha de expiración.
* Número de lote del medicamento reenvasado.

32. b) No sea superior al 25 % del tiempo transcurrido entre el reenvasado y la fecha asignada por el fabricante (ver apartado 3.1).

De que el envasado pueda alterarse: en este caso se recomienda que la caducidad no sea superior al 25 % del tiempo comprendido entre la fecha de reenvasado y la de caducidad del fabricante siempre que el tiempo máximo de este no sea más de seis meses.

33. b) Anotar en la ficha el rendimiento del proceso (ver apartado 2).

El personal técnico completará la información en la ficha de reenvasado del medicamento en cuestión, anotando número de unidades obtenidas (rendimiento del proceso).

34. a) Bolsas de plástico autosellables (ver apartado 1).

Manual:

* Bolsas de plástico autosellables.
* Etiquetas autoadhesivas en el dorso del blíster.

35. c) Copias de stock en almacén (ver apartado 3.2).

El software permite las siguientes funciones:

* Edición y archivo de la identificación de cada medicamento.
* Incorporación opcional del código de barras para medicamentos a voluntad del usuario.

* Gestión de caducidades.

* Editor de etiquetas.

* Copias de seguridad automatizadas.

* Contabilidad de unidades envasadas.

36. d) Todas son correctas (ver apartado 2.1).

Son situaciones de riesgo a la hora del reenvasado de medicamentos, la generación de polvo, aerosoles y contaminación cruzada.

37. d) Ninguna es correcta (ver apartado 1).

La Sociedad Española de Farmacia Hospitalaria (SEFH) recomienda reenvasar aquellos medicamentos sólidos y líquidos para administración por vía oral que no se presentan en dosis unitaria (son los más fáciles de reenvasar).

38. a) En el área de reenvasado podemos trabajar con varios medicamentos a la vez y con el material necesario para su reenvasado (ver apartado 2).

No se reenvasarán simultáneamente dos medicamentos. Ningún otro producto puede estar presente en el área de empaque, es decir, en el área de reenvasado se debe disponer de un solo medicamento y el material necesario para reenvasarlo. Tampoco otras etiquetas que no sean las del producto que se está reenvasado.

39. a) Usar guantes de látex con talco, bata y mascarilla (ver apartado 2.1).

Siempre se deben tomar precauciones para prevenir la generación de polvo y su diseminación para prevenir la contaminación. No se usan guantes de látex con talco.

40. c) Para seis meses (ver apartado 2.2).

Aspectos a tener en cuenta en el reenvasado:

– No reenvasar por un periodo mayor a seis meses.

– La fecha de vencimiento del fármaco de partida del fármaco, además de características del material empleado.

– Considerar interacciones fármaco-envase-medio externo.

– Mantener la simplicidad en el proceso de reenvasado.

– Utilizar materiales para el envaso con garantías adecuadas.

– Mantener en todo el proceso condiciones de higiene.

– Realizar estudios de las características del envase en cuanto a:

* Transparencia.

* Toxicidad.

*   Resistencia y cierre de seguridad.

*   Facilidad en el manejo y en la rotulación.

*   Economía.

41. a) No reenvasar por un periodo mayor a 3 meses (ver apartado 2.2).

La respuesta a) es incorrecta porque el periodo es 6 meses.

42. a) La comprobación del farmacéutico de que la dosificación por dosis corresponde a la cantidad que aparece escrita en cada unidad reenvasado (ver apartado 2).

En el proceso automático de reenvasado de líquidos o polvos será precisa la comprobación del farmacéutico de que la dosificación por dosis corresponde a la cantidad que aparece escrita en cada unidad reenvasada.

43. d) Todas son correctas (ver apartado 2).

El farmacéutico efectuará la revisión final del medicamento reenvasado, antes de que el lote quede listo para usarse, con el fin de:

*   Confirmar la identidad del medicamento.

*   Verificar la claridad de la etiqueta.

*   Inspeccionar los empaques y descartar los de dudosa calidad.

*   Determinar la aceptación del medicamento reenvasado.

*   Revisar las anotaciones del técnico en la tarjeta de control del medicamento reenvasado.

*   Se debe guardar una muestra del etiquetado y cuando el medicamento es retirado de su empaque primario se debe guardar una muestra del reenvase final, el cual debe mantenerse almacenado y ser examinado periódicamente en busca de signos de deterioro, hasta su descarte después de la fecha de expiración del medicamento reenvasado.

44. a) Deberán tener reverso opaco (ver apartado 2.2).

Los empaques en bolsa deberán tener un reverso opaco que permita imprimir información. Deben permitir la fácil liberación del contenido (por ejemplo, tabletas grandes en bolsas grandes, tabletas pequeñas en bolsas pequeñas). Contarán con una apertura a partir de un punto de múltiples puntos. Para sustancias controladas deben permitir la numeración continua para efectos de control de uso.

45. c) Deben ser calibrados en mililitros (ver apartado 2.2).

Los empaques para inyectables deben ser calibrados en mililitros y poseer la escala impresa. El espacio calibrado debe permitir la adición de otros medicamentos y la etiqueta especificará el contenido en unidades de peso por volumen. Una aguja de tamaño apropiado debe ser parte integral de la jeringa.

TEST N.º 8

Tipos de organizaciones farmacéuticas: el sistema sanitario y la organización farmacéutica. Oficinas de farmacia: organigrama tipo y funciones

1. Según la Ley 14/1986, de 25 de abril, General de Sanidad, se distinguen, dentro de la asistencia sanitaria, dos modalidades: Atención Primaria y Atención Especializada. No es una prestación del área de Atención Primaria:

a) Atención a la mujer.
b) Atención de urgencia.
c) Atención a la infancia.
d) Salud mental.

2. ¿En qué se diferencia la Atención Especializada de la Atención Primaria?

a) En que la Atención Especializada se presta en régimen ambulatorio y la Atención Primaria no.
b) En que solo la Atención Especializada ofrece la asistencia en régimen de internamiento.
c) En que la Atención Especializada se presta en régimen de urgencias y la Atención Primaria no.
d) Ninguna es correcta.

3. La Atención Primaria de la Salud:

a) Constituye el primer nivel de acceso ordinario de la población al Sistema Sanitario Públicos.
b) Se caracteriza por prestar atención especial a la salud.
c) Se puede prestar en régimen ambulatorio, de urgencias, e incluye asistencia en régimen domiciliario y de rehabilitación.
d) Todas son correctas.

4. La atención primaria es la puerta de entrada al sistema sanitario e integra diferentes funciones:

a) Promoción, prevención, tratamiento, curación y rehabilitación.
b) Promoción, prevención y protección.

c) Promoción, educación sanitaria y prevención.
d) Prevención, curación y rehabilitación.

5. ¿En qué conferencia internacional se define la Atención Primaria de Salud como una asistencia sanitaria puesta al alcance de todos los individuos y familias de la comunidad, por medios que le sean aceptables, con su plena participación y a un coste que la comunidad y país puedan soportar?

a) En la Carta de Ottawa.
b) En la Declaración de Yakarta.
c) En la Declaración de Alma-Ata.
d) En el Documento de salud 21.

6. Señala cuál No es una de las características de la Atención Primaria de la Salud:

a) Nuevos principios de atención a la salud: atención integral, referida a la promoción de la salud, prevención de la enfermedad, diagnóstico, tratamiento, curación y rehabilitación.
b) Nuevos servicios: cita previa programada, historia clínica familiar e individual, consultas de Enfermería, consultas del «niño sano», Servicios de Información al Usuario, etc.
c) Nueva concepción de la asistencia sanitaria, individual y colectiva, en la que solo se curan individuos enfermos.
d) Nuevas áreas asistenciales cubiertas: Salud laboral, Salud Mental, Asistencia social, Enfermos crónicos, etc.

7. Es un objetivo de la Atención Primaria de Salud:

a) Prestar asistencia ambulatoria especializada.
b) Promover la hospitalización de los pacientes.
c) El tratamiento temprano de las enfermedades para evitar hospitalizaciones innecesarias.
d) Todas son correctas.

8. Según el artículo 56 de la Ley General de Sanidad Comunidades Autónomas han delimitado y constituido en su territorio demarcaciones territoriales denominadas:

a) Zona Básica de salud.
b) Áreas de salud.
c) Centros de Salud.
d) EAP.

9. Las Áreas de Salud de dividen en:

a) Demarcaciones geográficas.
b) Departamentos especializados.

c) Zonas básicas de Salud.
d) Centros de salud.

10. Las Áreas de Salud:

a) Serán dirigidas por un órgano propio, donde deberán participar las Corporaciones Locales en ellas situadas con una representación no inferior al 20 por 100, dentro de las directrices y programas generales sanitarios establecidos por la Comunidad Autónoma.
b) Serán dirigidas por un órgano propio, donde deberán participar las Corporaciones Locales en ellas situadas con una representación no inferior al 30 por 100, dentro de las directrices y programas generales sanitarios establecidos por la Comunidad Autónoma.
c) Serán dirigidas por un órgano propio, donde deberán participar las Corporaciones Locales en ellas situadas con una representación no inferior al 40 por 100, dentro de las directrices y programas generales sanitarios establecidos por la Comunidad Autónoma.
d) Serán dirigidas por un órgano propio, donde deberán participar las Corporaciones Locales en ellas situadas con una representación no inferior al 50 por 100, dentro de las directrices y programas generales sanitarios establecidos por la Comunidad Autónoma.

11. Las Áreas de Salud se delimitan teniendo en cuenta factores:

a) Geográficos.
b) Demográficos.
c) Climatológicos.
d) Todas son correctas.

12. Un Área de Salud extenderá su acción a una población:

a) No superior a 20.000 habitantes.
b) No superior a 25.000 habitantes.
c) No inferior a 20.000 habitantes.
d) No superior a 250.000 habitantes.

13. El Área de Salud extiende su acción a una población no inferior a:

a) 150.000 habitantes.
b) 200.000 habitantes.
c) 20.000 habitantes.
d) 5.000 habitantes.

14. Señala el enunciado correcto en relación con las características de la Atención Primaria de Salud:

a) Los Ambulatorios y los Consultorios han venido a sustituir a los Centros de Salud.
b) Se incorporan nuevos profesionales, tales como los Trabajadores Sociales, Odontólogos, Farmacéuticos y Veterinarios y los Técnicos de Salud Pública, etc.

c) Se han instaurado nuevos horarios y régimen de personal; ya no es necesario una dedicación exclusiva al sistema sanitario público por parte de los profesionales.

d) Surge una nueva sectorización del territorio, desaparecen las Zonas Básicas de Salud.

15. Señala cuál de las siguientes no es una de las características de la Atención Primaria de Salud:

a) Desaparecen antiguas áreas asistenciales tales como Salud laboral, Salud Mental, Asistencia social, Enfermos crónicos, etc.

b) Se establecen nuevos servicios como la cita previa programada, Historia Clínica familiar e individual, Consultas de Enfermería, Consultas del «niño sano», Servicios de Información al Usuario, etc.

c) Surge una nueva concepción de la asistencia sanitaria, individual y colectiva, en la que no solo se curan individuos enfermos sino que se promociona la salud y se educan individuos sanos.

d) Se crea una nueva sectorización del territorio, las Zonas Básicas de Salud.

16. Es incorrecto decir sobre la Zona Básica de Salud que:

a) Es el marco territorial de la Atención Secundaria de Salud.

b) Es la demarcación poblacional y geográfica fundamental, delimitada a una determinada población.

c) Es accesible desde todos los puntos.

d) La ZBS es capaz de proporcionar una atención de salud continuada, integral, permanente, con el fin de coordinar las funciones sanitarias afines.

17. Como norma general, la ZBS abarca una población comprendida entre:

a) 20.000 y 25.000 habitantes.

b) 10.000 y 25.000 habitantes.

c) 5.000 y 25.000 habitantes.

d) 200.000 y 250.000 habitantes con excepciones.

18. Las Zonas Básicas de Salud se delimitan teniendo en cuenta los siguientes factores (señala lo incorrecto):

a) Las distancias o isócronas máximas de las agrupaciones de población más alejadas de los servicios.

b) Las características epidemiológicas de la zona.

c) Las características culturales , climatológicas y de dotación de vías y medios de comunicación.

d) Las instalaciones y recursos de la zona.

19. La Zona Básica de Salud:

a) Es la demarcación poblacional y geográfica fundamental.

b) Está delimitada a una determinada población.

c) Es accesible desde todos los puntos y capaz de proporcionar una atención de salud continuada, integral y permanente.

d) Todas son correctas.

20. ¿Dónde se desarrolla el trabajo del equipo de salud?

a) En el centro de salud.
b) En la zona básica de salud.
c) En el área sanitaria.
d) En el municipio donde está adscrito al puesto de trabajo.

21. El espacio físico donde el equipo de salud realiza las funciones y actividades de la atención primaria es:

a) El consultorio municipal.
b) El sector sanitario.
c) El centro de atención primaria.
d) El área básica de salud.

22. Los centros de salud:

a) Son la estructura física y funcional que permite el desarrollo de Atención Primaria y Atención Especializada.
b) Son centros integrales que desarrollan actividades encaminadas a la promoción, prevención, curación y rehabilitación de la salud.
c) Su función es solo asistencial.
d) Todas son correctas.

23. No es una función general de los Centros de Salud:

a) Albergar los recursos materiales precisos para la realización de las exploraciones complementarias de que se pueda disponer en la zona.
b) Educación Sanitaria de la población.
c) Albergar la estructura física de consultas y servicios asistenciales personales correspondientes a la población en que se ubican.
d) Facilitar el trabajo en equipo de los profesionales sanitarios de la zona.

24. Señala cuál de las siguientes es una función asistencial de los centros de salud:

a) Asistencia preventiva de enfermedades.
b) Actividades de promoción de la salud en el área de la Salud Pública y participación de la Comunidad en la gestión de los servicios sanitarios.
c) Salud Laboral.
d) Todas son correctas.

25. La Atención Especializada:

a) Es el conjunto de medios humanos y materiales del sistema de salud, puestos a disposición de la población para atender los problemas sanitarios de mayor complejidad. Se presta en régimen ambulatorio y de urgencias.
b) Ofrece asistencia en régimen de internamiento.
c) Es el conjunto de medios humanos y materiales del sistema de salud, puestos a disposición de la población para atender los problemas sanitarios de mayor complejidad.
d) Todas son correctas.

26. Es un objetivo de la Atención Especializada:

a) Poner sus Centros e Instituciones a disposición de la investigación y docencia en materia de salud.
b) Ofrecer a la población los medios técnicos y humanos de diagnóstico y tratamiento y rehabilitación que por su nivel de especialización no pueden resolverse en el nivel de Atención Primaria.
c) Posibilitar la hospitalización de los pacientes que lo precisen.
d) Todas son correctas.

27. La asistencia especializada puede prestarse en:

a) Régimen ambulatorio: Centros de atención Especializada.
b) Régimen de asistencia domiciliaria.
c) Régimen de asistencia hospitalaria de urgencias.
d) Todas son correctas.

28. En los Hospitales se presta asistencia (señala lo incorrecto):

a) Solo en régimen de internamiento.
b) En régimen ambulatorio.
c) En régimen de urgencias.
d) En régimen domiciliario.

29. Las oficinas de farmacia:

a) Son establecimientos sanitarios de interés público.
b) Son de titularidad privada.
c) Están integrados en el sistema de atención primaria bajo la dirección de un farmacéutico.
d) Todas son correctas.

30. Señala cuál no es un nivel de atención farmacéutica de AtenciónPrimaria:

a) Servicios de farmacia de centros sociosanitarios.
b) Botiquines.

c) Oficinas de farmacia.

d) Servicios de farmacia de los centros de salud.

31. A nivel de los centros hospitalarios y sociosanitarios, encontramos como establecimientos:

a) Servicios de farmacia de hospital.

b) Servicios de farmacia de los centros sociosanitarios.

c) Depósitos de medicamentos de los hospitales.

d) Todas son correctas.

32. En las oficinas de farmacia no se desarrollan las siguientes funciones:

a) La adquisición, conservación, custodia y dispensación de medicamentos y productos sanitarios y de aquellos otros utensilios y productos de carácter sanitario que se utilicen para la aplicación de los anteriores, o de utilización o carácter tradicionalmente farmacéutico.

b) La elaboración y dispensación de preparaciones magistrales y fórmulas oficinales de acuerdo con los procedimientos y controles de calidad establecidos.

c) La colaboración en el control del uso individualizado de los medicamentos, a fin de detectar las relaciones adversas que puedan producirse y notificarlas a los organismos responsables de la farmacovigilancia.

d) La colaboración en los programas sanitarios que promueva la administración sanitaria.

33. El farmacéutico en la oficina de farmacia tiene como función proporcionar información sobre los medicamentos. ¿Qué tipo de medicamentos?

a) Solo los prescriptos por el médico.

b) Solo los que necesitan receta médica para su dispensación.

c) Los estupefacientes.

d) Todos los medicamentos.

34. La planificación territorial de las oficinas de farmacia; el número y la localización de las OF se resuelve según:

a) Criterios demográficos y socioeconómicos.

b) Criterios demográficos y epidemiológicos.

c) Criterios geográficos y de dispersión de la población y demográficos.

d) Criterios de dispersión de la poblacion y de instalaciones sanitarias.

35. ¿Cuál debe ser la distancia de una farmacia a otra según los criterios geográficos y sin tener en cuenta la concentración de la población?

a) Mayor de 150 m.

b) Mayor de 250 m.

c) Menor de 150 m.
d) Menor de 250 m.

36. Una oficina de farmacia atiende, por normal general y según criterios demográficos, a una población mayor o igual a:

a) 1000 habitantes.
b) 1500 habitantes.
c) 2800 habitantes.
d) 800 habitantes.

37. Tiene la consideración de farmacéutico regente:

a) El que ejerce su actividad, en lugar del titular en una oficina de farmacia en los casos que se determinan en la presente ley y asumirá las mismas funciones y responsabilidades del farmacéutico titular.
b) El farmacéutico no titular nombrado para los casos que se determinan en la presente ley y asumirá las mismas funciones y responsabilidades del farmacéutico titular.
c) El que ejerce conjuntamente con el farmacéutico titular, o sustituto, su actividad profesional en la oficina de farmacia de la que no es titular.
d) La persona titulada en Ciencias de la Salud (licenciada/graduada) que, sin ejercer las funciones y responsabilidades que corresponden al farmacéutico titular o adjunto presta sus servicios en una OF.

38. Tiene la consideración de farmacéutico adjunto:

a) El que ejerce su actividad, en lugar del titular en una oficina de farmacia en los casos que se determinan en la presente ley y asumirá las mismas funciones y responsabilidades del farmacéutico titular.
b) La persona titulada en Ciencias de la Salud (licenciada/graduada) que, sin ejercer las funciones y responsabilidades que corresponden al farmacéutico titular o adjunto que presta sus servicios en una OF.
c) El que ejerce conjuntamente con el farmacéutico titular, o sustituto, su actividad profesional en la oficina de farmacia de la que no es titular.
d) Ninguna es correcta.

39. Señala cuál no es una función de los técnicos de farmacia y parafarmacia en las OF:

a) Asistir en la elaboración de productos farmacéuticos y parafarmacéuticos.
b) Obtener valores de parámetros somatométricos y de constantes vitales del usuario bajo supervisión del facultativo.
c) Efectuar controles analíticos sin supervisión del facultativo, y bajo su responsabilidad.
d) Aplicar procedimientos de calidad y de prevención de riesgos laborales y ambientales, de acuerdo con lo establecido en los procesos de farmacia.

40. ¿Qué superficie útil mínima debe tener una oficina de farmacia?

a) 90 m²
b) 85 m²
c) 75 m²
d) 65 m²

41. Indica cual No es un área funcional de la oficina de farmacia:

a) Zona de dispensación y atención al usuario.
b) Zona de recepción, revisión y almacenamientos de medicamentos y productos sanitarios.
c) Zona blanca para fórmulas que requieran antisepsia.
d) Zona de análisis y elaboración de fórmulas magistrales y preparados oficinales.

42. En referencia a los establecimientos farmacéuticos:

a) La presencia física del titular en la oficina de farmacia (OF) se considera indispensable para la dispensación de medicamentos farmacéuticos.
b) La titularidad de una oficina de farmacia (OF) ha de recaer obligatoriamente en un único licenciado o licenciada en farmacia, el/la cual sólo podrá tener en propiedad una OF.
c) Las oficinas de farmacia prestan su servicio en régimen de libertad y flexibilidad horaria, garantizando la continuidad de la asistencia a la población y cumpliendo la normativa de las CC. AA. al respecto.
d) Los botiquines son establecimientos sanitarios independientes, destinados a garantizar la atención farmacéutica de un núcleo de población donde no se pueda instalar.

43. El profesional que ejerce temporalmente las funciones y asume las responsabilidades correspondientes al titular o cotitular en los casos de fallecimiento, jubilación, incapacitación o declaración judicial de ausencia de cualquiera de ellos es:

a) El farmacéutico adjunto.
b) El farmacéutico regente.
c) El farmacéutico sustituto.
d) El facultativo.

44. En referencia al horario ampliado de las oficinas de farmacia:

a) Se fija entre 38-40 horas semanales, dividido en jornadas de 7-9 horas diarias.
b) Se puede modificar en cualquier momento del año.
c) Se establece mediante criterios poblacionales y de número de oficinas de farmacia para asegurar la cobertura total de la población.
d) Se concede previa solicitud de la farmacia a la Consejería de Sanidad y Consumo.

45. Entre las funciones de los técnicos en farmacia y parafarmacia en las oficinas de farmacia encontramos:

a) Efectuar controles analíticos.
b) Realizar el seguimiento farmacoterapéutico de la clientela.
c) Apoyar psicológicamente a la clientela, manteniendo la discreción y el respeto.
d) Todas las respuestas son correctas.

46. Los establecimientos y servicios farmacéuticos en atención primaria donde se realiza la prestación farmacéutica son:

a) Las Oficinas de Farmacia y los botiquines farmacéuticos.
b) Las Oficinas de Farmacia, los botiquines farmacéuticos y los servicios de farmacia de los centros de salud.
c) Las Oficinas de Farmacia y las farmacias hospitalarias.
d) Los servicios de farmacia de los centros de salud y las farmacias hospitalarias.

47. Los establecimientos y servicios farmacéuticos en atención especializada donde se realiza la prestación farmacéutica son:

a) Los servicios de farmacia hospitalaria.
b) Los servicios de farmacia hospitalaria y los depósitos de medicamentos de los hospitales.
c) Los servicios de farmacia hospitalaria y los servicios de farmacia de los centros de salud.
d) Los servicios de farmacia hospitalaria y los depósitos de medicamentos de los hospitales y extrahospitalarios.

48. Son establecimientos y servicios farmacéuticos:

a) Las Oficinas de Farmacia y los botiquines.
b) Los servicios de farmacia de los centros de salud y los servicios de farmacia de hospital.
c) Los servicios de farmacia de los centros sociosanitarios y los depósitos de medicamentos de los hospitales, extrahospitalarios y centros sociosanitarios.
d) Todas las respuestas anteriores son correctas.

49. El documento que sirve para que los profesionales sanitarios colegiados notifiquen los efectos adversos de los medicamentos que hayan observado se conoce como:

a) Tarjeta RAM.
b) Tarjeta de notificación.
c) Tarjeta amarilla.
d) No existe ningún documento específico.

50. ¿Cuál de las siguientes es una asociación empresarial de farmacéuticos pro-pietarios?

a) FEFE.
b) CEAFAE.
c) FSS.
d) Todas son correctas.

51. El objetivo de la AEMPS es el de garantizar que tanto los medicamentos de uso humano como veterinario y los productos sanitarios cumplan con criterios de:

a) Calidad.
b) Seguridad.
c) Eficacia.
d) Todas son correctas.

52. ¿Cuál es el objetivo de la distribución farmacéutica?

a) Poner en contacto a los productores de medicamentos con las oficinas de farmacia o con los servicios de farmacia hospitalaria.
b) Elaborar los medicamentos.
c) Suministrar los medicamentos.
d) Transporte de medicamentos.

53. ¿Qué obligaciones deben cumplir los almacenes de distribución?

a) Disponer de locales y equipos dotados de medios personales, materiales técnicos para garantizar la correcta conservación y distribución de los medicamentos, con garan-tía para la salud pública.
b) Asegurar los plazos de entrega y frecuencias de reparto.
c) Comunicar a las autoridades sanitarias la sospecha de medicamentos falsificados, consumo indebido o desvío al tráfico ilegal.
d) Todas son correctas.

54. Una de las siguientes no es una función de los Colegios Profesionales:

a) Luchar contra el intrusismo.
b) Velar por el respeto debido a los derechos de los ciudadanos.
c) Velar por la defensa económica de sus intereses.
d) Fomentar la formación continuada.

55. En Atención Primaria no encontramos:

a) Oficinas de Farmacia.
b) Botiquines.

c) Servicios de Farmacia hospitalaria.
d) Servicios de Farmacia en Centros de Salud.

56. ¿Cómo se denominan los establecimientos sanitarios de interés público y titularidad privada, integrados en el sistema de atención primaria bajo la dirección de un farmacéutico?

a) Botiquines.
b) Oficinas de farmacia.
c) Centros farmacéuticos.
d) Empresas farmacéuticas.

57. En Atención Especializada encontramos:

a) Servicios de Farmacia de Hospital.
b) Servicios de Farmacia de los centros sociosanitarios.
c) Depósitos de medicamentos de hospitales, extrahospitalarios y centros sociosanitarios.
d) Todo lo anterior lo encontramos en el nivel de atención especializada.

58. En las Oficinas de Farmacia se desarrollan una de las siguientes funciones:

a) La adquisición, conservación, custodia y dispensación de medicamentos y productos sanitarios.
b) La elaboración y dispensación de fórmulas magistrales y preparados oficiales de acuerdo con los procedimientos y controles de calidad establecidos.
c) La colaboración en el control del uso individualizado de los medicamentos.
d) Todas son funciones.

59. En referencia a los almacenes de termolábiles, señala lo incorrecto:

a) Se aconseja la instalación de cámaras frigoríficas, una que nos permita almacenar medicamentos cuya conservación oscile de 2 a 8 ºC
b) Otra cámara para medicamentos cuya conservación requiera temperaturas de congelación de -50 a -80 ºC
c) Sería aconsejable en la zona de recepción de mercancías disponer de una cámara que permita el almacenamiento de la medicación de nevera, antes de su revisión, aceptación y colocación en sus lugares.
d) Se recomienda congeladores para medicamentos cuya conservación requiera temperaturas de congelación de -10 a -20 ºC

Soluciones comentadas

1. **d) Salud mental (ver apartado 1.1).**

    En el área de la Atención Primaria se ofrecen las siguientes prestaciones:

    – Atención a la mujer.

    – Atención a la infancia.

    – Atención al adulto y anciano.

    – Atención de urgencia.

    – Atención a la salud buco-dental, etc.

    Salud mental es una prestación de la Atención Especializada.

2. **b) En que solo la Atención Especializada ofrece la asistencia en régimen de internamiento (ver apartado 1.1).**

    Las prestaciones de la Atención Especializada son:

    – La asistencia especializada en consultas.

    – La asistencia especializada en hospital de día, médico y quirúrgico.

    – La hospitalización en régimen de internamiento.

    – Hospitalización a domicilio.

    – Atención paliativa.

    – Salud mental.

    – Rehabilitación.

    – Procedimientos diagnósticos y terapéuticos, etc.

3. **a) Constituye el primer nivel de acceso ordinario de la población al Sistema Sanitario Públicos (ver apartado 1.2.1).**

    La Atención Primaria de Salud constituye el primer nivel de acceso ordinario de la población al Sistema Sanitario Público, y se caracteriza por prestar atención integral a la salud.

4. **a) Promoción, prevención, tratamiento, curación y rehabilitación (ver apartado 1.2.1).**

    La Atención Primaria de Salud comprende el conjunto de los medios materiales y humanos del sistema de salud puestos a disposición de la población, para atender al individuo, la familia y la comunidad en sus problemas de salud, relativos a la promoción de la salud, prevención de la enfermedad, tratamiento, curación y rehabilitación.

5. **c) En la Declaración de Alma-Ata (ver apartado 1.2.2).**

    La asistencia sanitaria esencial basada en métodos y tecnologías prácticos, científicamente fundados y socialmente aceptables, puesta al alcance de todos los individuos y familias de la comunidad mediante su plena participación y a un coste que la comunidad y el país puedan soportar, en todas y cada una de las etapas de su desarrollo con un espíritu de autorresponsabilidad y autodeterminación. La Atención Primaria forma parte integrante tanto del sistema nacional de salud, del que constituye la función central y el núcleo principal, como del desarrollo social y económico global de la comunidad. Representa el primer nivel de contacto de los individuos, la familia y la comunidad con el sistema nacional de salud, llevando lo más cerca posible la atención de salud al lugar donde residen y trabajan las personas, y constituye el primer elemento de un proceso permanente de asistencia sanitaria.

6. **c) Nueva concepción de la asistencia sanitaria, individual y colectiva, en la que solo se curan individuos enfermos (ver apartado 1.2.3).**

    Nueva concepción de la asistencia sanitaria, individual y colectiva, en la que no solo se curan individuos enfermos sino que se promociona la salud y se educan individuos sanos.

7. **c) El tratamiento temprano de las enfermedades para evitar hospitalizaciones innecesarias (ver apartado 1.2.4).**

    Los objetivos de la Atención Primaria de Salud son:

    - Elevación del nivel de salud de los ciudadanos y de las comunidades.
    - Elevación del nivel de calidad del sistema de salud, y del grado de satisfacción de usuarios y profesionales.
    - Integración de la actividad sanitaria asistencial y la preventiva.
    - Promoción de la salud, prevención de la enfermedad y asistencia curativa.
    - Asistencia sanitaria individual y colectiva, ambulatoria, domiciliaria y de urgencias.
    - Diagnóstico y tratamiento temprano de las enfermedades para evitar hospitalizaciones innecesarias.
    - Educación sanitaria de la población., etc.

8. **b) Áreas de salud (ver apartado 1.2.5.1).**

En cumplimiento de lo previsto en art. 56 de la Ley General de Sanidad, las Comunidades Autónomas han delimitado y constituido en su territorio demarcaciones territoriales denominadas Áreas de Salud, en las que se organiza un sistema sanitario coordinado e integral.

9. **c) Zonas básicas de Salud (ver apartado 1.2.5.1).**

Para conseguir la máxima operatividad y eficacia en el funcionamiento de la atención primaria, las Áreas de Salud se dividen en Zonas Básicas de Salud.

10. **c) Serán dirigidas por un órgano propio, donde deberán participar las Corporaciones Locales en ellas situadas con una representación no inferior al 40 por 100, dentro de las directrices y programas generales sanitarios establecidos por la Comunidad Autónoma (ver apartado 1.2.5.1).**

Las Áreas de Salud serán dirigidas por un órgano propio, donde deberán participar las Corporaciones Locales en ellas situadas con una representación no inferior al 40 por 100, dentro de las directrices y programas generales sanitarios establecidos por la Comunidad Autónoma.

11. **d) Todas son correctas (ver apartado 1.2.5.1).**

Las Áreas de Salud se delimitarán teniendo en cuenta factores geográficos, socioeconómicos, demográficos, laborales, epidemiológicos, culturales, climatológicos y de dotación de vías y medios de comunicación, así como las instalaciones sanitarias del Área. Aunque puedan variar la extensión territorial y el contingente de población comprendida en las mismas, deberán quedar delimitadas de manera que puedan cumplirse desde ellas los objetivos que en esta ley se señalan.

12. **d) No superior a 250.000 habitantes (ver apartado 1.2.5.1).**

Como regla general, y sin perjuicio de las excepciones a que hubiera lugar, atendidos los factores expresados en el apartado anterior, el Área de Salud extenderá su acción a una población no inferior a 200.000 habitantes ni superior a 250.000.

13. **b) 200.000 habitantes (ver apartado 1.2.5.1).**

El Área de Salud extenderá su acción a una población no inferior a 200.000 habitantes ni superior a 250.000.

14. **b) Se incorporan nuevos profesionales, tales como los Trabajadores Sociales, Odontólogos, Farmacéuticos y Veterinarios y los Técnicos de Salud Pública, etc. (ver apartado 1.2.3).**

Las características de la Atención Primaria de Salud son:

– Nueva concepción de la asistencia sanitaria, individual y colectiva, en la que no solo se curan individuos enfermos sino que se promociona la salud y se educan individuos sanos.

- Nuevos principios de atención a la salud: atención integral, referida a la promoción de la salud, prevención de la enfermedad, diagnóstico, tratamiento, curación y rehabilitación.

- Nuevos Centros de Atención Primaria: los Centros de Salud sustituyen a los Ambulatorios y Consultorios del sistema anterior de Cupo y Zonas Médicas.

- Nuevas áreas asistenciales cubiertas: Salud laboral, Salud Mental, Asistencia social, Enfermos crónicos, etc.

- Nuevos servicios: cita previa programada, Historia Clínica familiar e individual, Consultas de Enfermería, Consultas del «niño sano», Servicios de Información al Usuario, etc.

- Nuevos profesionales que se incorporan: Trabajadores Sociales, Odontólogos, Farmacéuticos y Veterinarios, Técnicos de Salud Pública, Coordinadores de Programas Específicos, etc.

15. a) Desaparecen antiguas áreas asistenciales tales como Salud laboral, Salud Mental, Asistencia social, Enfermos crónicos, etc. (ver apartado 1.2.3).

La respuesta a) es incorrecta. Porque aparecen nuevas áreas asistenciales cubiertas: Salud laboral, Salud mental, Asistencia social, Enfermos crónicos, etc.

16. a) Es el marco territorial de la Atención Secundaria de Salud (ver apartado 1.2.5.2).

La Zona Básica de Salud, marco territorial de la Atención Primaria de Salud, es la demarcación poblacional y geográfica fundamental, delimitada a una determinada población, siendo accesible desde todos los puntos y capaz de proporcionar una atención de salud continuada, integral, permanente con el fin de coordinar las funciones sanitarias afines.

17. c) 5.000 y 25.000 habitantes (ver apartado 1.2.5.2).

Como norma general, la Zona Básica de Salud abarcará a una población comprendida entre los cinco mil y los veinticinco mil habitantes.

18. c) Las características culturales, climatológicas y de dotación de vías y medios de comunicación (ver apartado 1.2.5.2).

En la delimitación de las zonas básicas deberán tenerse en cuenta (art. 62 LGS):

- Las isócronas o las distancias máximas de las agrupaciones de población más alejadas de los servicios y el tiempo normal a invertir en su recorrido usando los medios ordinarios.

- El grado de concentración o dispersión de la población.

- Las características epidemiológicas de la zona.

- Las instalaciones y recursos sanitarios de la zona.

19. d) Todas son correctas (ver apartado 1.2.5.2).

La Zona Básica de Salud, marco territorial de la Atención Primaria de Salud, es la demarcación poblacional y geográfica fundamental, delimitada a una determinada población, siendo accesible desde todos los puntos y capaz de proporcionar una atención de salud continuada, integral, permanente con el fin de coordinar las funciones sanitarias afines.

20. b) En la zona básica de salud (ver apartado 1.2.5.3).

El Equipo de Atención Primaria es el conjunto de profesionales sanitarios y no sanitarios cuyo ámbito territorial principal de actuación es la Zona Básica de Salud y con localización física principal en el Centro de Salud.

21. c) El centro de atención primaria (ver apartado 1.2.5.6).

El Centro de Salud es la estructura física y funcional que permite el adecuado desarrollo de una atención primaria de salud coordinada globalmente, integral, permanente y continuada, y con base en el trabajo de equipo de los profesionales sanitarios y no sanitarios que actúan en el mismo.

22. b) Son centros integrales que desarrollan actividades encaminadas a la promoción, prevención, curación y rehabilitación de la salud (ver apartado 1.2.5.6).

El Centro de Salud es la estructura física y funcional que permite el adecuado desarrollo de una Atención Primaria de salud coordinada globalmente, integral, permanente y continuada, y con base en el trabajo de equipo de los profesionales sanitarios y no sanitarios que actúan en el mismo (art. 2 RD 137/84).

Los Centros de Salud son centros integrales de Atención Primaria que desarrollan de forma integrada y mediante el trabajo en equipo todas las actividades encaminadas a la promoción, prevención, curación y rehabilitación de la salud, tanto individual como colectiva, de los habitantes de la Zona básica, a cuyo efecto, serán dotados de los medios personales y materiales que sean precisos para el cumplimiento de dicha función.

23. b) Educación Sanitaria de la población (ver apartado 1.2.5.6).

Los Centros de Salud tienen las siguientes funciones (art. 64 LGS):

- Albergar la estructura física de consultas y servicios asistenciales personales correspondientes a la población en que se ubican.

- Albergar los recursos materiales precisos para la realización de las exploraciones complementarias de que se pueda disponer en la zona.

- Servir como centro de reunión entre la comunidad y los profesionales sanitarios.

- Facilitar el trabajo en equipo de los profesionales sanitarios de la zona, etc.

24. d) Todas son correctas (ver apartado 1.2.5.6).

Las funciones asistenciales de los Centros de Salud son prestar una atención continuada e integral en régimen ambulatorio, domiciliario y de urgencia, que incluye:

a) Asistencia preventiva de enfermedades.

b) Actividades de promoción de la salud en el área de la Salud Pública y participación de la Comunidad en la gestión de los servicios sanitarios.

c) Asistencia curativa y rehabilitadora con derivación de pacientes al núcleo especializado de atención cuando estos lo requieran.

d) Educación Sanitaria de la población.

e) Vigilancia sanitaria del medio.

f) Salud Laboral.

25. d) Todas son correctas (ver apartado 1.4.1).

La Atención Especializada se presta en régimen ambulatorio y de urgencias, pero a diferencia de aquella solo la Atención Especializada ofrece la asistencia en régimen de internamiento. La Atención Especializada incluye la asistencia en régimen domiciliario, la hospitalización y la rehabilitación.

La Atención Especializada es, en definitiva, el conjunto de medios humanos y materiales del sistema de salud, puestos a disposición de la población para atender los problemas sanitarios de mayor complejidad y que, por ello mismo, superan las posibilidades de la atención primaria.

26. d) Todas son correctas (ver apartado 1.4.2).

Son objetivos de la Atención Especializada:

– Ofrecer a la población los medios técnicos y humanos de diagnóstico y tratamiento y rehabilitación que por su nivel de especialización no pueden resolverse en el nivel de Atención Primaria.

– Posibilitar la hospitalización de los pacientes que lo precisen.

– Atender las urgencias y emergencias que requieran cuidados de este nivel.

– Prestar asistencia ambulatoria especializada.

– Al igual que en la AtenciónPrimaria: promoción de la salud, prevención de las enfermedades, educación sanitaria de la población.

– Poner sus Centros e Instituciones a disposición de la investigación y docencia en materia de salud.

– Formación de profesionales sanitarios.

27. d) Todas son correctas (ver apartado 1.4.5.1).

La asistencia especializada puede prestarse en:

a) Régimen ambulatorio:

- En los Centros de Atención Especializada: Consultas Externas ubicadas en los Hospitales, Centros de Especialidades, Centros de Diagnóstico y Tratamiento y Ambulatorios, mientras subsistan.

- En los Centros de Salud. Aunque lo propio de los Centros de Salud es la prestación de servicios de Atención Primaria, también se prestan en ellos algunos de Atención Especializada: Pediatría-Puericultura, Psiquiatría, etc.

b) Régimen de asistencia domiciliaria:

La asistencia domiciliaria de un facultativo especialista solo se realiza a petición de otro facultativo.

c) Régimen de internamiento, en los Hospitales.

d) Régimen de "hospital de día".

e) Régimen de hospitalización domiciliaria.

f) Régimen de asistencia hospitalaria de urgencias.

28. a) Solo en régimen de internamiento (ver apartado 1.4.5.4).

Los Hospitales son las Instituciones Sanitarias de asistencia especializada por excelencia, y en ellas se presta no solo asistencia en régimen de internamiento sino también ambulatorio, de urgencias e incluso domiciliario.

29. d) Todas son correctas (ver apartado 1.5).

Oficinas de farmacia: son establecimientos sanitarios de interés público y titularidad privada, integrados en el sistema de atención primaria bajo la dirección de un farmacéutico que puede contar o no con la colaboración de farmacéuticos adjuntos y de personal ayudante o auxiliar.

30. a) Servicios de farmacia de centros sociosanitarios (ver apartado 1.5.1).

En el nivel de Atención Primaria

- Oficinas de farmacia: son establecimientos sanitarios de interés público y titularidad privada, integrados en el sistema de atención primaria bajo la dirección de un farmacéutico que puede contar o no con la colaboración de farmacéuticos adjuntos y de personal ayudante o auxiliar.

- Botiquines: existentes en los núcleos urbanos en los que no se puede instalar una oficina de farmacia porque no se cumplen los requisitos exigidos para su autorización, o porque, por razones de lejanía, se puede contar con estos.

– Servicios de farmacia de los centros de salud y de las estructuras de atención primaria de las Comunidades.

31. d) Todas son correctas (ver apartado 1.5.1).

En el nivel de los centros hospitalarios y sociosanitarios

– Servicios de farmacia de hospital.

– Servicios de farmacia de los centros sociosanitarios.

– Depósitos de medicamentos de los hospitales, extrahospitalarios y centros sociosanitarios.

32. b) La elaboración y dispensación de preparaciones magistrales y fórmulas oficinales de acuerdo con los procedimientos y controles de calidad establecidos (ver apartado 2).

En las oficinas de farmacia se desarrollan las siguientes funciones:

– La adquisición, conservación, custodia y dispensación de medicamentos y productos sanitarios y de aquellos otros utensilios y productos de carácter sanitario que se utilicen para la aplicación de los anteriores, o de utilización o carácter tradicionalmente farmacéutico.

– La elaboración y dispensación de fórmulas magistrales y preparados oficinales de acuerdo con los procedimientos y controles de calidad establecidos.

– La colaboración en el control del uso individualizado de los medicamentos, a fin de detectar las relaciones adversas que puedan producirse y notificarlas a los organismos responsables de la farmacovigilancia.

– La colaboración en los programas sanitarios que promueva la administración sanitaria, etc.

33. d) Todos los medicamentos (ver apartado 2.1).

La información tendrá como objetivo promover el uso racional del medicamento y se referirá tanto a los medicamentos prescritos por el médico, en cuyo caso irá dirigida al correcto cumplimiento del tratamiento, como a los medicamentos de dispensación sin receta, para los cuales la información se ajustará a protocolos específicos.

34. c) Criterios geográficos y de dispersión de la población y demográficos (ver apartado 2.6).

La planificación territorial de las OF; el número y localización de las OF se resuelve según:

– Criterios demográficos: número de población ≥ a 2800. Las CC. AA. podrán establecer módulos de población menores de 2800 habitantes en zonas rurales, turísticas y de montaña.

– Criterios geográficos y de dispersión de la población: distancias ≥ 250 m. Las CC. AA. podrán autorizar distancias menores, según la concentración de la población.

35. b) Mayor de 250 m (ver apartado 2.6).

Criterios geográficos y de dispersión de la población: distancias ≥ 250 m. Las CCAA podrán autorizar distancias menores, según la concentración de la población.

36. c) 2800 habitantes (ver apartado 2.6).

Criterios demográficos: número de población ≥ a 2800. Las CCAA podrán establecer módulos de población menores de 2800 habitantes en zonas rurales, turísticas y de montaña.

37. b) El farmacéutico no titular nombrado para los casos que se determinan en la presente ley y asumirá las mismas funciones y responsabilidades del farmacéutico titular (ver apartado 2.6).

Farmacéutico regente: tendrá la consideración de farmacéutico regente el farmacéutico no titular nombrado para los casos que se determinan en la presente ley y asumirá las mismas funciones y responsabilidades del farmacéutico titular.

38. c) El que ejerce conjuntamente con el farmacéutico titular, o sustituto, su actividad profesional en la oficina de farmacia de la que no es titular (ver apartado 2.6).

Farmacéutico adjunto es el que ejerce conjuntamente con el farmacéutico titular, regente o sustituto, su actividad profesional en la oficina de farmacia de la que no es titular.

39. c) Efectuar controles analíticos sin supervisión del facultativo, y bajo su responsabilidad (ver apartado 2.6).

Son funciones de los técnicos de farmacia y parafarmacia en las OF:

– Controlar las existencias, la organización y el almacén de productos.

– Asistir en la dispensación de productos farmacéuticos informando de sus características y de su uso racional.

– Venta de productos parafarmacéuticos informando con claridad a la clientela.

– Asistir en la elaboración de productos farmacéuticos y parafarmacéuticos.

– Apoyar al facultativo en el seguimiento farmacoterapéutico de la clientela.

– Obtener valores de parámetros somatométricos y de constantes vitales del usuario bajo supervisión del facultativo.

– Efectuar controles analíticos bajo la supervisión del facultativo preparando material y equipos.

- – Mantener el material, el instrumental, los equipos, y la zona de trabajo en óptimas condiciones para su utilización.

- – Fomentar en los usuarios hábitos de vida saludables para mantener o mejorar su salud y evitar enfermedades, etc.

Tramitar la facturación recetas mediante aplicaciones informáticas.

- – Realizar tareas administrativas a partir de la documentación generada en el establecimiento.

- – Prestar atención básica inicial en situaciones de emergencia, según el protocolo establecido.

- – Apoyar psicológicamente a la clientela, manteniendo la discreción y el respeto.

- – Seleccionar residuos y productos caducados para su eliminación de acuerdo con la normativa vigente.

- – Aplicar procedimientos de calidad y de prevención de riesgos laborales y ambientales, de acuerdo con lo establecido en los procesos de farmacia.

40. c) 75 m² (ver apartado 2.8).

Las oficinas de farmacia que se autoricen tras la entrada en vigor de esta ley dispondrán de una superficie útil mínima de 75 metros cuadrados.

41. c) Zona blanca para fórmulas que requieran antisepsia (ver apartado 2.8).

Áreas funcionales.

- * Zona de dispensación y atención al usuario.

- * Zona de recepción, revisión y almacenamientos de medicamentos y productos sanitarios.

- * Zona de análisis y elaboración de fórmulas magistrales y preparados oficinales.

- * Previsión de una zona de atención personalizada.

42. c) Las oficinas de farmacia prestan su servicio en régimen de libertad y flexibilidad horaria, garantizando la continuidad de la asistencia a la población y cumpliendo la normativa de las CC. AA. al respecto. (ver apartado 2.10).

Para garantizar la asistencia farmacéutica a la población las 24 horas del día, el ordenamiento farmacéutico español establece que las OF puedan prestar sus servicios en régimen de libertad y flexibilidad, garantizando la continuidad de la asistencia a la población y cumpliendo la normativa de las CC. AA. al respecto.

La respuesta a) no puede ser porque debería poner lo siguiente:

"La presencia física del farmacéutico en la oficina de farmacia se considera indispensable para la dispensación de medicamentos a los usuarios".

La b) no puede ser porque La titularidad de una OF debe recaer obligatoriamente en un licenciado/a en farmacia, solo o asociado a otro de igual titulación, y cada uno de ellos sólo podrá tener en propiedad una OF.

La d) No puede ser porque los botiquines no son independientes: Botiquines: existentes en los núcleos urbanos en los que no se puede instalar una oficina de farmacia porque no se cumplen los requisitos exigidos para su autorización, o porque, por razones de lejanía, se puede contar con estos.

43. b) El farmacéutico regente (ver apartado 2.6).

Farmacéutico regente: tendrá la consideración de farmacéutico regente el farmacéutico no titular nombrado para los casos que se determinan en la presente ley (fallecimiento, jubilación, incapacitación, etc.) y asumirá las mismas funciones y responsabilidades del farmacéutico titular.

44. d) Se concede previa solicitud de la farmacia a la Consejería de Sanidad y Consumo (ver apartado 2.10).

Horario ampliado: se concede bajo previa solicitud de la farmacia a la Consejería de Sanidad y Consumo. La farmacia suele estar obligada a mantener el horario hasta el final del año natural siguiente a la fecha de la comunicación. Uno de estos horarios es el de 24 horas de forma ininterrumpida.

45. c) Apoyar psicológicamente a la clientela, manteniendo la discreción y el respeto (ver apartado 2.6).

Apoyar psicológicamente a la clientela, manteniendo la discreción y el respeto.

46. b) Las Oficinas de Farmacia, los botiquines farmacéuticos y los servicios de farmacia de los centros de salud (ver apartado 1.5.1).

En el nivel de Atención Primaria

- Oficinas de farmacia:
- Botiquines:
- Servicios de farmacia de los centros de salud y de las estructuras de atención primaria de las Comunidades.

47. d) Los servicios de farmacia hospitalaria y los depósitos de medicamentos de los hospitales y extrahospitalarios (ver apartado 1.5.1).

En el nivel de los centros hospitalarios y sociosanitarios

- Servicios de farmacia de hospital.
- Servicios de farmacia de los centros sociosanitarios.

- Depósitos de medicamentos de los hospitales, extrahospitalarios y centros socio-sanitarios.

48. d) Todas las respuestas anteriores son correctas (ver apartado 1.5.1).

En el nivel de Atención Primaria

- Oficinas de farmacia:

- Botiquines:

- Servicios de farmacia de los centros de salud y de las estructuras de atención primaria de las Comunidades.

En el nivel de los centros hospitalarios y sociosanitarios

- Servicios de farmacia de hospital.

- Servicios de farmacia de los centros sociosanitarios.

- Depósitos de medicamentos de los hospitales, extrahospitalarios y centros socio-sanitarios.

49. c) Tarjeta amarilla (ver apartado 2.4).

El farmacéutico de oficina de farmacia, como profesional sanitario que es, tiene la obligación de colaborar con el Sistema Español de Farmacovigilancia. Se entiende por Farmacovigilancia la detección, registro, notificación y evaluación sistemática de las reacciones adversas a medicamentos.

Realizará esta labor:

- Comunicando, mediante la tarjeta amarilla, al Centro Regional de Farmacovigilancia los efectos adversos que pudieran haber sido causados por los medicamentos. En caso de reacción adversa producida como consecuencia de una automedicación o por un medicamento de consejo farmacéutico se notificará especificando dichas particularidades.

50. a) FEFE (ver apartado 6.2).

Las dos asociaciones empresariales españolas más importantes de los farmacéuticos/ as propietarios son la FEFE (Federación Empresarial de Farmacéuticos Españoles) y Fenofar (Federación Nacional de OF).

51. d) Todas son correctas (ver apartado 7.2).

El objeto de la Agencia es el de garantizar que tanto los medicamentos de uso humano como los de uso veterinario y los productos sanitarios, cosméticos y productos de higiene personal cumplan con estrictos criterios de calidad, seguridad, eficacia y correcta información con arreglo a la normativa vigente sobre dichas materias en el ámbito estatal y de la Unión Europea.

52. a) Poner en contacto a los productores de medicamentos con las oficinas de farmacia o con los servicios de farmacia hospitalaria (ver apartado 5.1).

El objetivo de la distribución farmacéutica es poner en contacto a los productores de medicamentos (laboratorios farmacéuticos) con las oficinas de farmacia o con los servicios de farmacia hospitalaria, con la finalidad de que estos lleguen a disposición del consumidor.

53. d) Todas son correctas (ver apartado 5.2).

Los almacenes de distribución deben estar autorizados por la AEMPS y disponer de un titulado en farmacia que ejerza la dirección técnica. Tiene las siguientes obligaciones:

– Disponer de locales y equipos dotados de medios personales, materiales técnicos para garantizar la correcta conservación y distribución de los medicamentos, con garantía para la salud pública.

– Asegurar los plazos de entrega y frecuencias de reparto.

– Comunicar a las autoridades sanitarias la sospecha de medicamentos falsificados, consumo indebido o desvío al tráfico ilegal.

– Mantener las existencias mínimas de medicamentos que garanticen el abastecimiento.

– Documentar todos los procesos de entradas y salidas de productos, así como realizar un seguimiento de lotes y disponer de un plan de emergencia que garantice la retirada efectiva de productos de los mercados.

– Cumplir la normativa vigente de Buenas Prácticas de Distribución, establecidas en la Unión Europea.

54. c) Velar por la defensa económica de sus intereses (ver apartado 6.1).

Son funciones de los colegios profesionales:

– La ordenación, representación y defensa de cada una de las profesiones.

– La defensa de los intereses de la sociedad, al velar por el debido cumplimiento de la deontología profesional.

– Luchar contra el intrusismo.

– Velar por el respeto debido a los derechos de los ciudadanos.

– Fomentar la formación continuada de sus profesionales para ofrecer el mejor servicio a la población.

– Colaborar estrechamente con las diferentes administraciones para avanzar en el desarrollo y regulación de las materias relacionadas con cada profesión.

– Y una labor de educación sanitaria a la población.

55. c) Servicios de Farmacia hospitalaria (ver apartado 1.5.1).

En el nivel de Atención Primaria

- Oficinas de farmacia: son establecimientos sanitarios de interés público y titularidad privada, integrados en el sistema de atención primaria bajo la dirección de un farmacéutico que puede contar o no con la colaboración de farmacéuticos adjuntos y de personal ayudante o auxiliar.

- Botiquines: existentes en los núcleos urbanos en los que no se puede instalar una oficina de farmacia porque no se cumplen los requisitos exigidos para su autorización, o porque, por razones de lejanía, se puede contar con estos.

- Servicios de farmacia de los centros de salud y de las estructuras de atención primaria de las Comunidades.

56. b) Oficinas de farmacia (ver apartado 2).

Las oficinas de farmacia son establecimientos sanitarios privados de interés público, sujetos a planificación sanitaria, según los requisitos establecidos en las leyes citadas, en las que el farmacéutico titular-propietario de las mismas, asistido, en su caso, de ayudantes o auxiliares, deberá llevar a cabo las funciones y servicios a la población que se establecen a continuación.

57. d) Todo lo anterior lo encontramos en el nivel de atención especializada (ver apartado 1.5.1).

En el nivel de los centros hospitalarios y sociosanitarios.

- Servicios de farmacia de hospital.

- Servicios de farmacia de los centros sociosanitarios.

- Depósitos de medicamentos de los hospitales, extrahospitalarios y centros sociosanitarios.

58. d) Todas son funciones (ver apartado 2).

- La adquisición, conservación, custodia y dispensación de medicamentos y productos sanitarios y de aquellos otros utensilios y productos de carácter sanitario que se utilicen para la aplicación de los anteriores, o de utilización o carácter tradicionalmente farmacéutico.

- La elaboración y dispensación de fórmulas magistrales y preparados oficinales de acuerdo con los procedimientos y controles de calidad establecidos.

- La colaboración en el control del uso individualizado de los medicamentos, a fin de detectar las relaciones adversas que puedan producirse y notificarlas a los organismos responsables de la farmacovigilancia.

– La colaboración en los programas sanitarios que promueva la administración sanitaria.

– Actuar coordinadamente, a nivel de las áreas y zonas básicas de salud y colaborar con la atención especializada para garantizar un uso racional del medicamento.

– Dar consejo farmacéutico a los usuarios.

59. b) Otra cámara para medicamentos cuya conservación requiera temperaturas de congelación de -50 a -80 ºC (ver apartado 3.3).

Almacenes para termolábiles: se aconseja la instalación de cámaras frigoríficas, una que nos permita almacenar medicamentos cuya conservación oscile de 2 a 8 ºC y otra cámara para medicamentos cuya conservación requiera temperaturas de congelación de -10 a -20 ºC. De igual manera sería aconsejable en la zona de recepción de mercancías disponer de una cámara que permita el almacenamiento de la medicación de nevera, antes de su revisión, aceptación y colocación en sus lugares.

El Servicio de Farmacia de Atención Primaria. Concepto. Funciones. Organigrama. Estructura

1. Las acciones destinadas a la defensa de la salud que actúan sobre el medio ambiente es definido como:

a) Promoción de la salud.
b) Prevención de la salud.
c) Protección de la salud.
d) Restauración de la salud.

2. Las acciones encaminadas a mejorar el nivel de salud de los individuos y colectivos, con el fin de que las personas dejen de tener hábitos perjudiciales y desarrollen estilos de vida saludables es definido como:

a) Restauración de la salud.
b) Fomento de la salud.
c) Promoción de la salud.
d) Prevención de la enfermedad.

3. Las acciones que intentan impedir la aparición de la enfermedad es definido como:

a) Prevención de la enfermedad.
b) Restauración de la salud.
c) Promoción de la salud.
d) Fomento de la salud.

4. A partir de la Conferencia de Alma-Ata se priorizó:

a) El primer nivel asistencial. Atención primaria.
b) El segundo nivel asistencial.
c) El comité de expertos en atención primaria.
d) La investigación en atención tecnificada.

5. ¿En qué fecha se hizo pública en Alma-Ata, capital de Kazajstán, antigua República Soviética, la Conferencia Internacional sobre Atención Primaria de Salud?

a) El 12 de septiembre de 1978.
b) El 15 de octubre de 1978.
c) El 19 de noviembre de 1978.
d) El 2 de enero de 1980.

6. Cuando decimos que la Atención Primaria de la salud es integral nos referimos:

a) A que considera al individuo desde una perspectiva biológica, psicológica y social.
b) A que interrelaciona los elementos de promoción, prevención, tratamiento, rehabilitación y reinserción social.
c) A que el trabajo se realiza en equipo.
d) A que atiende a la población a lo largo de la vida y en cualquier circunstancia.

7. No es una característica de la Atención Primaria de la Salud:

a) Integrada.
b) Continuada.
c) Holística.
d) Multidisciplinar.

8. ¿Qué características conceptuales están descritas en la Atención Primaria de salud?

a) Integral, integrada, continuada, permanente, activa, accesible.
b) Equipo multidisciplinar, comunitaria y participativa.
c) Programada y evaluable, docente e investigadora.
d) Todas las anteriores.

9. No es un objetivo del área de Atención Primaria:

a) Educación para la salud.
b) Reinserción social.
c) Atención Paliativa.
d) Salud materno-infantil.

10. Es un objetivo de la Atención Primaria de Salud:

a) Prestar asistencia ambulatoria especializada.
b) Promover la hospitalización de los pacientes.
c) El tratamiento temprano de las enfermedades para evitar hospitalizaciones innecesarias.
d) Todos los anteriores lo son.

11. Es un objetico de la Atención Primaria de Salud:

a) Elevación del nivel de salud a los ciudadanos y comunidad.
b) Participación comunitaria. Acercamiento entre usuarios y profesionales.
c) Investigación y Docencia.
d) Todas son correctas.

12. ¿En qué conferencia internacional se define la Atención Primaria de Salud como una asistencia sanitaria puesta al alcance de todos los individuos y familias de la comunidad, por medios que le sean aceptables, con su plena participación y a un coste que la comunidad y país puedan soportar?

a) En la Carta de Ottawa.
b) En la Declaración de Yakarta.
c) En la Declaración de Alma-Ata.
d) En el Documento de salud 21.

13. La población de referencia a la que debe ofrecer cobertura sanitaria cada zona de salud se establece entre unos mínimos y máximos de población adscrita:

a) Entre 5000 y 10000 habitantes.
b) Entre 2000 y 10000 habitantes.
c) Entre 5000 y 25000 habitantes.
d) Entre 2000 y 25000 habitantes.

14. ¿Cómo se denominan las demarcaciones territoriales, en las que se organiza un sistema sanitario coordinado e integral?

a) Zona de salud.
b) Departamento.
c) Área de Salud.
d) Centro de Salud.

15. Las zonas básicas de salud se delimitan teniendo en cuenta los siguientes factores:

a) Las distancias o isócronas máximas de las agrupaciones de población más alejadas de los servicios.
b) Las características epidemiológicas de la zona.
c) Las instalaciones y recursos de la zona.
d) Todas son correctas.

16. La ZBS:

a) Es la demarcación geográfica delimitada por fronteras.
b) Es accesible solo en el área de salud.

c) Es capaz de proporcionar una atención de salud continuada, integral y permanente.
d) Todas son correctas.

17. El Área de Salud extiende su acción a una población no inferior a:

a) 150.000 habitantes.
b) 200.000 habitantes.
c) 20.000 habitantes.
d) 5.000 habitantes.

18. La Zona Básica de Salud:

a) Es la demarcación poblacional y geográfica fundamental.
b) Está delimitada a una determinada población.
c) Es accesible desde todos los puntos y capaz de proporcionar una atención de salud continuada, integral y permanente.
d) Todas son correctas.

19. Define EAP:

a) Conjunto de profesionales sanitarios y no sanitarios cuyo ámbito territorial de actuación es la ZBS y con localización física en el Centro de Salud.
b) Grupo de personas que trabaja en el mismo Centro de Salud.
c) El grupo que conforme el equipo de salud se ha de configurar basándose en los integrantes del mismo.
d) Grupo de personas que realizan diferentes aportaciones, con una metodología compartida frente a un objetivo común.

20. Los centros de salud:

a) Son la estructura física y funcional que permite el desarrollo de Atención Primaria y Atención Especializada.
b) Son centros integrales que desarrolla actividades encaminadas a la promoción, prevención, curación y rehabilitación de la salud.
c) Su función es solo asistencial.
d) Todas son correctas.

21. En referencia a la Farmacia de Atención Primaria, señala lo correcto:

a) Se diferencia de la actividad del farmacéutico de oficina de farmacia porque no vende ni dispensa medicamentos.
b) Los farmacéuticos de AP (FAP) son licenciados en Farmacia que se responsabilizan de conseguir un uso adecuado de los medicamentos en la AP.
c) Cumplen funciones de Farmacia Clínica orientadas a los profesionales sanitarios (médicos, enfermeros) y hacia los pacientes (Atención Farmacéutica).
d) Todas son correctas.

22. Cada área sanitaria contará como mínimo con:

a) 1 SFAP.
b) 2 SFAP.
c) 5 SFAP.
d) 10 SFAP.

23. Son funciones de los servicios farmacéuticos de atención primaria:

a) Asumir la responsabilidad técnica de la adquisición, custodia, conservación y suministro de medicamentos.
b) Preparar fórmulas magistrales o preparados oficinales.
c) Establecer un sistema eficaz y seguro de suministro, custodia o distribución de medicamentos en los depósitos.
d) Todas son funciones.

24. ¿Dónde desarrolla sus actividades y funciones el Equipo de Atención Primaria?

a) En el Centro de Salud.
b) En los Centros de Especialidades.
c) En los Hospitales.
d) En los Consultorios.

25. Una de las funciones de los servicios farmacéuticos de atención primaria es:

a) Establecer un sistema eficaz y seguro de suministro, custodia o distribución de medicamentos en los depósitos.
b) Proporcionar información objetiva y contrastada sobre los medicamentos y demás productos farmacéuticos.
c) Asumir la responsabilidad técnica de la adquisición, custodia, conservación y suministro de medicamentos a los depósitos dependientes de ellos, así como de la dispensación para su aplicación dentro del servicio o de las estructuras de atención primaria del sistema de salud.
d) Todas las respuestas son correctas.

26. Los servicios farmacéuticos de Área de salud, deben contar con lo siguiente:

a) Almacenes generales y específicos.
b) Zona destinada a la administración.
c) Zona de gestión.
d) Todas son correctas.

27. En todos los CS o estructuras del área donde se ubique el servicio de farmacia se autoriza:

a) La existencia de medicamentos dependientes del mismo.
b) La realización de preparados estériles.

c) Suministrar al paciente medicamentos citostáticos.

d) Todas son correctas.

28. El conjunto de los medios materiales y humanos del sistema de salud puestos a disposición de la población, para atender al individuo, la familia y la comunidad en sus problemas de salud, relativos a la promoción de la salud, prevención de la enfermedad, tratamiento, curación y rehabilitación, se denomina:

a) Sistema Sanitario Integral.

b) Red Básica Sanitaria.

c) Atención Especializada de Salud.

d) Atención Primaria de Salud.

29. ¿Dónde tuvo lugar la Conferencia Internacional sobre Atención Primaria de Salud que se celebró el 12 de septiembre de 1978?

a) En Nueva Deli (India).

b) En Mogadiscio.

c) En Alma-Ata (Kazajstán).

d) En Trípoli (Líbano).

30. ¿Cómo se denominan las estructuras fundamentales del sistema sanitario, responsabilizadas de la gestión unitaria de los centros y establecimientos del Servicio de Salud de la Comunidad Autónoma en su demarcación territorial y de las prestaciones sanitarias y programas sanitarios a desarrollar por ellos?

a) Demarcaciones Sanitarias.

b) Distritos Sanitarios.

c) Áreas de Salud.

d) Ambulatorios.

31. Las Áreas de Salud se delimitan teniendo en cuenta factores:

a) Laborales.

b) Epidemiológicos.

c) Socioeconómicos.

d) Todas las respuestas son correctas.

Soluciones comentadas

1. **c) Protección de la salud (ver apartado 1.1).**

    Protección de la salud: acciones destinadas a la defensa de la salud que actúan sobre el medio ambiente.

2. **c) Promoción de la salud (ver apartado 1.1).**

    Promoción de la salud: acciones encaminadas a mejorar el nivel de salud de los individuos y colectivos, con el fin de que las personas dejen de tener hábitos perjudiciales y desarrollen estilos de vida saludables (educación sanitaria).

3. **a) Prevención de la enfermedad (ver apartado 1.1).**

    Prevención de la enfermedad: acciones que intentan impedir la aparición de la enfermedad (educación sanitaria). Prevención primaria (vacunas), Prevención secundaria (detección precoz) Prevención terciaria (rehabilitación).

4. **a) El primer nivel asistencial. Atención primaria (ver apartado 1.2).**

    En Alma-Ata, capital de Kazajstán, la Conferencia Internacional sobre APS (12 de septiembre de 1978) la declaración de Alma-Ata. La asistencia sanitaria esencial basada en métodos y tecnologías prácticos, científicamente fundados y socialmente aceptables, puesta al alcance de todos los individuos y familias de la comunidad mediante su plena participación y a un coste que la comunidad y el país puedan soportar, en todas y cada una de las etapas de su desarrollo un espíritu de autorresponsabilidad y autodeterminación.

5. **a) El 12 de septiembre de 1978 (ver apartado 1.2).**

    En Alma-Ata, capital de Kazajstán, la Conferencia Internacional sobre APS (12 de septiembre 1978) la declaración de Alma-Ata.

6. **a) A que considera al individuo desde una perspectiva biológica, psicológica y social (ver apartado 1.3).**

    Integral: considera al individuo desde una perspectiva biológica, psicológica y social.

7. **c) Holística (ver apartado 1.3).**

    Podemos diferenciar las siguientes características de la Atención Primaria de Salud:

    1. Integral: considera al individuo desde una perspectiva biológica, psicológica y social.

    2. Integrada: interrelaciona los elementos de promoción, prevención, tratamiento, rehabilitación y reinserción social.

    3. Continuada y permanente: a lo largo de la vida en cualquier circunstancia y en los diferentes ámbitos.

    4. Accesible: no solo considerando la situación o distancia geográfica, sino que tiene en cuenta criterios de equidad y justicia.

    5. Multidisciplinar: trabajo en equipo, profesionales sanitarios y no sanitarios.

    6. Comunitaria y participativa: la APS se basa en la participación activa de la comunidad en todas las fases del proceso de planificación y programación y puesta en marcha.

    7. Programada y evaluable: con objetivos metas, actividades, recursos de control y evaluación claramente establecidos.

    8. Activa: atendiendo no solo a demandas de la población, sino resolviendo necesidades de salud (promoción y prevención).

    9. Docente e investigadora: desarrolla actividades de pre y posgrado, así como formación continuada y de investigación.

8. **d) Todas las anteriores (ver apartado 1.3).**

    Características: integral, integrada, continuada, permanente, activa, accesible, Equipo multidisciplinar, comunitaria y participativa, Programada y evaluable, docente e investigadora.

9. **c) Atención Paliativa (ver apartado 1.4).**

    Los principales objetivos de la Atención Primaria de Salud se concretan en:

    – Elevación del nivel de salud de los ciudadanos y de las comunidades.

    – Elevación del nivel de calidad del sistema de salud, y del grado de satisfacción de usuarios y profesionales.

    – Integración de la actividad sanitaria asistencial y la preventiva.

    – Promoción de la salud, prevención de la enfermedad y asistencia curativa y rehabilitación.

    – Asistencia sanitaria individual y colectiva, ambulatoria, domiciliaria y de urgencias.

    – Diagnóstico y tratamiento temprano de Enfermedades para evitar hospitalizaciones innecesarias.

- Educación para la salud.

- Diagnóstico continuado de la salud de la Zona. Vigilancia epidemiológica.

- Planificación, organización y dirección y evaluación de S.S.

- Salud Materno-infantil, Laboral, Mental y Ambiental.

- Participación comunitaria.

- Reinserción social.

- Investigación y Docencia.

- Coordinación con los demás servicios sanitarios.

10. c) El tratamiento temprano de las enfermedades para evitar hospitalizaciones innecesarias (ver apartado 1.4).

Los principales objetivos de la Atención Primaria de Salud se concretan en:

- Elevación del nivel de salud de los ciudadanos y de las comunidades.

- Elevación del nivel de calidad del sistema de salud, y del grado de satisfacción de usuarios y profesionales.

- Integración de la actividad sanitaria asistencial y la preventiva.

- Promoción de la salud, prevención de la enfermedad y asistencia curativa y rehabilitación.

- Asistencia sanitaria individual y colectiva, ambulatoria, domiciliaria y de urgencias.

- Diagnóstico y tratamiento temprano de Enfermedades para evitar hospitalizaciones innecesarias.

- Educación para la salud, etc.

11. d) Todas son correctas (ver apartado 1.4).

Los principales objetivos de la Atención Primaria de Salud se concretan en:

- Elevación del nivel de salud de los ciudadanos y de las comunidades.

- Elevación del nivel de calidad del sistema de salud, y del grado de satisfacción de usuarios y profesionales.

- Integración de la actividad sanitaria asistencial y la preventiva.

- Participación comunitaria.

- Reinserción social.

- Investigación y docencia.

12. c) En la Declaración de Alma-Ata (ver apartado 1.2).

En Alma-Ata, capital de Kazajstán, la Conferencia Internacional sobre APS (12 de septiembre 1978) la declaración de Alma-Ata. La asistencia sanitaria esencial basada en métodos y tecnologías prácticos, científicamente fundados y socialmente aceptables, puesta al alcance de todos los individuos y familias de la comunidad mediante su plena participación y a un coste que la comunidad y el país puedan soportar, en todas y cada una de las etapas de su desarrollo un espíritu de autorresponsabilidad y autodeterminación.

13. c) Entre 5000 y 25000 habitantes (ver apartado 1.5.2.1).

La delimitación del marco territorial que abarcará cada ZBS se hará por la CA, teniendo en cuenta criterios demográficos, geográficos y sociales, conforme a las siguientes reglas:

a) Como norma general, la ZBS abarcara a una población comprendida entre los 5000 y 25000 habitantes.

14. c) Área de Salud (ver apartado 1.5.1).

Las Áreas de Salud son una demarcación geográfica y poblacional para la programación, gestión y coordinación de la atención de la salud de la comunidad y el individuo.

15. d) Todas son correctas (ver apartado 1.5.2).

En la delimitación de ZBS deben tenerse en cuenta (art. 62 LGS):

– Las isócronas o distancias máximas de las agrupaciones de población más alejadas de los servicios y el tiempo normal a invertir en su recorrido usando los medios ordinarios.

– El grado de concentración o dispersión de la población.

– Las instalaciones y recursos sanitarios de la Zona.

16. c) Es capaz de proporcionar una atención de salud continuada, integral y permanente (ver apartado 1.5.2).

Cada área se divide territorialmente en Zonas Básicas de Salud que son el marco territorial de la Atención Primaria; es la demarcación poblacional y geográfica fundamental, delimitada a una determinada población, siendo accesible desde todos los puntos y capaz de proporcionar una atención de salud continuada, integral, permanente, con el fin de coordinar las funciones sanitarias afines.

17. b) 200.000 habitantes (ver apartado 1.5.1).

Como regla general, el Área de Salud extenderá su acción a una población entre 200.000 - 250.000 habitantes. Se exceptúan las C. A. de Baleares y Canarias y las ciudades de Ceuta y Melilla, cada provincia tendrá, como mínimo, un Área de salud.

18. d) Todas son correctas (ver apartado 1.5.2).

Cada área se divide territorialmente en Zonas Básicas de Salud que son el marco territorial de la Atención Primaria; es la demarcación poblacional y geográfica fundamental, delimitada a una determinada población, siendo accesible desde todos los puntos y capaz de proporcionar una atención de salud continuada, integral, permanente, con el fin de coordinar las funciones sanitarias afines.

19. a) Conjunto de profesionales sanitarios y no sanitarios cuyo ámbito territorial de actuación es la ZBS y con localización física en el Centro de Salud (ver apartado 1.5.2.2).

El EAP es el conjunto de profesionales sanitarios y no sanitarios cuyo ámbito territorial de actuación es la ZBS y con localización física en el Centro de Salud.

20. b) Son centros integrales que desarrolla actividades encaminadas a la promoción, prevención, curación y rehabilitación de la salud (ver apartado 1.5.3).

Son centros integrales de Atención Primaria que desarrollan de forma integrada y mediante el trabajo en equipo actividades de promoción, prevención, curación y rehabilitación de la salud, tanto individual como colectiva, de los habitantes de la ZBS, a cuyo efecto serán dotados de los medios personales y materiales que sean precisos para el cumplimiento de dicha función (art. 63 LGS).

21. d) Todas son correctas (ver apartado 2).

La Farmacia de AP es una actividad profesional del farmacéutico en el ámbito de la Atención Primaria. Se diferencia de la actividad del farmacéutico de oficina de farmacia porque no vende ni dispensa medicamentos.

Los farmacéuticos de AP (FAP) son licenciados en Farmacia que se responsabilizan de conseguir un uso adecuado de los medicamentos en la AP.

Cumplen funciones de Farmacia Clínica orientadas a los profesionales sanitarios (médicos, enfermeros) y hacia los pacientes (Atención Farmacéutica).

22. a) 1 SFAP (ver apartado 2).

Cada área sanitaria contará como mínimo 1 Servicio de Farmacia de AP para funciones propias.

23. d) Todas son funciones (ver apartado 2.1).

– Asumir la responsabilidad técnica de la adquisición, custodia, conservación y suministro de medicamentos a los depósitos dependientes de ellos, y dispensación para su aplicación estructuras de AP.

– Coordinar el suministro de estupefacientes y psicótropos a las estructuras de AP del Área, así como evaluación y control de la documentación que avale el movimiento de los mismos y de cualquier otro medicamento que requiera un control especial.

– Proporcionar información objetiva y contrastada sobre medicamentos y demás productos farmacéuticos.

– Preparar FM o PO, dentro de las estructuras AP y CS.

– Establecer sistema eficaz y seguro de suministro, custodia o distribución de medicamentos en los depósitos, etc.

24. a) En el Centro de Salud (ver apartado 1.5.2.2).

El EAP es el conjunto de profesionales sanitarios y no sanitarios cuyo ámbito territorial de actuación es la ZBS y con localización física en el Centro de Salud.

25. d) Todas las respuestas son correctas (ver apartado 2.1).

Funciones de los SFAP

– Asumir la responsabilidad técnica de la adquisición, custodia, conservación y suministro de medicamentos a los depósitos dependientes de ellos, y dispensación para su aplicación estructuras de AP.

– Coordinar el suministro de estupefacientes y psicótropos a las estructuras de AP del Área, así como evaluación y control de la documentación que avale el movimiento de los mismos y de cualquier otro medicamento que requiera un control especial.

– Proporcionar información objetiva y contrastada sobre medicamentos y demás productos farmacéuticos.

– Preparar FM o PO, dentro de las estructuras AP y CS.

– Establecer sistema eficaz y seguro de suministro, custodia o distribución de medicamentos en los depósitos.

26. d) Todas son correctas (ver apartado 2.3.1).

Los servicios farmacéuticos de Área de Salud deberán contar, al menos, con las siguientes dependencias:

a) Almacenes generales.

b) Almacenes específicos.

c) Zona destinada a la administración o gestión.

d) Zona de gestión.

27. a) La existencia de medicamentos dependientes del mismo (ver apartado 2).

En todos los CS o estructuras de AP del área donde se ubique el servicio de Farmacia, se autoriza la existencia de depósitos de medicamentos dependientes del mismo.

28. d) Atención Primaria de Salud (ver apartado 1.1).

Definimos la Atención Primaria de Salud como el conjunto de medios materiales y humanos del sistema sanitario a disposición de la población, para atender al individuo, familia y comunidad en sus problemas de salud, relativos a la promoción de la salud, prevención de la enfermedad, tratamiento, curación y rehabilitación.

29. c) En Alma-Ata (Kazajstán) (ver apartado 1.2).

En Alma-Ata, capital de Kazajstán, la Conferencia Internacional sobre APS (12 de septiembre de 1978) la declaración de Alma-Ata.

30. c) Áreas de Salud (ver apartado 1.5.1).

Las Áreas de Salud son una demarcación geográfica y poblacional para la programación, gestión y coordinación de la atención de la salud de la comunidad y el individuo.

31. d) Todas las respuestas son correctas (ver apartado 1.5.1).

Las Áreas de Salud se delimitan también atendiendo a la máxima integración de los recursos asistenciales, con objetivo de prestar asistencia sanitaria y sociosanitario ágil, dinámica, eficaz y sin barreras. Cada provincia tendrá, como mínimo, un Área de Salud y, al menos, 1 hospital.

TEST N.º 10

El Servicio de Farmacia Hospitalaria: concepto general. Funciones del Servicio de Farmacia Hospitalaria. Áreas o zonas que lo integran

1. Los Servicios de Farmacia Hospitalaria están regulados según la legislación vigente por:

a) Ley de Hospitales de 21 de julio de 1962.
b) Orden 1 de febrero de 1977.
c) Ley 29/2006, de 26 de julio, de garantías y uso racional de medicamentos y productos sanitarios.
d) Por todo lo anterior.

2. La atención farmacéutica en los centros hospitalarios se prestará:

a) A través de Servicios de Farmacia Hospitalaria.
b) A través de almacén farmacéutico.
c) Exclusivamente por el depósito de medicamentos de las plantas hospitalarias.
d) Todas son ciertas.

3. En Hospitales de 50 camas será obligatorio:

a) El Servicio de Farmacia Hospitalario
b) El establecimiento de un depósito de medicamentos.
c) El botiquín.
d) Servicio de farmacia extrahospitalaria.

4. No es función del Servicio de Farmacia Hospitalaria:

a) Elaborar y dispensar fórmulas magistrales o preparados oficiales de acuerdo con las normas de correcta fabricación y los controles de calidad reglamentarios, cuando razones de disponibilidad o eficiencia lo hagan necesario o conveniente.
b) Establecer un sistema racional de distribución de medicamentos que garantice la seguridad, la rapidez y el control del proceso.
c) Dispensar estupefacientes y psicótropos sin cumplimiento de legislación vigente.

d) Dispensar y controlar los medicamentos de uso hospitalario prescritos a los pacientes ambulatorios por los facultativos médicos del propio hospital o, en su caso, del hospital de referencia, facilitando, con garantía de privacidad, información verbal y/o escrita para reforzar la adherencia a los tratamientos y asegurar su correcta conservación y utilización.

5. El Servicio de Farmacia Hospitalaria:

a) Deberá permitir la disponibilidad de los medicamentos durante al menos 8 horas al día.
b) Mientras permanezca abierto contará al menos con Técnico Especialista en Farmacia.
c) Únicamente dispensarán medicamentos para su aplicación en el propio establecimiento y aquellos otros para tratamientos extrahospitalarios que exijan una particular vigilancia, supervisión y control del equipo multidisciplinar de atención a la salud.
d) Todas son ciertas.

6. El SFH:

a) Forma parte de los Servicios centrales del Hospital.
b) Depende del director médico.
c) Está compuesto por personal facultativo y no facultativo.
d) Todas son correctas.

7. El máximo responsable del SFH es:

a) El jefe de sección.
b) El jefe de servicio.
c) El farmacéutico adjunto.
d) El doctor en Farmacia Hospitalaria.

8. Señala la respuesta incorrecta. Los depósitos de medicamentos de los Hospitales tienen como función:

a) Garantizar la correcta conservación, custodia y dispensación de medicamentos y productos sanitarios para su aplicación dentro del centro.
b) Establecer un sistema eficaz y seguro de dispensación de medicamentos en el centro, con la implantación de medidas que contribuyan a garantizar su correcta administración.
c) Informar al personal sanitario del centro y a los propios pacientes en materia de medicamentos, así como realizar estudios sistemáticos sobre su utilización.
d) Llevar a cabo actividades educativas sobre cuestiones de su competencia dirigidas al personal sanitario del hospital y a los pacientes.

9. La sección encargada de la dispensación de medicamentos no tiene como objetivo:

a) Proporcionar al paciente los medicamentos que necesite, informándole y aconsejándoles sobre este.

b) Facilitar el seguimiento del tratamiento prescrito.

c) Elaboración de la fórmula magistral.

d) Garantizar una correcta administración de los medicamentos.

10. ¿En qué sección del SFH se envasan y se etiquetan los medicamentos?

a) Área de Dispensación.

b) Área de Farmacotecnia.

c) Área de Gestión.

d) Área de Farmacovigilancia.

11. Son factores que delimitan el SFH:

a) Tipo de hospital.

b) Localización geográfica.

c) Prestaciones farmacéuticas a desarrollar.

d) Todos son factores.

12. Los SFH:

a) Estarán situados lo más cerca posible a zonas de decarga.

b) Es aconsejable su ubicación en las plantas bajas con acceso directo a la calle y a zonas de descarga habilitadas en lo posible solo para el Servicio de Farmacia.

c) Si no es posible la ubicación a ras de superficie, y tanto si se encuentran situados en plantas altas o bajas, deben estar próximos a ascensores de carga usados en exclusividad para estas tareas.

d) Todas son correctas.

13. La zona del SFH donde se coloca la mercancía hasta su revisión, confirmación y colocación, es la denominada zona de:

a) Dispensación.

b) Almacenamiento.

c) Recepción.

d) Descarga de mercancías.

14. Para poder realizar las funciones de dispensación ambulatoria, el SFH debe contar con:

a) Una zona dentro del Servicio de Farmacia cercana a la salida del mismo, con acceso directo y rápido desde la calle.

b) Una habitación con una mesa de trabajo y sillas: en ella el farmacéutico realiza el acto de la dispensación y la información de medicamentos.

c) Una antesala: con sillas donde los pacientes puedan esperar su turno.

d) Con todo lo anterior se debe contar.

15. La dispensación de medicación a los pacientes ingresados se realiza a través de:

a) *Stock* de planta.
b) Sistemas de dosis día individualizada.
c) Desde el almacén de medicamentos.
d) Las respuestas a) y b) son correctas.

16. Los SFH deberán implementar, para todos los pacientes hospitalizados, el Sistema de Distribución de Medicamentos en Dosis Unitaria; este sistema debe tener:

a) Envases unitarios.
b) Cantidad disponible para 48 horas.
c) Actualizado el perfil farmacocinetico de los pacientes.
d) Todas son correctas.

17. No es una condición del procedimiento de reenvasado del Sistema de distribución de Medicamentos en Dosis Unitaria:

a) Verificación de las condiciones organolépticas del medicamento a reenvasar.
b) Compresión del procedimiento de reenvasado por parte del personal que intervenga.
c) No se deben fraccionar los blísteres.
d) Sellado del empaque y etiquetado.

18. La Zona administrativa del SFH se ubicará:

a) Próxima a la calle.
b) Próxima a la zona de dispensación.
c) Próxima al área de farmacotecnia.
d) Próxima al almacén de medicamentos.

19. El área de farmacotecnia:

a) Es el área de dispensación de medicamentos de los pacientes ingresados.
b) Es el área de elaboración de fórmulas farmacéuticas que no se realizan en la industria farmacéutica.
c) Es un área estéril.
d) Todas son correctas.

20. Señala la respuesta correcta con respecto a la dispensación de medicamento en los servicios de farmacia hospitalaria:

a) Solamente se dispensan medicamentos para pacientes ingresados en el hospital.
b) Además de la dispensación intrahospitalaria también se realiza la extrahospitalaria.
c) No se dispensan fórmulas magistrales ni preparados oficinales.
d) La dispensación se realiza en horario restringido de mañana.

21. El servicio de farmacia hospitalaria se divide en cuatro áreas:

a) Asistencial, administrativa, científica y técnica.
b) Asistencial, administrativa, científica y asesora.
c) Asistencial, administrativa, científica y ética.
d) Asistencial, administrativa, asesora y técnica.

22. ¿Cuál es la sección encargada de evaluar los fármacos terapéuticamente más eficaces y seguros para el paciente, teniendo en cuenta también una adecuada calidad y coste?

a) La sección de farmacia clínica.
b) La sección de dispensación.
c) La sección de elaboración.
d) La sección de farmacotécnia.

23. La estructura de un Servicio de Farmacia debe cumplir una serie de objetivos como, por ejemplo:

a) Reducir los desplazamientos internos dentro del mismo servicio para poder desarrollar las actividades.
b) Las áreas que se establezcan deben ser modificables o ampliables en función de las necesidades no solo actuales sino también futuras.
c) Ubicación del Servicio de Farmacia en la zona más idónea del hospital, en función de las prestaciones del mismo como Servicio central del hospital.
d) Todas las respuestas son correctas.

24. No debe disponerse en los servicios clínicos o estaciones de enfermería de dosis de medicamentos mayores a las necesarias para:

a) 10 horas.
b) 12 horas.
c) 18 horas.
d) 24 horas.

25. El área de farmacotécnia se divide en:

a) Área de elaboración o de preparación de formas farmacéuticas no estériles, Área de reenvasado y Área de análisis y control de medicamentos.
b) Área de elaboración o de preparación de formas farmacéuticas estériles, Área de elaboración o de preparación de formas farmacéuticas no estériles y Área de análisis y control de medicamentos.
c) Área de elaboración o de preparación de formas farmacéuticas estériles, Área de reenvasado y Área de pruebas y ensayos.
d) Área de control de calidad, Área de reenvasado y Área de análisis de medicamentos.

26. ¿Dentro de qué zona del Centro de información de medicamentos se encuentra el lugar donde se almacenan las revistas, libro y material en soporte informático, básicas para llevar a cabo una adecuada información sobre medicamentos?

a) En la zona de reuniones.
b) En la zona de trabajo.
c) En la zona de descanso.
d) En la zona de biblioteca.

27. El Área Asistencial se subdivide en las siguientes secciones:

a) De control, de elaboración y de prueba.
b) De dispensación, de control y de farmacotecnia.
c) De farmacotécnia, de recepción y de entrega.
d) De dispensación, de elaboración o farmacotecnia, y de farmacia clínica.

28. ¿En qué sección se preparan las fórmulas magistrales y normalizadas, mezclas parenterales, citostáticos, nutrición parenteral y enteral?

a) En la sección de farmacia clínica.
b) En la sección de laboratorio.
c) En la sección de farmacotecnia.
d) En la sección de ensayos técnicos.

29. ¿Cuál es la sección encargada de la gestión de compras y almacén, de realizar estadísticas de consumo y de los costes, y del mantenimiento del sistema informático?

a) La sección de logística.
b) La sección técnica.
c) La sección administrativa.
d) La sección de oficina.

30. ¿En qué sección del Área Asistencial se envasan y etiquetan los productos, se reenvasan las formas orales y líquidas, se realizan los análisis y se ejerce el control sobre las materias primas o los productos elaborados?

a) En la sección de farmacia clínica.
b) En la sección de dispensación.
c) En la sección de farmacotecnia.
d) En la sección de experimentación.

31. Las etiquetas o rótulos de los medicamentos que se reempaqueten o reenvasen deben asegurar la máxima legibilidad, contraste y durabilidad. Deberán contener:

a) Forma farmacéutica y vía de administración.
b) Concentración del contenido final.

c) Nombre del medicamento, bajo la Denominación Común Internacional.
d) Todas las respuestas son correctas.

32. Es obligatorio el establecimiento de un depósito de medicamentos en los hospitales de menos de:

a) 200 camas.
b) 100 camas.
c) 50 camas.
d) 500 camas.

33. Son funciones de los servicios de farmacia hospitalaria:

a) Participar en el proceso multidisciplinar de selección de los medicamentos precisos para el hospital, bajo criterios de eficacia, seguridad, calidad y economía.
b) Adquirir y suministrar los medicamentos seleccionados, asumiendo la responsabilidad de su calidad, cobertura de las necesidades, almacenamiento, período de validez, conservación, custodia, distribución y dispensación.
c) Elaborar fórmulas magistrales o preparados oficinales de acuerdo con las normas y los controles de calidad reglamentarios, cuando razones de disponibilidad o eficiencia lo hagan necesario o conveniente.
d) Todas son funciones.

34. La Unidad de terapia intravenosa no permite preparar:

a) Nutrición enteral.
b) Citostáticos.
c) Mezclas intravenosas.
d) Otras mezclas de administración intravenosa, de acuerdo con el volumen de carga del servicio.

35. Las alertas de medicamentos que ordenan la retirada o inmovilización de un medicamentos provienen de:

a) Ministerio de Sanidad.
b) AEMPS.
c) CGCOF.
d) Dirección general de farmacia.

36. En referencia al Catálogo de Parafarmacia, señala lo incorrecto:

a) Este catálogo pertenece a la colección Consejo Plus, que se actualiza cada cinco años, junto con el catálogo de Medicamentos, Catálogo de plantas Medicinales, BOT Plus, BOT Plus PDA y la revista Panorama Actual del Mediterráneo.
b) El catálogo de Parafarmacia del Consejo General del Colegio Oficial de Farmacéuticos (CGCOF) sirve como instrumento de trabajo en las farmacias.

c) Su objetivo es recopilar los productos de parafarmacia existentes con el fin de facilitar la dispensación, indicación y/o la venta.

d) Presenta una relación de productos con la información.

37. El Bot Plus es una base de datos de medicamentos que elabora:

a) El Ministerio de Sanidad a partir de sus datos oficiales.
b) Una empresa privada.
c) El Consejo general del Colegio Oficial farmacéutico.
d) Los farmacéuticos asociados.

38. La base de datos BOT Plus se puede actualizar:

a) Con un CD cada 15 días.
b) Semanalmente a través de internet.
c) Semestralmente a través de la AEMPS.
d) En la web cada día.

39. La guía farmacoterapéutica es la expresión gráfica del medicamento del hospital. Esta guía permite:

a) Saber si un principio activo está incluido en el ámbito hospitalario.
b) Conocer la dosis y presentación.
c) Saber el grupo terapéutico al que pertenece.
d) Todas son correctas.

40. No es contenido de la GFT:

a) Abreviaturas médicas y farmacéuticas.
b) Nomenclátor de laboratorios, es decir, un listado de los laboratorios con las especialidades que fabrican.
c) Medicamentos existentes en el hospital: nombres genéricos y comerciales o registrados, preciso, etc.
d) Descripción de los medicamentos: dosis, forma farmacéutica, advertencias, etc.

41. El Vademécum:

a) Es un catálogo de especialidades farmacéuticas.
b) Está editado por Ministerio de Sanidad.
c) Contiene todos los medicamentos comercializados en la Unión Europea.
d) Todas son correctas.

42. En el catálogo de especialidades farmacéuticas se encuentra/n:

a) Condiciones de conservación y dispensación de los medicamentos.
b) Calificación con respecto a las normas establecidas por la seguridad Social.

c) Nomenclátor de los laboratorios.
d) Todas son correctas.

43. La Guía de Prescripción:

a) Es editada por el Colegio Oficial de farmacéuticos.
b) Es editada por la AEMPS.
c) Es editada por el CGCOF.
d) Es editada por Asociaciones Empresariales.

44. El libro oficial que contiene, en forma de monografías, las fórmulas magistrales tipificadas y los preparados oficinales reconocidos como medicamentos, sus categorías, indicaciones y materias primas que intervienen en su composición y preparación, así como las normas de correcta preparación y control de aquellos se denomina:

a) Real Farmacopea.
b) Formulario Nacional.
c) Libro farmacopea.
d) Libro recetario.

45. El Código PN/L/PG/001/00 corresponde a un:

a) Procedimiento general.
b) Procedimiento de elaboración de formas farmacéuticas.
c) Procedimiento de operaciones farmacéuticas.
d) Procedimiento de control de producto.

46. El código PN/L/OF/001/00 corresponde al:

a) Procedimiento general.
b) Procedimiento de elaboración de formas farmacéuticas.
c) Procedimiento de operaciones farmacéuticas.
d) Procedimiento de control de producto.

47. La Real Farmacopea Española:

a) Es el libro oficial que recoge las normas específicas y de obligado cumplimiento en material de farmacopea en España.
b) Recopila normas específicas redactadas en las monografías que describen la calidad física, química y biológica de las sustancias medicinales y los excipientes destinados a uso humano y veterinario, así como los métodos analíticos para su control.
c) Se divide en 6 apartados.
d) Todas son correctas.

48. Una fórmula magistral tipificada:

a) Es la fórmula magistral recogida en el Formulario Nacional, por razón de su frecuente uso y utilidad.

b) Es la fórmula magistral recogida en la Real Farmacopea Española, por razón de su frecuente uso y utilidad.

c) Es el medicamento destinado a un paciente individualizado, preparado por el farmacéutico, o bajo su dirección.

d) Es aquel medicamento elaborado y garantizado por un farmacéutico o bajo su dirección, dispensado en su oficina de farmacia o servicio farmacéutico, enumerado y descrito por el Formulario Nacional.

49. El libro oficial que recopila las normas específicas, redactadas en forma de monografías, que describen la calidad física, química y biológica que deben observar las sustancias medicinales y excipientes destinados a uso humano y veterinario, así como los métodos analíticos para su control se denomina:

a) Real Farmacopea.

b) Formulario Nacional.

c) Libro de Farmacopea.

d) Vademécum.

50. ¿Cómo se denomina el documento de registro, donde se anotan las actuaciones que se dan durante el ejercicio profesional, siendo de tenencia obligatoria y sometido a inspección, donde se anotan las dispensaciones realizadas de algunos medicamentos por sus características particulares?

a) Libro oficial recetario.

b) Libro oficial de contabilidad.

c) LOCE.

d) Documento de custodia.

51. ¿Quién edita el libro recetario?

a) Ministerio de Sanidad.

b) Colegio de farmacéuticos.

c) AEMPS.

d) CGCOF.

52. Se denominan estupefacientes a:

a) Sustancias no naturales (es sustancia medicinal que provoca sueño o estupor y, en la mayoría de los casos, inhibe la transmisión de señales nerviosas asociadas al dolor) incluidas en las listas II y III de los anexos del Convenio único de 1961 de Naciones Unidas sobre estupefacientes y los demás que adquieran dicha consideración en los ámbitos internacionales y nacionales.

b) Sustancias naturales o sintéticas (es sustancia medicinal que provoca sueño o estupor y, en la mayoría de los casos, inhibe la transmisión de señales nerviosas asociadas al dolor) incluidas en las listas I y II de los anexos del Convenio único de 1961 de Naciones Unidas sobre estupefacientes y los demás que adquieran dicha consideración en los ámbitos internacionales y nacionales.

c) Sustancias naturales o sintéticas (es sustancia medicinal que, provoca sueño o estupor y, en la mayoría de los casos, inhibe la transmisión de señales nerviosas asociadas al dolor) incluidas en las listas II y III de los anexos del Convenio único de 1961 de Naciones Unidas sobre estupefacientes y los demás que adquieran dicha consideración en los ámbitos internacionales y nacionales.

d) Sustancias no naturales o sintéticas (es sustancia medicinal que, provoca sueño o estupor y, en la mayoría de los casos, inhibe la transmisión de señales nerviosas asociadas al dolor) incluidas en las listas IV de los anexos del Convenio único de 1961 de Naciones Unidas sobre estupefacientes y los demás que adquieran dicha consideración en los ámbitos internacionales y nacionales.

53. Se denominan psicotrópicos:

a) Sustancias psicotrópicas (sustancias medicinales que actúan sobre el sistema nervioso central lo cual trae como consecuencia cambios temporales en la percepción, ánimo, estado de conciencia y comportamiento) a que se refieren las listas I, II, III y IV del anexo uno y la relación de sustancias no incluidas en dichas listas del anexo dos del Real Decreto 2829/1977 o bien aquellas que hayan sido incluidas posteriormente.

b) Sustancias psicotrópicas (sustancias medicinales que actúan sobre el sistema nervioso central lo cual trae como consecuencia cambios temporales en la percepción, ánimo, estado de conciencia y comportamiento) a que se refieren las listas III y IV del anexo uno y la relación de sustancias no incluidas en dichas listas del anexo dos del Real Decreto 2829/1977 o bien aquellas que hayan sido incluidas posteriormente.

c) Sustancias psicotrópicas (sustancias medicinales que actúan sobre el sistema nervioso central lo cual trae como consecuencia cambios temporales en la percepción, ánimo, estado de conciencia y comportamiento) a que se refieren las listas I, y II, del anexo uno y la relación de sustancias no incluidas en dichas listas del anexo dos del Real Decreto 2829/1977 o bien aquellas que hayan sido incluidas posteriormente.

d) Sustancias psicotrópicas (sustancias medicinales que actúan sobre el sistema nervioso central lo cual trae como consecuencia cambios temporales en la percepción, ánimo, estado de conciencia y comportamiento) a que se refieren las listas IV del anexo uno y la relación de sustancias no incluidas en dichas listas del anexo dos del Real Decreto 2829/1977 o bien aquellas que hayan sido incluidas posteriormente.

54. En el libro recetario se registran las dispensaciones de:

a) ECM, fórmulas magistrales y medicamentos termolábiles.
b) ECM, fórmulas magistrales y preparados oficiales que requieran receta, psicotrópicos.
c) ECM, psicótropos y estupefacientes.
d) Ninguna es correcta.

55. La adquisición de estupefacientes se realiza:

a) Mediante talonario oficial con vales.
b) Mediante vales.
c) Mediante receta.
d) Todas son correctas.

56. El LOCE consta de folios numerados y sellados y se divide en partes, señala cuál NO es una parte de este libro:

a) Certificación del inspector provincial de farmacia.
b) Índice de folios.
c) Folios numerados del uno al quinientos.
d) Revistas de inspección.

Soluciones comentadas

1. **a) Por todo lo anterior (ver apartado 1).**

    El Servicio de Farmacia en un hospital es un Servicio General Clínico, integrado funcional y jerárquicamente en el hospital. De acuerdo con la legislación vigente de los servicios farmacéuticos de hospitales: Ley de Hospitales de 21 de julio de 1962, Orden de 1 de febrero de 1977, y el Real Decreto Legislativo 1/2015, de 24 de julio, por el que se aprueba el texto refundido de la Ley de garantías y uso racional de los medicamentos y productos sanitarios.

2. **a) A través de Servicios de Farmacia Hospitalaria (ver apartado 1).**

    La atención farmacéutica en los centros hospitalarios se prestará a través de los servicios de farmacia y de los depósitos de medicamentos.

3. **b) El establecimiento de un depósito de medicamentos (ver apartado 1).**

    Será obligatorio el establecimiento de un depósito de medicamentos en los hospitales que dispongan de menos de cien camas.

4. **c) Dispensar estupefacientes y psicótropos sin cumplimiento de legislación vigente (ver apartado 2.1).**

    Son funciones

    – Elaborar y dispensar fórmulas magistrales o preparados oficinales de acuerdo con las normas de correcta fabricación y los controles de calidad reglamentarios, cuando razones de disponibilidad o eficiencia lo hagan necesario o conveniente.

    – Establecer un sistema racional de distribución de medicamentos que garantice la seguridad, la rapidez y el control del proceso.

    – Dispensar y controlar los medicamentos de uso hospitalario prescritos a los pacientes ambulatorios por los facultativos médicos del propio hospital o, en su caso, del hospital de referencia, facilitando, con garantía de privacidad, información verbal y/o escrita para reforzar la adherencia a los tratamientos y asegurar su correcta conservación y utilización, etc.

5. **Únicamente dispensarán medicamentos para su aplicación en el propio establecimiento y aquellos otros para tratamientos extrahospitalarios que exijan una particular vigilancia, supervisión y control del equipo multidisciplinar de atención a la salud (ver apartado 2.1).**

Los servicios farmacéuticos y los depósitos de medicamentos de los hospitales únicamente dispensarán medicamentos para su aplicación en el propio establecimiento y aquellos otros para tratamientos extrahospitalarios que exijan una particular vigilancia, supervisión y control del equipo multidisciplinar de atención a la salud.

6. **d) Todas son correctas (ver apartado 3).**

El SFH forma parte de los Servicios Centrales del hospital, y por tanto, depende del director médico. Está compuesto por personal facultativo y no facultativo.

7. **b) El jefe de servicio (ver apartado 3.1).**

El jefe de servicio es el máximo responsable y sus funciones son:

– Planificar los objetivos que debe cumplir el servicio.

– Dictar las normas.

– Establecer programas de calidad.

– Coordinar las funciones que en este servicio se llevan a cabo.

8. **d) Llevar a cabo actividades educativas sobre cuestiones de su competencia dirigidas al personal sanitario del hospital y a los pacientes (ver apartado 3.3).**

Los depósitos de medicamentos de hospitales estarán atendidos por un farmacéutico, bajo cuya supervisión y control desarrollarán las siguientes **funciones**:

– Garantizar la correcta conservación, custodia y dispensación de medicamentos y productos sanitarios para su aplicación dentro del centro.

– Establecer un sistema eficaz y seguro de dispensación de medicamentos en el centro, con la implantación de medidas que contribuyan a garantizar su correcta administración.

– Informar al personal sanitario del centro y a los propios pacientes en materia de medicamentos, así como realizar estudios sistemáticos sobre su utilización.

– Colaborar en el establecimiento de un sistema de vigilancia y control del uso individualizado de los medicamentos en el centro, a fin de detectar posibles efectos adversos y notificarlos al sistema de farmacovigilancia.

9. **c) Elaboración de la fórmula magistral (ver apartado 4).**

Es la sección encargada de la distribución de medicamentos y tiene como objetivos los siguientes:

– Proporcionar al paciente los medicamentos que necesite, informándole y aconsejándole sobre estos.

— Facilitar el seguimiento del tratamiento prescrito.

— Evitar errores de medicación.

— Garantizar una correcta administración de los medicamentos.

— Racionalizar el uso del medicamento.

10. b) Área de Farmacotecnia (ver apartado 4).

Elaboración o farmacotecnia

Es la sección en la que se preparan las fórmulas magistrales y normalizadas, mezclas parenterales, citostáticos, nutrición parenteral y enteral. También en esta sección se envasarán y etiquetarán los productos, se reenvasarán las formas orales y líquidas, se realizarán los análisis y se ejercerá el control sobre las materias primas o los productos elaborados.

11. d) Todos son factores (ver apartado 4).

Los factores que delimitan el SFH son:

— **Tipo de hospital**:

* General.

* Traumatológico.

— Especialidades.

* Psiquiátrico.

* Geriátrico.

* Materno-Infantil.

— **Localización geográfica**:

* Capital.

* Comarcal.

* Insular.

— **Tipo de compras**:

* Mensual.

* Quincenal.

— **Prestaciones farmacéuticas a desarrollar**:

* Farmacocinética: SÍ o NO.

* Nutrición artificial: SÍ o NO.

* Pacientes ambulatorios: SÍ o NO.

* Citostáticos centralizados en el Servicio de Farmacia: SÍ o NO.

12. d) Todas son correctas (ver apartado 4.1).

Los Servicios de Farmacia deben estar situados lo más cerca posible a las zonas de descarga. Dependiendo del tipo de hospital y del volumen de compras, las cantidades de medicamentos pueden ser voluminosas y pesadas. Es aconsejable la ubicación de los Servicios de Farmacia en las plantas bajas, con acceso directo a la calle y a zonas de descarga habilitadas en lo posible únicamente para el Servicio de Farmacia.

Si no es posible la ubicación a ras de superficie, y tanto si se encuentran situados en plantas altas o bajas, deben estar próximos a ascensores de carga usados en exclusividad para estas tareas.

13. c) Recepción (ver apartado 4.1).

En el Servicio de Farmacia acondicionaremos una zona en la que se irá colocando la mercancía hasta su análisis, revisión, confirmación y posterior colocación de acuerdo con los diferentes almacenes establecidos y pactados dentro del Servicio de Farmacia.

Esta zona de recepción debe estar a la entrada del servicio y próxima a la unidad de gestión de compras.

14. d) Con todo lo anterior se debe contar (ver apartado 4.3.1).

Para llevar a cabo estas funciones es necesario disponer de una zona dentro del Servicio de Farmacia cercana a la salida del mismo, con acceso directo y rápido desde la calle (los pacientes no deben circular por las dependencias del servicio), que conste de:

– Una habitación con una mesa de trabajo y sillas: en ella el farmacéutico realiza el acto de la dispensación y la información de medicamentos. En la primera visita es importante dedicar un tiempo adecuado a cada paciente. Dicha habitación deberá permitir almacenar un *stock* adecuado de los medicamentos que pueden prescribirse, contenedores a dispensar con los medicamentos que lo precisen e, igualmente, hemos de disponer del soporte informático y bibliográfico básico para un seguimiento adecuado de estos pacientes.

– Una antesala: con sillas donde los pacientes puedan esperar su turno. Hemos de tener en cuenta que algunos centros tienen más de 500 pacientes censados, y la dispensación suele efectuarse para un mes por término general en los Servicios de Farmacia.

– Solicitar una habitación individualizada en el área de consultas externas del hospital. Dicha consulta reunirá las mismas condiciones que solicitábamos en el apartado anterior.

15. d) Las respuestas a) y b) son correctas (ver apartado 4.3.2).

– Dispensación de la medicación de pacientes:

  * *Stock* en planta.

  * Sistemas de dosis día individualizada o unidosis.

16. a) Envases unitarios (ver apartado 4.3.3).

El Sistema de Distribución de Medicamentos en Dosis Unitaria debe tener los elementos esenciales siguientes:

– **Envases unitarios**: los medicamentos deben estar contenidos en envases unitarios, que permitan su administración al paciente sin manipulación previa.

– **Cantidad disponible**: no debe disponerse en los servicios clínicos o estaciones de enfermería de dosis de medicamentos mayores a las necesarias para 24 horas. Los medicamentos serán almacenados en las condiciones señalas por el fabricante y las demás normas sobre la materia.

– **Perfil farmacoterapéutico**: el servicio farmacéutico debe mantener ordenado y actualizado un perfil farmacoterapéutico de cada paciente.

17. c) No se deben fraccionar los blísteres (ver apartado 4.3.3).

El procedimiento de reenvasado en el Sistema de Distribución de Medicamentos en Dosis Unitarias se someterá a las *condiciones y requisitos* siguientes:

– **Comprensión del procedimiento**: se comprenderá el procedimiento de reenvasado y empaquetamiento y la operación de todo el equipo, por parte del personal que interviene en las operaciones.

– **Comprensión de las características de los medicamentos**: se conocerán las características del o de los medicamento a reenvasar por parte del personal con el fin de garantizar su estabilidad. Estas características son: composición química, fotosensibilidad, permeabilidad por la humedad, requisitos para su almacenamiento, entre otras.

– **Verificación de condiciones**: se verificarán las condiciones organolépticas del medicamento a reenvasar y empacar, básicamente: color, olor, apariencia y marcas, así como el envase original, para detectar posibles daños, contaminación u otros signos de deterioro.

– **Fraccionamiento**: se fraccionarán los blísteres para obtener el medicamento en forma individual, teniendo cuidado de no dejar al descubierto el medicamento, etc.

18. b) Próxima a la zona de dispensación (ver apartado 4.4).

Próxima a la zona de dispensación existirá un área administrativa, la cual asumirá como una de sus funciones la imputación adecuada de los consumos generados en la dispensación de medicamentos. Igualmente, dada la gran dependencia de la zona de dispensación de la informática y de dispositivos mecánicos, el personal administrativo de esta zona ejercerá un apoyo a todos los problemas que se pudiesen derivar del manejo y uso de los mismos. La unificación de todas estas áreas interrelacionadas entre sí y contiguas nos va a evitar los desplazamientos del personal.

19. b) Es el área de elaboración de fórmulas farmacéuticas que no se realizan en la industria farmacéutica (ver apartado 4.5).

Esta área estará en concordancia con las funciones que se vayan a ejercer y de acuerdo con la superficie total del SFH.

Tanto el local como las dimensiones se adaptarán a las formas galénicas que se preparen en esta área.

Las superficies de los techos, suelos y paredes serán lisas y sin grietas, para su fácil limpieza. Se protegerán frente a insectos y roedores.

Su objetivo es la elaboración de fórmulas de medicamentos que no se realizan en la industria farmacéutica.

20. b) Además de la dispensación intrahospitalaria también se realiza la extrahospitalaria (ver apartado 4.3.1).

Los Servicios de Farmacia hospitalarios pasan a tener que dispensar en régimen ambulatorio los denominados medicamentos de Uso Hospitalario, es decir, medicamentos que solo pueden ser prescritos por especialistas adscritos al centro hospitalario y dispensados exclusivamente por los Servicios de Farmacia hospitalarios

Una de las funciones básicas a realizar por los Servicios Farmacéuticos hospitalarios es la dispensación de la medicación necesaria para los pacientes ingresados sobre la base de las órdenes médicas.

21. b) Asistencial, administrativa, científica y asesora (ver apartado 4).

El servicio de farmacia hospitalaria se divide en cuatro áreas: asistencial, administrativa, científica y asesora.

22. a) La sección de farmacia clínica (ver apartado 4).

Farmacia clínica

Es la sección encargada de evaluar los fármacos terapéuticamente más eficaces y seguros para el paciente, teniendo en cuenta también una adecuada calidad y coste.

23. d) Todas las respuestas son correctas (ver apartado 4).

La estructura de un Servicio de Farmacia debe cumplir una serie de **objetivos** tales como:

– Ubicación del Servicio de Farmacia en la zona más idónea del hospital, en función de las prestaciones del mismo como Servicio central del hospital.

– Reducir los desplazamientos internos dentro del mismo servicio para poder desarrollar las actividades.

– Las áreas que se establezcan deben ser modificables o ampliables en función de las necesidades no solo actuales sino también futuras.

- Aquellas zonas que soporten más volumen de trabajo tendrán prioridad en la distribución del espacio.

- La planificación del SF es el resultado del consenso de todo el personal que trabaja en el mismo (enfermeros, auxiliares de enfermería, técnicos de farmacia, celadores, auxiliares administrativos y farmacéuticos).

24. d) 24 horas (ver apartado 4.3.3).

Cantidad disponible: no debe disponerse en los servicios clínicos o estaciones de enfermería de dosis de medicamentos mayores a las necesarias para 24 horas. Los medicamentos serán almacenados en las condiciones señalas por el fabricante y las demás normas sobre la materia.

25. a) Área de elaboración o de preparación de formas farmacéuticas no estériles, Área de reenvasado y Área de análisis y control de medicamentos (ver apartado 4.5).

Esta área se divide en:

- **Área de elaboración o de preparación de formas farmacéuticas no estériles**. En ella se efectuarán las operaciones de elaboración, acondicionamiento, etiquetado y control de una forma farmacéutica. El tamaño será el suficiente para evitar los riesgos de confusión y contaminación durante los procesos que se realicen en la preparación de estas fórmulas. En ella se preparan:

  * Fórmulas magistrales de petición intrahospitalaria.

  * Fórmulas normalizadas.

  * Elaboración de preparados orales, dermatológicos, soluciones antisépticas y sólidos orales.

- **Área de reenvasado**: el sistema de dispensación de medicamentos en dosis unitarias implicará la necesidad de reenvasar de forma individualizada todas las especialidades farmacéuticas ya sean sólidas, líquidas o polvos. El volumen de esta unidad irá en consonancia con las camas del hospital y el volumen de su prescripción (ya estudiado en el punto de dispensación intrahospitalaria).

- **Área de análisis y control de medicamentos**: debe estar próxima al área de elaboración pero al mismo tiempo debe contar con la suficiente independencia que evite posibles errores y confusiones entre la misma y el área de elaboración. El objetivo de esta zona es el de garantizar la calidad de las preparaciones que se realicen.

26. d) En la zona de biblioteca (ver apartado 4.7.1).

- **Zona de biblioteca**: donde se almacenan las revistas, libros y material en soporte informático, básicas para llevar a cabo una adecuada información sobre medicamentos.

27. d) De dispensación, de elaboración o farmacotecnia, y de farmacia clínica (ver apartado 4).

Asistencial

Esta área se subdivide en las secciones de dispensación, elaboración o farmacotecnia, y farmacia clínica.

28. c) En la sección de farmacotecnia (ver apartado 4).

Elaboración o farmacotecnia

Es la sección en la que se preparan las fórmulas magistrales y normalizadas, mezclas parenterales, citostáticos, nutrición parenteral y enteral. También en esta sección se envasarán y etiquetarán los productos, se reenvasarán las formas orales y líquidas, se realizarán los análisis y se ejercerá el control sobre las materias primas o los productos elaborados.

29. c) La sección administrativa (ver apartado 4).

Administrativa

Sección encargada de la gestión de compras y almacén, de realizar estadísticas de consumo y de los costes, y del mantenimiento del sistema informático.

30. c) En la sección de farmacotecnia (ver apartado 4).

Elaboración o farmacotecnia

Es la sección en la que se preparan las fórmulas magistrales y normalizadas, mezclas parenterales, citostáticos, nutrición parenteral y enteral. También en esta sección se envasarán y etiquetarán los productos, se reenvasarán las formas orales y líquidas, se realizarán los análisis y se ejercerá el control sobre las materias primas o los productos elaborados.

31. d) Todas las respuestas son correctas (ver apartado 4.3).

Las etiquetas o rótulos de los medicamentos que se reempaquen o reenvasen deben asegurar la máxima legibilidad, contraste y durabilidad.

Deben contener básicamente la información siguiente:

– Nombre del medicamento, bajo la Denominación Común Internacional.

– Forma farmacéutica y vía de administración.

– Concentración del contenido final.

– Indicaciones especiales de almacenamiento, preparación y administración.

– Fecha de vencimiento.

– Número de lote.

32. b) 100 camas (ver apartado 1).

Es obligatorio el establecimiento de un servicio de farmacia hospitalaria:

– En todos los hospitales que dispongan de cien o más camas.

– En aquellos hospitales de menos de cien camas que, en función de la tipología y volumen de actividad asistencial que implique una especial cualificación en el empleo de medicamentos, se determinen reglamentariamente (las autoridades competentes en materia de salud podrá autorizar un servicio de farmacia hospitalaria, tanto en los hospitales de menos de cien camas como en los centros de atención especializada que así se considere necesario por la complejidad o cantidad de medicación que se utilice en el centro).

Será obligatorio el establecimiento de un depósito de medicamentos en los hospitales que dispongan de menos de cien camas.

33. d) Todas son funciones (ver apartado 2.1).

Funciones:

Participar en el proceso multidisciplinar de selección de los medicamentos y productos para alimentación artificial precisos para el hospital, bajo criterios de eficacia, seguridad, calidad y economía.

– Velar por el uso adecuado de los medicamentos dentro del Hospital, dando soporte a todas las tareas asistenciales del mismo.

– Editar y distribuir, en colaboración con los profesionales sanitarios implicados, la guía farmacoterapéutica del centro, detallando los medicamentos para su empleo en el hospital.

– Adquirir y suministrar los medicamentos seleccionados y productos para alimentación artificial, asumiendo la responsabilidad de su calidad, cobertura de las necesidades, almacenamiento, periodo de validez, conservación, custodia, distribución y dispensación.

– Elaborar y dispensar fórmulas magistrales o preparados oficinales de acuerdo con las normas de correcta fabricación y los controles de calidad reglamentarios, cuando razones de disponibilidad o eficiencia lo hagan necesario o conveniente, etc.

34. a) Nutrición enteral (ver apartado 4.7.2).

La unidad de terapia intravenosa permitirá preparar:

– Mezclas intravenosas.

– Nutriciones parenterales.

– Otras mezclas de administración intravenosa: de acuerdo con el volumen de carga del servicio, se planificará qué tipo de mezclas pueden elaborarse.

– Citostáticos.

35. b) AEMPS (ver apartado 5.1.2).

Las alertas farmacéuticas son documentos elaborados por AEMPS con la finalidad de notificar un posible defecto o alteración de la calidad o seguridad de un medicamento (ya sea de uso humano o veterinario), de un producto sanitario, de un producto de higiene o de un cosmético.

36. a) Este catálogo pertenece a la colección Consejo Plus, que se actualiza cada cinco años, junto con el catálogo de Medicamentos, Catálogo de plantas Medicinales, BOT Plus, BOT Plus PDA y la revista Panorama Actual del Mediterráneo (ver apartado 5.2.1).

Este catálogo pertenece a la colección Consejo Plus, que se actualiza cada año, junto con el catálogo de Medicamentos, Catálogo de plantas Medicinales, BOT Plus, BOT Plus PDA y la revista Panorama Actual del Mediterráneo.

37. c) El Consejo general del Colegio Oficial farmacéutico (ver apartado 5.2.2).

El BOT Plus es un programa informático del CGCOF que presenta la información farmacológica de todos los medicamentos de uso humano y veterinario, las plantas medicinales y los productos de parafarmacia que podemos encontrar, y que actualiza semanalmente a través de internet.

38. b) Semanalmente a través de internet (ver apartado 5.2.2).

El BOT Plus es un programa informático del CGCOF que presenta la información farmacológica de todos los medicamentos de uso humano y veterinario, las plantas medicinales y los productos de parafarmacia que podemos encontrar, y que actualiza semanalmente a través de internet.

39. d) Todas son correctas (ver apartado 5.2.3).

Esta guía es el método más eficaz para racionalizar la terapéutica porque permite:

- Saber si un principio activo está incluido en el ámbito hospitalario.
- Conocer la dosis y presentación.
- Saber el grupo terapéutico al que pertenece.

40. b) Nomenclátor de laboratorios, es decir, un listado de los laboratorios con las especialidades que fabrican (ver apartado 5.2.3).

El **contenido** de la GFT es:

- Normas para la petición de medicamentos.
- Abreviaturas médicas y farmacéuticas.
- Horarios de dispensación.

- Impresos de petición.

- Medicamentos existentes en el hospital: nombres genéricos y comerciales o registrados, preciso, etc.

- Descripción de los medicamentos: dosis, forma farmacéutica, advertencias, etc.

- Política de antibióticos, antisépticos y desinfectantes.

- Programas de fármaco-vigilancia.

- Unidades, diluciones y administraciones particulares.

41. a) Es un catálogo de especialidades farmacéuticas (ver apartado 5.2.5).

Este catálogo contiene todos los medicamentos comercializados en España. El más utilizado es el Catálogo de especialidades farmacéuticas, editado por el Consejo General de Colegios Oficiales de Farmacéuticos.

42. d) Todas son correctas (ver apartado 5.2.5).

En él se encuentra/n:

- Condiciones de conservación y dispensación de los medicamentos.

- Símbolos del cartonaje y Abreviaturas.

- Calificación con respecto a las normas establecidas por la Seguridad Social.

- Nomenclátor de laboratorios, es decir, un listado de los laboratorios con las especialidades que fabrican.

- Nombre comercial y laboratorios fabricantes.

- Grupo terapéutico al que perteneces.

- Clasificación anatomoterapéutica de las especialidades farmacéuticas.

- Página donde se recoge la monografía de la especialidad.

- Índice farmacológico de los diferentes principios activos.

- Principios activos y especialidades registradas.

- Medicamentos extranjeros.

- Legislación, que contiene la Ley del Medicamento, además de otras normativas.

- Toxicología.

- Interacciones de medicamentos con alimentos.

- Medicamentos de uso en embarazo, lactancia, niños y ancianos.

- Otros datos de interés, como el índice de enfermedades, principios que dan positivo en el control antidopaje, etc.

43. c) Es editada por el CGCOF (ver apartado 5.2.6).

Guía de prescripción

Editado por el Consejo General del Colegio Oficial de Farmacéuticos, y que recoge una información actualizada y estructurada de los medicamentos existentes en el mercado.

44. b) Formulario Nacional (ver apartado 5.2.7).

El Formulario Nacional es un libro editado por la Agencia Española de Medicamentos y Productos Sanitarios, de obligado acceso para las farmacias y servicios de farmacia.

Los procedimientos normalizados tanto de trabajo como de elaboración y control de preparados farmacéuticos y fórmulas magistrales se detallan en el Formulario Nacional, en el que se detallan 81 Monografías de Materias Primas, 21 Monografías de Fórmulas Magistrales Tipificabas, 48 Monografías de Preparados Oficiales y los Procedimientos Normalizados de Trabajo.

El Formulario Nacional contiene, en forma de monografías, las fórmulas magistrales tipificadas y los preparados oficiales reconocidos como medicamentos, sus categorías, indicaciones y materias primas que intervienen en su composición y preparación, así como las normas de correcta preparación y control de aquellos.

45. a) Procedimiento general (ver apartado 5.2.7.2).

El Código PN/L/PG/001/00 corresponde a Procedimiento general; PN de elaboración de los procedimientos normalizados de trabajo.

46. c) Procedimiento de operaciones farmacéuticas (ver apartado 5.2.7.2).

PNT de operaciones farmacéuticas

Describe los principales procesos como la pesada, el mezclado de polvos, la desagregación y la tamización.

Ejemplos:

PN/L/OF/001/00 PN de pesada.

PN/L/OF/002/00 PN de mezclado.

PN/L/OF/003/00 PN de desagregación.

PN/L/OF/004/00 PN de tamización.

47. d) Todas son correctas (ver apartado 5.2.8).

Es el libro oficial que recoge las normas específicas y de obligado cumplimiento en material de farmacopea en España.

Recopila normas específicas redactadas en las monografías que describen la calidad física, química y biológica de las sustancias medicinales y los excipientes destinados a uso humano y veterinario, así como los métodos analíticos para su control. Se divide en seis apartados.

48. a) Es la fórmula magistral recogida en el Formulario Nacional, por razón de su frecuente uso y utilidad (ver apartado 5.2.7.3).

También hay monografías de las fórmulas magistrales tipificadas (fórmulas magistrales descritas en el Formulario Nacional) y los preparados oficinales (fórmulas que se elaboran según se describe en el Formulario Nacional; pueden prepararse por lotes, anticipándose a la demanda de los pacientes). Finalmente hay monografías de fitoterapia con descripción de los principios activos y de los preparados oficinales.

49. a) Real Farmacopea (ver apartado 5.2.8).

Es el libro oficial que recoge las normas específicas y de obligado cumplimiento en material de farmacopea en España, la calidad físico-química y biológica que deben cumplir las sustancias medicinales y excipientes, la normativa de la Farmacopea Europea las monografías nacionales las que figuran de actualidad profesional y ámbito farmacéutico.

50. a) Libro oficial recetario (ver apartado 5.3.1).

El libro recetario es un libro oficial de tenencia obligatoria en el servicio de farmacia que lo edita el Ministerio de Sanidad, se adquiere en el Colegio de Farmacéuticos correspondiente y lo valida el organismo competente de Sanidad con su sello en todas las páginas, y con una diligencia y la firma del inspector/a en la primera página.

51. a) Ministerio de Sanidad (ver apartado 5.3.1).

El libro recetario es un libro oficial de tenencia obligatoria en el servicio de farmacia lo edita el Ministerio de Sanidad, se adquiere en el Colegio de Farmacéuticos correspondiente y lo valida el organismo competente de Sanidad con su sello en todas las páginas, y con una diligencia y la firma del inspector/a en la primera página.

52. b) Sustancias naturales o sintéticas (es sustancia medicinal que provoca sueño o estupor y, en la mayoría de los casos, inhibe la transmisión de señales nerviosas asociadas al dolor) incluidas en las listas I y II de los anexos del Convenio único de 1961 de Naciones Unidas sobre estupefacientes y los demás que adquieran dicha consideración en los ámbitos internacionales y nacionales (ver apartado 5.3.3).

Se consideran **estupefacientes** a las sustancias naturales o sintéticas (es sustancia medicinal que, provoca sueño o estupor y, en la mayoría de los casos, inhibe la transmisión de señales nerviosas asociadas al dolor) incluidas en las Listas I y II de los anexos del Convenio único de 1961 de Naciones Unidas sobre estupefacientes y los demás que adquieran dicha consideración en los ámbitos internacionales y nacionales.

53. a) Sustancias psicotrópicas (sustancias medicinales que actúan sobre el sistema nervioso central lo cual trae como consecuencia cambios temporales en la percepción, ánimo, estado de conciencia y comportamiento) a que se refieren las listas I, II, III y IV del anexo uno y la relación de sustancias no incluidas en dichas listas del anexo dos del Real Decreto 2829/1977 o bien aquellas que hayan sido incluidas posteriormente (ver apartado 5.3.3).

Se consideran **psicótropos** a las sustancias psicotrópicas (sustancias medicinales que actúan sobre el sistema nervioso central lo cual trae como consecuencia cambios temporales en la percepción, ánimo, estado de conciencia y comportamiento) a que se refieren las Listas I, II, III y IV del Anexo uno y la relación de sustancias no incluidas en dichas listas del Anexo II del Real Decreto 2829/1977 o bien aquellas que hayan sido incluidas posteriormente.

54. b) ECM, fórmulas magistrales y preparados oficinales que requieran receta, psicotrópicos (ver apartado 5.3.1).

En él se inscriben los siguientes medicamentos:

– Fórmulas magistrales y preparados oficinales que requieran receta médica.

– Medicamentos que incluyen sustancias psicotrópicas.

– Cualquier medicamento de uso humano prescrito en receta veterinaria.

55. a) Mediante talonario oficial con vales (ver apartado 5.3.3.5).

Para la adquisición de estupefacientes se utiliza el talonario oficial con vales. Los vales van en los talonarios numerados y sellados, unidos a una matriz y se solicitan a la Delegación Provincial de la Consejería de Salud de la correspondiente comunidad autónoma o similar.

56. c) Folios numerados del uno al quinientos (ver apartado 5.3.3.1).

Los folios están numerados del uno al doscientos, encabezados por la denominación de la especialidad o sustancia estupefaciente. Se cumplimentan como libro de contabilidad, anotando las entradas, las salidas y las existencias que quedan en cada momento (saldo). No deben dejarse líneas en blanco ni hacer raspaduras. Cualquier incidencia en la transcripción debe explicarse. Cuando se acaba una hoja debe pasarse a otra anotando el destino y el origen en cada una de ellas.

TEST N.º 11

Organización del almacén. Recepción. Almacenamiento: sistemas de ordenación de productos, termolábiles, medicamentos peligrosos, inflamables, fotosensibles. Sistemas automáticos de almacenamiento. Control de caducidades. Sistema de devoluciones

1. Entendemos como almacén:

a) El espacio de un laboratorio farmacéutico o de un distribuidor en el que se guardan los medicamentos producidos.

b) El lugar en el que los establecimientos de farmacia guardan los productos que han adquirido y que no tienen previsto vender de forma inmediata.

c) El conjunto de productos e instrumentos de un establecimiento de farmacia.

d) Todas son correctas.

2. El conjunto de artículos y materiales que posee un centro asistencial en espera de su utilización posterior en las diferentes secciones o unidades de la misma se denomina:

a) Artículos.

b) Almacenamiento.

c) Productos.

d) *Stock.*

3. Señala el enunciado correcto en relación con el funcionamiento del almacén sanitario:

a) Solicitar el reabastecimiento.

b) Recepción y registro de los materiales suministrados.

c) Rechazo del material que no satisfaga los requisitos del pedido.

d) Todos son enunciados correctos.

4. Las técnicas más comunes de recepción de pedidos son:

a) Abastecimiento a demanda y reposición.

b) Reposición diaria y masiva.

c) Reposición diaria y automática.
d) Registro y control.

5. Indica la respuesta correcta con relación a la reposición automática de los productos dispensados por el sistema de gestión de pedidos:

a) Coincide con el número máximo de unidades existentes.
b) Indica las existencias generales en almacén.
c) Propone órdenes de pedidos de los productos que han superado un límite mínimo de unidades establecidas previamente.
d) Informa sobre el margen de existencias utilizables.

6. Una vez emitida la orden de pedido, el proveedor prepara el suministro de los productos solicitados junto a la documentación correspondiente. El documento que acompaña a los productos entregados se denomina:

a) Factura.
b) Nota de abono.
c) Albarán.
d) Registro.

7. Señala qué dato no figura en un albarán:

a) Datos del proveedor.
b) Ficha de almacén.
c) Datos del cliente.
d) Fecha de envío.

8. El albarán es:

a) El documento por el que la Oficina de Farmacia solicita el suministro de determinados productos a un proveedor.
b) El documento que acompaña al pedido en el momento de su entrega al comprador.
c) Es un documento mercantil que recoge toda la información de una operación de compraventa.
d) Es un documento en el que se registran las devoluciones realizadas.

9. Son productos de reposición diaria aquellos que:

a) Quedan por debajo del *stock* mínimo o están predefinidos como artículos de reposición diaria.
b) Tienen un gran consumo todo el año.
c) Se dispensan en dosis unitarias.
d) Ninguna es correcta.

10. Señala cuál es un artículo de reposición diaria en un SFH:

a) Productos termolábiles.
b) Productos estupefacientes.
c) Vacunas individualizadas.
d) Todas son correctas.

11. Según el principio de Pareto, los productos de mayor valor económico se clasifican dentro del grupo:

a) A.
b) B.
c) C.
d) D.

12. Según la clasificación ABC para el control de inventarios, los artículos A suponen:

a) El 75 % del valor del inventario total y el 10 % de los artículos.
b) El 20 % del valor del inventario total y el 25 % de los artículos.
c) El 5 % del valor total y el 65 % de los artículos.
d) El 50 % del valor del inventario total y el 50 % de los artículos.

13. Señala el enunciado correcto en relación con el Método de Pareto:

a) Clasifica los *stocks* según el valor del producto.
b) Se denomina también método ABC.
c) Clasifica los *stocks* según el uso del producto.
d) Las respuestas a) y b) son correctas.

14. Según el método de Paretto, los artículos del Grupo C:

a) Son artículos de elevado coste, por lo que no pueden almacenarse en grandes cantidades.
b) Son artículos con poco valor relativo, y gran volumen.
c) Son artículos de pequeño valor y pequeño volumen.
d) Son artículos de pequeño valor y gran volumen.

15. ¿Cómo se denomina al material que se consume con el uso y en general tiene un periodo corto de vida?

a) Inventariable.
b) Perecedero.
c) Fungible.
d) Activo.

16. ¿Cómo se denominan los materiales de vida larga y de poco uso del almacén?

a) Perecederos.
b) Inventariables.
c) Fungibles.
d) Ninguna de las anteriores.

17. ¿Cuál es la precaución que se debe tomar al utilizar un medicamento fotosensible?

a) Debe protegerse de la luz.
b) Debe protegerse del sol.
c) Debe protegerse de los rayos ultravioletas.
d) Debe protegerse de la luz y el calor.

18. ¿Cuál es la precaución que se debe tomar al utilizar un medicamento termolábil?

a) Debe protegerse de la luz.
b) Debe protegerse del frío.
c) Debe protegerse de los rayos ultravioletas.
d) Debe protegerse del calor.

19. Se denomina producto higroscópico:

a) Al que se altera por acción del agua.
b) Al que se altera si no tiene agua.
c) Al que se altera por acción de la luz directa.
d) Al que se altera por el calor.

20. El siguiente pictograma significa:

a) Explosivo.
b) Inflamable.
c) Comburente.
d) Tóxico.

21. Señala el significado del siguiente pictograma:

a) Tóxico.
b) Nocivo.
c) Irritante.
d) Comburente.

22. El material termolábil para su almacenamiento:

a) Necesita refrigeración.
b) Necesita esterilización.
c) Necesita condiciones especiales.
d) Necesita acondicionamiento de la temperatura.

23. Se denomina producto perecedero:

a) Aquel que tiene una vida determinada de duración.
b) Aquel que necesita refrigeración.
c) Aquel que necesita ser custodiado.
d) Aquel que se altera por acción del agua.

24. Señala el significado del siguiente pictograma:

a) Inflamable.
b) Explosivo.
c) Comburente.
d) Tóxico.

25. Se entiende por stock:

a) Aquellos bienes o productos que están destinados a ser vendidos o dispensados mediante la actividad principal de la empresa.
b) Al almacenamiento de productos para atender la demanda extraordinaria del hospital.
c) Al almacenamiento que permite atender la demanda con la mayor rentabilidad del capital invertido.
d) Aquellos productos y recursos materiales que no se están utilizando en el momento determinado.

26. El stock formado por todos los productos expuestos al público en las oficinas de farmacia se denomina:

a) *Stock* mínimo.
b) *Stock* vivo.
c) *Stock* óptimo.
d) *Stock* ciego.

27. ¿Cómo se denomina al stock que permite cubrir la demanda con la mínima inversión y el mínimo almacenaje?

a) *Stock* vivo.
b) *Stock* ciego.

c) *Stock* óptimo.
d) *Stock* total.

28. En relación con el coeficiente de rotación de un stock, señala lo correcto:

a) Es el número de veces que se ha utilizado el *stock* en un periodo de tiempo determinado, generalmente un año.
b) Se considera que el *stock* es óptimo cuando tiene un coeficiente de rotación de entre 6 y 8.
c) La rotación de producto es alta cuando se venden y reponen en muchas unidades.
d) Todas son correctas.

29. La previsión perfecta de un almacén tiene en cuenta:

a) El tiempo.
b) El número de unidades.
c) El stock máximo, minino y activo.
d) Todo lo anterior lo tiene en cuenta.

30. ¿Cómo se denomina al volumen de un determinado artículo que tenemos en el almacén por encima de los que se va a necesitar?

a) Gestión de *stock*.
b) *Stock* de seguridad.
c) *Stock* sobrante.
d) *Stock* activo.

31. Para la valoración de existencias de un almacén se puede emplear:

a) El cálculo del Precio Medio Ponderado de los productos.
b) El cálculo del montante económico por facturas pagadas.
c) El cálculo según registro de salidas de productos de almacén.
d) El cálculo mediante inventario manual de existencias.

32. De los sistemas de cálculo que se pueden utilizar en la valoración de existencias, señala la respuesta correcta:

a) El método LIFO calcula el valor de existencias de un producto considerando que la primera unidad que entro en el almacén sale la última.
b) El método FIFO calcula el valor de existencias de un producto considerando que la última unidad que entró en el almacén es la última que sale.
c) El método FIFO calcula el valor de existencia de un producto considerando que la primera unidad que entró en el almacén es la primera que sale.
d) El sistema LIFO calcula el valor de existencias de un producto considerando que la última unidad que entró en el almacén es la última que sale.

33. Señala la respuesta correcta en relación con el método conocido como "precio medio ponderado" para la valoración de existencias del almacén:

a) Utiliza el precio de las existencias más antiguas.
b) Utiliza el precio de las existencias que se recibieron antes.
c) Utiliza el valor medio de la adquisición de todas las existencias.
d) No se utiliza para valorar existencias.

34. Las aplicaciones informáticas utilizadas en la gestión de almacén permiten ofrecer:

a) La generación de pedidos.
b) Valorar las existencias en un momento dado.
c) Anotar encargos.
d) Todas son correctas.

35. Indica el periodo de tiempo dentro del cual debe efectuarse la devolución de los medicamentos caducados:

a) En el mes siguiente a la fecha de caducidad.
b) En los tres meses siguientes a la fecha de caducidad.
c) En los 5 años siguientes a la fecha de caducidad.
d) A los seis meses siguientes a la fecha de caducidad.

36. El encargado del almacén le ruega al Técnico que tenga muy en cuenta que las mercancías han de estar ordenadas siempre según el criterio FIFO; tal criterio hace referencia a:

a) Primero en entrar, último en salir.
b) Último en entrar, primero en salir.
c) Primero en entrar, primero en salir.
d) Salidas por fechas de caducidad.

37. En relación al Código Nacional no es cierto que:

a) El CN es un sistema de identificación rápido, cuyo objeto es ayudar y facilitar la gestión de las oficinas de farmacia y servicios de farmacia hospitalaria, haciendo posible la adquisición de los medicamentos, efectos y accesorios, productos de parafarmacia que se encuentran en el mercado nacional, mediante el tratamiento informático de los indicados productos.
b) El Código Nacional es un número de 7 cifras que permite identificar los distintos productos farmacéuticos,
c) El Consejo General de Colegio Oficial de Farmacéuticos asigna el Código Nacional a los productos farmacéuticos.

d) Se establece que todo medicamento contenga impreso en su cartonaje el Código Nacional en el ángulo superior izquierdo de la cara principal, y en el cupón precinto las dispensables por la Seguridad Social.

38. Un código de barras es:

a) Una etiqueta con un número determinado de barras negras inscritas en ella, que proporcionan información sobre el producto.
b) Un código identificativo propio de cada almacén.
c) Un código de referencia.
d) La forma ordenada de realizar los pedidos a proveedores.

39. El número de veces que se consume y repone la mercancía a lo largo del año se llama:

a) *Stock*.
b) Rotación.
c) Alternancia.
d) Existencias.

40. Si al final de año se desean conocer con exactitud las existencias del almacén, habrá de realizarse un:

a) Inventario.
b) Valoración.
c) Diagrama de flujos.
d) Pareto.

41. Las normas de seguridad e higiene en los almacenes sanitarios tienen como objetivo:

a) Mejorar el aspecto del Servicio de Farmacia.
b) Prevenir los riesgos laborales.
c) Facilitar la entrada de los usuarios.
d) Todas las respuestas anteriores son correctas.

42. Los medicamentos caducados que los pacientes llevan a las farmacias para deshacerse de ellos:

a) Deben depositarse en los contenedores específicos para ellos.
b) Deben tirarse al cubo de la basura.
c) Deben reetiquetarse.
d) Deben llevarse al punto limpio.

43. El inventario es:

a) Una lista detallada del recuento físico de todas las existencias que posee una empresa que tiene valor monetario.

b) El volumen de existencias que se tiene en el almacén, por encima de lo que normalmente se espera necesitar, para hacer frente a las fluctuaciones en exceso de demanda o a retrasos imprevistos en la entrega de los pedidos.

c) Cantidad máxima que puede ser almacenada de un determinado producto.

d) Todas las respuestas anteriores son correctas.

44. El inventario permanente:

a) Se realiza una vez al año.

b) Se realiza diariamente el inventario de los artículos que han salido ese día.

c) Se realiza con la frecuencia que se haya establecido, teniendo en cuenta su valor económico y sus movimientos.

d) Se realiza semanalmente.

45. Señala el enunciado correcto en relación con el inventario:

a) Son sistemas de seguimiento de las existencias del almacén cada cierto tiempo.

b) Es un recuento manual e informático de todos los artículos del almacén.

c) Es un método más perfecto que las fichas del almacén.

d) La respuesta a) y c) son correctas.

46. Los productos termolábiles se identifican por:

a) Símbolo en forma de estrella.

b) Símbolo en forma de reloj de arena.

c) Símbolo con un termometro.

d) Ninguna es correcta.

47. Si deseamos coger el producto que tenga su fecha de caducidad más cercana al momento de la dispensación, elegiremos el situado:

a) Arriba, delante, a la derecha.

b) Arriba, atrás, a la derecha.

c) Abajo, delante, a la izquierda.

d) Abajo, atrás, a la izquierda.

48. La revisión de las caducidades de las existencias se realizarán:

a) Una vez al año.

b) Una vez al mes.

c) Cada seis meses.

d) Cuando se repone de manera masiva.

49. Exigen un control detallado con anotaciones de entradas, salidas y existencias e informes detallados a los servicios de Sanidad. Existe la obligación de almacenarlos en caja fuerte cerrada y con acceso restringido. Nos referimos a:

a) Fórmulas magistrales.
b) Materias primas para la formulación magistral.
c) Productos termolábiles.
d) Estupefacientes.

50. ¿Qué organismo asigna el Código Nacional a cada producto?

a) El Consejo General del Colegio Oficial de Farmacéuticos.
b) La Agencia Española de Medicamentos y Productos Sanitarios.
c) El Ministerio de Sanidad.
d) La Subdelegación de Sanidad de cada comunidad.

51. La devolución de medicamentos, productos sanitarios y/o principios activos se realiza por las siguientes causas, excepto una; indica cuál:

a) Por haberse alcanzado la fecha de caducidad.
b) Por anulación del registro.
c) Por error en el número de unidades realizadas bajo pedido.
d) Cese de actividad de un laboratorio.

52. El servicio de farmacia podrá realizar la devolución de estupefacientes caducados:

a) Directamente a los mayoristas junto con el resto de los medicamentos.
b) Siguiendo el protocolo estandarizado para todos los medicamentos.
c) Utilizando los correspondientes talonarios de vales oficiales.
d) Si alcanza un mínimo de unidades.

53. Con respecto a las aplicaciones informáticas para el control de pedidos en farmacia hospitalaria:

a) Solo almacenan datos para detectar el punto del *stock* mínimo.
b) Disponen de lectores ópticos que facilitan la adquisición, recepción y dispensación de los productos que llegan con el pedido.
c) No existe una conexión directa con los proveedores.
d) Son programas independientes del resto de gestión de farmacia hospitalaria.

54. Los sistemas de comunicación con el proveedor pueden ser:

a) Visita personal.
b) Fax.

c) Vía telefónica.
d) Todos son sistemas de comunicación con el proveedor.

55. En el caso de los productos que son retirados por la administración sanitaria competente, se debe:

a) Entregar una fotocopia del albarán de recepción.
b) Rellenar la hoja de control de devoluciones.
c) Entregar la hoja de pedido.
d) Solicitar la factura al proveedor.

Soluciones comentadas

1. **d) Todas son correctas (ver apartado 1).**

   Entendemos el almacén de tres formas distintas:

   – Como el espacio de un laboratorio farmacéutico o de un distribuidor en el que se guardan los medicamentos producidos.

   – Como el lugar en el que los establecimientos de farmacia guardan los productos que han adquirido y que no tienen previsto vender de forma inmediata.

   – Como el conjunto de productos e instrumentos de un establecimiento de farmacia.

2. **b) Almacenamiento (ver apartado 1).**

   Un almacén o depósito es el conjunto de artículos y materiales que posee un Centro Asistencial en espera de su utilización posterior en las diferentes secciones o unidades de la misma.

3. **d) Todos son enunciados correctos (ver apartado 1).**

   Son funciones del almacén:

   – Solicitar el reabastecimiento de los diferentes artículos cuando sea necesario.

   – Recepción y registro de los materiales suministrados.

   – Rechazo del material que no satisfaga los requisitos del pedido, acordando el procedimiento de devolución y reposición.

   – Acondicionar, proteger y conservar los artículos confiados a su cuidado.

   – Evitar las pérdidas y deterioros del material almacenado.

   – Distribuir adecuadamente los artículos a los servicios o unidades que los soliciten.

   – Establecer una adecuada rotación de *stock*s para evitar que los artículos caduquen, etc.

4. **c) Reposición diaria y automática (ver apartado 2).**

   Las dos técnicas de recepción de pedidos es la de reposición diaria y masiva. El pedido se puede realizar de manera automática, usada en reposición diaria, pero también se usan otros sistemas en casos de reposición ocasional o extraordinaria.

5. c) Propone órdenes de pedidos de los productos que han superado un límite mínimo de unidades establecidas previamente (ver apartado 2.1).

Control de existencias mínimas

El sistema propone órdenes de pedido de los productos dispensados que han superado un límite mínimo de número de unidades que se ha establecido previamente.

Cada producto tendrá asociado el proveedor correspondiente y la persona responsable de efectuar los pedidos decidirá si los ejecuta o no. La comunicación del pedido al mayorista se efectúa directamente desde el sistema informático a través de internet.

6. c) Albarán (ver apartado 2.3).

Cuando se emite la orden de pedido, el proveedor prepara el suministro de los productos solicitados junto con la documentación correspondiente. Cuando recibimos el pedido, viene acompañado por un documento de entrega, el albarán, o albarán-factura.

El albarán es el documento que acompaña a los productos entregados en el que figuran con detalle estos.

7. b) Ficha de almacén (ver apartado 2.3).

En este documento se encuentran los siguientes datos:

- Datos del proveedor.
- Datos del cliente.
- Fecha de envío.
- Número de albarán.
- Precios de los productos.
- Descuentos aplicados.
- IVA.
- El Recargo de equivalencia si procede.
- El importe total de la compra.

Una vez entregada la mercancía se debe firmar o sellar como confirmación de que la entrega se ha efectuado y es correcta.

En el caso de envíos de mayoristas, estos envían las mercancías con el albarán correspondiente sin pedir ninguna firma. En el caso de que surgiera algún problema, dan un plazo dentro del cual se soluciona sin ningún coste adicional.

8. b) El documento que acompaña al pedido en el momento de su entrega al comprador (ver apartado 2.3).

Cuando recibimos el pedido, viene acompañado por un documento de entrega, el albarán o albarán-factura.

9. a) Quedan por debajo del *stock* mínimo o están predefinidos como artículos de reposición diaria (ver apartado 2.4.1).

Son pedidos de reposición diaria aquellos que se efectúan a los mayoristas una, dos o tres veces diarias. El objetivo de estos pedidos es la reposición de los artículos dispensados que quedan por debajo del *stock* mínimo, o que se predefinen como artículos de reposición diaria y de los que hay muy pocas unidades en el almacén.

10. d) Todas son correctas (ver apartado 2.4.1).

Dentro de los artículos de reposición diaria encontramos:

– Productos termolábiles, que necesitan un transporte rápido que mantenga la continuidad en el control de la temperatura. Pueden ser colirios, vacunas, insulinas, algunos antibióticos, medicamentos especiales, etc.

– Productos estupefacientes que requieren unas condiciones de seguridad y control especiales.

– Vacunas individualizadas que requieren un proceso de encargo y elaboración especial.

– Productos de homeopatía y productos de fórmulas magistrales.

11. a) A (ver apartado 3.1).

Clasificación de *stocks* según Pareto

Grupo A: incluye artículos de elevado coste, por lo que no pueden almacenarse en grandes cantidades y, por ello, requieren un control para evitar que se agoten. Constituyen el 10 % del total de los productos, y el 75 % del valor de lo almacenado. Requieren un seguimiento exhaustivo.

12. a) El 75 % del valor del inventario total y el 10 % de los artículos (ver apartado 3.1).

Grupo A Constituyen el 10 % del total de los productos, y el 75 % del valor de lo almacenado.

13. d) Las respuestas a) y b) son correctas (ver apartado 3.1).

La Clasificación de stocks según el valor del producto se denomina método ABC, o de Pareto.

14. d) Son artículos de pequeño valor y gran volumen (ver apartado 3.1).

Grupo C: lo forman aquellos artículos que representan un escaso porcentaje del valor de los *stocks* y un gran número de unidades. Representan alrededor del 60 % de los productos, pero tan solo un 5 % del valor de las existencias. Su seguimiento debe ser poco exhaustivo, pues no es rentable.

15. c) Fungible (ver apartado 3.2).

Material fungible: es el material que se consume con el uso, en general tienen un periodo corto de vida, bien de una sola vez o en varias utilizaciones. Se suele distinguir en este grupo el material desechable (material de curas: algodón, gasas, guantes, etc.) y el material reutilizable (pequeño instrumental).

16. b) Inventariables (ver apartado 3.2).

Inventariables: son materiales de poco uso y de elevada consistencia, son reparables y tienen un tiempo de vida largo, además de ser más costosos. Dentro de estos materiales encontramos mobiliario, equipos, etc.

17. a) Debe protegerse de la luz (ver apartado 3.3).

Productos fotosensibles: se alteran por acción de la luz directa. Están protegidos por embalajes especiales que impiden la entrada de luz.

18. d) Debe protegerse del calor (ver apartado 3.3).

Productos termolábiles: se alteran por acción del calor, por lo que necesitan acondicionamiento de temperatura, que puede consistir desde el simple ambiente fresco (10-20 ºC) a refrigeración (2-8 ºC) o congelación. Se identifican por un símbolo en forma de estrella.

19. a) Al que se altera por acción del agua (ver apartado 3.3).

Productos higroscópicos: se alteran por acción de agua del medio. Están protegidos por embalajes especiales y sistemas de mantenimiento en seco.

20. b) Inflamable (ver apartado 3.3).

El pictograma es el de productos inflamables.

21. d) Comburente (ver apartado 3.3).

El pictograma corresponde al de productos peligrosos comburentes.

22. d) Necesita acondicionamiento de la temperatura (ver apartado 3.5).

Se guardan productos termolábiles (vacunas, muestras, fármacos, etc.). Estos productos deben conservarse a una temperatura entre 2 y 8 ºC. El almacenamiento de productos termolábiles requiere la instalación de frigoríficos industriales o la construcción de cámaras frigoríficas, dependiendo de la cantidad de medicamentos a almacenar.

23. a) Aquel que tiene una vida determinada de duración (ver apartado 3.3).

Productos perecederos: tienen un periodo de caducidad inferior a cinco años desde la fecha de fabricación. Todos ellos llevan en su embalaje un indicativo similar a un reloj de arena.

24. b) Explosivo (ver apartado 3.3).

El pictograma corresponde a sustancias peligrosas explosivas.

25. a) Aquellos bienes o productos que están destinados a ser vendidos o dispensados mediante la actividad principal de la empresa (ver apartado 4).

Denominamos *stock* o existencias a aquellos bienes o productos que están destinados a ser vendidos o dispensados mediante la actividad principal de la empresa.

26. b) *Stock* vivo (ver apartado 4).

Stock vivo: es el formado por todos los productos expuestos al público en las oficinas de farmacia.

27. c) *Stock* óptimo (ver apartado 4).

Stock óptimo: nivel de existencias de un producto que permite cubrir su demanda con la mínima inversión y el mínimo almacenaje.

28. d) Todas son correctas (ver apartado 4).

Coeficiente de rotación: número de veces que se ha utilizado el *stock* en un periodo de tiempo determinado, generalmente un año. Se considera que el *stock* óptimo debe tener un coeficiente de rotación de entre 6 y 8. La rotación de producto es alta cuando se venden y reponen muchas unidades, y baja en el caso opuesto.

29. d) Todo lo anterior lo tiene en cuenta (ver apartado 5.4).

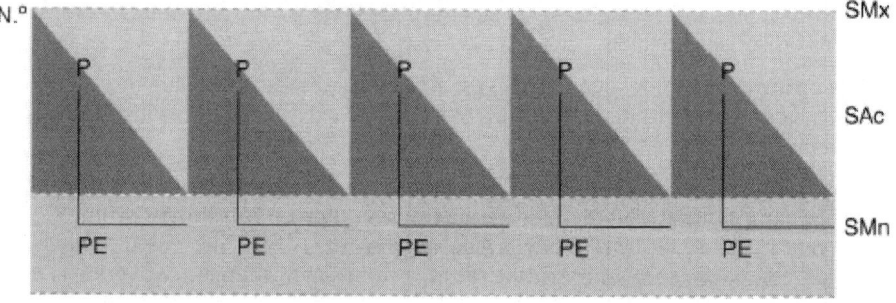

Modelo de evolución de las existencias de previsión perfecta

T: Tiempo

N.º: número de unidades

SMx: *stock* máximo

SMn: *stock* mínimo

SAc: *stock* activo

P: Punto de pedido

PE: plazo de entrega

30. b) *Stock* **de seguridad (ver apartado 5.4).**

– *Stock* de seguridad o mínimo (SMn): es el número de unidades del producto que tienes en el almacén cuando te llega el pedido. Su utilidad es poder hacer frente a un aumento inesperado en las ventas, o a un retraso en la entrega por parte del proveedor. Por tanto, en principio, no debe ser cero.

31. a) El cálculo del Precio Medio Ponderado de los productos (ver apartado 6.5.3).

Precio medio ponderado (PMP)

Este método intenta superar las desventajas de los dos anteriores valorando las mercancías almacenadas calculando la media ponderada del precio pagado por cada unidad en depósito. El precio obtenido es el que se aplica a las unidades que salen del almacén. Es el método más utilizado, con este método cada vez que se efectúe una nueva compra habrá que calcularse el precio medio ponderado de las existencias para aplicarlo a las salidas futuras.

32. c) El método FIFO calcula el valor de existencia de un producto considerando que la primera unidad que entró en el almacén es la primera que sale (ver apartado 6.5.1).

Método FIFO (*First in First out*)

Permite la valoración considerando que la primera mercancía que sale del almacén es la primera que entró, es decir, que se consumirán las existencias más antiguas. De esta manera, el material utilizado se valora al precio antiguo y las existencias aún disponibles se valoran a los precios actuales. Este método se aconseja cuando existe estabilidad de los precios, pues entonces se produce una sobrevaloración de las existencias, situación que no conviene desde el punto de vista contable.

33. c) Utiliza el valor medio de la adquisición de todas las existencias (ver apartado 6.5.3).

El precio medio ponderado PMO es un método de valoración de las existencias de un almacén y utiliza el valor medio del precio de la adquisición de todas las existencias.

34. d) Todas son correctas (ver apartado 8).

Las aplicaciones informáticas de gestión de almacenes ofrecen las siguientes posibilidades:

– Introducir proveedores y sus condiciones.

– Generar las fichas de almacén.

– Controlar los *stocks*, incluido el nivel de existencias de cada producto y su fecha de caducidad.

– Controlar las ventas o consumibles realizadas en diversos periodos.

- Generar pedidos.

- Valorar las existencias en un momento dado.

- Realizar la sustitución de un producto.

- Anotar encargos.

- Realizar la gestión de clientes.

- Incluir los pedidos recibidos en el *stock*.

- Realizar devoluciones.

- Generar listados, como medicamentos caducados y/o con fecha de caducidad próxima.

35. d) A los seis meses siguientes a la fecha de caducidad (ver apartado 10.1).

La devolución de medicamentos al almacén no podrá hacerse antes de la fecha que indica su límite de validez. Para su aceptación por el laboratorio fabricante, las devoluciones se realizarán:

– Por los servicios de farmacia al mayorista o al laboratorio antes de transcurrir seis meses a partir de su fecha de caducidad.

36. c) Primero en entrar, primero en salir (ver apartado 6.5.1).

Método FIFO (*First in First out*)

Permite la valoración considerando que la primera mercancía que sale del almacén es la primera que entró, es decir, que se consumirán las existencias más antiguas. De esta manera, el material utilizado se valora al precio antiguo y las existencias aún disponibles se valoran a los precios actuales. Este método se aconseja cuando existe estabilidad de los precios, pues entonces se produce una sobrevaloración de las existencias, situación que no conviene desde el punto de vista contable.

37. d) Se establece que todo medicamento contenga impreso en su cartonaje el Código Nacional en el ángulo superior izquierdo de la cara principal, y en el cupón precinto las dispensables por la Seguridad Social (ver apartado 7.1).

El Código Nacional es un número de 7 cifras que permite identificar los distintos productos farmacéuticos. El número del Código Nacional debe ir precedido de las siglas correspondientes al indicado código. El Consejo General de Colegio Oficial de Farmacéuticos asigna el Código Nacional a los productos farmacéuticos.

Se establece que todo medicamento contenga impreso en su cartonaje el Código Nacional en el ángulo superior derecho de la cara principal, y en el cupón precinto las dispensables por la Seguridad Social.

38. **a) Una etiqueta con un número determinado de barras negras inscritas en ella, que proporcionan información sobre el producto (ver apartado 7.2).**

Es una manera de identificación de productos muy frecuente. Este código combina barras paralelas y espacios que son leídos por dispositivos ópticos que transfieren la información al ordenador.

39. **b) Rotación (ver apartado 5.3).**

La rotación de existencias es el número de veces que se renueva el almacén a lo largo del año.

La rotación de existencias nos informa de cómo estamos gestionando el almacén, y de si compramos la cantidad adecuada para no tener carencias.

40. **a) Inventario (ver apartado 6.1).**

Inventario anual o tradicional: se realiza una vez al año y para ello es necesario bloquear los movimientos del almacén mientras se lleva a cabo. Este inventario se realiza al final del año. Como inconveniente presenta que, en caso de detectar errores, deberán revisarse las entradas y salidas de un largo periodo de tiempo.

41. **b) Prevenir los riesgos laborales (ver apartado 12.1).**

En los almacenes farmacéuticos se debe garantizar la seguridad de los trabajadores y para ello se debe desarrollar un sistema organizativo de prevención de riesgos en el ámbito laboral y asignar responsables para realizar las tareas preventivas correspondientes. Para ello se puede contratar una empresa externa especializada o personal de la propia empresa con formación sobre prevención de riesgos laborales homologada.

42. **a) Deben depositarse en los contenedores específicos para ellos (ver apartado 10.4).**

Si se trata de restos de medicamentos, se dispone de un contenedor del SIGRE (Sistema Integrado de Gestión y Recogida de Envases) que es el sistema de recogida selectiva de envases de medicamentos.

43. **a) Una lista detallada del recuento físico de todas las existencias que posee una empresa que tiene valor monetario (ver apartado 6).**

El inventario es el recuento físico de todas las existencias presentes en los almacenes, y generalmente se realiza una vez al año.

44. **b) Se realiza diariamente el inventario de los artículos que han salido ese día (ver apartado 6.1).**

Inventario permanente: consiste en inventariar diariamente las existencias de los artículos que han registrado movimiento durante la jornada laboral. Presenta como ventaja que, si se detectan errores, estos se identifican más rápidamente.

45. d) La respuesta a) y c) son correctas (ver apartado 6).

Los inventarios son sistemas de seguimiento de las existencias del almacén cada cierto tiempo. Es un recuento manual e informático de todos los artículos del almacén.

46. a) Símbolo en forma de estrella (ver apartado 3.3).

Productos termolábiles: se alteran por acción del calor, por lo que necesitan acondicionamiento de temperatura, que puede consistir desde el simple ambiente fresco (10-20 ºC) a refrigeración (2-8 ºC) o congelación. Se identifican por un símbolo en forma de estrella.

47. a) Arriba, delante, a la derecha (ver apartado 3.4).

Son recomendaciones para un almacenaje eficiente:

– Reponer de atrás hacia delante, de abajo arriba y de izquierda a derecha. Primero se coge el de delante, el de más arriba o el de más a la derecha, así siempre se coge el más antiguo. Todos los profesionales deben almacenar, reponer y dispensar de la misma manera.

48. c) Cada seis meses (ver apartado 3.4).

Son recomendaciones para un almacenaje eficiente:

– Reponer de atrás hacia delante, de abajo arriba y de izquierda a derecha. Primero se coge el de delante, el de más arriba o el de más a la derecha, así siempre se coge el más antiguo. Todos los profesionales deben almacenar, reponer y dispensar de la misma manera.

– El personal que almacena y dispensa debe conocer los criterios de ordenación establecidos.

– Se debe procurar separar los productos similares para evitar errores.

– Reservar más o menos espacio para cada producto según su frecuencia de dispensación.

– Cada seis meses se revisarán las caducidades de las existencias.

49. d) Estupefacientes (ver apartado 3.7).

La normativa sanitaria obliga a llevar un control detallado de los estupefacientes con anotaciones de entradas, salidas y existencias de cada uno ellos y con envío periódico de la información y sus movimientos a los servicios de Sanidad (tanto la recepción como la dispensación de estupefacientes quedan registradas en el Libro de Contabilidad de estupefacientes del Servicio de Farmacia).

Las unidades de hospitalización solicitaran al servicio de farmacia los estupefacientes con el correspondiente vale de estupefacientes.

Para su almacenamiento y conservación, existe la obligación de guardarlos en una caja fuerte cerrada y con acceso restringido.

50. a) El Consejo General del Colegio Oficial de Farmacéuticos (ver apartado 7.1).

El Código Nacional es un número de 7 cifras que permite identificar los distintos productos farmacéuticos. El número del Código Nacional debe ir precedido de las siglas correspondientes al indicado código. El Consejo General de Colegio Oficial de Farmacéuticos asigna el Código Nacional a los productos farmacéuticos.

51. c) Por error en el número de unidades realizadas bajo pedido (ver apartado 10).

La devolución de medicamentos, productos sanitarios y/o principios activos se realiza, en centros hospitalarios, por diversas razones o causas:

– Por haberse alcanzado la fecha de caducidad.

– Por anulación del registro.

– Por inmovilización del medicamento.

– Retirada del mercado de un determinado lote debidamente autorizado.

– Deterioro del producto.

– Alerta sanitaria.

– Cese de la actividad del laboratorio.

– Comerciales.

52. c) Utilizando los correspondientes talonarios de vales oficiales (ver apartado 10.1).

En el caso de estupefacientes caducados estos se devolverán al almacén de distribución o laboratorio y se utilizarán los correspondientes talonarios oficiales de vales de estupefacientes.

53. b) Disponen de lectores ópticos que facilitan la adquisición, recepción y dispensación de los productos que llegan con el pedido (ver apartado 11).

Tanto para la adquisición y dispensación como para la recepción de los productos que llegan con el pedido, el almacén de recepción de farmacia hospitalaria dispone de lectores ópticos que ahorran el trabajo de introducción manual de códigos.

54. d) Todos son sistemas de comunicación con el proveedor (ver apartado 2.2).

Los sistemas de comunicación con el proveedor pueden ser:

– Vía telefónica: en estos pedidos se recomienda guardar una copia del pedido y, si es posible, que el proveedor mande confirmación del pedido solicitado.

- Visita personal: un representante de la empresa proveedora registra la compra en el impreso de pedido. Pide conformidad con una firma o sello de la oficina de farmacia o institución sanitaria y entrega una copia al comprador. Actualmente se utiliza el sistema de recogida de pedidos de forma personal con un terminal conectado al teléfono móvil y a un sistema de impresión instantáneo que emite una copia para el comprador.

- Fax: la ventaja que tiene la utilización del fax es que podemos conservar una copia del pedido, pero no hay confirmación de pedido, por ello se debe solicitar la confirmación de su recepción.

- Correo electrónico: las empresas proveedoras proporcionan listados de sus productos en formato electrónico para facilitar el pedido, en estos casos solo hay que rellenarlos y devolverlos como respuesta al remitente. Se puede realizar el pedido por internet con confirmación casi instantánea.

55. b) Rellenar la hoja de control de devoluciones (ver apartado 10.3).

El modo de actuación en estos casos es el siguiente:

- El servicio de farmacia recibe por parte del Colegio la alerta para la retirada de algún producto que debe ser retirado del mercado, la retirada de algún lote de medicamentos, la suspensión cautelar de algún medicamento, etc.

- Una vez localizados estos medicamentos, productos…, se deben depositar en cajones perfectamente localizados e identificados donde se indique que están en espera de una devolución inminente al laboratorio o al almacén distribuidor.

- Con el fin de tener un control más exhaustivo de la devolución de estas partidas se debe rellenar la hoja de control de devoluciones.

TEST N.º 12

Distribución de medicamentos. Sistemas de dispensación de medicamentos. Sistemas tradicionales. Sistemas automatizados. Distribución de medicamentos en dosis unitarias. Atención a pacientes externos. Funciones del técnico

1. Señala la respuesta incorrecta. Los sistemas a través de los cuales un medicamento llega a manos del profesional de enfermería para ser administrado, más conocidos e implantados actualmente en el sistema nacional de salud son los siguientes:

a) Sistema de dispensación por stock en unidad de enfermería.
b) Sistema de dispensación por distribución desde una oficina de farmacia.
c) Sistema de dispensación por reposición y paciente.
d) Sistema de dispensación de medicamentos en dosis unitaria (SDMDU).

2. El sistema de dispensación de medicamentos que mejor ofrece la oportunidad para efectuar un adecuado seguimiento a la terapia medicamentosa del paciente, siendo el más seguro para el paciente, el más eficiente desde el punto de vista económico, y el método que más efectivamente utiliza los recursos, es:

a) Sistema de dispensación por *stock* en unidad de enfermería.
b) Sistema de dispensación por distribución desde una oficina de farmacia.
c) Sistema de dispensación por reposición y paciente.
d) Sistema de dispensación de medicamentos en dosis unitaria (SDMDU).

3. Cuando se solicita un medicamento, en el documento del perfil farmacéutico debe constar el siguiente dato del medicamento prescrito:

a) Número de historia clínica.
b) Número de cama y nombre del servicio.
c) Fecha de inicio del tratamiento.
d) Diagnóstico.

4. Señala la respuesta incorrecta. El sistema de distribución centralizado se basa en que todo el proceso se realiza en un mismo lugar, la farmacia central, y consta de varias fases:

a) Preparación de la dosis.
b) Envasado de la dosis.
c) La interpretación de la orden médica.
d) La elaboración y mantenimiento de perfiles farmacoterapéuticos.

5. El farmacéutico elabora el perfil farmacoterapéutico, pudiendo delegar la preparación de tal perfil. Sin embargo, en ningún caso debe delegar:

a) La interpretación de la información en él contenida.
b) El envasado de la dosis.
c) La retirada del servicio clínico de las órdenes médicas.
d) La recepción de la orden médica.

6. Los medicamentos se someterán a prescripción médica restringida cuando:

a) Contengan, en dosis no exentas, una sustancia clasificada como estupefaciente o psicótropo de acuerdo con los convenios internacionales sobre la materia.
b) Puedan ser objeto, en caso de utilización anormal, de riesgo considerable de abuso medicamentoso, y puedan provocar toxicodependencia o ser desviados para usos ilegales.
c) Contengan alguna sustancia que, por su novedad o propiedades, se considere necesaria su inclusión en este grupo como medida de precaución.
d) Estén destinados a pacientes ambulatorios, pero cuya utilización pueda producir reacciones adversas muy graves, lo que requerirá, en su caso, prescripción por determinados médicos especialistas y una vigilancia especial durante el tratamiento (Medicamentos de Especial Control Médico).

7. De los siguientes profesionales, indica cuál de ellos no está facultado para el uso de la receta médica:

a) Médicos.
b) Odontólogos.
c) Psicólogos.
d) Podólogos.

8. A diferencia de las recetas médicas públicas, en las recetas médicas de asistencia sanitaria privada deben consignarse los siguientes datos del paciente:

a) Nombre y apellidos.
b) Fecha de nacimiento.
c) Número de tarjeta sanitaria del Servicio de Salud.
d) DNI (en casos de menores de edad, el de uno de sus padres o representante legal).

9. En las recetas oficiales, el código de identificación de aquellos usuarios con aportación de un 50 % será:

a) TSI 003.
b) TSI 004.
c) TSI 005.
d) TSI 006.

10. De los siguientes medicamentos, ¿cuál podrá prescribirse más de uno y/o un único envase por receta en soporte papel?

a) Presentaciones en unidosis y por vía parenteral del grupo terapéutico «J01 Antibacterianos para uso sistémico».
b) Fórmulas magistrales.
c) Fórmulas oficinales.
d) Productos sanitarios financiados por el Sistema Nacional de Salud.

11. Para las vacunas individualizadas antialérgicas y vacunas individualizadas bacterianas, el plazo de validez de estas recetas será de:

a) Diez días.
b) Inferior a diez días.
c) Máximo noventa días naturales.
d) Diez días desde el visado.

12. Los tratamientos prescritos al paciente en receta médica electrónica podrán ser dispensados:

a) En cualquier oficina de farmacia del territorio nacional o en botiquines dependientes de las mismas, así como en los servicios de farmacia de los centros de salud y de las estructuras de atención primaria.
b) Aunque el paciente no presente la tarjeta sanitaria individual.
c) Sin vigilancia expresa del médico sobre el tratamiento.
d) Durante el período de una semana de duración máxima de tratamiento.

13. ¿Qué norma aprueba el texto refundido de la Ley de garantías y uso racional de los medicamentos y productos sanitarios?

a) Real Decreto 1675/2012, de 14 de diciembre.
b) Real Decreto Legislativo 1/2015, de 24 de julio.
c) Real Decreto 686/2013, de 16 de septiembre.
d) Real Decreto 1718/2010, de 17 de diciembre.

14. Para que un medicamento envasado sea considerado como dosis unitaria debe cumplir el siguiente requisito entre otros:

a) Que tenga larga fecha de expiración.
b) Que esté disponible para su administración directa sin necesidad de ninguna manipulación.

c) Que no pertenezca al grupo de medicamentos termolábiles.

d) Que esté identificado el paciente al que se va a administrar de forma clara y concisa para fraccionarlo en varias tomas.

15. Señala la respuesta incorrecta en cuanto a las ventajas de los sistemas automáticos de dispensación:

a) Permiten una mejor redistribución de los tiempos del personal del Servicio de Farmacia.

b) Se sustituyen las actividades de llenado, validación y recambio de carros de medicación por la de reposición de medicamentos en los armarios de las unidades de enfermería.

c) Disminuyen el número de dosis de medicamentos perdidos.

d) Aumentan los aciertos en los horarios de administración.

16. El documento de carácter sanitario, normalizado y obligatorio mediante el cual las oficinas y servicios de farmacia, almacenes de distribución y laboratorios farmacéuticos adquieren las sustancias y medicamentos estupefacientes precisos para el desempeño de la actividad que tienen autorizada se denomina:

a) Receta oficial de estupefacientes.

b) Vale de estupefacientes.

c) Orden de dispensación intrahospitalaria de estupefacientes.

d) Prescripción de medicamentos para uso humano y veterinario.

17. El embalaje que contiene todos los medicamentos necesarios que ha definido un protocolo para tratar un determinado proceso patológico o una parte del mismo, normalmente acompañados de información escrita sobre su utilización, y, a veces, del material sanitario necesario para su administración se denomina:

a) Kit.

b) Blíster.

c) Unidosis.

d) Pack de uso restringido.

18. En el libro de contabilidad de estupefacientes, para cada sustancia se consignarán los siguientes datos, excepto uno; indica cuál:

a) Fecha.

b) N.º de receta, orden de dispensación o vale.

c) Identificación del paciente.

d) Proveedor o prescriptor.

19. Señala la respuesta incorrecta. El circuito del SDMDU consta de los siguientes pasos:

a) Diagnóstico del médico y cumplimentación de la orden médica.

b) Entrega de la orden médica a la enfermería de planta.

c) Entrega de la orden al servicio de farmacia para la validación por parte del farmacéutico.

d) Elaboración de las dosis y colocación en el cajetín común a todos los pacientes de planta.

20. En las recetas para medicamentos no financiados y en las recetas de medicamentos y productos sanitarios prescritas a usuarios en aplicación de la asistencia sanitaria transfronteriza se hará constar la leyenda:

a) Código de prescripción.
b) No válido para facturación.
c) Régimen de uso.
d) Ámbito de aplicación.

21. Para las recetas de medicamentos y productos sanitarios prescritas a usuarios en el marco de aplicación de la Directiva 2011/24/UE del Parlamento Europeo y del Consejo, de 9 de marzo de 2011, relativa a la aplicación de los derechos de los pacientes en la asistencia sanitaria transfronteriza por la que los usuarios deben abonar el importe íntegro, se utilizará el código:

a) DAST.
b) NOFIN.
c) ATEP.
d) WAO.

22. Establecer depósitos controlados por el personal de enfermería que permiten la administración de medicamentos con anterioridad a la solicitud por paciente, con reposición diaria y petición individualizada al servicio de farmacia para cada uno de los pacientes, es un sistema:

a) Por stock en unidad de enfermería.
b) De dispensación de medicamentos en dosis unitaria.
c) De dispensación global.
d) De dispensación por reposición y paciente.

23. La hoja que contiene pre-impresa la lista de medicamentos que forman parte del *stock*, la cual debe estar en relación con los medicamentos vigentes se denomina:

a) Hoja de botiquín de emergencia.
b) Hoja de retorno de medicamentos.
c) Hoja de orden.
d) Hoja de suministros.

24. En el material de acondicionamiento de las especialidades de uso hospitalario debe figurar el símbolo:

a) UH.
b) H.
c) DH.
d) DSCH.

25. Según la circular 22/91 enviada por la Dirección General de Farmacia y Productos Sanitarios, se prohíbe expresamente:

a) La dispensación de fórmulas magistrales.

b) El suministro de especialidades de uso hospitalario de las oficinas de farmacia a los hospitales.

c) La dispensación de especialidades de uso hospitalario en las oficinas de farmacia.

d) La dispensación de medicamentos desde la Farmacia Hospitalaria para tratamientos extrahospitalarios.

26. Según la enmienda introducida al RD 28/2012, se entiende por prestación farmacéutica ambulatoria:

a) La dispensación de las especialidades farmacéuticas en dosis unitarias para tratamientos extrahospitalarios.

b) La dispensación al paciente mediante receta médica u orden de dispensación hospitalaria a través de una oficina de farmacia.

c) Aquellas dispensadas al paciente solo con receta médica.

d) Los medicamentos que son administrados a pacientes ingresados.

27. La ley vigente considera medicamentos de uso hospitalario a aquellas especialidades farmacéuticas que:

a) Por las condiciones especiales requeridas para su aplicación necesitan manipulaciones restringidas.

b) Son de uso humano fabricados industrialmente.

c) Se suministran en los hospitales y se dispensan al público en oficinas de farmacia.

d) Por sus características, indicación, condición y controles especiales se prescriben, dispensan y administran bajo la responsabilidad de un hospital.

28. La normativa por la que se regula el procedimiento de autorización, registro y condiciones de dispensación de los medicamentos de uso humano fabricados industrialmente es:

a) El RD 1345/2007.

b) Ley 5/2016.

c) Real Decreto 1024/2006.

d) La Circular 22/91.

29. Señala la respuesta incorrecta. La dispensación desde el servicio de farmacia hospitalaria es el acto de responsabilidad farmacéutica por el que se suministran medicamentos a:

a) Enfermos hospitalizados.

b) Enfermos con tratamientos controlados por el Hospital.

c) Enfermos con mala adherencia al tratamiento.

d) Pacientes externos en la Unidad de Pacientes Externos.

30. El paciente ambulatorio:

a) Requiere cuidados hospitalarios.
b) Requiere hospitalización.
c) No requiere cuidados hospitalarios.
d) No requiere medicación.

31. La dispensación de medicamentos y material sanitario a paciente externos va acompañada de:

a) Información sobre el tratamiento y técnicas de educación sanitaria.
b) Una entrevista para valorar la adherencia al tratamiento.
c) Una evaluación al paciente y las condiciones de conservación para el medicamento que posee en su domicilio.
d) Una autorización por parte del paciente para que se optimicen los recursos sanitarios disponibles.

32. En la UPE se dispensará la medicación al paciente EXCEPTO cuando:

a) Acuda otra persona con la documentación requerida.
b) La medicación aparezca en la prescripción médica con la dosis, vía de administración y duración del tratamiento.
c) No aparezca en la prescripción médica la fecha de la próxima visita.
d) Aparezca el nombre y la firma del médico en la prescripción.

33. En el caso de la prescripción de medicamentos extranjeros de uso hospitalario pendiente de autorización:

a) Se avisa al responsable del departamento de Farmacia.
b) El paciente tiene que esperar.
c) El responsable del área de farmacotecnia elaborará una fórmula similar.
d) Se derivará al paciente a la unidad correspondiente para un cambio de protocolo farmacoterapéutico.

34. Señala la respuesta incorrecta. Los medicamentos de uso compasivo:

a) Son medicamentos utilizados para indicaciones no autorizadas.
b) Necesitan una autorización del Ministerio de Sanidad.
c) El paciente debe rellenar un consentimiento informado ante testigo.
d) Su uso es imprescindible en tratamientos paliativos.

35. Señala la respuesta incorrecta. En la Unidad de Pacientes Externos se dispensan:

a) Fórmulas magistrales procedentes de la oficina de farmacia.
b) Medicamentos de uso hospitalario.

c) Medicamentos estupefacientes y psicótropos.

d) Medicamentos no comercializados en España de uso hospitalario que no disponen de autorización de comercialización ni uso.

36. Señala para cuál de las siguientes patologías NO se realiza dispensación farmacéutica a pacientes externos:

a) Hipertiroidismo.

b) Hepatitis B y C.

c) Fibrosis quística.

d) Hemofilia.

37. La dispensación de medicamentos para pacientes con patologías especiales, solo podrá realizarse si:

a) La prescripción tiene la fecha de la próxima visita.

b) Hay una prescripción escrita del médico.

c) Existe una buena adherencia del paciente al tratamiento.

d) Se comprueba que es el medicamento correcto y está pautado en la dosis y administración correctas.

38. El circuito a seguir para la dispensación de un medicamento es:

a) Validación, información y dispensación.

b) Selección, indicación y dosificación del medicamento.

c) Validación, revisión y dispensación.

d) Información, revisión y dosificación.

39. No es una función de la UFPE:

a) Conseguir la adherencia al tratamiento.

b) Asesorar a los técnicos con la finalidad de lograr la máxima adecuación de las prescripciones que se generan en el ámbito hospitalario con la Guía Farmacoterapéutica de Atención especializada.

c) Detectar posibles incidencias o problemas relacionados con el medicamento.

d) Informar sobre el tratamiento farmacológico al paciente (vía de administración, motivo de prescripción, importancia del cumplimiento terapéutico, etc.).

40. En el sistema de dispensación global o por stock:

a) Los medicamentos se dispensan mediante el sistema de dosis unitaria.

b) No hay stock de medicamentos en las unidades clínicas.

c) Se establece en la unidad clínica correspondiente un almacén de medicamentos controlados por personal de enfermería.

d) Se ha de realizar una elevada inversión y se trata de un procedimiento complejo de atención a la demanda de medicamentos.

41. En relación con la Dosis Unitaria:

a) Es la dosis de medicamento prescrita como dosis de tratamiento a un paciente en particular, cuyo envase permite administrar el medicamento directamente al paciente.

b) No ofrece la oportunidad de un adecuado seguimiento a la terapia medicamentosa del paciente.

c) Esta forma de dispensación no disminuye los errores de medicación.

d) Es complejo adaptar este sistema a procedimientos computerizados y automatizados.

42. Para que la receta médica sea correcta debe contener los siguientes datos:

a) En las recetas médicas de asistencia sanitaria pública, el código de identificación personal del paciente, recogido en su tarjeta sanitaria individual, asignado por su Servicio de Salud o por las Administraciones competentes de los regímenes especiales de asistencia sanitaria.

b) Datos del médico, fecha y firma.

c) Datos del paciente.

d) Todas son correctas.

43. En relación con la receta electrónica:

a) No es necesaria para la prescripción ni la dispensación la tarjeta sanitaria individual.

b) Está implantada en todas las comunidades autónomas.

c) El médico no tiene un control sobre la evolución del tratamiento.

d) El tratamiento en receta electrónica podrá ser dispensado en cualquier farmacia del territorio nacional o botiquines dependientes de las mismas.

44. El plazo de validez de la receta electrónica es de:

a) Diez días hábiles.

b) Diez días naturales.

c) Diez días naturales a partir de la fecha de finalización de la medicación de la dispensación anterior.

d) Diez días naturales a partir de la fecha de prescripción o del visado, en el caso de una primera dispensación.

45. En relación a la dispensación de estupefacientes señala la respuesta incorrecta:

a) El farmacéutico deberá anotar al dorso de la receta, tras la dispensación, el DNI o equivalente en caso de ser extranjero, de la persona que retira el medicamento.

b) El farmacéutico deberá sellar, firmar y fechar la receta dispensada que quedará en su poder.

c) Se pueden dispensar varios estupefacientes por receta.

d) Es necesario que exista un libro para el control de la distribución de estupefacientes dentro del hospital.

46. Precisan de receta oficial de estupefacientes:

a) Medicamentos estupefacientes incluidos en la Lista I.
b) Medicamentos estupefacientes incluidos en la Lista II.
c) Medicamentos estupefacientes incluidos en la Lista II y III.
d) Medicamentos estupefacientes incluidos en la Lista III y IV.

47. La normativa que regula la receta médica, órdenes de dispensación en España es:

a) Real Decreto 1718/2010, de 17 de diciembre.
b) Real Decreto 140/2003, de 7 de febrero.
c) Real Decreto 865/2003, de 4 de julio.
d) La Ley 16/2003, de 28 de mayo.

48. En relación con los sistemas de dispensación automáticos:

a) Se usan como complemento al Sistema de Dispensación de Medicamentos mediante Dosis Unitarias.
b) No es necesario realizar una elevada inversión económica.
c) Cualquier técnico puede trabajar en los departamentos de sistemas de información del hospital.
d) No permite que la información esté disponible para otros servicios como el de contabilidad o el de gestión, por cuestiones de confidencialidad.

49. Los medicamentos de acuerdo con la Agencia Española de Medicamentos y Productos sanitarios se clasifican en:

a) Medicamento sujeto a prescripción médica.
b) Medicamento No sujeto a prescripción médica.
c) Medicamentos de prescripción médica restringida.
d) Todas las respuestas anteriores son correctas.

50. Los medicamentos se someten a prescripción médica especial cuando:

a) Contengan, en dosis no exentas, una sustancia clasificada como estupefaciente o psicótropo de acuerdo con los convenios internacionales sobre la materia.
b) Se trate de medicamentos que exigen particular vigilancia, supervisión y control del equipo multidisciplinar de atención a la salud, los cuales a causa de sus características farmacológicas o por su novedad, o por motivos de salud pública, se reserven para tratamientos que solo pueden utilizarse o seguirse en medio hospitalario o centros asistenciales autorizados (Medicamentos de Uso Hospitalario.
c) Se utilicen en el tratamiento de enfermedades que deban ser diagnosticadas en medio hospitalario, o en establecimientos que dispongan de medios de diagnóstico adecuados o por determinados médicos especialistas, aunque la administración y seguimiento pueda realizarse fuera del hospital (Medicamentos de Diagnóstico Hospitalario de prescripción por determinados médicos especialistas.
d) Todas son correctas.

51. En una receta para cumplimentación manual, la firma del médico ha de ser:

a) Con un sello con sus datos y número de colegiado es válido, una vez cumplimentados los datos de consignación obligatoria y la prescripción objeto de la receta.

b) Puede ser escaneada y utilizada de forma sistemática.

c) La firma será estampada personalmente una vez cumplimentados los datos de consignación obligatoria y la prescripción objeto de la receta.

d) Requerirá firma electrónica.

52. Para la validez de la receta electrónica en los medicamentos con visado, la fecha que se considera es:

a) La de prescripción.

b) La de dispensación.

c) La de la autorización del visado.

d) Todas las respuestas anteriores son correctas.

53. ¿Qué es una receta médica?

a) Un documento normalizado en el que los médicos prescriben medicamentos para dispensar en la oficina de farmacia y botiquines.

b) Un papel firmado por un medico en el que prescribe un medicamento para que el paciente no tenga que pagarlo entero.

c) Es el documento de carácter sanitario, normalizado y obligatorio para la prescripción por los médicos, odontólogos y podólogos de los servicios hospitalarios, de los medicamentos que exijan una particular vigilancia, supervisión y control, que deban ser dispensados por los servicios de farmacia hospitalaria a dichos pacientes.

d) Es el documento de carácter sanitario, normalizado y obligatorio mediante el cual los profesionales enfermeros, en el ámbito de sus competencias, y una vez hayan sido facultados individualmente mediante la correspondiente acreditación, indican o autorizan, en las condiciones y con los requisitos que reglamentariamente se establezcan, la dispensación de medicamentos, sujetos o no a prescripción médica, y productos sanitarios por un farmacéutico o bajo su supervisión, en las oficinas de farmacia y botiquines dependientes de las mismas o, conforme a lo previsto en la legislación vigente, en otros establecimientos sanitarios, unidades asistenciales o servicios farmacéuticos de estructuras de atención primaria, debidamente autorizados para la dispensación de medicamentos.

54. ¿Qué es una orden de dispensación?

a) Un documento normalizado en el que los médicos prescriben medicamentos para dispensar en la oficina de farmacia y botiquines.

b) Un papel firmado por un médico en el que prescribe un medicamento para que el paciente no tenga que pagarlo entero.

c) Es el documento de carácter sanitario, normalizado y obligatorio para la prescripción por los médicos, odontólogos y podólogos de los servicios hospitalarios, de los medicamentos que exijan una particular vigilancia, supervisión y control, que deban ser dispensados por los servicios de farmacia hospitalaria a dichos pacientes.

d) Es el documento de carácter sanitario, normalizado y obligatorio mediante el cual los profesionales enfermeros, en el ámbito de sus competencias, y una vez hayan sido facultados individualmente mediante la correspondiente acreditación, indican o autorizan, en las condiciones y con los requisitos que reglamentariamente se establezcan, la dispensación de medicamentos, sujetos o no a prescripción médica, y productos sanitarios por un farmacéutico o bajo su supervisión, en las oficinas de farmacia y botiquines dependientes de las mismas o, conforme a lo previsto en la legislación vigente, en otros establecimientos sanitarios, unidades asistenciales o servicios farmacéuticos de estructuras de atención primaria, debidamente autorizados para la dispensación de medicamentos.

55. El código DAST que aparece en la parte superior derecha de las recetas significa que:

a) El usuario está exento de aportación.

b) Es para un medicamento o producto sanitario en el caso de asistencia sanitaria transfronteriza.

c) Es una receta de accidente de trabajo o enfermedad profesional.

d) Se trata de un medicamento o producto sanitario no financiado por la Seguridad Social.

56. El código TSI 001 que aparece en la parte superior derecha de las recetas significa que:

a) Es una receta de accidente de trabajo o enfermedad profesional.

b) Se trata de un medicamento o producto sanitario no financiado por la Seguridad Social.

c) El usuario está exento de aportación.

d) Es para un medicamento o producto sanitario en el caso de asistencia sanitaria transfronteriza.

57. El código NOFIN que aparece en la parte superior derecha de las recetas significa que:

a) El usuario está exento de aportación.

b) Es una receta de accidente de trabajo o enfermedad profesional.

c) Se trata de un medicamento o producto sanitario no financiado por la Seguridad Social.

d) Es para un medicamento o producto sanitario en el caso de asistencia sanitaria transfronteriza.

Soluciones comentadas

1. **b) Sistema de dispensación por distribución desde una oficina de farmacia (ver apartado 1).**

    Los sistemas a través de los cuales un medicamento llega a manos del profesional de enfermería, para ser administrado, más conocidos e implantados actualmente en el sistema nacional de salud son:

    –   Sistemas tradicionales de distribución intrahospitalaria de medicamentos:

        *   Sistema de dispensación por *stock* en unidad de enfermería.
        *   Sistema de dispensación por reposición y paciente.
        *   Sistema de dispensación de medicamentos en dosis unitaria (SDMDU).

2. **d) Sistema de dispensación de medicamentos en dosis unitaria (SDMDU) (ver apartado 1.1.3).**

    El sistema de distribución de medicamentos en dosis unitaria es un método de dispensación y control de la medicación coordinado por el servicio de farmacia hospitalaria. Este sistema es el que mejor ofrece la oportunidad para efectuar un adecuado seguimiento a la terapia medicamentosa del paciente, siendo el más seguro para el paciente, el más eficiente desde el punto de vista económico, y el método que más efectivamente utiliza los recursos.

3. **c) Fecha de inicio del tratamiento (ver apartado 1.4).**

    El perfil farmacéutico contiene los siguientes datos del paciente:

    –   Edad.
    –   Peso.
    –   Diagnóstico.
    –   Fecha de ingreso.
    –   Número de historia clínica.
    –   Número de cama y nombre del servicio.

    Sobre datos del medicamento prescrito debe contener:

    –   Nombre genérico.
    –   Forma farmacéutica, concentración y dosis.

- Intervalo y vía de administración.
- Fecha de inicio del tratamiento.
- Número total de dosis entregadas.

4. b) Envasado de la dosis (ver apartado 1.2.1).

El sistema de distribución centralizado se basa en que todo el proceso se realiza en un mismo lugar: la farmacia central.

El proceso consta de:

- La preparación de la dosis.
- La interpretación de la orden médica.
- La elaboración y mantenimiento de perfiles farmacoterapéuticos.

5. a) La interpretación de la información en él contenida (ver apartado 1.5).

A partir de la prescripción médica, el farmacéutico elabora el perfil farmacoterapéutico e interpreta la información allí contenida, debiendo aclarar cualquier duda con el médico tratante en lo que se refiere a dosificación, interacción medicamentosa, reacciones adversas y/o sustitución de tratamiento. Dependiendo del número de farmacéuticos y del nivel de formación del personal de apoyo, la preparación del PF puede delegarse a este personal, quedando establecido así que su interpretación no puede delegarse en ningún caso.

6. d) Estén destinados a pacientes ambulatorios, pero cuya utilización pueda producir reacciones adversas muy graves, lo que requerirá, en su caso, prescripción por determinados médicos especialistas y una vigilancia especial durante el tratamiento (Medicamentos de Especial Control Médico) (ver apartado 2.1).

Los medicamentos se someterán a prescripción médica restringida cuando:

a) Se trate de medicamentos que exigen particular vigilancia, supervisión y control del equipo multidisciplinar de atención a la salud, los cuales a causa de sus características farmacológicas o por su novedad, o por motivos de salud pública, se reserven para tratamientos que solo pueden utilizarse o seguirse en medio hospitalario o centros asistenciales autorizados (Medicamentos de Uso Hospitalario).

b) Se utilicen en el tratamiento de enfermedades que deban ser diagnosticadas en medio hospitalario, o en establecimientos que dispongan de medios de diagnóstico adecuados o por determinados médicos especialistas, aunque la administración y seguimiento pueda realizarse fuera del hospital (Medicamentos de Diagnóstico Hospitalario de prescripción por determinados médicos especialistas).

c) Estén destinados a pacientes ambulatorios, pero cuya utilización pueda producir reacciones adversas muy graves, lo que requerirá, en su caso, prescripción por determinados médicos especialistas y una vigilancia especial durante el tratamiento (Medicamentos de Especial Control Médico).

7. c) Psicólogos (ver apartado 2.2).

La receta médica es el documento de carácter sanitario, normalizado y obligatorio mediante el cual los médicos, odontólogos o podólogos, legalmente facultados para ello, y en el ámbito de sus competencias respectivas, prescriben a los pacientes los medicamentos o productos sanitarios sujetos a prescripción médica, para su dispensación por un farmacéutico o bajo su supervisión, en las oficinas de farmacia y botiquines dependientes de las mismas o, conforme a lo previsto en la legislación vigente, en otros establecimientos sanitarios, unidades asistenciales o servicios farmacéuticos de estructuras de atención primaria, debidamente autorizados para la dispensación de medicamentos.

8. d) DNI (en casos de menores de edad, el de uno de sus padres o representante legal) (ver apartado 2.2.1).

En las recetas médicas de asistencia sanitaria privada, el número de DNI o NIE del paciente. En el caso de que el paciente no disponga de esa documentación se consignará en el caso de menores de edad el DNI o NIE de alguno de sus padres o, en su caso, del representante legal, y para ciudadanos extranjeros el número de pasaporte.

9. b) TSI 004 (ver apartado 2.2.2.1).

a) Código **TSI 001** para los usuarios exentos de aportación.

b) Código **TSI 002** para los usuarios con aportación reducida de un 10 %.

c) Código **TSI 003** para los usuarios con aportación de un 40 %.

d) Código **TSI 004** para los usuarios con aportación de un 50 %.

e) Código **TSI 005** para los usuarios con aportación de un 60 %.

10. a) Presentaciones en unidosis y por vía parenteral del grupo terapéutico «J01 Antibacterianos para uso sistémico» (ver apartado 2.2.2.2).

En el caso de los medicamentos que se relacionan, solo podrá prescribirse un medicamento y hasta cuatro envases por receta:

a) Presentaciones en unidosis y por vía parenteral del grupo terapéutico «J01 Antibacterianos para uso sistémico», a excepción de los subgrupos J01E, J01M y J01R.

11. c) Máximo noventa días naturales (ver apartado 2.2.2.2).

Por las especiales características de las vacunas individualizadas antialérgicas y vacunas individualizadas bacterianas, el plazo de validez de estas recetas será de un máximo de noventa días naturales a partir de la fecha consignada. Asimismo, el plazo de validez de la receta médica oficial podrá ser inferior a los diez días establecidos, en el caso de medicamentos sometidos a disposiciones específicas por el Ministerio de Sanidad, Consumo y Bienestar Social (entiéndase actualmente Ministerio de Sanidad).

12. a) En cualquier oficina de farmacia del territorio nacional o en botiquines dependientes de las mismas, así como en los servicios de farmacia de los centros de salud y de las estructuras de atención primaria (ver apartado 2.2.2.4).

Los tratamientos prescritos al paciente en receta médica electrónica podrán ser dispensados en cualquier oficina de farmacia del territorio nacional o en botiquines dependientes de las mismas, así como en los servicios de farmacia de los centros de salud y de las estructuras de atención primaria. Para garantizar este derecho a los pacientes, el Ministerio responsable de Sanidad, como nodo nacional de intercambio electrónico de información sanitaria, actuará entre la Administración sanitaria de procedencia de la receta electrónica y la Administración sanitaria competente en la localidad donde se efectúe la dispensación correspondiente.

13. b) Real Decreto Legislativo 1/2015, de 24 de julio (ver apartado 2.2.2).

Legislativo 1/2015, de 24 de julio, por el que se aprueba el texto refundido de la Ley de garantías y uso racional de los medicamentos y productos sanitarios, en las condiciones que se establezcan por las autoridades sanitarias competentes.

14. b) Que esté disponible para su administración directa sin necesidad de ninguna manipulación (ver apartado 1.1.3).

Los medicamentos se encuentran envasados en dosis unitarias perfectamente identificados, lo que permite su administración al enfermo sin ningún tipo de manipulación previa.

Se entiende por dosis unitaria la dosis de medicamento ordenada (prescrita) como dosis de tratamiento a un paciente en particular, cuyo envase debe permitir administrar el medicamento directamente al paciente. Es decir, "la dosis concreta que un paciente determinado recibe en el momento de la administración.

15. d) Aumentan los aciertos en los horarios de administración (ver apartado 1.2.3).

Ventajas de los sistemas automáticos de dispensación

– Permiten una mejor redistribución de los tiempos del personal del Servicio de Farmacia.

– Se sustituyen las actividades de llenado, validación y recambio de carros de medicación por la de reposición de medicamentos en los armarios de las unidades de enfermería.

– Disminuye el número de dosis de medicamentos perdidos.

– Permite la visualización en pantalla de recomendaciones cuando el personal de enfermería retira el medicamento.

– Permiten el tratamiento de la información en tiempo real. Esto posibilita la revisión y participación del farmacéutico para atender la falta de medicamentos antes de que sean solicitados.

– Permiten que la información esté disponible para otros servicios como el de contabilidad o el de gestión.

16. b) Vale de estupefacientes (ver apartado 3.1).

Vale de estupefacientes: el documento de carácter sanitario, normalizado y obligatorio mediante el cual las oficinas y servicios de farmacia, almacenes de distribución y laboratorios farmacéuticos adquieren las sustancias y medicamentos estupefacientes precisos para el desempeño de la actividad que tienen autorizada.

17. a) Kit (ver apartado 4).

Un kit consiste en un embalaje que contiene todos los medicamentos necesarios que ha definido un protocolo para tratar un determinado proceso patológico o una parte del mismo, normalmente acompañados de información escrita sobre su utilización, y, a veces, del material sanitario necesario para su administración.

18. c) Identificación del paciente (ver apartado 3.3.6).

Para cada sustancia o medicamento se consignarán los siguientes datos:

a) Fecha.

b) N.º de receta, orden de dispensación o vale.

c) Identificación de entrada o salida.

d) Proveedor o prescriptor.

e) Observaciones: en su caso se hará constar las prescripciones que se destinen a uso veterinario.

19. d) Elaboración de las dosis y colocación en el cajetín común a todos los pacientes de planta (ver apartado 1.1).

El circuito del SDMDU consta de los siguientes pasos:

	1. Cumplimentación de la orden médica.		6. Impresión de los listados de medicamentos para cada unidad de enfermería.
	2. Transcripción de la orden médica (unidad de hospitalización).		7. Llenado de cajetines (identificados correctamente con los datos de cada paciente) y preparación de los carros de dispensación.
	3. Registro de datos de la orden médica de cada unidad de enfermería.		8. Traslado del carro de dispensación a las unidades.
	4. Validación de la orden médica.		9. Preparación y administración de medicamentos.
	5. Archivo de las prescripciones de cada unidad de enfermería.		10. Devolución de medicamentos no empleados en los cajetines correspondientes al SFH.

20. b) No válido para facturación (ver apartado 2.2.2.1).

En las recetas para medicamentos no financiados y las recetas de medicamentos y productos sanitarios prescritas a usuarios en aplicación de la asistencia sanitaria transfronteriza se hará constar la leyenda: «No válido para facturación». No se incluirán en el documento espacios reservados a cupones precinto o asimilados, utilizándose dicho espacio para hacer constar la citada leyenda.

21. a) DAST (ver apartado 2.2.2.1).

DAST para las recetas de medicamentos y productos sanitarios prescritas a usuarios en el marco de aplicación de la Directiva 2011/24/UE, del Parlamento Europeo y del Consejo, de 9 de marzo de 2011, relativa a la aplicación de los derechos de los pacientes en la asistencia sanitaria transfronteriza: los usuarios deben abonar el importe íntegro.

22. d) De dispensación por reposición y paciente (ver apartado 1.1.2).

El sistema de dispensación por reposición y paciente consiste en establecer depósitos controlados por el personal de enfermería que permiten la administración de medicamentos con anterioridad a la solicitud por paciente, con reposición diaria y petición individualizada al servicio de farmacia para cada uno de los pacientes.

23. a) Hoja de botiquín de emergencia (ver apartado 1.4).

Hoja de Botiquín de emergencia y stock de planta

Esta hoja contiene pre-impresa la lista de medicamentos que forman parte del *stock*, la cual debe estar en relación con los medicamentos vigentes. Incluye, además:

– Fecha.

– Presentación.

– Concentración.

– Hora de administración.

– Número de expedientes.

– Número de cama.

– Firma de la enfermera.

– Espacios necesarios para reflejar el movimiento de los productos.

24. b) H (ver apartado 1.3.3).

– Medicamentos de uso hospitalario (H).

25. c) La dispensación de especialidades de uso hospitalario en las oficinas de farmacia (ver apartado 1.3).

El Ministerio responsable de Sanidad, a través de la Dirección General de Farmacia y Productos Sanitarios, especificó con dos circulares (11/91 y 12/91), las condiciones de las especialidades hospitalarias indicando que "...las especialidades de uso hospitalario deben ser prescritas por un médico adscrito a los Servicios de un Hospital y las Oficinas de Farmacia pueden suministrarlas a los Hospitales pero no dispensarlas al público, figurando en el material de acondicionamiento el símbolo "H" indicativo del Uso Hospitalario y sin cupón precinto de la ASSS...". La prohibición efectiva de dispensación de las especialidades de uso hospitalario en oficinas de farmacia se produjo el día 1 de octubre de 1991 (circular 22/91).

26. b) La dispensación al paciente mediante receta médica u orden de dispensación hospitalaria a través de una oficina de farmacia (ver apartado 1.3).

En el Real Decreto 28/2012, de medidas de consolidación y garantías del sistema de la Seguridad Social, publicado en el BOE el 1 de diciembre, se introduce una enmienda que modifica el artículo 94 bis punto 1 de la antigua Ley de Garantías y Uso Racional de los Medicamentos (Ley 29/2006). El único cambio que se introduce es equiparar la receta médica con la orden de dispensación ambulatoria. Esta modificación ya se introducía en el Real Decreto-Ley 16/2012, de 20 de abril, de medidas urgentes para garantizar la sostenibilidad del sistema.

La enmienda quedó de este modo:

"Se entiende por prestación farmacéutica ambulatoria la que se dispensa al paciente mediante receta médica u orden de dispensación hospitalaria a través de oficina o servicios de farmacia".

27. d) Por sus características, indicación, condición y controles especiales se prescriben, dispensan y administran bajo la responsabilidad de un hospital (ver apartado 1.3).

La legislación vigente considera Medicamentos de Uso Hospitalario (H) aquellas especialidades farmacéuticas en las que, por las características de los principios activos que entran en su composición, por sus indicaciones específicas, por las condiciones especiales requeridas para su aplicación o por necesitarse un control continuado de efectos y resultados, la prescripción, dispensación y administración controlada debe hacerse bajo la responsabilidad del hospital, de acuerdo con las recomendaciones de la SEFH para el desarrollo de Atención Farmacéutica a pacientes externos con dispensación.

28. a) El RD 1345/2007 (ver apartado 1.3).

El Real Decreto 1345/2007, por el que se regula el procedimiento de autorización, registro y condiciones de dispensación de los medicamentos de uso humano fabricados industrialmente establece en su artículo 24.3.a) el ámbito de la utilización de los medicamentos de uso hospitalario.

29. c) Enfermos con mala adherencia al tratamiento (ver apartado 1.3).

La dispensación es el acto de responsabilidad farmacéutica por el que se suministran los medicamentos necesarios en las dosis y formas farmacéuticas correctas a enfermos hospitalizados, enfermos con tratamientos controlados en el Hospital y pacientes externos en las Unidades de Pacientes Externos.

30. a) Requiere cuidados hospitalarios (ver apartado 1.3.1).

Paciente ambulatorio: es el paciente que requiere cuidados hospitalarios, aunque no hospitalización, es decir, el paciente acude al Hospital de Día para recibir tratamientos especiales y controlados por el Hospital tales como: tratamiento citostático, radiodiagnóstico, tratamiento con inmunoglobulinas, etc.

31. a) Información sobre el tratamiento y técnicas de educación sanitaria (ver apartado 1.3).

La unidad de dispensación a pacientes externos tiene como objetivo general la dispensación de medicamentos y material sanitario, estableciendo un adecuado seguimiento en cada caso y desarrollando técnicas de educación sanitaria e información sobre los tratamientos y productos dispensados. Asimismo, promoverá la utilización racional de los medicamentos y/o productos sanitarios que deban ser dispensados, siempre de acuerdo con la legislación vigente.

32. c) No aparezca en la prescripción médica la fecha de la próxima visita (ver apartado 1.3.2).

Para la dispensación de cualquier medicación en la UPE se requerirá al paciente la presentación de la prescripción médica, en la que deben figurar los siguientes datos:

– Nombre completo del paciente.

– Número de historia clínica.

– Medicación prescrita con la dosis, vía de administración y duración prevista del tratamiento.

– Diagnóstico.

– Nombre y firma del médico que prescribe.

– Servicio al que pertenece el médico que prescribe.

– Fecha de la próxima visita.

Es necesario que la receta esté actualizada, es decir, debe ser la receta prescrita en la última visita del médico, y la fecha de la próxima visita siempre debe ser posterior al día en que viene a recoger la medicación.

Para recoger la medicación puede venir cualquier persona siempre y cuando presente la documentación requerida.

33. b) El paciente tiene que esperar (ver apartado 1.3.3).

En el caso de medicamentos extranjeros de uso hospitalario, se deberá comprobar que la petición ha sido autorizada por el Ministerio de Sanidad para ese paciente. En el caso de estar autorizado se procederá a su dispensación, y si estuviese pendiente de autorización se deberá informar al paciente de la necesidad de esperar.

34. d) Su uso es imprescindible en tratamientos paliativos (ver apartado 1.3.3).

Medicamentos de Uso Compasivo: son medicamentos utilizados para indicaciones distintas a las autorizadas, estos medicamentos necesitan una autorización del Ministerio de Sanidad para su dispensación, para ello el paciente debe rellenar el impreso denominado "consentimiento informado del paciente ante testigo".

35. a) Fórmulas magistrales procedentes de la oficina de farmacia (ver apartado 1.3.3).

Se dispensan en la UPE

– Medicamentos de uso hospitalario (H).

– Productos de nutrición enteral y material sanitario requerido para su administración.

– Medicamentos objeto de ensayo clínico: en fase de investigación clínica administrados a pacientes incluidos en ensayos clínicos realizados en el centro hospitalario.

– Medicamentos estupefacientes y psicótropos.

– Medicamentos de Uso Compasivo: son medicamentos utilizados para indicaciones distintas a las autorizadas, estos medicamentos necesitan una autorización del Ministerio de Sanidad para su dispensación, para ello el paciente debe rellenar el impreso denominado "consentimiento informado del paciente ante testigo".

– Medicamentos no comercializados en España de uso hospitalario: no disponen de autorización de comercialización ni uso. El Ministerio de Sanidad autoriza su importación cuando resulta imprescindible para el tratamiento o diagnóstico de patologías concretas. Los trámites de solicitud de importación se realizan a través de los servicios de farmacia.

– Productos de nutrición enteral domiciliaria y material sanitario necesario para su administración.

– Formulaciones magistrales requeridas en la atención al paciente que no pueden realizarse en las oficinas de farmacia (ej.: colirios).

36. a) Hipertiroidismo (ver apartado 1.3.3).

Medicamentos empleados en el tratamiento de pacientes externos: VIH, fibrosis quística, esclerosis múltiple, hepatitis B y C, hemofilia, anemia en pacientes con insuficiencia renal crónica.

37. b) Hay una prescripción escrita del médico (ver apartado 1.3.4).

La dispensación solo podrá realizarse ante una prescripción escrita del médico.

38. a) Validación, información y dispensación (ver apartado 1.3.3).

En primer lugar se valida la prescripción del tratamiento, con el fin de garantizar la adherencia a los protocolos farmacoterapéuticos del hospital, se revisa la patología a tratar, comprobándose la correcta selección, indicación y dosificación de los medicamentos, así como la cumplimentación de todos los datos obligatorios.

En segundo lugar, el farmacéutico informará al paciente sobre su tratamiento para asegurar la correcta administración, el cumplimiento farmacoterapéutico y evitar posibles efectos adversos al medicamento (toxicidad, interacciones…).

En tercer y último lugar se realizará la dispensación; en la actualidad en algunos hospitales existen sistemas de dispensación automática, aplicable en aquellos casos de tratamientos continuados y en determinadas situaciones.

39. b) Asesorar a los técnicos con la finalidad de lograr la máxima adecuación de las prescripciones que se generan en el ámbito hospitalario con la Guía Farmacoterapéutica de Atención especializada (ver apartado 1.3).

La unidad de dispensación a pacientes externos tiene como objetivo general la dispensación de medicamentos y material sanitario, estableciendo un adecuado seguimiento en cada caso y desarrollando técnicas de educación sanitaria e información sobre los tratamientos y productos dispensados. Asimismo, promoverá la utilización racional de los medicamentos y/o productos sanitarios que deban ser dispensados, siempre de acuerdo con la legislación vigente, de ámbito estatal o autonómico, que le sea de aplicación con el fin de:

– Conseguir la adherencia al mismo.

– Garantizar la correcta conservación de los medicamentos en el domicilio del paciente.

– Informar sobre el tratamiento farmacológico al paciente (vía de administración, motivo de prescripción, importancia del cumplimiento terapéutico, etc.).

– Detectar posibles incidencias o problemas relacionados con el medicamento.

40. c) Se establece en la unidad clínica correspondiente un almacén de medicamentos controlados por personal de enfermería (ver apartado 1.1.1).

El sistema de dispensación por *stock* consiste en establecer en la unidad clínica correspondiente un almacén de medicamentos controlados por personal de enfermería, con cantidades pactadas de las especialidades farmacéuticas que habitualmente son utilizadas en dicha unidad.

41. a) Es la dosis de medicamento prescrita como dosis de tratamiento a un paciente en particular, cuyo envase permite administrar el medicamento directamente al paciente (ver apartado 1.1.3).

Se entiende por dosis unitaria a la dosis de medicamento ordenada (prescrita) como dosis de tratamiento a un paciente en particular, cuyo envase debe permitir administrar el medicamento directamente al paciente. Es decir, "la dosis concreta que un paciente determinado recibe en el momento de la administración".

42. d) Todas son correctas (ver apartado 2.2.1).

Datos del paciente

1. El nombre, dos apellidos, y fecha de nacimiento.

2. En las recetas médicas de asistencia sanitaria pública, el código de identificación personal del paciente, recogido en su tarjeta sanitaria individual, asignado por su Servicio de Salud o por las Administraciones competentes de los regímenes especiales de asistencia sanitaria En las recetas médicas de asistencia sanitaria privada, el número de DNI o NIE del paciente. En el caso de que el paciente no disponga de esa documentación se consignará en el caso de menores de edad el DNI o NIE de alguno de sus padres o, en su caso, del representante legal, y para ciudadanos extranjeros el número de pasaporte.

43. d) El tratamiento en receta electrónica podrá ser dispensado en cualquier farmacia del territorio nacional o botiquines dependientes de las mismas (ver apartado 2.2.2.4).

Los tratamientos prescritos al paciente en receta médica electrónica podrán ser dispensados en cualquier oficina de farmacia del territorio nacional o en botiquines dependientes de las mismas, así como en los servicios de farmacia de los centros de salud y de las estructuras de atención primaria.

44. d) Diez días naturales a partir de la fecha de prescripción o del visado, en el caso de una primera dispensación (ver apartado 2.2.6).

En la receta médica electrónica, el plazo de validez durante el cual el paciente puede recoger el medicamento o producto sanitario en la farmacia será de diez días naturales en el caso de una primera dispensación, contados a partir de la fecha de la prescripción o del visado en su caso.

45. c) Se pueden dispensar varios estupefacientes por receta (ver apartado 3.3.3).

En cada receta de estupefacientes se podrá prescribir un solo medicamento.

La prescripción formulada en una receta oficial de estupefacientes podrá amparar como máximo la medicación precisa para tres meses de tratamiento y sin superar un total de cuatro envases.

46. a) Medicamentos estupefacientes incluidos en la Lista I (ver apartado 3.2).

La prescripción y dispensación de medicamentos que contengan sustancias estupefacientes incluidas en la Lista I de la Convención Única de 1961 sobre Estupefacientes y ulteriores modificaciones, así como las que a nivel nacional sean reglamentariamente consideradas como tales, se realizará en recetas oficiales sujetas a lo dispuesto en la legislación.

47. a) Real Decreto 1718/2010, de 17 de diciembre (ver apartado 2.2).

En enero de 2011 se publicó una nueva normativa sobre recetas médicas y órdenes de dispensación, el **Real Decreto 1718/2010, de 17 de diciembre**, que dejó abierto un periodo transitorio de adaptación al nuevo modelo de las recetas médicas y que se materializó a partir de enero de 2013.

48. a) Se usan como complemento al Sistema de Dispensación de Medicamentos mediante Dosis Unitarias (ver apartado 1.2).

En muchos hospitales españoles los sistemas de dispensación automáticos se usan como complemento al Sistema de Dispensación de Medicamentos mediante Dosis Unitarias bajo el concepto de botiquín de planta (dispensación de medicamentos).

49. d) Todas las respuestas anteriores son correctas (ver apartado 2).

La AEMPS clasifica el medicamento como:

a) Medicamento sujeto a prescripción médica.

b) Medicamento no sujeto a prescripción médica.

Dentro de los medicamentos, cuya dispensación requiera prescripción médica, existirán las siguientes subcategorías:

1. Medicamentos sujetos a prescripción médica de dispensación renovable o no renovable.

2. Medicamentos sujetos a prescripción médica especial.

3. Medicamentos de prescripción médica restringida, de utilización reservada a determinados medios especializados.

50. a) Contengan, en dosis no exentas, una sustancia clasificada como estupefaciente o psicótropo de acuerdo con los convenios internacionales sobre la materia (ver apartado 2.1).

Los medicamentos se someterán a prescripción médica especial cuando:

a) Contengan, en dosis no exentas, una sustancia clasificada como estupefaciente o psicótropo de acuerdo con los convenios internacionales sobre la materia.

b) Puedan ser objeto, en caso de utilización anormal, de riesgo considerable de abuso medicamentoso, puedan provocar toxicodependencia o ser desviados para usos ilegales.

c) Contengan alguna sustancia que, por su novedad o propiedades, se considere necesaria su inclusión en este grupo como medida de precaución.

51. c) La firma será estampada personalmente una vez cumplimentados los datos de consignación obligatoria y la prescripción objeto de la receta (ver apartado 2.2.1).

La firma será estampada personalmente una vez cumplimentados los datos de consignación obligatoria y la prescripción objeto de la receta. En las recetas electrónicas se requerirá la firma electrónica.

52. c) La de la autorización del visado (ver apartado 2.2.2.2).

En el supuesto de medicamentos o productos sanitarios sujetos a visado el plazo de validez de la receta se contará a partir de la fecha del visado.

53. a) Un documento normalizado en el que los médicos prescriben medicamentos para dispensar en la oficina de farmacia y botiquines (ver apartado 2.2).

La receta médica es el documento de carácter sanitario, normalizado y obligatorio mediante el cual los médicos, odontólogos o podólogos, legalmente facultados para ello, y en el ámbito de sus competencias respectivas, prescriben a los pacientes los medicamentos o productos sanitarios sujetos a prescripción médica, para su dispensación por un farmacéutico o bajo su supervisión, en las oficinas de farmacia y botiquines dependientes de las mismas o, conforme a lo previsto en la legislación vigente, en otros establecimientos sanitarios, unidades asistenciales o servicios farmacéuticos de estructuras de atención primaria, debidamente autorizados para la dispensación de medicamentos.

54. d) Es el documento de carácter sanitario, normalizado y obligatorio mediante el cual los profesionales enfermeros, en el ámbito de sus competencias, y una vez hayan sido facultados individualmente mediante la correspondiente acreditación, indican o autorizan, en las condiciones y con los requisitos que reglamentariamente se establezcan, la dispensación de medicamentos, sujetos o no a prescripción médica, y productos sanitarios por un farmacéutico o bajo su supervisión, en las oficinas de farmacia y botiquines dependientes de las mismas o, conforme a lo previsto en la legislación vigente, en otros establecimientos sanitarios, unidades asistenciales o servicios farmacéuticos de estructuras de atención primaria, debidamente autorizados para la dispensación de medicamentos (ver apartado 2.2).

La orden de dispensación es el documento de carácter sanitario, normalizado y obligatorio mediante el cual los profesionales enfermeros, en el ámbito de sus competencias, y una vez hayan sido facultados individualmente mediante la correspondiente acreditación, indican o autorizan, en las condiciones y con los requisitos que reglamentariamente se establezcan, la dispensación de medicamentos, sujetos o no a prescripción médica, y productos sanitarios por un farmacéutico o bajo su supervisión, en las oficinas de farmacia y botiquines dependientes de las mismas o, conforme a lo previsto en la legislación vigente, en otros establecimientos sanitarios, unidades asistenciales o servicios farmacéuticos de estructuras de atención primaria, debidamente autorizados para la dispensación de medicamentos.

55. b) Es para un medicamento o producto sanitario en el caso de asistencia sanitaria transfronteriza (ver apartado 2.2.2.1).

DAST para las recetas de medicamentos y productos sanitarios prescritas a usuarios en el marco de aplicación de la Directiva 2011/24/UE, del Parlamento Europeo y del Consejo, de 9 de marzo de 2011, relativa a la aplicación de los derechos de los pacientes en la asistencia sanitaria transfronteriza: los usuarios deben abonar el importe íntegro.

56. c) El usuario está exento de aportación (ver apartado 2.2.2.1).

El Código **TSI 001 es** para los usuarios exentos de aportación. Código **TSI 002** para los usuarios con aportación reducida de un 10 %. Código **TSI 003** para los usuarios con aportación de un 40 %. Código **TSI 004** para los usuarios con aportación de un 50 %. Código **TSI 005** para los usuarios con aportación de un 60 %.

57. c) Se trata de un medicamento o producto sanitario no financiado por la Seguridad Social (ver apartado 2.2.2.1).

El código NOFIN es para las recetas de medicamentos y productos sanitarios no financiados.

TEST N.º 13

Servicio de Farmacia de onco-hematología y hospital de día oncológico. Descripción. Sistemas de administración de citostáticos: material para administración por bomba de perfusión; infusores, descripción y funcionamiento

1. Señala la respuesta incorrecta. El Hospital de día es:

a) Una asistencia hospitalaria de régimen ambulatorio.
b) Un hospital donde el paciente puede recibir una atención especializada.
c) Un hospital que requiere ingreso hospitalario.
d) Un hospital donde el paciente puede recibir una atención técnicamente cualificada.

2. La estructura básica de los Hospitales de día en Oncología, no consta de:

a) Recepción y sala de esperas.
b) Consulta.
c) Sala de Radiología.
d) Zona de tratamientos con camas o sillones.

3. El servicio de farmacia hospitalaria de Oncohematología consiste en:

a) Definir las alternativas terapéuticas en el cáncer.
b) Tratamientos de soporte de estos pacientes.
c) Protocolos seguros de trabajo con medicamentos antineoplásicos.
d) Todas son correctas.

4. ¿En qué registro médico se encuentran los datos de la medicación (quimioterápicos) a administrar?

a) En la Hoja de Evolución médica.
b) En la Hoja de Órdenes médicas.
c) En el Informe de Alta.
d) En la Hoja de Control de Medicación.

5. Las órdenes médicas han de incluir:

a) Identificación del paciente, diagnóstico, peso corporal, tratamiento pormenorizado con la dosificación, vía y modo de administración, tratamientos acompañantes, fecha de iniciación y finalización del tratamiento.

b) Identificación del paciente, diagnóstico, peso corporal, tratamiento pormenorizado con la dosificación, vía y modo de administración, tratamientos acompañantes y fecha de iniciación del tratamiento.

c) Identificación del paciente, diagnóstico, peso corporal, tratamiento pormenorizado con la dosificación, vía y modo de administración y fecha de iniciación.

d) Identificación del paciente, diagnóstico, peso corporal, vía y modo de administración, tratamientos acompañantes, fecha de iniciación y finalización del tratamiento.

6. La administración de QT está a cargo del:

a) Personal de enfermería.
b) Personal farmacéutico.
c) Personal médico.
d) Ninguna respuesta anterior es correcta.

7. La principal vía de administración de citostáticos es:

a) Intravenosa.
b) Oral.
c) Intratecal.
d) Intraarterial.

8. Con referencia a la quimioterapia intraarterial, señala lo incorrecto:

a) Se realiza tras punción subcutánea en una arteria.
b) Se realiza a través de la instauración de un catéter.
c) El objetivo es realizar un tratamiento regional.
d) Se indica en el tratamiento de metástasis hepáticas por cáncer de colon mediante la administración de 5FU o floxuridina.

9. ¿En qué consiste la quimioterapia intratecal?

a) En la administración de Qt en espacio subarocnideo.
b) Es la administración de QT en espacio ventricular.
c) En la administración de Qt en espacio intratecal.
d) En la administración de QT en barrera hematoencefálica.

10. La quimioterapia intracavitaria se administra:

a) En cavidades o espacios como peritoneo, pleura, pericardio o vejiga.
b) En el espacio intratecal mediante punción lumbar o reservorio intratecal.

c) No todos los fármacos permiten esta vía ya que son irritantes, y por lo tanto lesionarían los tejidos.

d) Se realiza a través de una arteria mediante punción de forma percutánea o por instauración de un catéter.

11. Las Unidades de Hospitalización de Día están identificadas por el código U65 en la clasificación establecida en:

a) Real Decreto 1388/2007.
b) Decreto 1467/2008.
c) Real Decreto 1277/2003.
d) Decreto 2345/2005.

12. Señala la respuesta incorrecta:

a) Los fármacos fotosensibles precisan ser resguardados de la luz y en infusiones largas se deberán utilizar equipos opacos.

b) Los taxanos no precisan de equipos de administración especial, como de baja absorción o libres de PVC.

c) Los equipos en forma de árbol para infusión de citostáticos permiten administrar el tratamiento con seguridad, de forma que no es posible el contacto personal con el fármaco.

d) Cuando se administra en bolo, se recomienda que la jeringa tenga conexión Luer-Lock.

13. La bomba de infusión es:

a) Un sistema que permite la administración por vía parenteral o enteral de fármacos mediante presión negativa.

b) Un sistema que permite la administración por vía parenteral o enteral de fármacos mediante presión positiva.

c) Un sistema para administrar medicamentos por vía intravenosa cuya fuerza de impulsión es la gravedad.

d) Un sistema para administrar medicamentos por vía intravenosa cuya fuerza de impulsión es una fuente de energía artificial que ejerce una presión negativa.

14. Las bombas peristálticas infunden el fluido:

a) Con ayuda de una leva giratoria.
b) Con infusor electrónico y una cámara de bombeo.
c) De forma continua.
d) Gracias a la acción de un émbolo de una jeringa.

15. Selecciona la respuesta correcta:

a) La administración de bolos es la administración de medicamentos mediante jeringa y directamente en el acceso venoso. Es utilizado cuando el medicamento necesita dilución.

b) La infusión continua se refiere a la administración de un medicamento, generalmente durante 24 horas, que permite mantener constante la concentración plasmática del medicamento, y normalmente se utiliza con medicamentos que no necesitan ser diluidos.

c) La infusión continua se refiere a la administración de un medicamento, generalmente durante 24 horas, que permite mantener constante la concentración plasmática del medicamento.

d) La infusión intermitente se recomienda para grandes volúmenes de medicamentos no diluidos.

16. Para una correcta administración de citostáticos:

a) En el primer tratamiento se valorarán las alergias del paciente.

b) En el primer tratamiento se valorará el entorno del paciente.

c) En tratamientos posteriores no es necesario evaluar los efectos secundarios del último tratamiento.

d) Las respuestas a) y b) son correctas.

17. Señala los principales tipos de catéteres que existen en la actualidad:

a) Catéteres venosos sistémicos y centrales.

b) Catéteres arteriales periféricos y sistémicos.

c) Catéteres venosos periféricos y catéteres centrales.

d) Todos son correctos.

18. El catéter tipo DRUM:

a) Es un catéter de inserción periférica central.

b) Es un catéter venoso periférico.

c) Es catéter central directo.

d) Es un catéter periférico directo.

19. El catéter tipo Hickman es de tipo:

a) Central periférico.

b) Central indirecto.

c) Central directo.

d) Venosos periférico.

20. Cuando la administración de QT se administra en bolo se recomienda que la jeringa tenga conexión:

a) Arrow.

b) Luer-lock.

c) Hickman.

d) Port.

21. ¿Qué vía de administración tiene la quimioterapia?

a) Intracavitaria.
b) Intraencefálica.
c) Intrahepática.
d) Intragenital.

22. El catéter mejor usado para la terapia ambulatoria es:

a) El tipo Arrow, que es periférico.
b) El tipo Port-aCath, que es un catéter central venoso.
c) El Port-aCath, que es el mejor catéter periférico.
d) El tipo DRUM.

23. Un fármaco que requiere su acción inmediata:

a) Es intermitente.
b) Es mixto.
c) Es administrado en bolos.
d) Es de infusión continua.

24. Señala la respuesta incorrecta. La valoración que se tiene que realizar del primer tratamiento de una quimioterapia debe contener:

a) El entorno.
b) El grupo sanguíneo del paciente.
c) Tratamientos oncológicos previos, si los hubiera.
d) Posibles alergias.

25. Que los profesionales tengan fácil acceso a la información clínica del paciente se considera:

a) Una complicación potencial.
b) Se considera un error en la administración.
c) Irrelevante antes de la administración de la quimioterapia.
d) Se considera una estrategia para evitar errores administrativos.

26. Según el Institute of Safe Medication Practices, los citostáticos están considerados como medicamentos de alto riesgo y de estrecho intervalo terapéutico. Por este motivo, siempre deben mantenerse unos criterios de seguridad en la administración de la QT, por lo que antes de la administración debe revisarse:

a) El protocolo de tratamiento: hidratación, premedicación, duración del tratamiento, fármacos, dosis, orden de administración de los fármacos y vía de administración.
b) Revisar nombre del paciente, NHC, dosis y fármacos respecto a la prescripción médica.

c) Tener en cuenta las características del fármaco en cuanto a estabilidad, dilución, sueros concomitantes e incompatibilidades.

d) Todas son correctas.

27. Paciente de 50 años, diagnosticado de cáncer colorrectal, acude al Hospital de Dia de Oncología a recibir su primer ciclo de quimioterapia. Su oncólogo le prescribe un ciclo de Folfox que consiste en Oxaliplatino 85 mg/m2 el día 1, Ácido folínico 200 mg/m2/día los dias 1 y 2, fluorouracilo 400 mg/m2/día en bolo días 1 y 2, y fluorouracilo 600 mg/m2/día en perfusion de 22 h días 1 y 2. Señala la respuesta correcta respecto a la administración de medicamentos a Mariano:

a) El paciente debe ingresar en planta obligatoriamente para poder administrarle el tratamiento.

b) Los citostáticos intravenosos nunca se pueden administrar a nivel domiciliario.

c) Si el paciente tiene port-a-cath, se puede administrar la perfusión de 22 h de fluororacilo a nivel domiciliario.

d) Los infusores requieren una programación domiciliaria de la infusión por parte del paciente, con un alto riesgo de error.

28. Las bombas de infusión permiten la administración por vía:

a) Intrarraquídea.

b) Subcutánea.

c) Intraperitoneal.

d) Todas las respuestas son correctas.

29. Según el tipo de liberación del fármaco, las bombas de infusión pueden ser:

a) Volumétricas.

b) Elastoméricas.

c) Intermitente.

d) Peristálticas.

30. Indica qué tipo de fármacos requieren equipos de administración de baja absorción o libres de PVC:

a) Ciclofosfamida.

b) Taxanos.

c) Metotrexato.

d) Ninguna de las respuestas es correcta.

31. Indica cuáles son los profesionales sanitarios encargados de utilizar los sistemas de administración de citostáticos:

a) Farmacia hospitalaria.

b) Facultativos de oncología.

c) Personal de enfermería.
d) Ninguna de las respuestas es correcta.

32. En la quimioterapia intracavitaria el citostático no se administra en:

a) Vejiga urinaria.
b) Pleura.
c) Pericardio.
d) Ventrículos.

33. El circuito óptimo establecido en los Hospitales de día podría esquematizarse en los siguientes pasos:

a) Recepción del paciente.
b) Tratamiento con cama o sillones reclinables.
c) Alta.
d) Todas las respuestas son correctas.

34. El Servicio de farmacia hospitalaria de Onco-Hematología y Hospitales de Día consiste en:

a) Técnicas de reconstrucción, dosificación y control de estos medicamentos.
b) Procedimientos normalizados para la reconstrucción de medicamentos antineoplásicos.
c) Complicaciones, prevención y tratamiento de la terapia.
d) Todas las respuestas son correctas.

35. Indica qué tipo de quimioterapia se efectúa mediante punción lumbar:

a) Quimioterapia intravenosa.
b) Quimioterapia intraarterial.
c) Quimioterapia intramuscular.
d) Quimioterapia intratecal.

36. Respecto a los sistemas de administración, los equipos opacos están indicados para:

a) Evitar el contacto del personal con el fármaco.
b) Taxanos y similares.
c) Fármacos fotosensibles.
d) Todas las respuestas anteriores son correctas.

37. Indica qué tipo de bomba de infusión dispone de un infusor electrónico y de un equipo de perfusión extraíble con una cámara de bombeo:

a) Elastomérica.
b) Volumétrica.

c) De jeringa.
d) Peristáltica.

38. El método de administración de fármacos quimioterápicos utilizado depende:

a) Del estado del paciente.
b) Del efecto deseado de la mediación.
c) Del tipo de medicamento.
d) Todas las respuestas son correctas.

39. La vía principal de los tratamientos quimioterápicos es:

a) Intracavitaria.
b) Intravenosa.
c) Intratecal.
d) Intraarterial.

40. En la administración de la quimioterapia, la función de validación la realiza el:

a) Farmacéutico.
b) Enfermero.
c) Médico.
d) Ninguna de las respuestas es correcta.

41. Respecto a la quimioterapia oral, señala la respuesta correcta:

a) Es necesario informar al paciente de la posología y de la pauta de tratamiento.
b) Es la más cómoda para el paciente.
c) Puede ser la única vía de administración del tratamiento.
d) Todas son correctas.

42. Al elegir el tipo de catéter, entre los factores relacionados con el paciente no se incluye:

a) La duración del tratamiento.
b) Edad.
c) Estado mental.
d) Problemas circulatorios.

43. La administración de medicamentos directamente en el acceso venoso, mediante una jeringa se conoce como:

a) Infusión continua.
b) Administración en bolos.
c) Administración mixta.
d) Administración intermitente.

44. Respecto al Hospital de Día, señala la respuesta incorrecta:

a) Se presta atención especializada.
b) Mejora la calidad de vida del paciente.
c) Requiere ingreso hospitalario.
d) Aporta beneficios económicos.

45. Los tratamientos administrados incluyen:

a) Anticuerpos monoclonales.
b) Ajustes de analgesia.
c) Quimioterápicos.
d) Todas son correctas.

46. Señala cuál es una ventaja de los CVC:

a) Permiten la infusión intravenosa prolongada.
b) Permiten la medición de la presión venosa central.
c) Permiten la obtención de muestras de sangre.
d) Todas son ventajas.

47. El catéter venoso periférico más frecuentemente utilizado es del tipo:

a) Palomita de plástico.
b) DRUM.
c) PICC´S.
d) Arrow.

48. La infusión continua:

a) Se refiere a la administración del medicamento en un periodo de tiempo asignado, generalmente mantenida durante 24 horas.
b) Infusión continua pretende mantener la concentración plasmática constante del medicamento.
c) Se utiliza con medicamentos que precisan altas dosis y se administran diluidos.
d) Todas son correctas.

49. La infusión intermitente:

a) Se refiere a la administración del medicamento en un periodo de tiempo limitado en un plazo máximo de 2 horas y un volumen entre 50 y 250 ml.
b) Se recomienda cuando los medicamentos se alteran durante un tiempo corto.
c) Es la administración directa al acceso venoso, mediante jeringa.
d) Se utiliza cuando el medicamento no requiere dilución.

50. Las bombas elastoméricas:

a) Son dispositivos que permiten la administración continua o intermitente de medicamentos de forma controlada.

b) Su mecanismo básico de funcionamiento consiste en un sistema que ejerce una presión constante sobre un reservorio que contiene el líquido a infundir y cuya velocidad de flujo está controlada por un capilar calibrado que existe en el tubo de infusión.

c) La bomba elastomérica no requiere electricidad ni batería y su funcionamiento está basado en una energía constante liberada por el elastómero.

d) Todas son correctas.

Soluciones comentadas

1. **c) Un hospital que requiere ingreso hospitalario (ver apartado 1).**

    El Hospital de día es una asistencia hospitalaria de régimen ambulatorio, de manera que el paciente puede recibir una atención especializada y técnicamente cualificada sin necesidad de ingreso hospitalario. De esta manera no solo se consiguen beneficios económicos (disminución de costes de estancia hospitalaria), sino también una mejor calidad de vida de los pacientes. Estos dispositivos suponen sobre el 85 % de los tratamientos oncológicos.

2. **c) Sala de Radiología (ver apartado 1).**

    La estructura básica de estas unidades consta de las siguientes zonas:

    – Acceso físico, normalmente por consultas externas.

    – Recepción y salas de espera. Aquí se ubican los puntos de atención e información al público, pacientes y acompañantes.

    – Administración.

    – Salas de espera, su acceso será directo desde recepción.

    – Consulta: zona donde se realiza la exploración, diagnóstico e información del tratamiento.

    – Tratamiento: con camas o sillones reclinables, en habitaciones individuales o zonas comunes.

    – Recuperación y alta.

3. **d) Todas son correctas (ver apartado 1).**

    El servicio de farmacia hospitalaria de Onco-Hematología y Hospitales de Día consiste en:

    – Definir las alternativas terapéuticas en el cáncer.

    – Tratamientos de soporte de estos pacientes.

    – Protocolos seguros de trabajo con medicamentos antineoplásicos.

    – Técnicas de reconstrucción, dosificación y control de estos medicamentos.

- Técnicas de administración.
- Prevención de reacciones adversas, interacciones y procedimientos de la cadena terapéutica.
- Complicaciones, prevención y tratamiento de la terapia.

4. b) En la Hoja de Órdenes médicas (ver apartado 1).

Los tratamientos habitualmente administrados son quimioterápicos, pero también anticuerpos monoclonales, de soporte con hidrataciones o consistentes en ajustes de analgesia, aplicaciones de drenajes de derrames, transfusiones de sangre o plaquetas, biopsias de médula ósea… Estos tratamientos siempre deben ir acompañados de unas órdenes en las que aparezcan datos mínimos como: identificación del paciente, diagnóstico, peso corporal, tratamiento pormenorizado con la dosificación, vía y modo de administración, tratamientos acompañantes, fecha de iniciación y finalización del tratamiento.

5. a) Identificación del paciente, diagnóstico, peso corporal, tratamiento pormenorizado con la dosificación, vía y modo de administración, tratamientos acompañantes, fecha de iniciación y finalización del tratamiento (ver apartado 1).

Estos tratamientos siempre deben ir acompañados de unas órdenes en las que aparezcan datos mínimos como: identificación del paciente, diagnóstico, peso corporal, tratamiento pormenorizado con la dosificación, vía y modo de administración, tratamientos acompañantes, fecha de iniciación y finalización del tratamiento.

6. a) Personal de enfermería (ver apartado 2).

En cuanto a la administración de QT, está habitualmente a cargo del personal de enfermería, aunque en determinadas vías de administración pueden ser otros profesionales quienes administren la medicación, como es el caso de la QT oral, cuando se dispensa en el servicio de farmacia o en tratamientos intratecales, que los administra un médico.

7. a) Intravenosa (ver apartado 2.1).

Para la administración de la QT existe la posibilidad de diferentes vías de administración en función de las características del citostático a administrar o de la intención de tratamiento. La principal vía de administración es la intravenosa, seguida de la vía oral; le siguen otras vías como la intratecal, intraarterial, intracavitaria e incluso la tópica.

8. a) Se realiza tras punción subcutánea en una arteria (ver apartado 2.1.2).

Es la que se realiza a través de una arteria mediante una punción de forma percutánea o bien previa instauración de un catéter. El objetivo es realizar un tratamiento regional y la indicación mayoritaria es el tratamiento de las metástasis hepáticas en el cáncer de colon mediante la administración de 5FU o bien floxuridina, como trata-mientos de elección.

9. **c) En la administración de Qt en espacio intratecal (ver apartado 2.1.3).**

Consiste en la administración de QT en el espacio intratecal mediante una punción lumbar o bien un catéter o reservorio intratecal tipo Omaya. Habitualmente, son tra-tamientos complementarios ya que muchos de los tratamientos administrados por vía sistémica son incapaces de atravesar la barrera hematoencefálica.

10. **a) En cavidades o espacios como peritoneo, pleura, pericardio o vejiga (ver apartado 2.1.4).**

Se administra el citostático en cavidades o espacios como peritoneo, pleura, pericar-dio o vejiga urinaria.

11. **c) Real Decreto 1277/2003 (ver apartado 2.1.6).**

Las Unidades de Hospitalización de Día están identificadas por el código U65 en la clasificación establecida en el Real Decreto 1277/2003 por el que se establecen las bases generales sobre autorización de centros, servicios y establecimientos sanita-rios. Además en esta Norma Jurídica se definen como "unidad asistencial donde, bajo la supervisión o indicación de un médico especialista, se lleva a cabo el tratamiento o los cuidados de enfermos que deben ser sometidos a métodos de diagnóstico o tratamiento que requieran durante unas horas atención continuada médica o de en-fermería, pero no el internamiento en el hospital.

12. **b) Los taxanos no precisan de equipos de administración especial, como de baja absorción o libres de PVC (ver apartado 2.4).**

Los taxanos precisan equipos de administración de baja absorción o libres de PVC; en la administración de fármacos como paclitaxel o cetuximab se deben colocar filtros de 0,22 micras durante la infusión.

13. **b) Un sistema que permite la administración por vía parenteral o enteral de fár-macos mediante presión positiva (ver apartado 2.5).**

La bomba de infusion es un sistema que permite la administración por vía parenteral o enteral de fármacos mediante presión positiva.

Los sistemas para administrar medicamentos por vía intravenosa se pueden clasifi-car, según la fuerza de impulsión, en controladores (fuerza de gravedad) y bombas (gracias a la utilización de fuentes de energía artificial ejercen una presión positiva, superando la presión venosa).

Las bombas de infusión facilitan la administración parenteral (intravenosa, subcutá-nea, intraperitoneal, intrarraquídea).

14. a) Con ayuda de una leva giratoria (ver apartado 2.5).

Las bombas peristálticas es un sistema que infunde el fluido con ayuda de una leva giratoria (sistema peristáltico giratorio) o de un resorte en forma de dedo (sistema peristáltico lineal).

15. c) La infusión continua se refiere a la administración de un medicamento, generalmente durante 24 horas, que permite mantener constante la concentración plasmática del medicamento (ver apartado 2.5).

De infusión continua: la infusión continua se refiere a la administración del medicamento en un periodo de tiempo asignado, generalmente mantenida durante 24 horas. La infusión continua pretende mantener la concentración plasmática constante del medicamento, se utiliza con medicamentos que precisan altas dosis y se administran diluidos.

16. d) Las respuestas a) y b) son correctas (ver apartado 3).

En el primer tratamiento de citostáticos se debe realizar una valoración que comprenda:

* Antecedentes patológicos del paciente.

* Tratamientos oncológicos previos o cirugía.

* Alergias.

* Medicación habitual.

* Hábitos tóxicos y saludables.

* Evaluación de los conocimientos sobre su enfermedad.

* Tratamiento del paciente y familia.

* Valoración del soporte sociofamiliar.

* Entorno.

En tratamientos posteriores se realizará una evaluación y monitorización de los efectos secundarios del último tratamiento.

17. c) Catéteres venosos periféricos y catéteres centrales (ver apartado 2.3).

Los principales tipos de catéteres que existen en la actualidad en el mercado son los siguientes: catéter venoso periférico y catéter central.

18. a) Es un catéter de inserción periférica central (ver apartado 2.3).

Catéteres venosos centrales (CVC). Básicamente existen dos tipos de cateterismo central:

* Central de inserción periférica: tipo DRUM o PICC'S. Son catéteres que los colocan profesionales de enfermería en venas del brazo, la cefálica o cubital.

*   Central directo: tipo Arrow, Hickman (tunelizado) y sistemas implantables con reservorios subcutáneos tipo Port-aCath (muy utilizados en terapias ambulatorias). Son instaurados por profesionales médicos. La técnica de colocación difiere según sea la vena por la cual se accede (vena subclavia, yugular o femoral) y el tipo de catéter.

19. c) Central directo (ver apartado 2.3).

Central directo: tipo Arrow, Hickman (tunelizado) y sistemas implantables con reservorios subcutáneos tipo Port-aCath (muy utilizados en terapias ambulatorias). Son instaurados por profesionales médicos. La técnica de colocación difiere según sea la vena por la cual se accede (vena subclavia, yugular o femoral) y el tipo de catéter.

20. b) Luer-lock (ver apartado 2.4).

Cuando se administra en bolo se recomienda que la jeringa tenga conexión Luer-Lock para evitar el riesgo de contaminación durante la administración del citostático.

21. a) Intracavitaria (ver apartado 2.1).

Para la administración de la QT existe la posibilidad de diferentes vías de administración en función de las características del citostático a administrar o de la intención de tratamiento. La principal vía de administración es la intravenosa, seguida de la vía oral; le siguen otras vías como la intratecal, intraarterial, intracavitaria e incluso la tópica.

22. b) El tipo Port-aCath, que es un catéter central venoso (ver apartado 2.3).

Catéteres venososos centrales, Central directo: tipo Arrow, Hickman (tunelizado) y sistemas implantables con reservorios subcutáneos tipo Port-aCath (muy utilizados en terapias ambulatorias). Son instaurados por profesionales médicos. La técnica de colocación difiere según sea la vena por la cual se accede (vena subclavia, yugular o femoral) y el tipo de catéter.

23. c) Es administrado en bolos (ver apartado 2.5).

Se administra en bolos: es la administración de medicamentos directamente en el acceso venoso, mediante una jeringa. Puede utilizarse cuando el medicamento no requiere de dilución, cuando es necesaria su acción inmediata, o si el nivel pico en sangre no se puede lograr mediante la infusión intermitente.

24. b) El grupo sanguíneo del paciente (ver apartado 3).

En el primer tratamiento se debe realizar una valoración que comprenda:

*   Antecedentes patológicos del paciente.

*   Tratamientos oncológicos previos o cirugía.

* Alergias.

* Medicación habitual.

* Hábitos tóxicos y saludables.

* Evaluación de los conocimientos sobre su enfermedad.

* Tratamiento del paciente y familia.

* Valoración del soporte sociofamiliar.

* Entorno.

25. d) Se considera una estrategia para evitar errores administrativos (ver apartado 3.2).

Algunas estrategias para evitar errores

– Cualquier prescripción que genere dudas debería ser clarificada antes de su administración.

– Todos los profesionales que administran QT deberían tener fácil acceso a la guía farmacoterapéutica.

– Asegurar que los profesionales tengan fácil acceso a la información clínica del paciente en el lugar de atención.

Se recomienda los sistemas automáticos de registro e identificación de citostáticos y pacientes (códigos de barra, etc.).

26. d) Todas son correctas (ver apartado 3.1).

Son criterios de seguridad en la administración de la QT, por lo que antes de la administración debe revisarse:

– El protocolo de tratamiento: hidratación, premedicación, duración del tratamiento, fármacos, dosis, orden de administración de los fármacos y vía de administración.

– Revisar nombre del paciente, NHC, dosis y fármacos respecto a la prescripción médica.

– Tener en cuenta las características del fármaco en cuanto a estabilidad, dilución, sueros concomitantes e incompatibilidades.

– Complicaciones potenciales: si el fármaco es vesicante, emesis, efectos colinérgicos, nefrotoxicidad, cardiotoxicidad, reacciones alérgicas, etc. Ante complicaciones potenciales inmediatas a la administración de la QT, como son las reacciones alérgicas y extravasaciones, se recomienda tener protocolos de actuación ante estas complicaciones y un kit preparado con el tratamiento recomendado.

– En el momento de la administración, asegurarse de la identificación correcta del tratamiento con el paciente. Evaluación e identificación del paciente en la cabecera.

– Antes de la administración del medicamento: se debe comprobar las dosis, vía y hora de administración, y evaluar la situación del paciente y el tratamiento concomitante.

27. c) Si el paciente tiene port-a-cath, se puede administrar la perfusión de 22 h de fluororacilo a nivel domiciliario (ver apartado 2.3).

El port-a cath es un dispositivo venoso central subcutáneo.

No es necesario para la administración de citostáticos que el paciente ingrese en el hospital, se realiza en unidades de hospital de día oncológico.

Si el paciente es portador de un dispositivo de percusión Port-Cath (reservorio venoso subcutáneo), se puede administrar el tratamiento a nivel domiciliario.

El PORT-A-CATH es un dispositivo venoso central de acceso subcutáneo y se usa en determinados pacientes debido a una situación concreta, como pacientes oncológicos, que necesitan disponer de un acceso venoso permanente y duradero que evite reiteradas punciones venosas.

Se puede administrar toda clase de tratamientos intravenosos, como NPT, medicación en *bolus*, sueropoterapia, quimioterapia, hemoderivados.

Evidentemente la enfermera será la responsable de la administración de medicamentos y el cuidado adecuado.

28. d) Todas las respuestas son correctas (ver apartado 2.5).

Las bombas de infusión facilitan la administración parenteral (intravenosa, subcutánea, intraperitoneal, intrarraquídea).

29. c) Intermitente (ver apartado 2.5).

También se pueden clasificar según el tipo de liberación del fármaco:

– De infusión continua: la infusión continua se refiere a la administración del medicamento en un periodo de tiempo asignado, generalmente mantenida durante 24 horas. La infusión continua pretende mantener la concentración plasmática constante del medicamento, se utiliza con medicamentos que precisan altas dosis y se administran diluidos.

– Intermitente: durante un periodo de tiempo limitado, en un plazo máximo de 2 horas y un pequeño volumen de líquido (generalmente entre 50-250 ml) se recomienda cuando uno de los medicamentos requiere una cantidad específica de dilución, en pacientes con limitación en la administración de líquidos o en medicamentos cuya estabilidad se altera si se administran durante un tiempo prolongado.

– De administración en bolos: es la administración de medicamentos directamente en el acceso venoso, mediante una jeringa. Puede utilizarse cuando el medicamento no requiere de dilución, cuando es necesaria su acción inmediata, o si el nivel pico en sangre no se puede lograr mediante la infusión intermitente.

– Mixtas.

30. b) Taxanos (ver apartado 2.4).

Los taxanos precisan equipos de administración de baja absorción o libres de PVC, en la administración de fármacos como paclitaxel o cetuximab se deben colocar filtros de 0,22 micras durante la infusión.

31. c) Personal de enfermería (ver apartado 2).

El personal de enfermería que administra este tipo de tratamientos debe poseer un perfil muy concreto, debe ser experto, tener conocimientos muy amplios sobre los tratamientos de QT y los diferentes protocolos de administración, sobre los efectos secundarios y su manejo, las diferentes vías de administración, precauciones en la administración, etc.

32. d) Ventrículos (ver apartado 2.1.4).

Se administra el citostático en cavidades o espacios como peritoneo, pleura, pericardio o vejiga urinaria.

33. a) Recepción del paciente (ver apartado 1).

El circuito óptimo establecido en los Hospitales de día podría esquematizarse en los siguientes pasos:

– Recepción del paciente.

– Extracción sanguínea.

– Consulta médica con confirmación del tratamiento.

– Confirmación de la cita en la agenda de la unidad.

– Administración del tratamiento indicado.

– Control final.

34. d) Todas las respuestas son correctas (ver apartado 1).

El servicio de farmacia hospitalaria de Onco-Hematología y Hospitales de Día consiste en:

– Definir las alternativas terapéuticas en el cáncer.

– Tratamientos de soporte de estos pacientes.

– Protocolos seguros de trabajo con medicamentos antineoplásicos.

– Técnicas de reconstrucción, dosificación y control de estos medicamentos.

- Técnicas de administración.
- Prevención de reacciones adversas, interacciones y procedimientos de la cadena terapéutica.
- Complicaciones, prevención y tratamiento de la terapia.

35. d) Quimioterapia intratecal (ver apartado 2.1.3).

Consiste en la administración de QT en el espacio intratecal mediante una punción lumbar o bien un catéter o reservorio intratecal tipo Omaya. Habitualmente, son tratamientos complementarios ya que muchos de los tratamientos administrados por vía sistémica son incapaces de atravesar la barrera hematoencefálica.

36. c) Fármacos fotosensibles (ver apartado 2.4).

En caso de fármacos fotosensibles y que precisen ser resguardados de la luz, en infusiones largas se deben utilizar equipos opacos.

37. b) Volumétrica (ver apartado 2.5).

Volumétricas: disponen de un infusor electrónico y de un equipo de perfusión extraíble con una cámara de bombeo.

38. d) Todas las respuestas son correctas (ver apartado 2.5).

El método utilizado depende del tipo de medicamento, el estado del paciente, y el efecto deseado de la medicación.

39. b) Intravenosa (ver apartado 2.1.6).

Es la principal vía de administración de los tratamientos quimioterápicos y se precisa de un acceso seguro para garantizar su correcta administración.

40. a) Farmacéutico (ver apartado 2).

La administración de quimioterapia (QT) forma parte de todo un proceso que va desde la prescripción de la medicación por parte del médico, pasando por la validación por un farmacéutico, la preparación, la dispensación de los citostáticos, la administración y la eliminación de residuos.

41. d) Todas son correctas (ver apartado 2.1.1).

Algunos fármacos pueden ser administrados por esta vía, que es la más cómoda para el paciente. Se debe informar al paciente de la posología y de la pauta de tratamiento; premedicación, dosis, hora, duración del tratamiento. Puede ser la única vía de administración del tratamiento o combinarse con otras vías.

42. a) La duración del tratamiento (ver apartado 2.2).

Factores relacionados con el paciente: edad, tipo de vías venosas del propio paciente, los fármacos a administrar, las limitaciones físicas y el estado mental, la alteración de la imagen, la capacidad del paciente de cuidar el catéter, etc. También se debe tener en cuenta: problemas circulatorios, afectación o lesiones locales y otros tratamientos (radioterapia, cirugía).

43. b) Administración en bolos (ver apartado 2.5).

De administración en bolos: es la administración de medicamentos directamente en el acceso venoso, mediante una jeringa. Puede utilizarse cuando el medicamento no requiere de dilución, cuando es necesaria su acción inmediata, o si el nivel pico en sangre no se puede lograr mediante la infusión intermitente.

44. c) Requiere ingreso hospitalario (ver apartado 1).

El Hospital de día es una asistencia hospitalaria de régimen ambulatorio, de manera que el paciente puede recibir una atención especializada y técnicamente cualificada sin necesidad de ingreso hospitalario.

45. d) Todas son correctas (ver apartado 1).

Los tratamientos habitualmente administrados son quimioterápicos, pero también anticuerpos monoclonales, de soporte con hidrataciones o consistentes en ajustes de analgesia, aplicaciones de drenajes de derrames, transfusiones de sangre o plaquetas, biopsias de médula ósea… Estos tratamientos siempre deben ir acompañados de unas órdenes en las que aparezcan datos mínimos como: identificación del paciente, diagnóstico, peso corporal, tratamiento pormenorizado con la dosificación, vía y modo de administración, tratamientos acompañantes, fecha de iniciación y finalización del tratamiento.

46. d) Todas son ventajas (ver apartado 2.3).

Las ventajas de los CVC: permiten la infusión intravenosa prolongada, la medición de la presión venosa central, la administración intermitente de la terapia intravenosa, la obtención de muestras de sangre, más independencia al paciente, reducen las complicaciones asociadas a la terapia intravenosa y disminuyen el número de punciones.

47. a) Palomita de plástico (ver apartado 2.3).

Catéteres venosos periféricos: tipo bránula y tipo palomita que se presentan en diferentes diámetros, longitudes y materiales (metálicas, poliuretano, vialón y teflón). El más frecuentemente utilizado es del tipo palomita de plástico. La integridad de la punta de este tipo de catéter facilita la inserción y reduce las complicaciones de la terapia intravenosa (flebitis mecánica y química). Para el paciente es un catéter menos doloroso y más cómodo.

48. d) Todas son correctas (ver apartado 2.5).

De infusión continua: la infusión continua se refiere a la administración del medicamento en un periodo de tiempo asignado, generalmente mantenida durante 24 horas. La infusión continua pretende mantener la concentración plasmática constante del medicamento, se utiliza con medicamentos que precisan altas dosis y se administran diluidos.

49. a) Se refiere a la administración del medicamento en un periodo de tiempo limitado en un plazo máximo de 2 horas y un volumen entre 50 y 250 ml (ver apartado 2.5).

Intermitente: durante un periodo de tiempo limitado, en un plazo máximo de 2 horas y un pequeño volumen de líquido (generalmente entre 50-250 ml) se recomienda cuando uno de los medicamentos requiere una cantidad específica de dilución, en pacientes con limitación en la administración de líquidos o en medicamentos cuya estabilidad se altera si se administran durante un tiempo prolongado.

50. d) Todas son correctas (ver apartado 2.5).

Bombas elastoméricas: son dispositivos que permiten la administración continua o intermitente de medicamentos de forma controlada. Su mecanismo básico de funcionamiento consiste en un sistema que ejerce una presión constante sobre un reservorio que contiene el líquido a infundir y cuya velocidad de flujo está controlada por un capilar calibrado que existe en el tubo de infusión. La bomba elastomérica no requiere electricidad ni batería y su funcionamiento está basado en una energía constante liberada por el elastómero.

Citotóxicos. Quimioterapia: definición y características. Cuidados en el manejo, transporte y manipulación. Características de la zona de preparación de citostáticos. Equipo de protección personal. Manipulación de citostáticos orales. Gestión de residuos citotóxicos. Actuación ante exposiciones a citotóxicos. Derrames y roturas accidentales. Extravasaciones, actuaciones generales

1. En todos los cánceres:

a) Las células se dividen y crecen sin control.

b) Las células tumorales portan mutaciones que no son reparadas y dan lugar a una estirpe de células "alteradas".

c) En todo proceso carcinogénico hay un agente iniciador que ocasiona el daño inicial en el ADN y la iniciación del proceso; un segundo paso de promoción inducido por un agente promotor (este agente puede ser congénito o adquirido) aprovecha la ventaja proliferativa otorgada en el primer paso y estimula las células a dividirse; por último, durante la progresión la célula adquiere nuevas mutaciones o cambios epigenéticos que le confieren propiedades invasivas y de metástasis.

d) Todas son correctas.

2. Los carcinoma derivan de:

a) Células epiteliales.

b) Células conjuntivales.

c) Células de la médula ósea.

d) Células del timo.

3. Los tumores se clasifican de diversas formas, así se clasifican según la célula que los originó en:

a) Adeno – proviene de grasa.

b) Hemangio- proviene de vaso sanguíneo.

c) Mio- proviene de hueso.

d) Todas son correctas.

4. Sobre la displasia se puede decir que se caracteriza por:

a) Proliferación celular excesiva sin pérdida de organización.

b) Suele ser reversible, pero puede sufrir una transformación carcinogénica.c) Es una transformación citológica de un epitelio maduro en otro, que puede tener un parentesco próximo o remoto

d) Suele ser respuesta adaptativa fisiológica frente al estrés celular y es reversible una vez cesa el estímulo agresor.

5. Los criterios para considerar una neoplasia como maligna no incluyen:

a) Afectación linfática.

b) Hipocromasia.

c) Nucléolo prominente.

d) Desmoplasia.

6. Señala la respuesta incorrecta:

a) Metaplasia: transformación citológica de un epitelio maduro en otro.

b) Hiperplasia: proliferación excesiva con pérdida de la organización normal de los tejidos y de la arquitectura celular.

c) Anaplasia: escasa diferenciación de las células que componen un tumor.

d) Neoplasia: proliferación descontrolada de células de un tejido u órgano que desemboca en la formación de una masa diferenciada denominada neoplasma.

7. Los citotóxicos poseen potencial:

a) Teratogénico.

b) Mutagénico.

c) Carcinogénico.

d) Todas son correctas.

8. Los citostáticos se clasifican según su mecanismo de acción y estructura en:

a) Antimetabolitos.

b) Productos de origen natural.

c) Agentes alquilantes.

d) Todas son ciertas.

9. Los antagonistas de pirimidinas son agentes citostáticos que pertenecen al grupo de los:

a) Agentes alquilantes.

b) Antimetabolitos.

c) Productos de origen natural.

d) Complejos de platino.

10. En referencia al metotrexato, indica lo incorrecto:

a) Es un antagonista de ácido fólico.
b) Se clasifica dentro de los antimetabolitos.
c) El trimetrexato no pertenece a su grupo.
d) Se utiliza en el cáncer de mama.

11. Las mostazas nitrogenadas son agentes citostáticos que pertenecen al grupo de los:

a) Agentes alquilante.
b) Antimetabolitos.
c) Complejos de platino.
d) Antibióticos citostáticos.

12. ¿Cuál es la utilidad clínica de los agentes alquilantes?

a) Cáncer de mama, cabeza, cuello, osteosarcoma, leucemias, linfomas, colorrectal, pulmón no microcítico, mesotelioma, páncreas, vejiga, ovario y más.
b) Tratamiento de leucemias crónicas, cáncer de pulmón, linfomas de Hodgkin y no Hodgkin, mieloma múltiple y cáncer de ovario.
c) Se usan sobre todo en el tratamiento de cáncer de pulmón, cáncer de vejiga, tumores germinales, cáncer de ovario, cáncer de cabeza y cuello, cáncer de esófago y cáncer de estómago y cérvix, entre otros.
d) Todas son correctas.

13. Respecto a los antimetabolitos:

a) Actúan a 3 niveles: añade grupos alquilo, forma puentes o enlaces covalentes e introducen nucleótidos produciendo mutaciones.
b) Forman enlaces covalentes con la guanina y la adenina del ADN.
c) Actúan durante múltiples fases del ciclo celular.
d) Inhiben la acción de las enzimas relacionadas con la síntesis de purinas y pirimidinas.

14. Los productos de origen natural alcaloide o inhibidores de microtúbulos:

a) Los taxanos son inhibidores de la polimerización.
b) Los taxanos (paclitaxel) impiden la despolimerización.
c) Los alcaloides de la vinca inhiben la despolimerización.
d) La estramustina inhibe la despolimerización.

15. ¿Qué tratamiento hormonal se puede utilizar?

a) Tratamiento adyuvante.
b) Tratamiento neoadyuvante.

c) Tratamiento quimioprofiláctico.
d) Todas son ciertas.

16. La quimioterapia que combina la radioterapia de efecto local y la quimioterapia de efecto sistémico se conoce como:

a) Quimioterapia concomitante.
b) Quimioterapia paliativa.
c) Quimioterapia adyuvante.
d) Quimioterapia neoadyuvante.

17. Dentro de los agentes alquilantes, la mecloretamina se incluye en el grupo de:

a) Triazenos.
b) Nitrosoureas.
c) Mostazas nitrogenadas.
d) Alquilsulfonatos.

18. Entre las ventajas de los citostáticos orales no se incluyen:

a) Reducción de costes para el sistema sanitario.
b) Comodidad de administración.
c) Posibles casos de incomprensión del tratamiento.
d) Menos trastornos en la vida del paciente.

19. Los alcaloides de la vinca:

a) Son agentes que se unen al microtúbulo e interfieren en la formación del huso alterando la división celular.
b) Son ejemplos de este grupo la vincristina, vinblastina,vinorelbina, estramustina.
c) Son vegetales.
d) Todas son correctas.

20. Indica cuál de las siguientes condiciones morfológicas diferentes se corresponde habitualmente con un tumor maligno:

a) Metaplasia.
b) Neoplasia.
c) Hiperplasia.
d) Anaplasia.

21. Indica cuál de los siguientes compuestos citotóxicos se consideran específicos del ciclo celular:

a) Antibióticos antitumorales.
b) Tratamiento hormonal.

c) Antimetabolitos.
d) Hidroxiurea.

22. La terapia o tratamiento hormonal está indicada en:

a) Cáncer de vejiga.
b) Cáncer de próstata.
c) Cánceres neuroendocrinos.
d) Las respuestas b) y c) son correctas.

23. En el proceso carcinogénico, la fase en la que la célula adquiere nuevas mutaciones o cambios epigenéticos que le confieren propiedades invasivas y metastatizantes se denomina:

a) Progresión.
b) Promoción.
c) Angiogénesis.
d) Promoción.

24. El citotóxico tenipósido se corresponde con:

a) Supresor adrenocortical.
b) Antraciclina.
c) Taxoide.
d) Alcaloide de podófilo.

25. Indica cuál es el mecanismo de acción de los agentes alquilantes:

a) Inducción de nucleótidos que llevan mutaciones.
b) Añadiendo grupos alquilo a las bases nitrogenadas del ADN.
c) Formación de puentes o enlaces covalentes cruzados entre bases nitrogenadas.
d) Todas las respuestas son correctas.

26. La quimioterapia utilizada para alargar la esperanza de vida y reducir los síntomas se denomina:

a) Quimiorradioterapia.
b) Quimioterapia adyuvante.
c) Quimioterapia paliativa.
d) Ninguna de las respuestas es correcta.

27. Señala la respuesta incorrecta:

a) La quimioterapia concomitante es la que se combina con la radioterapia de efecto local y la quimioterapia de efecto sistémico.

b) La quimioterapia neoadyuvante se puede utilizar simultáneamente con la radiote-rapia.

c) La quimioterapia adyuvante es la que se da después de un tratamiento local del tumor primario.

d) La quimioterapia paliativa no cura la enfermedad, sirve para alargar la esperanza de vida.

28. Las normas generales de trabajo para la manipulación de medicamentos ci-tostáticos son, entre otras:

a) Si el citostático se administra en jeringa, quitar la aguja y el tapón hermético para su dispensación.

b) En la cabina de flujo laminar vertical se dispondrá de un recipiente apropiado para eliminar excesos de solución y para desechar excesos de material contaminado.

c) Antes de abrir las ampollas se debe garantizar que quede líquido en su extremo superior.

d) Cuando se manipulen viales se debe intentar igualar la presión mediante un filtro hidrofóbico.

29. Si el citostático se presenta en vial, ¿qué normas debemos seguir?

a) Desinfectar el tapón con alcohol de 70º dejando evaporar y se introduce la aguja.

b) Para la reconstitución de viales liofilizados, el diluyente será introducido lentamen-te haciéndolo resbalar por la pared vial.

c) Se evitará la sobrepresión en el interior del vial para prevenir la formación de aero-soles utilizando para ello filtros de venteo provistos de membrana hidrófila con poros de 0,22 micras, o aplicando la técnica de la presión negativa.

d) Todas son correctas.

30. Protocolo ante contaminación en personas (señala la respuesta incorrecta):

a) Solo se aplicará el antídoto específico si se produce punción.

b) Si entra en contacto con la piel lavar la zona con agua y jabón durante diez minutos.

c) Si hay salpicadura en los ojos enjuagar con agua o suero fisiológico durante un mínimo de 5 minutos.

d) Si la contaminación se produce en el equipo de protección y no llega a estar en contacto con la persona retirar el equipo y lavar las manos.

31. Señala la respuesta incorrecta en función de la presentación del citostático:

a) Si el citostático se presenta en vial introducir la aguja formando un ángulo de 15º con la superficie del tapón, manteniendo el bisel hacia abajo.

b) Si el citostático se presenta en ampolla, abrir la ampolla en dirección contraria al manipulador.

c) Si se trata de citostáticos orales se tiene la ventaja de la reducción de costes para el sistema sanitario.

d) Si se trata de citostáticos orales se tiene la desventaja de cometer errores más frecuentes en dosificaciones.

32. Señala la respuesta incorrecta:

a) Las mostazas nitrogenadas pertenecen al grupo de los agentes alquilantes.

b) Los antimetabolitos estimulan la acción de las enzimas relacionadas con la síntesis de purinas y pirimidinas.

c) El efecto citostático de los complejos de platino o derivados es independiente de la fase celular.

d) Los antimetabolitos antitumorales son tratamientos producidos con productos naturales.

33. En relación con la quimioterapia, señala la respuesta correcta:

a) La quimioterapia adyuvante es la que se aplica como primera medida frente al cáncer.

b) La quimioterapia neoadyuvante se da después de un tratamiento local del tumor primario por cirugía.

c) La quimiorradioterapia es la combinación de la radioterapia de efecto local y la quimioterapia de efecto sistémico.

d) La quimioterapia paliativa es un tratamiento secundario para curar la enfermedad.

34. ¿Qué Norma Técnica de Prevención (NTP) es de aplicación a la exposición laboral a citostáticos en el ámbito sanitario?

a) NTP 485.
b) NTP 591.
c) NTP 258.
d) NTP 740.

35. Señala la respuesta adecuada:

a) La norma de actuación en el caso de exposición a carmusitina es lavar con agua.

b) La norma de actuación en el caso de exposición a dactinomicina es lavar con agua.

c) La norma de actuación en el caso de exposición a melfalan es lavar con agua, agua y jabón o solución de bicarbonato sódico.

d) La norma de actuación en el caso de exposición a asparaginasa es lavar con agua y jabón.

36. Las normas generales ante una exposición a citostáticos son:

a) Si se contamina solo el equipo de protección se deberán reemplazar los guantes y las prendas contaminadas, lavar las manos y sustituirlos inmediatamente.

b) Si se produce punción o lesión de piel habrá que hacer sangrar la zona afectada.

c) Si hay contacto con la piel intacta, lavar inmediatamente la zona afectada con agua y jabón durante 10 minutos.

d) Todas las anteriores son ciertas.

37. Ante la exposición al citostático Etopósido:

a) Lavar con agua.

b) Lavar con bicarbonato sódico.

c) Lavar con agua y jabón.

d) Lavar con agua, agua y jabón o solución de bicarbonato sódico.

38. Señala la respuesta correcta sobre el equipo de protección frente a derrames y roturas accidentales de medicamentos citostáticos:

a) El equipo de derrames estará ubicado dentro de armarios junto al botiquín de primeros auxilios.

b) La bolsa para residuos de citostáticos no debe ser menor de 10 micras.

c) Entre el equipo de protección deben figurar gafas de seguridad, gafas de seguridad, 2 pares de guantes quirúrgicos de látex y bata desechable de baja permeabilidad.

d) La respuesta b) y la c) son correctas.

39. Si se produce un derrame en el interior de una cabina de flujo laminar:

a) Apagar el flujo de aire vertical.

b) Si el derrame es de un citostático en polvo o cristales, para evitar la formación de polvo, cubrir perfectamente con gasas secas o papel.

c) En casos de derrames pequeños lavar la superficie con alcohol de 70º.

d) Ante un derrame siempre se deberá neutralizar químicamente.

40. Cuando se preparan formas farmacéuticas que contengan citostáticos se recomienda seguir las siguientes normas:

a) Evitar aerosolización de polvo o líquido durante la preparación.

b) Se aconseja emplear máquinas para su utilización.

c) Cuando sea necesaria la extracción de las formas orales de los blísteres comerciales o la trituración de polvo que contengan citostáticos se realizará introduciéndose previamente en una bolsa de plástico.

d) La respuesta a) y c) son ciertas.

41. Señala la respuesta incorrecta. Los citostáticos se pueden clasificar en función de su capacidad agresiva tisular en:

a) Vesicante.

b) No agresivo.

c) Irritante.
d) No irritante.

42. Los citostáticos:

a) Los citostáticos irritantes no causan problemas cuando se extravasan.
b) Los citostáticos irritantes no causan dolor o irritación local.
c) Los citostáticos irritantes están frecuentemente asociados a necrosis una vez extravasados.
d) Los citostáticos irritantes causan dolor e irritación local.

43. El citostático metotrexato se clasifica, en función de su capacidad agresiva tisular como:

a) No agresivo.
b) Irritante.
c) No irritante.
d) Vesicante.

44. El citostático Docetaxel se clasifica, en función de su capacidad agresiva tisular como:

a) No agresivo.
b) Irritante.
c) No irritante.
d) Vesicante.

45. La extravasación:

a) Se debe sospechar una posible extravasación cuando desaparece el retorno venoso de sangre, disminuye el flujo de la perfusión, ante la presencia de hinchazón.
b) Antes de iniciar la infusión debe comprobarse la ausencia de retorno venoso con solución salina al 0,9 %.
c) Se ha de lavar la vena solo antes de la administración de cada dosis.
d) Se recomienda la administración de citostáticos irritantes o vesicantes mediante bombas de infusión por vía periférica.

46. Señala la incorrecta. Para prevenir la extravasación:

a) Es conveniente observar frecuentemente la vía durante la infusión del citostático y valorar el cambio de vía a la mínima sospecha de extravasación.
b) Antes de iniciar la infusión debe comprobarse la presencia de retorno venoso con solución salina al 0,9 % o SG5 %. Durante la administración es recomendable efectuar comprobaciones.
c) Se usa preferentemente un catéter venoso central o un sistema tipo reservorio implantable (tipo-A-Cath).
d) Se pueden utilizar catéteres periféricos de diámetro grande.

47. Señala la respuesta incorrecta. Para prevenir la extravasación:

a) La administración se realiza por personal especializado.

b) Se ha de lavar la vena solo antes de la administración de cada dosis de citostático con 20-100 ml de solución salina o glucosada.

c) Se aconseja que el paciente evite movimientos bruscos de la extremidad canulada.

d) Extremar las precauciones con presión venosa elevada.

48. Señala la respuesta incorrecta:

a) Ante la sospecha de extravasación en la administración de un fármaco citostático. Para la infusión del fármaco citostático, la dosis restante se administrará por otra vía y, preferentemente, en otra extremidad.

b) Antes de extraer la vía, inyecte el antídoto adecuado en los casos en los que corresponda.

c) Se avisará al médico responsable del paciente, o en su ausencia, al médico de guardia. También se contactará con el farmacéutico, médico o enfermera responsable del protocolo de extravasación.

d) La aspiración del tejido subcutáneo es un procedimiento no doloroso y efectivo.

49. Respecto a las normas generales de trabajo para la manipulación de medicamentos citostáticos, señala la respuesta incorrecta:

a) Antes de abrir la ampolla, garantizar que no quede líquido en su extremo superior.

b) Si el citostático se administra en jeringa, quitar la aguja y colocar un tapón hermético para su dispensación.

c) Lavarse las manos únicamente después de quitarse los guantes.

d) Se utilizarán jeringas y equipos IV con conexión Luer-Lock.

50. En relación con los alcaloides de la vinca, indique cuál de los siguientes compuestos, es un compuesto de síntesis:

a) Estramustina.

b) Vincristina.

c) Vinblastina.

d) Ninguna de las repuestas es correcta.

51. Según su mecanismo de acción y estructura química el citostático Floxuridina quedaría encuadrado dentro de los:

a) Antimetabolitos.

b) Agentes alquilantes.

c) Complejos de platino.

d) Productos de origen natural.

52. Entre las características comunes a todos los sistemas cerrados de transferencia de fármacos no se encuentra:

a) Prevención de exposición al fármaco.

b) Aumento de la contaminación de la superficie.

c) Disminución de los restos de fármacos.
d) Protección microbiológica del contenido.

53. El proceso que permite a las células cancerosas diseminarse y conseguir nu-trientes desarrollando para ello un sistema de vasos sanguíneos se denomina:

a) Iniciación.
b) Apoptosis.
c) Angiogénesis.
d) Promoción.

54. La quimioterapia que se aplica como primera media frente al cancer o como tratamiento primario es la:

a) Quimioterapia concomitante.
b) Quimioterapia paliativa.
c) Quimioterapia adyuvante.
d) Quimioterapia neoadyuvante.

55. Cuando la célula que originó el tumor fue un cartílago estaremos hablando de un tumor de tipo:

a) Adeno.
b) Eritro.
c) Lipo.
d) Condro.

56. ¿Cuál no es una característica del sistema cerrado de transferencia de fárma-cos citostáticos TEXIUM®?

a) Aumento de la aerosolización.
b) Tecnología de microaspiración.
c) Disminución del goteo.
d) Reducción de la contaminación superficial.

57. ¿Cuál de estas recomendaciones en el reenvasado de un citostático oral es incorrecta?

a) Usar guantes de látex con talco, bata y mascarilla.
b) Evitar aerosolización de polvo o líquido.
c) Si la presentación es en forma de suspensión, se administrará utilizando un vaso o una jeringa.
d) Las materias primas deben ir siempre etiquetadas con el término "citostático".

Soluciones comentadas

1. a) Todas son correctas (ver apartado 1).

El cáncer es un conjunto de enfermedades con un denominador común: el desarrollo de células que se dividen y crecen sin control. Las células tumorales portan mutaciones que no son reparadas y dan lugar a una estirpe de células "alteradas". En todo proceso carcinogénico hay un agente iniciador que ocasiona el daño inicial en el ADN y la *iniciación* del proceso; un segundo paso de *promoción* inducido por un agente promotor (este agente puede ser congénito o adquirido) aprovecha la ventaja proliferativa otorgada en el primer paso y estimula las células a dividirse; por último, durante la *progresión* la célula adquiere nuevas mutaciones o cambios epigenéticos que le confieren propiedades invasivas y de metástasis.

2. b) Células epiteliales (ver apartado 1.1).

Carcinomas: derivan de células epiteliales, suponen más del 80 % de los cánceres y los más frecuentes son: pulmón, mama, colon, próstata, páncreas y estómago.

3. a) Hemangio- proviene de vaso sanguíneo (ver apartado 1.1).

Según la célula que los originó:

- *Adeno-* el tumor proviene de una glándula o forma una estructura con aspecto de glándula.
- *Condro-* el tumor proviene de cartílago.
- *Eritro-* el tumor proviene de glóbulos rojos.
- *Hemangio-* el tumor proviene de un vaso sanguíneo.
- *Lipo-* el tumor proviene de la grasa.
- *Melano-* el tumor proviene de una célula pigmentada.
- *Mio-* el tumor proviene de una célula muscular.
- *Osteo-* el tumor proviene de un hueso.

4. b) Suele ser reversible, pero puede sufrir una transformación carcinogénica (ver apartado 1.1).

Displasia: proliferación excesiva caracterizada por la pérdida de la organización normal de los tejidos y de la arquitectura celular. Suele ser reversible, pero puede sufrir una transformación carcinogénica.

5. **b) Hipocromasia (ver apartado 1.1).**

    Los criterios para considerar una neoplasia maligna son los siguientes:

    – Pérdida de la polaridad de las células, crecen desordenadamente.

    – Hipercromasia: los núcleos se tiñen intensamente, presentan gran cantidad de ADN.

    – Pleomorfismo: hay desorden en la forma y el tamaño celulares, no hay proporción 1:1 entre citoplasma y núcleo.

    – Presencia de mitosis atípicas y multipolares.

    – Nucléolo prominente.

    – Bordes del tumor infiltrando tejidos adyacentes.

    – Desmoplasia: la célula maligna elabora colágeno alrededor.

    – Metástasis.

    – Afectación linfática.

    – Invasión perineural.

    – Células pierden su diferenciación y especialización.

6. **b) Hiperplasia: proliferación excesiva con pérdida de la organización normal de los tejidos y de la arquitectura celular (ver apartado 1.1).**

    La respuesta b) es incorrecta porque en la hiperplasia: lo que ocurre es una proliferación celular excesiva, pero se mantiene la estructura celular y tisular. Habitualmente ocurre a continuación de una agresión de un estímulo irritante. Es un proceso reversible.

7. **d) Todas son correctas (ver apartado 2.1).**

    Los agentes citotóxicos, o también conocidos como citostáticos son sustancias que causan daño celular, inhibiendo o impidiendo el crecimiento y la reproducción celular. Por estos motivos este tipo de sustancias son utilizadas en el tratamiento de enfermedades neoplásicas. El problema principal que presentan estas sustancias es que su actividad no es selectiva, es decir, pueden atacar también a células normales. Un estudio de 1979, de Falk y col. alertó del peligro que suponía la manipulación de dichas sustancias después de detectar presencia de mutagenicidad en orina de enfermeras que manipulaban citostáticos. *Los citotóxicos poseen potencial teratogénico, mutagénico y carcinogénico.*

8. **d) Todas son ciertas (ver apartado 2.1).**

    Según el Protocolo de vigilancia sanitaria específica de agentes citostáticos del Ministerio de Sanidad, Servicios Sociales e Igualdad (actualmente Ministerio de Sanidad), los citostáticos se pueden clasificar según su mecanismo de acción y estructura química en: agentes alquilantes, antimetabolitos, complejos de platino, antibióticos citostáticos, etc.

9. b) Antimetabolitos (ver apartado 2.1).

Los antimetabolitos son: antagonistas de pirimidinas, de purinas, de adenosina y de ácido fólico.

10. c) El trimetrexato no pertenece a su grupo (ver apartado 2.1).

El metotrexato es un antimetabolito antagonista del ácido fólico y es utilizado en el cáncer de mama. Dentro de los antagonistas del ácido fólico encontramos al trimetrexato y raltitrexed.

11. a) Agentes alquilante (ver apartado 2.1).

Dentro de los agentes alquilantes se encuentran: mostazas nitrogenadas (mecloretamina, ciclofosfamida, ifosfamida, melfalán, clorambucilo), alquilsulfonatos (busulfán), nitrosoureas (carmustina, lomustina, estreptozotocina), triazenos (dacarbazina), otros (procarbazina, altretamina), mitomicina C, aziridinas, hidracinas, derivados de tiazinas.

12. b) Tratamiento de leucemias crónicas, cáncer de pulmón, linfomas de Hodgkin y no Hodgkin, mieloma múltiple y cáncer de ovario (ver apartado 2.1.3).

Utilidad clínica de los agentes alquilantes. Tratamiento de leucemias crónicas, cáncer de pulmón, linfomas de Hodgkin y no Hodgkin, mieloma múltiple y cáncer de ovario.

13. d) Inhiben la acción de las enzimas relacionadas con la síntesis de purinas y pirimidinas (ver apartado 2.1.2).

Estos fármacos inhiben la acción de las enzimas relacionadas con la síntesis de purinas y pirimidinas, lo que resulta en la depleción celular de estas y en la alteración de la síntesis de ácidos nucleicos.

14. b) Los taxanos (paclitaxel) impiden la despolimerización (ver apartado 2.1.5.2).

El *paclitaxel* fue descubierto en los años sesenta y se extrae de la corteza del tejo (*Taxus brevifolia*). Su función consiste en estabilizar los microtúbulos. Promueve la polimerización de los microtúbulos del huso mitótico e impide la despolimerización, como consecuencia la célula se colapsa. Es muy poco hidrosoluble.

15. d) Todas son ciertas (ver apartado 2.1.6).

El tratamiento hormonal se puede usar en:

- Pacientes ya operadas de tumor hormonodependiente, para evitar su reaparición (*tratamiento adyuvante*).
- Pacientes con un tumor irresecable por tamaño, se le da el tratamiento para reducirlo (*tratamiento neoadyuvante*).
- Pacientes con enfermedad metastásica, para paliar los dolores de la metástasis (*tratamiento paliativo*).
- A modo de tratamiento preventivo (*tratamiento quimioprofiláctico*).

16. a) Quimioterapia concomitante (ver apartado 2.2.3).

La quimioterapia concominante es la quimioterapia que combina la radioterapia de efecto local y la quimioterapia de efecto sistémico.

Si el médico oncólogo decide suministrar quimioterapia al mismo tiempo que otro tratamiento, generalmente radioterapia, se habla entonces de quimioterapia concomitante o también quimiorradioterapia.

17. c) Mostazas nitrogenadas (ver apartado 2.1.1).

Clasificación de los agentes alquilantes:

Mostazas nitrogenadas (mecloretamina, ciclofosfamida, ifosfamida, melfalán, clorambucilo), alquilsulfonatos (busulfán), nitrosoureas (carmustina, lomustina, estreptozotocina), triazenos (dacarbazina), otros (procarbazina, altretamina), mitomicina C, aziridinas, hidracinas, derivados de tiazinas.

18. c) Posibles casos de incomprensión del tratamiento (ver apartado 3.1.5).

El tratamiento de quimioterapia habitualmente es administrado por vía intravenosa, pero en los últimos años la administración oral va en aumento con la introducción en el mercado de nuevos fármacos terapéuticos. Este ascenso es debido a las ventajas que presenta este tipo de administración:

–   Comodidad de administración.

–   Menos trastornos en la vida del paciente.

–   Reducción de costes para el sistema sanitario.

19. d) Todas son correctas (ver apartado 2.1.5.1).

Los alcaloides vegetales son tratamientos de quimioterapia derivados de determinados tipos de plantas. Los alcaloides de la vinca se producen a partir de la planta vinca rosa (*Catharanthus rosea*). Los taxanos se producen a partir de la corteza del árbol tejo del Pacífico (*Taxus*).

Los alcaloides de la vinca son agentes que se unen al microtúbulo e interfieren en la formación del huso alterando la división celular. La alteración del equilibrio dinámico de los microtúbulos con la tubulina libre ocasiona la interrupción del ciclo celular.

Ejemplos

Vincristina, vinblastina, vinorelbina, estramustina.

20. d) Anaplasia (ver apartado 1.1).

Anaplasia: se utiliza en medicina para describir la escasa diferenciación de las células que componen un tumor. Un tumor anaplásico es aquel cuyas células están poco diferenciadas o indiferenciadas, lo cual indica en general que su comportamiento es maligno, es decir, tiene la capacidad de extenderse localmente a los tejidos vecinos y de diseminarse a otros órganos. Se considera que cuanto más grande y menos diferenciado sea (es decir, más anaplásico), más probabilidades tiene de producir metástasis. Los tumores anaplásicos muestran diferentes características tales como: pleomorfismo, núcleos de gran tamaño y de apariencia extraña (formas y tamaños muy variables), existencia de numerosas mitosis, también atípicas y de formas extrañas.

21. a) Antibióticos antitumorales (ver apartado 2.1.4).

Mecanismos de acción

Estos fármacos actúan durante múltiples fases del ciclo celular y se consideran específicos al ciclo celular. Los antibióticos antitumorales son tratamientos químicos realizados con productos naturales producidos por especies del hongo del suelo *Estreptomices*.

22. d) Las respuestas b) y c) son correctas (ver apartado 2.1.6).

Utilidad clínica

Tumores hormonodependientes (próstata, mama y neuroendocrinos). Se ha comprobado que es una terapia muy útil pues reduce el número de células tumorales y por ende el tamaño del tumor. En pacientes bien seleccionados, un 50 % de ellos van a responder al tratamiento, es decir, gracias a la anulación de la función hormonal van a vivir más y mejor, sin riesgo de recaídas.

23. a) Progresión (ver apartado 1).

En todo proceso carcinogénico hay un agente iniciador que ocasiona el daño inicial en el ADN y la *iniciación* del proceso; un segundo paso de *promoción* inducido por un agente promotor (este agente puede ser congénito o adquirido) aprovecha la ventaja proliferativa otorgada en el primer paso y estimula las células a dividirse; por último, durante la *progresión* la célula adquiere nuevas mutaciones o cambios epigenéticos que le confieren propiedades invasivas y de metástasis.

24. d) Alcaloide de podófilo (ver apartado 2.1).

El citotóxico tenipósido es un alcaloide de podófilo, es un producto de origen natural.

25. d) Todas las respuestas son correctas (ver apartado 2.1.1).

Los agentes alquilantes fueron los primeros fármacos desarrollados como medicación anticáncer. Estos tipos de fármacos no son específicos del ciclo celular, pero son más efectivos durante la síntesis del ADN. Actúan directamente sobre el ADN al incorporar grupos alquilo que dan lugar a la formación de puentes inter o intracatenarios responsables de la alteración funcional del ADN y en último término, de la muerte celular.

26. c) Quimioterapia paliativa (ver apartado 2.2.4).

La quimioterapia paliativa no es una quimioterapia para curar la enfermedad, sino para alargar la esperanza de vida y reducir los síntomas. Se ofrece a pacientes con un pronóstico de vida inferior a los seis meses.

27. b) La quimioterapia neoadyuvante se puede utilizar simultáneamente con la radioterapia (ver apartado 2.2.2).

Quimioterapia neoadyuvante

Es la que se aplica como primera medida frente al cáncer, es decir, como tratamiento primario. Se aplica antes de la intervención quirúrgica o con radioterapia. El objetivo es, por un lado, valorar la efectividad de los medicamentos sobre los tumores y así, en el caso de necesitar un tratamiento posterior, si este ha sido eficaz o se debe buscar otra alternativa, y por otro, reducir el tamaño de dichos tumores para facilitar la intervención quirúrgica posterior y por último hay teorías que aseguran que al estar el paciente en mejores condiciones que tras una intervención quirúrgica el efecto de dichos fármacos es superior.

28. d) Cuando se manipulen viales se debe intentar igualar la presión mediante un filtro hidrofóbico (ver apartado 3.1).

Normas generales de trabajo para la manipulación de medicamentos citostáticos

– Deben lavarse bien las manos con jabón germicida antes de ponerse los guantes e inmediatamente después de quitárselos

– Se colocará en la superficie de la cabina, siempre que esta no sea perforada, un paño estéril, absorbente por la parte superior y plastificado por la inferior.

– Una vez que esté el material necesario en la cabina, se esperará de 2 a 3 minutos antes de comenzar a trabajar.

– Para reducir el riesgo de rotura de los guantes no se tapará la aguja con el capuchón sino que se desechará directamente en contenedores rígidos de color amarillo.

– Se utilizarán jeringas graduada y equipos IV con conexión Luer-Lock.

– Para cada citostático distinto se emplearán jeringas y agujas nuevas.

– Cuando se manipulen viales se debe intentar igualar la presión mediante un filtro hidrofóbico, que permite eliminar la sobrepresión interna o el vacío. Cuando no sea posible usar filtros de venteo, utilizar la técnica de la presión negativa (se describe más adelante).

– Antes de abrir las ampollas debe garantizarse que no quede líquido en su extremo superior.

– Utilizar jeringas de tamaño adecuado para no ocupar más de las ¾ partes de su capacidad.

– Si el citostático se administra en jeringa (bolos o IV directa), quitar la aguja y colocar un tapón hermético para su dispensación. Si el citostático se administra suero o bolsa, deberá limpiarse el punto de adición del citostático al suero o la bolsa con alcohol de 70º y se protegerá con cierres herméticos (tapones o sellos).

- En la cabina de flujo laminar vertical (mesa de trabajo) se dispondrá de un recipiente apropiado para laminar excesos de solución (por ejemplo, un frasco de un vacío) y otro para desechar excesos de material contaminado (contenedor).

- Se han de seguir procedimientos especiales en caso de derrames de agentes antineoplásicos.

- Todos los agentes citostáticos manipulados en unidades de hospitalización, en el hospital de día o/y en las consultas externas, deben ir correctamente etiquetados e identificados. Los medicamentos peligrosos deben de estar identificados como tales en los sistemas informáticos y en sus emplazamientos.

- Los citostáticos fotosensibles se protegerán con una bolsa fotoprotectora.

- Tanto los guantes como el resto del equipo de protección (inclusive calzas) deben considerarse contaminados tras la preparación y nunca deben tocar la piel o cualquier superficie que pueda ser tocada por la piel desprotegida de los demás.

29. d) Todas son correctas (ver apartado 3.1.1).

Si el citostático se presenta en vial:

- Desinfectar el tapón con alcohol de 70°, dejando evaporar.

- Introducir la aguja formando un ángulo de 45° con la superficie del tapón, manteniendo el bisel hacia arriba. Cuando haya penetrado la mitad del bisel, la aguja se dispondrá de forma perpendicular al tapón siguiendo una técnica que mantenga siempre una presión negativa en el interior del vial.

- Para la reconstitución de viales liofilizados, el diluyente será introducido lentamente haciéndolo resbalar por la pared vial.

- Se evitará la sobrepresión en el interior del vial para prevenir la formación de aerosoles utilizando para ello filtros de venteo provistos de membrana hidrófila con poros de 0,22 micras, o aplicando la técnica de la presión negativa.

30. a) Solo se aplicará el antídoto específico si se produce punción (ver apartado 8).

Como normas generales frente a una exposición los pasos a seguir son:

- *Contaminación del equipo protector* sin llegarse a poner en contacto con la piel del manipulador, se debe reemplazar inmediatamente los guantes y las prendas contaminadas, lavar las manos y sustituirlos inmediatamente.

- *Contacto con la piel intacta*: lavar inmediatamente la zona afectada con agua y jabón durante 10 minutos. Si la piel está irritada la debe examinar un médico.

- *Contacto con los ojos*: enjuagar el ojo afectado con agua o solución isotónica al menos 15 minutos y acudir al especialista.

- *Punción o lesión de piel*: hacer sangrar la zona afectada, lavar la zona afectada con agua durante 15 minutos y acudir al especialista.

31. a) Si el citostático se presenta en vial introducir la aguja formando un ángulo de 15° con la superficie del tapón, manteniendo el bisel hacia abajo (ver apartado 3.1.1).

Si el citostáticos se presenta en vial se introduce la aguja formando un ángulo de 45° con la superficie del tapón, manteniendo el bisel hacia arriba. Cuando haya penetrado la mitad del bisel, la aguja se dispondrá de forma perpendicular al tapón siguiendo una técnica que mantenga siempre una presión negativa en el interior del vial.

32. b) Los antimetabolitos estimulan la acción de las enzimas relacionadas con la síntesis de purinas y pirimidinas (ver apartado 2.1.2).

La b) es incorrecta porque los antimetabolitos inhiben la acción de las enzimas relacionadas con la síntesis de purinas y pirimidinas, lo que resulta en la depleción celular de estas y en la alteración de la síntesis de ácidos nucleicos.

33. c) La quimiorradioterapia es la combinación de la radioterapia de efecto local y la quimioterapia de efecto sistémico (ver apartado 2.2.3).

La quimiorradioterapia es la quimioterapia que combina la radioterapia de efecto local y la quimioterapia de efecto sistémico.

34. d) NTP 740 (ver apartado 3).

NPT 740: exposición laboral a citostáticos en el ámbito sanitario. Las Normas Técnicas de Prevención son guías de buenas prácticas, por lo que no serán de obligado cumplimiento salvo que así se especifique en alguna normativa vigente.

35. b) La norma de actuación en el caso de exposición a dactinomicina es lavar con agua (ver apartado 8).

La respuesta correcta es la b) la norma de actuación en caso de actuación con dactinomicina es lavar con agua.

Para carmustitina lavar con agua. Si aparece irritación local aplicar una solución de bicarbonato sódico.

Para melfalan lavar con agua y jabón.

Para asparaginasa lavar con agua.

36. d) Todas las anteriores son ciertas (ver apartado 8).

Como normas generales frente a una exposición los pasos a seguir son:

- *Contaminación del equipo protector* sin llegarse a poner en contacto con la piel del manipulador, se debe reemplazar inmediatamente los guantes y las prendas contaminadas, lavar las manos y sustituirlos inmediatamente.

- *Contacto con la piel intacta*: lavar inmediatamente la zona afectada con agua y jabón durante 10 minutos. Si la piel está irritada la debe examinar un médico.

- *Contacto con los ojos*: enjuagar el ojo afectado con agua o solución isotónica al menos 15 minutos y acudir al especialista.

– *Punción o lesión de piel*: hacer sangrar la zona afectada, lavar la zona afectada con agua durante 15 minutos y acudir al especialista.

37. c) Lavar con agua y jabón (ver apartado 8).

Ante la exposición al etopósido se debe lavar la zona con agua y jabón

38. c) Entre el equipo de protección deben figurar gafas de seguridad, gafas de seguridad, 2 pares de guantes quirúrgicos de látex y bata desechable de baja permeabilidad (ver apartado 9).

El equipo protector es el siguiente:

– Dos pares de guantes quirúrgicos de látex.

– Bata desechable de baja permeabilidad.

– Gafas de seguridad.

– Mascarilla de protección respiratoria (tanto para limpiar derrames de polvo como líquido ya que puede generarse polvo o aerosoles en el ambiente).

– Gorro.

– Material absorbente.

– Bolsas para residuos citostáticos de no menos de 100 micras de espesor.

– Paleta y escobilla desechables para recoger los fragmentos de vidrio.

– Contenedor de objetos cortantes.

39. c) En casos de derrames pequeños lavar la superficie con alcohol de 70º (ver apartado 9.1).

Si es un pequeño derrame hay que mantener el flujo de aire vertical, cubrir con gasas húmedas el polvo o cristales esparcidos. Si el derrame es de un citostático líquido absorber con un papel o gasas secas. Con la ayuda de las gasas hay que introducir en bolsas de plástico, cerradas y echarlas al contenedor. Finalmente debe lavarse la superficie afectada con alcohol de 70º.

40. d) La respuesta a) y c) son ciertas (ver apartado 10).

Cuando se preparan formas farmacéuticas que contengan citostáticos existe un riesgo de contaminación tanto para el manipulador como para el ambiente. Por ello, se recomienda seguir las siguientes normas.

– Etiquetar las materias primas con la palabra "citostáticos" o con etiqueta ya establecida.

– Evitar la aerosolización de polvo o líquido durante la preparación.

– Utilizar las medidas de protección adecuadas (guantes, bata, mascarilla de protección respiratoria…).

- El área donde se efectúa la manipulación ha de ser aislada en la medida de lo posible.
- No debe emplear máquina alguna para su preparación.
- Hay que limpiar adecuadamente tanto al área como los útiles usados.
- Tanto el material usado para la limpieza como los sobrantes de las preparaciones deberán considerarse como residuos citotóxicos.
- Cuando sea necesaria la extracción de las formas orales de los blísteres comerciales o la trituración de polvo que contengan citostáticos se realizará introduciéndose previamente en una bolsa de plástico.

41. d) No irritante (ver apartado 11).

Los agentes citostáticos tienen distinta capacidad agresiva para los tejidos. Los citostáticos se pueden clasificar, así, en función de su capacidad agresiva tisular en:

- No agresivos: agentes que usualmente no causan problemas cuando se extravasan.
- Irritantes: causan irritación local sin progresar a necrosis o ulceración tisular, aunque pueden producir sensación de quemazón, dolor o irritación (con o sin inflamación) en el sitio donde se ha producido la extravasación o a lo largo de la vena.
- Vesicantes: frecuentemente asociados a necrosis y/o ulceración una vez extravasados.

42. d) Los citostáticos irritantes causan dolor e irritación local (ver apartado 11).

- Irritantes: causan irritación local sin progresar a necrosis o ulceración tisular, aunque pueden producir sensación de quemazón, dolor o irritación (con o sin inflamación) en el sitio donde se ha producido la extravasación o a lo largo de la vena.

43. a) No agresivo (ver apartado 11).

El metotrexato es clasificado en función de su capacidad agresiva tisular como no agresivo.

44. b) Irritante (ver apartado 11).

El citostático Docetaxel se clasifica, en función de su capacidad agresiva tisular como irritante.

45. a) Se debe sospechar una posible extravasación cuando desaparece el retorno venoso de sangre, disminuye el flujo de la perfusión, ante la presencia de hinchazón (ver apartado 11).

La extravasación es una de las complicaciones más graves que conlleva la administración intravenosa de fármacos citostáticos. La extravasación se define como la salida de líquido intravenoso hacia el espacio perivascular. La incidencia de extravasaciones de citostático se sitúa entre 0,1 - 6 % según distintos datos bibliográficos. Se debe sospechar una posible extravasación cuando desaparece el retorno venoso de sangre, disminuye el flujo de la perfusión, ante la presencia de hinchazón.

46. d) Se pueden utilizar catéteres periféricos de diámetro grande (ver apartado 11.1).

Prevención de la extravasación

- La administración se realiza por personal de enfermería especializado y entrenado.

- El catéter debe ser del calibre más pequeño y de longitud más corta necesarios para garantizar el tratamiento prescrito. Para infusiones continuas o dificultad de venopunción se recomienda usar preferentemente un catéter venoso central o un sistema tipo reservorio implantable (tipo Port-A-Cath).

- También pueden utilizarse catéteres periféricos de diámetro pequeño evitando el uso de agujas (palomitas). Son preferibles las venas del antebrazo y hay que evitar las zonas de flexión y el dorso de la mano. Extremar las precauciones en pacientes ancianos, con enfermedad vascular generalizada, en pacientes con irritación local previa, con presión venosa elevada (síndrome vena cava superior…) pacientes con problemas de comunicación (comatosos, sedados, niños, ancianos...).

- Antes de iniciar la infusión debe comprobarse la presencia de retorno venoso con solución salina al 0,9 % o solución glucosada 5 %. Durante la administración es recomendable efectuar comprobaciones.

- Debido a la falta de consenso en la bibliografía, cada centro empleará el orden de administración que considere más oportuno.

- Se ha de lavar vena antes y después de la administración de cada dosis de citostático con 20-100 ml de solución salina o glucosada.

- Se aconseja la utilización de bombas de perfusión en la administración a través de catéteres venosos centrales. No se recomienda la administración de citostáticos irritantes o vesicantes mediante bombas de infusión por vía periférica.

- Es conveniente observar frecuentemente la vía durante la infusión del cistostático y valorar el cambio de vía a la mínima sospecha de extravasación.

- Se aconseja al paciente que informe el médico y/o enfermera cualquier sensación de quemazón, dolor o tumefacción que sienta alrededor de la zona de punción. El paciente debe evitar movimientos bruscos de la extremidad canulada, ya que estos pueden dificultar el retorno venoso durante la infusión y desplazar la aguja fuera de la vena.

47. b) Se ha de lavar la vena sólo antes de la administración de cada dosis de citostático con 20-100 ml de solución salina o glucosada (ver apartado 11.1).

Se ha de lavar vena antes y después de la administración de cada dosis de citostático con 20-100 ml de solución salina o glucosada.

48. d) La aspiración del tejido subcutáneo es un procedimiento no doloroso y efectivo (ver apartado 11.2).

Únicamente en el caso de formación de una ampolla con fármaco extravasado se extraerá su contenido. La aspiración del tejido subcutáneo es un procedimiento doloroso e inefectivo.

49. c) Lavarse las manos únicamente después de quitarse los guantes (ver apartado 3.1).

Normas generales

Deben lavarse bien las manos con jabón germicida antes de ponerse los guantes e inmediatamente después de quitárselos. Es necesario el uso de guantes en la recepción, almacenamiento/inventario, transporte, preparación, limpieza y eliminación de residuos y reenvasado.

- Se colocará en la superficie de la cabina, siempre que esta no sea perforada, un paño estéril, absorbente por la parte superior y plastificado por la inferior.

- Una vez que esté el material necesario en la cabina, se esperará de 2 a 3 minutos antes de comenzar a trabajar, para que se reestablezcan las condiciones de flujo.

- Para reducir el riesgo de rotura de los guantes no se tapará la aguja con el capuchón sino que se desechará directamente en contenedores rígidos de color amarillo.

- Se utilizarán jeringas graduada y equipos IV con conexión Luer-Lock.

50. a) Estramustina (ver apartado 2.1.5.1).

La estramustina es una molécula de síntesis que lleva asociado un estrógeno (estradiol) con una mostaza nitrogenada. El estradiol facilita la captación del fármaco por receptores esteroideos permitiendo la liberación intracelular de la molécula de mostaza nitrogenada. El estrógeno sería el portador del citostático que actuaría sobre la célula diana. La estramustina se une a las MAP (Proteínas Asociadas a Microtúbulos), dando lugar a su disociación e inhibe el ensamblaje de los microtúbulos.

51. a) Antimetabolitos (ver apartado 2.1).

El citostático Floxuridina es un antimetabolito.

Antimeta bolitos	Antagonistas de pirimidinas	Citarabina Tegafur Floxuridina 5-azatidina 5-fluorouracilo Ftorafur Gemcitabina
	Antagonistas de purinas	Tioguanina Azatioprina Mercaptopurina Cladribina
	Antagonistas de adenosina	Fludarabina Pentostatina
	Antagonistas de ácido fólico	Metotrexato Trimetrexato Raltitrexed

52. b) Aumento de la contaminación de la superficie (ver apartado 3.1.3.).

Los sistemas cerrados de transferencia de fármacos (*Closed System Transfer Devices*, CSTD) son dispositivos que de forma mecánica impiden tanto la transferencia de contaminantes ambientales al sistema como la liberación al entorno de vapor contaminado o partículas de fármaco.

53. c) Angiogénesis (ver apartado 1).

Para poder diseminarse y tener un aporte de nutrientes desarrollan un sistema de vasos sanguíneos (angiogénesis).

54. d) Quimioterapia neoadyuvante (ver apartado 2.2.2).

Quimioterapia neoadyuvante. Es la que se aplica como primera medida frente al cáncer, es decir, como tratamiento primario. Se aplica antes de la intervención quirúrgica o con radioterapia.

55. d) Condro (ver apartado 1.1).

Según la célula que los originó:

– Adeno- el tumor proviene de una glándula o forma una estructura con aspecto de glándula.

– Condro- el tumor proviene de cartílago.

– Eritro- el tumor proviene de glóbulos rojos, etc.

56. a) Aumento de la aerosolización (ver apartado 3.1.3).

TEXIUM®. Es el dispositivo de jeringa conector. Características propias de estos dispositivos son la protección frente a pinchazos accidentales, la reducción de la contaminación superficial, la disminución de la aerosolización y goteo, el sistema de seguridad pasiva (cierre al desconectar) o la tecnología de microaspiración. El acceso puede estar formado bien por una campana de plástico, de 13 mm de diámetro, sin filtro, bien por un filtro hidrófobo de 0,2 micras, con 20 mm de diámetro. La superficie de filtro es grande para evitar saturación y no presenta volumen residual sin manipulación del punzón.

57. a) Usar guantes de látex con talco, bata y mascarilla (ver apartado 3.1.5).

Recomendaciones del reenvasado de citostático oral:

– Uso de guantes de látex exentos de talco, bata y mascarilla.

– Las materias primas deben ir siempre etiquetadas con el término "citostático".

– Tanto la zona de trabajo como los utensilios utilizados deben limpiarse adecuadamente.

– Se colocará un paño protector o bandeja sobre la zona donde se vayan a manipular. Al realizar el recuento de las dosis nos ayudaremos con un depresor desechable.

– Si se va a realizar alguna manipulación de las formas orales, se hará en CBS (cabina biológica de seguridad) protegiéndola con una bolsa de plástico cerrada.

– La colocación del equipo de administración, en las perfusiones IV o la eliminación de burbujas de aire debe realizarse antes de adicionar el citostático a la solución IV.

– Su administración debe ser del preparado entero, no fraccionarlos, triturarlos ni extraerlos de los blísteres. Si esta maniobra fuera necesaria, se deberá realizar metiendo el contenido en una bolsa de plástico.

TEST N.º 15

Sala blanca. Estructura, concepto y funcionamiento de una sala blanca. Campanas de flujo laminar. Tipos. Funciones del técnico de farmacia. Limpieza y desinfección de las campanas. Mantenimiento de las campanas. Preparación de medicamentos en cabinas de flujo laminar horizontal y vertical

1. Respecto a las salas blancas señala lo correcto:

a) El personal trabaja en condiciones de asepsia y bajo la supervisión del farmacéutico.
b) Estas salas se limpian varias veces al día con productos desinfectantes.
c) Es obligatorio el uso de EPi y estos equipos no deben salir de las salas asépticas.
d) Todas son correctas.

2. En las salas blancas según la norma UNE-En ISO 146644-1, es un local en el que se controla la concentración de partículas contenidas en el aire y que además su construcción y utilización se realiza de forma que el número de partículas introducidas o generadas y existentes en el interior del local sea lo menor posible y en la que además se puedan controlar otros parámetros. Señala qué otros parámetros se deben controlar:

a) Temperatura.
b) Humedad.
c) Presión.
d) Todo lo anterior se debe controlar.

3. Las salas blancas se clasifican:

a) Por el grado de pureza del aire exterior y por el flujo del aire de las partículas.
b) Por el grado de pureza del aire interior y por el número de partículas del aire.
c) Por el grado de pureza del aire interior y por el flujo del aire.
d) Por el grado de pureza de los materiales de filtro.

4. Señala el enunciado incorrecto en relación con las salas blancas:

a) Las salas blancas están clasificadas por diferentes organismos y estándares internacionales según el número de partículas medido y la dimensión de estas partículas.

b) Las salas blancas, por el tipo de flujo, pueden ser de flujo multidireccional y unidireccional.

c) Según el flujo multidireccional el movimiento del aire es laminar.

d) El rendimiento de estas salas está ensayado según la normativa ISO 14644-1 que determina la categoría de limpieza aunque se aplica también la norma americana US Federal Standard 209E.

5. Un Speakers es:

a) Una sala blanca.
b) Una cabina de seguridad.
c) Un intercomunicador.
d) Una salida de emergencia.

6. ¿Cuál es un aspecto importante en el diseño de las salas blancas?

a) La ubicación de las salas de preparación donde serán colocadas las cabinas de flujo.
b) El personal de mantenimiento.
c) Los documentos de trabajo a realizar.
d) La distribución del espacio.

7. Las salas blancas:

a) Son áreas aisladas del ambiente exterior.
b) Son áreas que requieren una interacción continua con el exterior.
c) Requieren de procesos interno e interacciones entre áreas distintas en los que debe evitarse la contaminación cruzada.
d) Todas son correctas.

8. En el ámbito de las salas blancas, entendemos por "SAS":

a) Las puertas de emergencias.
b) Las salas blancas.
c) Las esclusas.
d) Las zonas intermedias.

9. Respecto a las recomendaciones de trabajo en las salas blancas se encuentra:

a) Se utilizan las esclusas para el intercambio de productos entre el exterior y el interior de las cabinas.
b) La puerta del recinto permanecerá cerrada para evitar corrientes de aire.
c) No pueden estar presentes muchas personas, no se recomienda la presencia de más de dos manipuladores.
d) Todas son ciertas.

10. Una situación en reposo de la sala blanca es aquella:

a) En que la instalación está funcionando sin el personal.

b) La instalación no está funcionando pero el personal sí está en la sala.

c) La instalación está completa con el equipo de producción instalada y en funcionamiento pero sin estar presente el personal.

d) La sala, ni está en funcionamiento ni tiene personal.

11. Una situación en funcionamiento de la sala blanca es aquella:

a) En que la instalación está funcionando de la forma definida de trabajo con el número de personas definidas trabajando.

b) En que la instalación no está funcionando de la forma definida de trabajo con el número de personas definidas trabajando.

c) En que la instalación no está funcionando ni presenta personal.

d) Ninguna es correcta.

12. Respecto a las salas blancas:

a) Las salas blancas deben garantizar la exclusión microbiana, la exclusión de partículas y la exclusión de cualquier contaminación cruzada.

b) Por el tipo de flujo de aire, las salas blancas se agrupan en flujo horizontal y vertical.

c) La sala blanca es "un local en el que no se controla la concentración de partículas contenidas en el aire, pero se controla el flujo de aire".

d) Las salas blancas están provistas de esclusas de entradas y salidas únicamente para el personal que trabaja dentro de estas instalaciones.

13. Por el grado de pureza del aire interior, las salas blancas se clasifican en:

a) Tipos I, II y III.

b) Grados A, B y C.

c) Grados A, B, C y D.

d) Tipos I, II, III y IV.

14. Selecciona la respuesta incorrecta en relación con las salas blancas:

a) Las salas blancas son salas especiales en las que se trabaja con cabinas de flujo laminar, aunque no es necesario mantener condiciones de esterilidad.

b) Se ubican en un lugar aislado del servicio para evitar pasar cercar si no hay necesidad.

c) Poseen dos puertas, una de seguridad previa, zonas intermedia y otra interna, que da acceso a la zona de esterilidad.

d) En las salas blancas el personal trabaja bajo la supervisión del farmacéutico.

15. Las cabinas de seguridad de clase I presentan un inconveniente; señala cuál:

a) Que protegen al personal y al ambiente.

b) Que se usan para el manejo de citostáticos y otros productos peligrosos.

c) No proporcionan protección al material con el que se trabaja.

d) Se usan específicamente para aislar equipos como centrifugadoras y equipos de cultivo.

16. La función principal de un flujo laminar es:

a) Mantener el nivel de humedad y temperatura constante en el entorno de los productos.

b) Seccionar en líneas paralelas cada partícula que compone un producto.

c) Proteger totalmente los productos durante su manipulación así como el entorno que lo rodea.

d) Comprobar tanto la velocidad como la presión adecuada del aire dentro de una cabina.

17. Para crear un área de trabajo estéril:

a) La velocidad del ventilador debe ser regulada por un controlador electrónico.

b) Se utilizará una lámpara de rayos ultravioleta situada en el interior de la cabina.

c) La presión debe ajustarse correctamente para que el flujo sea laminar.

d) El manómetro situado en el exterior de la cabina controlará la presión en todo momento.

18. La diferencia entre las cabinas de seguridad de clase I y las de clase II es:

a) Las de Clase II ofrecen protección al producto frente a la contaminación.

b) Las de Clase I tienen filtro HEPA.

c) En las de Clase II el aire pasa directamente sobre el área de trabajo.

d) Las de Clase I ofrecen mayor nivel de seguridad.

19. La seguridad del personal puede verse comprometida al entrar o salir aire contaminado del área de trabajo debido:

a) Al tamaño del laboratorio.

b) A la presencia de muchas personas.

c) A las corrientes de aire que interfieren el flujo laminar.

d) A la luz utilizada en la zona de la cabina.

20. Una de las siguientes características NO es propia de las cabinas de clase III; señala cuál:

a) Son recintos herméticos en presión negativa.

b) La manipulación se hace a través de unos guantes que llevan incorporadas.

c) La extracción del aire se hace mediante doble filtración HEPA.

d) Requieren un área limpia para su ubicación.

21. Para designar la mejor localización del área de trabajo de las Cabinas de Seguridad, estas deben ubicarse en salas de clase:

a) 100.000.
b) ISO Clase 5.
c) 10.000.
d) M 6.5.

22. Las Cabinas de Seguridad clase III se recomiendan para el manejo de:

a) Agentes químicos en forma de polvo.
b) Centrifugadoras y equipos de cultivo.
c) Medicamentos peligrosos.
d) Productos no estériles.

23. La limpieza del suelo del área de trabajo se hará:

a) Diariamente con agua jabonosa.
b) Con tejidos estériles y alcohol de 70º.
c) Se barrerá el recinto y se limpiará con una fregona de uso exclusivo.
d) Con agua e hipoclorito sódico en una solución no inferior al 0,1% en cloro activo.

24. Señala la respuesta incorrecta. Para mantener la asepsia en la zona de trabajo:

a) En ningún caso se utilizará aire acondicionado.
b) La puerta del área debe abrirse hacia la zona de trabajo.
c) Se evitarán puertas y ventanas que creen corrientes de aire.
d) No se recomienda la presencia de más de dos manipuladores.

25. La limpieza de la cabina se realizará:

a) Antes de realizar un test de control biológico.
b) El frontal de metacrilato se limpiará con alcohol de 70º.
c) La parte externa se limpiará con clorhexidina al 5 %.
d) Desde las áreas de mayor a menor contaminación.

26. Para poner en marcha la Cabina de Seguridad Biológica se deben realizar las siguientes acciones EXCEPTO una; indique cuál:

a) Verificar que las rejillas de retorno de aire están libres de obstrucciones.
b) Encender el ventilador de la cabina.
c) Encender la lámpara UV.
d) Verificar la lectura del manómetro indicador de presión.

27. Llamamos "zona de partición de humo" aquella en la que:

a) Se sitúan los materiales sintéticos.
b) Se encuentran las rejillas de salida y entrada del flujo laminar.
c) Se demarca la zona de trabajo.
d) Se colocan los materiales contaminados para su posterior incineración.

28. Señala la respuesta incorrecta. El trabajo del Técnico en Farmacia en las cabinas de seguridad tipos I y II requiere:

a) El uso de bata con manga larga y puños ajustados, guantes y, si resulta apropiado, mascarilla.
b) Antes del trabajo, lavado de antebrazos, manos y uñas con jabón de arrastres.
c) Preparación del área de trabajo.
d) Limpieza del material antes de introducirlo en la cabina.

29. El inconveniente del uso de mecheros Bunsen es que:

a) No es posible descontaminarlos.
b) No poseen elementos de protección individual.
c) Generan gran número de partículas.
d) Alteran el patrón de flujo laminar.

30. Para comenzar a trabajar en la cabina de seguridad biológica, colocaremos los siguientes materiales EXCEPTO uno; indica cuál:

a) El material estéril en la parte trasera derecha.
b) La bolsa de bioseguridad.
c) Un recipiente para almacenamiento seguro de objetos puntiagudos.
d) Un recipiente con desinfectante para las pipetas.

31. Antes de retirar de la cabina los objetos que hayan estado en contacto con material contaminado se debe:

a) Efectuar descontaminación de superficie.
b) Realizar un informe que detalle los agentes contaminantes y nivel del riesgo de contaminación.
c) Cubrir con gasas estériles humedecidas en alcohol de 70º.
d) Limpiar con jabón germicida.

32. Después del cambio de filtro HEPA debe realizarse un proceso de certificación. En el caso de no haber sustituido los filtros, ¿cuándo debe realizarse tal proceso?

a) Una vez a la semana.
b) Una vez al mes.
c) Una vez al año.
d) Una vez cada dos años.

33. La *American Society of Health-System Pharmacists* (ASHP) y la *Occupational Safety and Health Administration* (OSHA), recomiendan:

a) Revisar periódicamente las cabinas para asegurarse de que están en perfecto estado.
b) El funcionamiento permanente de la cabina, con el ventilador encendido, durante las 24 horas.
c) Encender el ventilador y apagar la lámpara ultravioleta aunque la cabina no esté en uso.
d) Comprobar que los indicadores están dentro de los límites de seguridad permitidos.

34. Todas las cabinas de seguridad biológica, tipos I, II y III, tienen en común los siguientes sistemas básicos, EXCEPTO uno; indica cuál:

a) Extracción.
b) Cuerpo.
c) Lámpara ultravioleta.
d) Filtros HEPA.

35. Señala cuál es la función del manómetro de la cabina:

a) Indica la temperatura interior.
b) Controla la presión estática positiva de los conductos del aire.
c) Indica si existen partículas o contaminación dentro de la cabina.
d) Indica la intensidad de radiación que emite la lámpara ultravioleta.

36. Indica con qué periodicidad debe limpiarse la lámpara UV:

a) Diaria.
b) Semanal.
c) Mensual.
d) Anual.

37. ¿Cada cuánto tiempo deben cambiarse los filtros HEPA?

a) Mensual.
b) Anual.
c) Bianual.
d) Trianual.

38. ¿Qué función tiene la lámpara ultravioleta en la cabina de seguridad biológica?

a) Bactericida.
b) Mantener la temperatura estable para muestras de cultivos.
c) Detectar el flujo laminar constante.
d) Localizar áreas con posible contaminación.

39. Señala la respuesta incorrecta. La filtración HEPA:

a) No permite el paso de partículas mayores de 0,3 micrómetros.
b) Precisa áreas de trabajo con presión negativa.
c) Tienen una eficiencia del 70 %.
d) La velocidad del ventilador es regulada por un controlador electrónico.

40. ¿En qué momento en la práctica diaria debe realizarse el lavado de manos por primera vez en la jornada?

a) Al llegar al trabajo.
b) Después de quitarse los guantes.
c) Después de utilizar los servicios.
d) Al terminar la jornada.

41. ¿Qué se debe emplear al finalizar la jornada para evitar lesiones en la piel por la sobrecarga en la misma que se produce por el reiterado lavado de manos?

a) Alcohol de 70º.
b) Crema protectora.
c) Clorhexidina.
d) Mercurocromo.

42. El grifo de agua durante el lavado quirúrgico de manos no debe cerrarse con:

a) El sistema de pedal de pie.
b) La palanca de codo.
c) Las manos directamente.
d) No puede cerrarse con las respuestas a) y b).

43. ¿Cómo categorizarías una recomendación del CDC (Centers for Diseases Control and Prevention) para la higiene de manos del personal sanitario que implica que esté fuertemente recomendado para la puesta en práctica y apoyado por multitud de estudios experimentales, clínicos, o epidemiológicos bien diseñados?

a) IA.
b) IB.
c) II.
d) III.

44. ¿A qué categoría corresponde la recomendación de prácticas de higiene de manos (según el sistema de CDC/HICPAC) que dice: "fuertemente recomendado para la puesta en práctica y apoyado por ciertos estudios experimentales, clínicos, o epidemiológicos y un fuerte análisis teórico razonado"?

a) IA.
b) IB.
c) IC.
d) ID.

45. ¿Qué recomendación corrientemente se debe llevar a cabo si las manos no están visiblemente sucias?

a) Deben lavarse las manos con agua y jabón antimicrobiano.

b) Usar soluciones alcohólicas para la frotación de manos para la descontaminación rutinaria.

c) Deben lavarse las manos con agua y jabón antimicrobiano o no antimicrobiano.

d) No es necesario hacer nada.

46. El profesional sanitario debe lavarse las manos antes del contacto con el paciente:

a) Para proteger al paciente de los gérmenes nocivos que podrían entrar en su cuerpo, incluidos los gérmenes del propio paciente.

b) Para protegerse y proteger el entorno de atención de salud de los gérmenes dañinos del paciente.

c) Para proteger a los familiares del paciente de los gérmenes nocivos que tiene en las manos el auxiliar y el paciente.

d) Para proteger al paciente de los gérmenes nocivos que tiene en las manos.

47. Según la OMS, ¿cuántos momentos hay para el lavado de las manos?

a) 3

b) 4

c) 5

d) 6

48. Según la OMS, ¿cuál es el segundo momento del lavado de manos?

a) Antes de tocar al paciente.

b) Antes de realizar una tarea aséptica.

c) Después del riesgo de exposición a líquidos corporales.

d) Después de tocar al paciente.

49. Según la OMS, ¿cuál es el último momento para el lavado de manos?

a) Antes de tocar al paciente.

b) Después del riesgo de exposición a sus líquidos.

c) Después de tocar al paciente.

d) Después del contacto con el entorno del paciente.

50. La verificación de la intensidad de la radiación que emite la lámpara se realiza con:

a) Ultravioleta.

b) Radiómetro.

c) Manómetro.

d) Láser.

Soluciones comentadas

1. **d) Todas son correctas (ver apartado 1.1).**

   En las salas blancas el personal trabaja bajo la supervisión del farmacéutico, preparando mezclas intravenosas para determinados pacientes. En estas salas es de vital importancia mantener condiciones de asepsia, para evitar infecciones. Las mezclas realizadas en esta zona se administran vía parenteral.

   La sala se limpia varias veces al día con productos desinfectantes. Es obligatorio en esta sala el uso de EPI (Equipos de Protección Individual) y estos equipos no deben salir de la sala aséptica, sobre todo mientras estén realizando una preparación.

2. **d) Todo lo anterior se debe controlar (ver apartado 1.2).**

   Una sala blanca según la norma UNE-En ISO 146644-1, es un local en el que se controla la concentración de partículas contenidas en el aire y que además su construcción y utilización se realiza de forma que el número de partículas introducidas o generadas y existentes en el interior del local sea lo menor posible y en la que además se puedan controlar otros parámetros como: temperatura, humedad y presión.

3. **c) Por el grado de pureza del aire interior y por el flujo del aire (ver apartado 1.3).**

   Las salas blancas se clasifican:

   – Por el grado de pureza del aire interior.

   – Por el flujo del aire.

4. **c) Según el flujo multidireccional el movimiento del aire es laminar (ver apartado 1.3.1).**

   Estas salas garantizan la exclusión microbiana para prevenir la contaminación de materiales estériles, componentes y superficies en operaciones asépticas y conjuntamente con la exclusión debe conseguir una limitación microbiana en las zonas ocupadas próximas a operaciones asépticas para minimizar la introducción de contaminación en la zona de exclusión.

   Las salas blancas están clasificadas por diferentes organismos y estándares internacionales según el número de partículas medido y la dimensión de estas partículas. El rendimiento está ensayado según la normativa ISO 14644-1 que determina la categoría de limpieza aunque se aplica también la norma americana US Federal Standard 209E.

Por el tipo de flujo, las salas blancas se agrupan en flujo multidireccional y unidireccional. En el primero el régimen de movimiento del aire es turbulento mientras que en el segundo es laminar.

5. c) Un intercomunicador (ver apartado 1.4.1).

Un *Speakers* es un Intercomunicador utilizado para permitir la comunicación de personal entre salas clasificadas adyacentes sin necesidad de conexiones telefónicas ni alimentaciones eléctricas, realizado en material plástico apto para salas limpias, y con membrana vibrante completamente sellada que impide el flujo de aire entre salas.

6. a) La ubicación de las salas de preparación donde serán colocadas las cabinas de flujo (ver apartado 1.4.1).

Un aspecto importante en el diseño de las salas blancas, de cara al mantenimiento futuro de la sala blanca es la ubicación de las salas de preparación donde serán colocadas las cabinas de flujo. Es conveniente que estas salas estén físicamente ubicadas en una zona de la sala blanca con acceso directo al exterior mediante una única apertura de paneles. Si fuese necesario un cambio de cabinas, solo sería necesario desmontar un panel del recinto para poder sacar y/o introducir una nueva cabina. Tras esto, la colocación y nuevo sellado del panel retorna la funcionalidad a la totalidad de las salas blancas.

7. d) Todas son correctas (ver apartado 1.4.2).

Las salas blancas, a pesar de ser áreas aisladas del ambiente exterior requieren una interacción continua con el exterior, no solo de las personas sino de los materiales y procesos que se llevan a cabo en su interior. Así mismo requieren procesos internos e interacciones entre áreas distintas en los que debe evitarse la contaminación cruzada.

8. c) Las esclusas (ver apartado 1.4.2).

Las esclusas o "SAS" para la entrada y salida material, que permiten romper la comunicación directa entre zonas adyacentes impidiendo o minimizando la entrada de partículas contaminantes. Estas estructuras, generalmente consisten en una zona intermedia de paso con dobles puertas enclavadas que no pueden ser abiertas simultáneamente.

9. d) Todas son ciertas (ver apartado 1.4).

La puerta del área de trabajo se debe abrir hacia la zona de trabajo y debe permanecer cerrada para mantener la asepsia.

En esta área no pueden estar presentes muchas personas; no se recomienda la presencia de más de dos manipuladores.

Las esclusas o "SAS" para la entrada y salida material permiten romper la comunicación directa entre zonas adyacentes impidiendo o minimizando la entrada de partículas contaminantes. Estas estructuras, generalmente, consisten en una zona intermedia de paso con dobles puertas enclavadas que no pueden ser abiertas simultáneamente.

10. c) La instalación está completa con el equipo de producción instalada y en funcionamiento pero sin estar presente el personal (ver apartado 1.3.1).

– La situación "en reposo" es aquella en que la instalación está completa con el equipo de producción instalado y en funcionamiento pero sin que esté presente el personal.

11. a) En que la instalación está funcionando de la forma definida de trabajo con el número de personas definidas trabajando (ver apartado 1.3.1).

La situación "en funcionamiento" es aquella en que la instalación está funcionando de la forma definida de trabajo con el número de personas definidas trabajando. Los estados "en funcionamiento" y "en reposo" deben estar definidos en cada sala limpia o zona de salas limpias.

12. a) Las salas blancas deben garantizar la exclusión microbiana, la exclusión de partículas y la exclusión de cualquier contaminación cruzada (ver apartado 1.2).

Estas salas garantizan la exclusión microbiana para prevenir la contaminación de materiales estériles, componentes y superficies en operaciones asépticas y conjuntamente con la exclusión debe conseguir una limitación microbiana en las zonas ocupadas próximas a operaciones asépticas para minimizar la introducción de contaminación en la zona de exclusión. También debe garantizarse la exclusión de partículas, asociada con la exclusión microbiana, pero que también se aplica para materiales lavados antes de su esterilización y la limitación de partículas para reducir la carga de partículas en elementos antes del lavado; también es objetivo de las salas blancas la exclusión de cualquier contaminación cruzada para prevenir la contaminación de un material o producto con otro.

13. c) Grados A, B, C y D (ver apartado 1.3.1).

Las salas blancas están clasificadas según el grado de pureza del aire interior en Grado A, B, C y D.

14. a) Las salas blancas son salas especiales en las que se trabaja con cabinas de flujo laminar, aunque no es necesario mantener condiciones de esterilidad (ver apartado 1.1).

Las salas blancas son salas especiales en las que se trabaja con cabinas de flujo laminar, en condiciones de esterilidad.

Se ubican en un lugar aislado del servicio para evitar pasar cerca si no hay necesidad. Poseen dos puertas, una de seguridad previa, zonas intermedias y otra interna, que da acceso a la zona de esterilidad.

15. c) No proporcionan protección al material con el que se trabaja (ver apartado 2.2.1).

Son cámaras cerradas con una abertura al frente para permitir el acceso de los brazos del operador. El aire penetra por este frontal, atraviesa la zona de trabajo y todo él sale al exterior a través de un filtro HEPA. La velocidad del flujo del aire es de unos 40 m/s. Son apropiadas para proteger al personal y al ambiente.

El inconveniente que presentan es que no proporcionan protección al material con el que se trabaja, no evitando por tanto que este aire se pueda contaminar.

16. c) Proteger totalmente los productos durante su manipulación así como el entorno que lo rodea (ver apartado 2.1).

La función principal de un flujo laminar es proporcionar un área de trabajo libre de partículas y contaminación que garantice la protección de procesos críticos, y la protección total de los productos durante su proceso de manipulación y un aislamiento del entorno que lo rodea.

17. b) Se utilizará una lámpara de rayos ultravioleta situada en el interior de la cabina (ver apartado 2.1).

Si es necesario que la atmósfera, además de libre de partículas, sea también estéril, se incorpora como respuesta una lámpara de rayos ultravioleta, montada en el interior de la cabina.

18. a) Las de Clase II ofrecen protección al producto frente a la contaminación (ver apartado 2.2.2).

Las cabinas de seguridad de Clase II se diferencian de las de Clase I en que, además de proteger al operario y su entorno, ofrecen protección al producto frente a la contaminación.

19. c) A las corrientes de aire que interfieren el flujo laminar (ver apartado 1.4).

Si las corrientes interfieren en los patrones de flujo laminar y exceden las velocidades de ingreso a la cabina a través de la abertura frontal, puede ser que el aire contaminado entre o salga del área de trabajo de la cabina afectando la seguridad del personal.

20. d) Requieren un área limpia para su ubicación (ver apartado 2.2.3).

Constituyen el máximo nivel de seguridad. Son recintos herméticos en presión negativa y, por ello, su interior está completamente aislado del entorno. Se recomienda para el manejo de citostáticos estériles y otros medicamentos peligrosos; esta manipulación se realiza mediante unos guantes unidos a la cabina. El aire se introduce a través de filtros HEPA y se extrae, generalmente, mediante una doble filtración HEPA. Cuando se manipulan cistostáticos conviene hacerlo bajo presión negativa. Presentan la ventaja respecto a las de Clase II de no requerir un área limpia para su ubicación.

21. c) 10.000 (ver apartado 1.4).

Las cabinas de seguridad deben ubicarse en salas blancas o limpias de Clase 10.000.

22. c) Medicamentos peligrosos (ver apartado 2.2.3).

Constituyen el máximo nivel de seguridad. Son recintos herméticos en presión negativa y, por ello, su interior está completamente aislado del entorno. Se recomienda para el manejo de citostáticos estériles y otros medicamentos peligrosos, esta manipulación se realiza mediante unos guantes unidos a la cabina.

23. d) Con agua e hipoclorito sódico en una solución no inferior al 0,1% en cloro activo (ver apartado 1.4).

La limpieza del suelo del área se realizará diariamente con una fregona, de uso exclusivo, con los detergentes utilizados para las zonas estériles del Hospital o con agua e hipoclorito sódico en una solución no inferior al 0,1 % en cloro activo (1:10). Las paredes, puertas y cristales se lavarán semanalmente con agua y jabón utilizando bayetas nuevas.

24. a) En ningún caso se utilizará aire acondicionado (ver apartado 1.4).

Para mantener la asepsia en la zona de trabajo se evitarán puertas y ventanas que puedan crear corrientes de aire. Se puede utilizar aire acondicionado siempre que la entrada de aire esté provista de filtros de alta eficacia y no interfiera con el flujo laminar.

25. a) Antes de realizar un test de control biológico (ver apartado 2.3).

Se debe realizar la limpieza y desinfección de la cabina:

– Antes de empezar cualquier trabajo.

– Finalizado el trabajo.

– En caso de derrames.

– Antes de realizar un test de control mecánico o biológico en la zona de trabajo

26. c) Encender la lámpara UV (ver apartado 1.3).

Poner en marcha la cabina de seguridad biológica

– Antes del trabajo se recomienda el lavado de antebrazos, manos y uñas con jabón germicida, el lavado posterior se puede llevar a cabo con un jabón de arrastres.

– Ponerse los elementos de protección individual (bata de manga larga con puños ajustados, guantes y, si resulta apropiado, mascarilla).

– Humedecer con etanol al 70 % o con desinfectante adecuado y esperar que se seque.

– Preparar el área de trabajo.

- Apagar la lámpara UV.
- Verificar que la posición del marco de la ventana frontal es la correcta.
- Verificar que las rejillas de retorno de aire (frontales y traseras) se encuentran libres de obstrucciones.
- Encender el ventilador de la cabina de seguridad.
- Permitir que el aire fluya libremente al menos 15 minutos.
- Verificar la lectura del manómetro de indicador de presión.

27. c) Se demarca la zona de trabajo (ver apartado 3.2).

Debe conocerse en cada cabina la "zona de partición de humo", que es la que demarca la zona de trabajo.

28. b) Antes del trabajo, lavado de antebrazos, manos y uñas con jabón de arrastres (ver apartado 3.1).

La b) es incorrecta porque antes del trabajo se recomienda el lavado de antebrazos, manos y uñas con jabón germicida, el lavado posterior se puede llevar a cabo con un jabón de arrastres.

29. d) Alteran el patrón de flujo laminar (ver apartado 3.3).

No se deben usar mecheros Bunsen, pues la llama que producen rompe el patrón de flujo laminar.

30. a) El material estéril en la parte trasera derecha (ver apartado 3.2).

La a) es incorrecta porque se debe colocar el material contaminado en la parte trasera derecha de la cabina; también colocaremos la bolsa de bioseguridad, un recipiente con desinfectante para las pipetas y un recipiente para almacenamiento seguro de objetos puntiagudos.

31. a) Efectuar descontaminación de superficie (ver apartado 3.4).

Efectuar descontaminación de superficie a los objetos que hayan estado en contacto con material contaminado antes de ser retirados de la cabina.

32. c) Una vez al año (ver apartado 4.3).

El proceso de certificación se realiza anualmente.

33. b) El funcionamiento permanente de la cabina, con el ventilador encendido, durante las 24 horas (ver apartado 3.6).

La *American Society of Health-System Pharmacists* (ASHP) y la *Occupational Safety and Health Administration* (OSHA) recomiendan que la cabina permanezca en funcionamiento con el ventilador encendido las 24 horas del día. Si la cabina no funciona las 24 horas, por seguridad deberá conectarse el flujo de la cabina al menos 20 minutos antes de comenzar el trabajo para permitir un barrido de todas las partículas en suspensión.

34. c) Lámpara ultravioleta (ver apartado 4).

Todas las cabinas presentan como sistemas comunes:

- Extracción: compuesto por uno o dos conjuntos motor-ventilador. Suministra la energía mecánica necesaria para mover el aire desde el exterior a la cabina hasta su extracción final una vez ha sido filtrado. Un conjunto de conductos dirige y controla el flujo del aire dentro de la cabina, desde la zona de trabajo hasta el sistema de filtración.

- Filtración: compuesto por los filtros HEPA en donde se realizan los procesos de retención de partículas, aerosoles y contaminantes. De su buen estado depende el buen funcionamiento de la cabina.

- Control: formado por diversos dispositivos que permiten regular el funcionamiento de los componentes que conforman la cabina. Permite encender y apagar los motores, el sistema de iluminación y las alarmas que permiten detectar situaciones anormales. Estos dispositivos se ubican independientemente del resto de elementos para facilitar las actividades de mantenimiento.

- Cuerpo: formado por la estructura y el conjunto de elementos que forman las partes exteriores e interiores como la mesa de trabajo, las bandejas colectoras, los laterales y la ventana frontal junto con sus dispositivos de fijación.

- Accesorios: conjunto de dispositivos que permiten que en la cabina de seguridad biológica se puedan tener instalados servicios tales como vacío, electricidad, o elementos usados en los procesos de desinfección como la lámpara ultravioleta.

35. b) Controla la presión estática positiva de los conductos del aire (ver apartado 4.2).

El manómetro de la cabina controla la presión estática positiva dentro de los conductos a través de los cuales circula el aire que es llevado al sistema de filtración. Este manómetro dispone de una escala calibrada entre los 0 y 2 cm de agua, con incrementos de 0,05 cm.

36. b) Semanal (ver apartado 4.3).

La limpieza de la lámpara UV de la CSB se realiza semanalmente.

37. c) Bianual (ver apartado 4.3).

Como rutina de mantenimiento más común, la sustitución del filtro HEPA se realiza bianualmente.

38. a) Bactericida (ver apartado 4.1).

La radiación que emiten dichas lámparas tiene una longitud de onda de aproximadamente 243,7 n, que es la región del espectro electromagnético que se encuentra más cercano al pico en el cual la radiación tiene un mejor efecto bactericida.

39. c) Tienen una eficiencia del 70 % (ver apartado 2.1).

Los filtros HEPA tienen una eficiencia del 99,99 %. La velocidad del ventilador es regulada por un controlador electrónico de forma que se alcance la velocidad del aire, y por tanto la presión adecuada, para que el flujo de aire en el área de trabajo sea laminar. El valor de la presión viene indicado en el manómetro instalado en el exterior de la cabina. Si es necesario que la atmósfera, además de libre de partículas, sea también estéril, se incorpora como respuesta una lámpara de rayos ultravioleta, montada en el interior de la cabina.

40. a) Al llegar al trabajo (ver apartado 3.1).

Antes del trabajo se recomienda el lavado de antebrazos, manos y uñas con jabón germicida, el lavado posterior se puede llevar a cabo con un jabón de arrastres.

41. b) Crema protectora (ver apartado 6).

El lavado reiterado de las manos es una sobrecarga para la piel de las mismas, ya que se elimina parte de la grasa protectora que poseen y pueden aparecer irritaciones molestas (eritema). Por eso conviene usar cremas protectoras para las manos al finalizar la jornada laboral. Hay preparados especiales para la protección cutánea.

42. c) Las manos directamente (ver apartado 6.1).

Lavado de manos quirúrgico

1. Enjabonado con jabón antiséptico durante 2 minutos, aclarado.

2. Cepillado de uñas 30 segundos cada mano con un cepillo jabonoso, aclarado.

3. Enjabonado de 2 minutos, aclarando con las puntas de los dedos hacia arriba (desde las extremidades de los dedos hasta los codos).

4. La duración será de 6 minutos.

5. Secado por aplicación, sin frotar, con una toalla estéril.

6. Cerrar el grifo mediante el sistema de pedal de pie o por medio de la palanca de codo, según esté previsto en el área de lavado quirúrgico (nunca con las manos).

43. a) IA (ver apartado 6.2.1).

Categoría IA. Fuertemente recomendado para la puesta en práctica y apoyado por multitud de estudios experimentales, clínicos, o epidemiológicos bien diseñados.

44. b) IB (ver apartado 6.2.1).

Categoría IB. Fuertemente recomendado para la puesta en práctica y apoyado por ciertos estudios experimentales, clínicos, o epidemiológicos y un fuerte análisis teórico razonado.

45. b) Usar soluciones alcohólicas para la frotación de manos para la descontaminación rutinaria (ver apartado 6.2.2).

Si las manos no están visiblemente sucias, podemos usar soluciones alcohólicas para la descontaminación rutinaria de las manos en todas las situaciones clínicas descritas en este apartado desde la c) a la j). Como alternativa y en las mismas situaciones, pueden lavarse las manos con agua y jabón antimicrobiano.

46. d) Para proteger al paciente de los gérmenes nocivos que tiene en las manos (ver apartado 6.2.3).

Según el primer momento de la OMS sobre el lavado de manos,

¿Cuándo? Lávese las manos antes de tocar al paciente cuando se acerque a él.

¿Por qué? Para proteger al paciente de los gérmenes nocivos que tiene en las manos.

47. c) 5 (ver apartado 6.2.3).

La OMS pide "5 momentos" para la higiene de manos:

1. Antes de tocar al paciente.
2. Antes de realizar una tarea limpia/aséptica.
3. Después del riesgo de exposición a líquidos corporales.
4. Después de tocar al paciente.
5. Después del contacto con el entorno del paciente.

48. b) Antes de realizar una tarea aséptica (ver apartado 6.2.3).

El segundo momento de la OMS es antes de realizar una tarea aséptica.

49. d) Después del contacto con el entorno del paciente (ver apartado 6.2.3).

El último momento del lavado de las manos según la OMS, después del contacto con el entorno del paciente.

50. b) Radiómetro (ver apartado 4.1).

De forma periódica verificar la intensidad de la radiación que emite la lámpara con un radiómetro. Para ello, la lámpara deberá funcionar al menos entre 5 y 10 minutos. Antes de efectuarse la medición deberá limpiarse la bombilla UV para que no tenga polvo ni suciedad, se usa un trozo de tela, humedecido con alcohol o mezcla de agua y amoníaco.

TEST N.º 16

Nutrición artificial. Tipos. Técnicas de elaboración nutrición parenteral. Componentes de la nutrición parenteral. Material para la elaboración. Condiciones de conservación. Nutrición enteral. Funciones de técnico en la nutrición artificial

1. La nutrición artificial comprende:

a) La nutrición enteral.
b) La nutrición parenteral.
c) La nutrición mixta.
d) Todas son correctas.

2. Las guías de las sociedades más importantes coindicen en que deben recibir soporte nutricional especializado:

a) Los pacientes que no consumen > 60 % de sus requerimientos.
b) Durante 7-14 días los pacientes en desnutrición previa.
c) Durante 21 días en pacientes con situación crítica.
d) Será de elección la NP porque tiene menos complicaciones.

3. Al aporte de nutrientes mediante infusión en vía venosa a través de catéteres específicos para cubrir los requerimientos metabólicos y del crecimiento se denomina:

a) Nutrición parenteral.
b) Nutrición oral.
c) Nutrición enteral.
d) Nutrición normal.

4. La nutrición parenteral:

a) Está indicada para prevenir o corregir los efectos adversos de la desnutrición en pacientes que no son capaces de obtener aportes suficientes por vía oral o enteral.
b) Está indicada en aquellos pacientes que tengan una función intestinal adecuada.
c) Se puede administrar mediante catéter o sonda.
d) Todas son correctas.

5. El aporte de nutrientes por vía parenteral presenta una serie de características:

a) Aporta nutrientes directamente al torrente sanguíneo, sin el proceso digestivo pero con filtro hepático.
b) Se utiliza en pacientes con alteración de los mecanismos de regulación del medio interno.
c) No suele producir infecciones.
d) Ninguna es correcta.

6. La nutrición parenteral está indicada en:

a) Pancreatitis aguda grave.
b) Uveítis.
c) Bronquiolitis.
d) Fractura de cadera.

7. La elección de la vía central o periférica para la administración de la NP, ¿de qué depende?

a) De la duración prevista.
b) De los accesos venosos disponibles.
c) De la experiencia de cada centro.
d) Todas son correctas.

8. Cuando la osmolaridad de la mezcla es superior a los 900 mOsm/l habrá que infundir la nutrición parenteral en:

a) Una vía central (subclavia).
b) Una vía periférica.
c) Una extremidad.
d) Ninguna de las respuestas anteriores es correcta.

9. Los catéteres tunelizados tipo Hickman o Broviac o implantados se utilizan en:

a) Cuando se prevé que la duración de la nutrición a través de vía enteral sea superior a dos meses.
b) Cuando se prevé que la duración de la nutrición a través de vía parenteral sea superior a dos meses.
c) Cuando se prevé que la duración de la nutrición a través de vía parenteral sea inferior a dos meses.
d) Cuando se prevé que la duración de la nutrición a través de vía enteral sea inferior a dos meses.

10. ¿Qué tipo de vía se utiliza en la nutrición parenteral con concentraciones de baja osmolaridad?

a) Vía periférica.
b) Vía central.
c) Vía nasofaríngea.
d) Ninguna es correcta.

11. La nutrición parenteral central puede ser:

a) Continua.
b) Discontinua.
c) Cíclica.
d) Todas son correctas.

12. Entre las complicaciones mecánicas del catéter de la nutrición parenteral destaca:

a) Oclusión del catéter.
b) Neumotórax.
c) Embolia gaseosa.
d) Todas son correctas.

13. La fórmula de nutrición parenteral debe contener:

a) Solo vitaminas hidrosolubles.
b) Oligoelementos en función de la patología del paciente.
c) Hidrocarburos y lípidos que en el caso de prematuros serán: 30 – 40 kcal/kg de peso/día.
d) Aminoácidos que en el caso de recién nacidos serán: 1-1,5 g/kg de peso/día.

14. La fórmula de nutrición parenteral periférica proporciona al organismo:

a) Entre 900 y 1500 kcal.
b) Entre 900 y 1000 kcal.
c) Entre 700 y 1000 kcal.
d) Entre 600 y 1500 kcal.

15. La Nutrición parenteral periférica está indicada cuando:

a) La administración oral/enteral es imposible.
b) Está contraindicada una vía central.
c) Se usa como complementaria a la nutrición enteral.
d) Todas las respuestas anteriores son correctas.

16. La nutrición parenteral periférica puede ser:

a) Hipocalórica.
b) Hipercalórica.
c) Normocalórica.
d) Las respuestas a) y b) son correctas.

17. El metabolismo basal constituye:

a) El 10-20 % del gasto energético diario total.
b) El 60-75 % del gasto energético diario total.
c) El 30-40 % del gasto energético diario total.
d) El 40-60 % del gasto energético diario total.

18. Cantidad de energía necesaria para mantener los procesos vitales estando en reposo, después de 12 horas de ayuno y a una temperatura neutra:

a) Balance energético.
b) Valor energético.
c) Metabolismo Basal.
d) Metabolismo energético.

19. En relación con el sorbitol responda la respuesta correcta:

a) Es un polialcohol que se metaboliza en el hígado especialmente en situaciones de estrés.
b) Es un polialcohol que se transforma en fructosa a nivel hepático.
c) Se utiliza en preparados de nutrición parenteral periférica hipercalórica.
d) Es un polialcohol que se transforma en glucosa a nivel hepático.

20. Las bolsas que se utilizan en nutrición parenteral contienen entre:

a) 1500- 3500 ml de agua.
b) 500- 3000 ml de agua.
c) 2000- 3000 ml de agua.
d) 1000- 3000 ml de agua.

21. Al aporte alimentario realizado a través de una sonda directamente hasta el estómago o el intestino delgado se llama:

a) Nutrición parenteral.
b) Nutrición oral.
c) Nutrición enteral.
d) Nutrición normal.

22. Señala la respuesta incorrecta en relación con la nutrición enteral:

a) Una formula normocalórica aporta de 1,0-1,2 Kcal por cada mililitro de formula.

b) La nutrición enteral se usará cuando el paciente sea incapaz de ingerir por vía oral los nutrientes necesarios para cubrir sus requerimientos nutricionales, pero debe tener un sistema digestivo funcional.

c) Cuando se empleen jeringas como envase de acondicionamiento de una nutrición enteral, estas deben ser específicas para nutrición enteral y diferentes de las empleadas para administración intravenosa para evitar que se produzca cualquier error en la administración del preparado.

d) El tiempo estimado de duración de la nutrición enteral no debe influir en la vía de acceso en una nutrición enteral.

23. Señala la respuesta correcta en relación con la nutrición parenteral:

a) La nutrición parenteral (NP) consiste en la provisión de nutrientes mediante su infusión a una vía venosa a través de catéteres específicos, para cubrir los requerimientos metabólicos y del crecimiento.

b) Requiere la colocación de una sonda directamente al estómago.

c) Una de sus indicaciones son las dietas de adelgazamiento, para disminuir la ingesta de nutrientes por parte del paciente.

d) No deben usarse antes de una cirugía.

24. En referencia a la conservación de preparados de Nutrición Parenteral el Técnico/a en farmacia debe saber que:

a) Las NP elaboradas deben conservarse en nevera a 2-8 ºC.

b) Las NP elaboradas deben conservarse protegidas de la luz.

c) Las NP pueden mantenerse entre 24h - 36h a temperatura ambiente durante su administración.

d) Las NP elaboradas pueden conservarse 4 días en nevera antes de su administración.

25. Una de las principales complicaciones que presenta la Nutrición Parenteral (NP) es el riesgo de infección por colonización del catéter. Uno de los pacientes del hospital sometidos a NP presenta esta complicación. De entre los siguientes microorganismos, señala el agente que podría causar esta complicación:

a) *Enterococcus*.

b) *Shigella*.

c) *Chlamydia*.

d) *Staphilococcus*.

26. Respecto a la compatibilidad en la mezcla de NP, señala la respuesta incorrecta:

a) Temperaturas elevadas aumentan la precipitación del fosfato cálcico.

b) El magnesio forma complejos más solubles y estables con el calcio.

c) Los precipitados pueden formarse cuando se añade una combinación incompatible de varias sales de electrolitos.

d) Las mezclas sin oligoelementos ni vitaminas presentan una mayor estabilidad en condiciones de refrigeración y protegidas de la luz.

27. En relación con la esterilidad y las condiciones de asepsia, y centrándonos en los factores que condicionan la multiplicación bacteriana, señala la respuesta incorrecta:

a) La normalidad.
b) El tiempo de administración.
c) La temperatura de conservación.
d) El pH del preparado.

28. En relación con los requerimientos de minerales, las cantidades recomendadas son las siguientes:

a) Calcio 5-10 mEq/día.
b) Magnesio 8-15 mEq/día.
c) Sodio > 60 mEq/día.
d) Potasio 70 mEq/día.

29. Entre los aminoácidos esenciales se incluye:

a) Alanina.
b) Cisteína.
c) Cistina.
d) Lisina.

30. Las características de la prescripción de la fórmula para NP incluyen:

a) Cualquier fórmula debe cubrir los requerimientos individuales del paciente.
b) El farmacéutico es el responsable de validar la composición de cada unidad de nutrientes.
c) El responsable de tener en cuenta los rangos habituales de aporte y requerimientos es el farmacéutico.
d) Todas las respuestas son correctas.

31. En relación con las indicaciones de la nutrición parenteral periférica, señala la respuesta incorrecta:

a) Situaciones en las que la administración oral/enteral, es imposible.
b) Como complemento a la nutrición parenteral total.
c) Situaciones en las que la administración oral/enteral, es insuficiente.
d) Como complemento a la nutrición oral/enteral.

32. Respecto a las características de la vía periférica como forma de acceso en NP, señala la respuesta incorrecta:

a) Por vía periférica, se usan las venas de las extremidades.

b) Si la osmolaridad de la mezcla es superior a los 800 mOsm/l se recurre a la infusión por vía periférica.

c) La vía periférica se caracteriza por un acceso más asequible y fácil de conseguir que la vía central.

d) Los cuidados del catéter deben hacerse siguiendo normas estrictas de asepsia.

33. Respecto a las características especiales del aporte de nutrientes por vía parenteral, señala la respuesta incorrecta:

a) Utilizable en pacientes con alteración de los mecanismos de regulación del medio interno.

b) No existe proceso digestivo, ni filtro hepático.

c) Aun siendo la única vía utilizable, no necesita aportar todos los nutrientes esenciales.

d) Deben evitarse desequilibrios en la administración.

34. Un paciente con pancreatitis aguda grave necesita NP debido a:

a) Necesidades nutricionales aumentadas.

b) Necesidad de reposo del tubo digestivo.

c) Incapacidad de utilizar el tubo digestivo.

d) Todas las respuestas son correctas.

35. Respecto a las características de la nutrición parenteral central, señala la respuesta correcta:

a) La osmolaridad de la solución no debe superar los 800 mOsmm/L.

b) El aporte calórico de este tipo de nutrición oscila entre 900 y 1500 Kcal.

c) El pH de la solución debe estar comprendido entre 6 y 7,4.

d) Este tipo de nutrición incluye siempre una solución de glucosa, lípidos y aminoácidos.

36. Respecto a las contraindicaciones de la nutrición parenteral periférica, señala la respuesta incorrecta:

a) Tromboflebitis.

b) Insuficiencia hepática.

c) Imposibilidad para abordar vías periféricas.

d) Inadecuación del aporte de electrolitos de las fórmulas con respecto a la situación clínica del paciente.

37. En la nutrición parenteral central, el acceso venoso puede efectuarse a través de:

a) Subclavia.
b) Femoral.
c) Aorta.
d) Las respuestas a) y b) son correctas.

38. Considerando las alteraciones de la glucemia que se producen como una de las complicaciones asociadas a la nutrición parenteral central, señala la respuesta incorrecta:

a) La hipoglucemia es una complicación muy frecuente en los enfermos con nutrición parenteral total.
b) La hiperglucemia con glucosuria provoca pérdida de agua y sodio, lo que lleva al paciente a una deshidratación hipertónica.
c) La hiperglucemia puede ser signo precoz de infecciones ligadas al catéter.
d) La hipoglucemia suele aparecer cuando se interrumpe la nutrición parenteral total.

39. De las características que definen la nutrición parenteral, señala la respuesta incorrecta:

a) Es una provisión de nutrientes realizada mediante infusión.
b) La infusión se efectúa a una vía arterial.
c) Se emplean catéteres específicos.
d) Se pretende cubrir los requerimientos metabólicos y del crecimiento.

40. La nutrición parenteral central más utilizada es la:

a) Cíclica.
b) Continua.
c) Discontinua.
d) Ninguna de las respuestas es correcta.

41. En el contexto de la nutrición parenteral periférica, señala la respuesta incorrecta respecto a la nutrición hipocalórica:

a) No puede utilizarse durante más de 5 días.
b) Contiene proteínas, hidratos de carbono y minerales.
c) Sus indicaciones son muy amplias y variadas.
d) No contiene grasas.

42. En un individuo enfermo, el reparto calórico es el siguiente:

a) 55 % hidratos de carbono.
b) 13-15 % proteínas.

c) 30-35 % lípidos.
d) Ninguna de las respuestas es correcta.

43. Respecto a la utilización de glicerol en las fórmulas de nutrición parenteral, señala la respuesta incorrecta:

a) Tiene la ventaja de provocar una mínima respuesta insulínica.
b) Existen preparados de nutrición parenteral periférica hipocalórica, que contienen glicerol como única fuente de energía.
c) El glicerol es un derivado de la hidrólisis de las proteínas.
d) No debe sobrepasar la dosis de 0,74 g/kg/hora para evitar los efectos secundarios.

44. Los materiales que se seleccionan para preparar la nutrición parenteral, no incluyen:

a) Jeringas y agujas.
b) Equipos de transferencia.
c) Equipo de infusión.
d) Contenedor para recoger los materiales de desecho.

45. Los factores que condicionan la multiplicación bacteriana en las fórmulas para nutrición parenteral, incluyen:

a) pH del preparado.
b) Normalidad.
c) Osmolalidad.
d) Ninguna de las respuestas es correcta.

46. Respecto a la coalescencia, señala la respuesta incorrecta:

a) Su presencia en el preparado, puede generar una embolia pulmonar.
b) Tiene lugar cuando se produce agregación de partículas lipídicas de entre 5 y 50 mm.
c) Los ácidos grasos de cadena media favorecen la desestabilización de la fórmula.
d) Es un proceso irreversible caracterizado por la presencia de gotas de grasa amarillentas.

47. Las bolsas multicapa para la nutrición parenteral tienen las siguientes características:

a) Están formadas por dos capas.
b) La capa externa es de un polímero impermeable al oxígeno, al vapor de agua y fotoprotectora.
c) La fotoprotección total se consigue con bolsas que retienen las radiaciones ultravioletas.
d) Las respuestas b) y c) son correctas.

48. Las etiquetas de NP contienen la siguiente información:

a) Contenido de cada uno de los aditivos.
b) Identificación del paciente.
c) Identificación de la composición.
d) Todas las respuestas son correctas.

49. Considerando el orden de adición de los componentes a través del elastómero A, indica cuál de los siguientes componentes no se ha adicionado en el orden correcto:

a) Fosfato.
b) Glucosa.
c) Lípidos.
d) Oligoelementos.

50. Podemos definir la nutrición enteral como:

a) La administración de fórmulas enterales por vía digestiva.
b) La administración de nutrientes por vía parenteral.
c) La administración de nutrientes a un paciente con problemas nutricionales.
d) La administración de suero por medio de una sonda nasogástrica.

51. La nutrición enteral por sonda nos sirve para mantener niveles adecuados de nutrición en pacientes que no pueden realizar una nutrición normal; está indicada en pacientes que:

a) Presentan alteraciones dentales importantes.
b) Presentan malformaciones en el colon.
c) Presentan alteraciones mentales.
d) Presentan alteraciones gastrointestinales importantes.

52. Una de las formas que tenemos para la administración de la nutrición enteral es la administración mediante sonda nasogástrica, para colocar la SNG deberemos poner al paciente en la posición:

a) Fowler.
b) Prono.
c) Supino.
d) Mahometano.

53. Existen muchos tipos de SNG; estas son utilizadas para la administración de nutrición enteral, aunque también tienen otros usos. Si queremos realizar una descompresión abdominal, normalmente usaremos una sonda de:

a) Levin.
b) Salem.
c) Foucher.
d) Miller – Abbott.

Soluciones comentadas

1. **d) Todas son correctas (ver apartado 1).**

   La nutrición artificial comprende la nutrición enteral (NE), la nutrición parenteral (NP) y la nutrición mixta (combinación de ambas). Todas ellas tienen el mismo objetivo: mantener o restaurar el estado nutricional, ya que la malnutrición implica mayor riesgo de complicaciones, retraso en la recuperación de su enfermedad y una mayor mortalidad.

2. **a) Los pacientes que no consumen > 60 % de sus requerimientos (ver apartado 1).**

   La nutrición artificial (enteral, parenteral o mixta) está indicada en aquellos pacientes en los que la alimentación convencional no es posible o no cubre los requerimientos nutricionales. Las guías de las sociedades más importantes coinciden en que deben recibir soporte nutricional especializado los pacientes que no consumen >60 % de sus requerimientos.

3. **a) Nutrición parenteral (ver apartado 2.1).**

   La NP consiste en la provisión de nutrientes mediante su infusión a una vía venosa a través de catéteres específicos para cubrir los requerimientos metabólicos y del crecimiento.

   La NP aporta nutrientes de forma intravenosa a pacientes incapacitados para tolerar la alimentación gastrointestinal. Las fórmulas de NP están compuestas de proteínas, hidratos de carbono, lípidos, vitaminas, electrolitos y agua, oligoelementos y fármacos compatibles, y son destinadas a un paciente individualizado.

4. **a) Está indicada para prevenir o corregir los efectos adversos de la desnutrición en pacientes que no son capaces de obtener aportes suficientes por vía oral o enteral (ver apartado 2.1).**

   En general está indicada para prevenir o corregir los efectos adversos de la desnutrición en pacientes que no son capaces de obtener aportes suficientes por vía oral o enteral por un periodo de tiempo superior a 5-7 días, o antes si el paciente ya está previamente desnutrido.

   No estará indicada en aquellos pacientes que tengan una función intestinal adecuada, por lo tanto, en estos la nutrición se llevará por vía oral o enteral.

   La NP se puede administrar a través de vía periférica o de un catéter central.

5. b) Se utiliza en pacientes con alteración de los mecanismos de regulación del medio interno (ver apartado 2.1).

El aporte de nutrientes por vía parenteral presenta una serie de características especiales:

– Aporta nutrientes directamente al torrente sanguíneo, sin el proceso digestivo y filtro hepático.

– Si es la única vía utilizable, debe aportar todos los nutrientes esenciales.

– Se deben evitar desequilibrios en la administración.

– Se utiliza en pacientes con alteración de los mecanismos de regulación del medio interno.

– Gran facilidad para la incidencia de infección; fácil desarrollo de gérmenes en la mezcla nutritiva, ruptura de barreras defensivas cutáneas, aporte directo a la sangre con diseminación, suele utilizarse en pacientes con alteración de la afectación inmune por la propia desnutrición o enfermedad.

– La responsabilidad del SFH es la dispensación de NP que garantice su formulación, condiciones de estabilidad, conservación y administración de acuerdo con las características del paciente.

6. a) Pancreatitis aguda grave (ver apartado 2.1.1).

Necesidad de reposo del tubo digestivo:

* Enfermedad inflamatoria intestinal descompensada.

* Diarreas que no se pueden cortar.

* Pancreatitis aguda grave.

7. d) Todas son correctas (ver apartado 2.1.2).

La elección entre una vía central o periférica dependerá de la duración prevista, los accesos venosos disponibles y la experiencia de cada centro.

8. a) Una vía central (subclavia) (ver apartado 2.1).

Cuando la osmolaridad de la mezcla es superior a los 900 mOsm/l habrá que infundir la NP en una vía central (subclavia). Si se prevé una duración más larga, más de dos meses, se debe recurrir a catéteres tunelizados tipo Hickman o Broviac o implantados, colocados mediante técnicas radiológicas. La colocación y cuidados del catéter debe hacerse siguiendo normas estrictas de asepsia (esterilidad).

9. b) Cuando se prevé que la duración de la nutrición a través de vía parenteral sea superior a dos meses (ver apartado 2.1).

Si se prevé una duración más larga, más de dos meses, se debe recurrir a catéteres tunelizados tipo Hickman o Broviac o implantados, colocados mediante técnicas radiológicas. La colocación y cuidados del catéter debe hacerse siguiendo normas estrictas de asepsia (esterilidad).

10. a) Vía periférica (ver apartado 2.2.2).

Se define como el conjunto de técnicas de administración de nutrientes por vía venosa periférica a pacientes que tienen excluida la función del tracto gastrointestinal.

Esta localización tiene como condicionante la osmolaridad de la preparación parenteral. En general se acepta que la osmolaridad no supere los 800 mOsmm/L y además el pH debe estar entre 6 y 7,4.

11. d) Todas son correctas (ver apartado 2.2.1).

Según la forma de administración podemos dividirla en dos categorías:

- **Continua o Total**: al ser administrada durante todas las horas del día. Es la más utilizada.
- **Discontinua o cíclica**: solamente se administra en una parte del día o de la noche.

12. d) Todas son correctas (ver apartado 2.2.1.2).

Complicaciones

Pueden ser **mecánicas, infecciosas y metabólicas**.

a) Mecánicas o del catéter

- Imposibilidad de punción venosa.
- Malposición del catéter.
- Neumotórax.
- Lesión de plexos.
- Punción arterial.
- Embolia gaseosa.
- Oclusión del catéter.
- Trombosis venosa.

13. b) Oligoelementos en función de la patología del paciente (ver apartado 2.1).

La NP aporta nutrientes de forma intravenosa a pacientes incapacitados para tolerar la alimentación gastrointestinal. Las fórmulas de NP están compuestas de proteínas, hidratos de carbono, lípidos, vitaminas, electrolitos y agua, oligoelementos y fármacos compatibles, y son destinadas a un paciente individualizado.

Requerimiento de energía. Varía según paciente:

- Prematuros: 120-150 Kcal de peso/día.

Aminoácidos. Varían con la edad:

- Recién nacidos: 3g/kg de peso/día.

14. a) Entre 900 y 1500 kcal (ver apartado 2.2.2).

La composición tipo de una NPP aporta entre 900-1500 Kcal, un volumen entre 1500 y 2500 ml, su relación Kcal no proteicas/g nitrógeno suele estar entre 130-150/l (incluso menor 120/1) y una relación entre hidratos de carbono y lípidos situada entre 60/40. Contendrá las RDA de vitaminas y minerales y en caso de añadir electrolitos estos no superarán ciertos límites.

15. d) Todas las respuestas anteriores son correctas (ver apartado 2.2.2.1).

Está indicada cuando la administración oral/enteral es imposible, insuficiente o está contraindicada una vía central. Se puede usar como complementaria a la nutrición oral/enteral y como vía de tránsito antes o después de la NPT. Se debe considerar el estado nutricional basal del paciente, el grado de agresión metabólica, la intencionalidad del tratamiento y la duración del mismo.

16. d) Las respuestas a) y b) son correctas (ver apartado 2.2.2).

Esta nutrición a su vez puede ser:

– **Hipocalórica** y en su composición lleva proteínas, hidratos de carbono y minerales, no pudiendo utilizarse más de 5 días. Es carente en grasas, lo que limita el tiempo de utilización y sus indicaciones.

– **Normocalórica**: conteniendo todos los nutrientes, pero nutricionalmente no es suficiente por lo que su utilización no debe darse más de 7-10 días.

17. b) El 60-75 % del gasto energético diario total (ver apartado 2.3.1.1).

El metabolismo basal (MB) constituye el 60-75 % del gasto energético diario total. La tasa metabólica basal (TMB) es la fracción del gasto energético consumida por un sujeto que está acostado, en reposo físico y mental tras 12 horas de ayuno y en condiciones de netralidad térmica.

18. a) Metabolismo Basal (ver glosario).

Gasto metabólico basal o el metabolismo basal.

Es la cantidad de energía necesaria para mantener los procesos vitales estando en reposo, después de 12 horas de ayuno y a una temperatura neutra. Para la mayoría de los adultos sanos, el metabolismo basal representa entre el 60-75 % del gasto energético total.

19. b) Es un polialcohol que se transforma en fructosa a nivel hepático (ver 2.3.2.1).

Es un polialcohol que se transforma en fructosa a nivel hepático; se han referido complicaciones asociadas a la infusión de dosis elevadas, pero se utiliza en pacientes en situación de estrés y a una dosis que no sobrepase los 150-200 g/día. Se utiliza en preparados de nutrición parenteral periférica hipocalórica.

Se contraindica en pacientes con intolerancia hereditaria a la fructosa.

20. c) 2000- 3000 ml de agua (ver apartado 2.3.4).

Los requerimientos de agua se relacionan con el balance hídrico según el peso y pérdidas extraordinarias. En general, se aportan de 35-40 ml/kg de peso y día. Las bolsas que se utilizan usualmente contienen entre 2.000 y 3.000 ml de agua.

21. c) Nutrición enteral (ver apartado 3).

La nutrición enteral se define como la administración de fórmulas enterales por vía digestiva, habitualmente mediante sonda, con el fin de evitar o reconducir la desnutrición de los pacientes atendidos en el hospital.

22. d) El tiempo estimado de duración de la nutrición enteral no debe influir en la vía de acceso en una nutrición enteral (ver apartado 3).

Dependiendo de la vía: oral, a través de sonda y enterostomía, depende el tiempo estimado de su duración.

23. a) La nutrición parenteral (NP) consiste en la provisión de nutrientes mediante su infusión a una vía venosa a través de catéteres específicos, para cubrir los requerimientos metabólicos y del crecimiento (ver apartado 2.1).

La NP consiste en la provisión de nutrientes mediante su infusión a una vía venosa a través de catéteres específicos para cubrir los requerimientos metabólicos y del crecimiento.

24. c) Las NP pueden mantenerse entre 24h - 36h a temperatura ambiente durante su administración (ver apartado 2.4.8).

Las condiciones de conservación durante la administración deben ser:

– Alcanzar la temperatura ambiente si se ha mantenido en nevera 2 - 8 ºC.

– Agitar previamente la bolsa para homogenizar.

– Proteger de la luz durante la administración.

– No prolongar la administración más de 24 horas.

25. d) *Staphilococcus* (ver apartado 2.4.5.1).

La NP es un buen medio para el crecimiento de microorganismos sobre todo la emulsión lipídica.

Entre los microorganismos implicados en la NP y entre sus componentes individuales encontramos: *Candida albicans, Staphylococcus y Enterobacter*.

26. b) El magnesio forma complejos más solubles y estables con el calcio (ver apartado 2.4.8).

La b) es incorrecta porque el magnesio forma complejos más solubles y estables con el fosfato, es por ello que al añadir magnesio tras el fosfato, disminuye la concentración de fosfato en solución pues reacciona con el calcio, y disminuye el riesgo de precipitación.

27. a) La normalidad (ver apartado 2.4.5).

Dentro de los factores que condicionan la multiplicación bacteriana encontramos:

- La temperatura de conservación.
- El pH del preparado.
- El tiempo de administración.
- La osmolaridad.
- Los relativos a los procesos de elaboración que incluyen las características del área de elaboración y el empleo de técnica aséptica.

28. c) Sodio > 60 mEq/día (ver apartado 2.3.5).

Las **cantidades recomendadas** son las siguientes:

- Sodio: > 60 mEq/día.
- Potasio: 60 mEq/día.
- Calcio: 10-15 mEq/día
- Magnesio: 8-20 mEq/día.
- Fosfato: 20-40 mEq/día.

29. d) Lisina (ver apartado 2.3.3).

En condiciones normales encontramos ocho aminoácidos esenciales (leucina, isoleucina, valina, metionina, lisina, treonina, fenilalanina y triptófano). Sin embargo, esta clasificación puede verse alterada en determinadas patologías donde otros aminoácidos pueden pasar a ser esenciales o condicionalmente esenciales.

30. d) Todas las respuestas son correctas (ver apartado 2.4.2).

Esta fórmula debe cubrir los requerimientos individuales del paciente, garantizando que las cantidades y concentraciones de los componentes son las idóneas teniendo en cuenta el tipo de paciente (pediátrico, niño, adulto o anciano) y su estado clínico.

La responsabilidad de validar la composición de cada unidad de nutrientes es del farmacéutico, quien deberá tener en cuenta los rangos habituales de aporte y requerimientos, así como en situaciones especiales.

31. b) Como complemento a la nutrición parenteral total (ver apartado 2.2.2.1).

Está indicada cuando la administración oral/enteral es imposible, insuficiente o está contraindicada una vía central. Se puede usar como complementaria a la nutrición oral/ enteral y como vía de tránsito antes o después de la NPT. Se debe considerar el estado nutricional basal del paciente, el grado de agresión metabólica, la intencionalidad del tratamiento y la duración del mismo.

32. b) Si la osmolaridad de la mezcla es superior a los 800 mOsm/l se recurre a la infusión por vía periférica (ver apartado 2.2.2).

Se define la NPP como el conjunto de técnicas de administración de nutrientes por vía venosa periférica a pacientes que tienen excluida la función del tracto gastrointestinal.

Esta localización tiene como condicionante la osmolaridad de la preparación parenteral. En general se acepta que la osmolaridad no supere los 800 mOsmm/L y además el pH debe estar entre 6 y 7,4.

33. c) Aun siendo la única vía utilizable, no necesita aportar todos los nutrientes esenciales (ver apartado 2.1).

La NP consiste en la provisión de nutrientes mediante su infusión a una vía venosa a través de catéteres específicos para cubrir los requerimientos metabólicos y del crecimiento.

34. b) Necesidad de reposo del tubo digestivo (ver apartado 2.1.1).

Un paciente con pancreatitis aguda grave necesita NP por necesidad de reposo del tubo digestivo.

35. d) Este tipo de nutrición incluye siempre una solución de glucosa, lípidos y aminoácidos (ver apartado 2.2.1).

Se define como el conjunto de técnicas de administración de nutrientes que han de ser infundidos en una vía venosa central, debido principalmente a la elevada osmolaridad de la solución que sobrepasa los 900 mOsm/l.

La composición de la NPC incluye siempre una solución de glucosa, lípidos y aminoácidos.

36. b) Insuficiencia hepática (ver apartado 2.2.2.4).

No está contraindicada en la insuficiencia hepática. Contraindicaciones

- Imposibilidad de cubrir los requerimientos del paciente por la presencia de agresión grave o estados de malnutrición severa.
- Insuficiencia cardíaca o renal.
- Imposibilidad de abordaje de vías periféricas.
- Tromboflebitis.
- Inadecuación del aporte de electrolitos de las fórmulas con respecto a la situación clínica del paciente.

37. d) Las respuestas a) y b) son correctas (ver apartado 2.2.1).

En la nutrición parenteral central el Acceso venoso es a través de la yugular interna, subclavia o femoral, a las que se puede acceder a través de punción percutánea, o a través de punción periférica en basílica o

cefálica.

38. a) La hipoglucemia es una complicación muy frecuente en los enfermos con nutrición parenteral total (ver apartado 2.2.1.2).

La hipoglucemia es rara, pero es más grave. Suele aparecer cuando se interrumpe la NPT, ya que en ella se ha aportado gran cantidad de glucosa, o puede aparecer también por administración excesiva de insulina.

39. b) La infusión se efectúa a una vía arterial (ver apartado 2.3.2).

El aporte de nutrientes se realiza mediante infusión en vía venosa a través de catéteres específicos para cubrir requerimientos metabólicos y del crecimiento.

40. b) Continua (ver apartado 2.2.1).

La vía central a utilizar tiene localizado su extremo distal en la vena cava superior. Según la forma de administración podemos dividirla en dos categorías:

− **Continua o Total**: al ser administrada durante todas las horas del día. Es la más utilizada.

− **Discontinua o cíclica**: solamente se administra en una parte del día o de la noche

41. c) Sus indicaciones son muy amplias y variadas (ver apartado 2.2.2).

La nutrición hipocalórica en su composición lleva proteínas, hidratos de carbono y minerales, no pudiendo utilizarse más de 5 días. Es carente en grasas, lo que limita el tiempo de utilización y sus indicaciones.

42. d) Ninguna de las respuestas es correcta (ver apartado 2.3.1.2).

En un individuo sano las calorías se reparten:

− 13-15 % para proteínas.

− 55-60 % para los hidratos de carbono.

− 30-35 % para los lípidos.

43. c) El glicerol es un derivado de la hidrólisis de las proteínas (ver apartado 2.3.2.1).

El glicerol es un derivado de la hidrólisis de los lípidos, puede convertirse en glucosa o glucógeno por neoglucogénesis (nueva formación de glucosa o glucógeno a partir de sustancias sencillas como glicerol, aminoácidos).

44. d) Contenedor para recoger los materiales de desecho (ver apartado 2.4.3).

Los **materiales que se seleccionan** son los siguientes:

– Equipos de transferencia, adaptados a la bolsa seleccionada.

– Bolsa o contenedor final de la NP; se recomienda el empleo de bolsas de plástico EVA (bolsas de etinelvinilacetato) por su menor permeabilidad al oxígeno y bolsas multicapa en el caso de que las NP contengan micronutrientes.

– Jeringas y agujas para administrar los electrolitos, vitaminas y oligoelementos.

– Equipo de infusión que va conectado a la bolsa al finalizar la preparación, y que depende del tipo de bomba a utilizar para la infusión de la NP.

– Bolsa exterior fotoprotectora, para preservar a la NP de la luz UV.

45. a) pH del preparado (ver apartado 2.4.5.1).

Dentro de los factores que condicionan la multiplicación bacteriana encontramos:

– La temperatura de conservación.

– El pH del preparado.

– El tiempo de administración.

– La osmolaridad.

– Los relativos a los procesos de elaboración que incluyen las características del área de elaboración y el empleo de técnica aséptica.

46. c) Los ácidos grasos de cadena media favorecen la desestabilización de la fórmula (ver apartado 2.4.7.3).

En la coalescencia sí existe agregación de partículas lipídicas del tamaño entre 5 y 50 mm. Este proceso es irreversible y se caracteriza por aparición de gotas de grasa de color amarillento flotando en la superficie de la nutrición. Cuando ocurre la coalescencia la NP no es válida, porque puede haber complicaciones de obstrucción en los capilares pulmonares (embolia pulmonar). El umbral de la estabilidad de la emulsión en las mezclas de NP se considera cuando el porcentaje de partículas de grasa mayores que 5 μm supera el 0,4 %. La estabilidad también depende del tipo de ácidos grasos de la emulsión lipídica. Cuanto más larga es la cadena hidrocarbonada, mayor es la desestabilización, es por ello que se utilizan ácidos grasos de cadena media (monoinsaturado, ácido graso oleico).

47. d) Las respuestas b) y c) son correctas (ver apartado 2.4.9).

Las bolsas multicapa formadas por tres o más capas, presentan dos capas internas de un material químicamente inerte, y la externa de un polímero impermeable al oxígeno, al vapor de agua y fotoprotectora. Para conseguir por completo que las bolsas sean fotoprotectoras se utilizan bolsas que retienen las radiaciones ultravioletas, para evitar reacciones de degradación como la peroxidación lipídica y la degradación de vitaminas fotosensibles.

48. d) Todas las respuestas son correctas (ver apartado 2.4.11).

Estas etiquetas de NP contienen la siguiente información:

– Identificación del paciente: nombre, número de historia, localización y servicio.

– Identificación de la composición de la nutrición indicando:

* Contenido en calorías.

* Volumen total.

* Contenido de cada uno de los componentes; aminoácidos, lípidos, glucosa. Expresados en gramos en el volumen final (o en la concentración final).

– Contenido de cada uno de los aditivos:

* Electrolitos: miliequivalentes o milimoles totales, indicando cationes y aniones,

* Polivitaminas: volumen del preparado estándar utilizado.

* Oligoelementos: volumen del preparado utilizado.

* Medicamentos: dosis o número de unidades de dosificación adicionadas.

* Vía de administración.

* Fecha de administración y caducidad.

* Condiciones de conservación hasta su administración.

49. c) Lípidos (ver apartado 4).

Orden de adición de los componentes a través del elastómero A:

– Aminoácidos (Trophamine®).

– Fosfato (glicerofosfato sódico, Glycophos®).

– Sodio cloruro.

– Potasio cloruro.

– Glucosa (dextrosa).

– Agua destilada.

– Magnesio sulfato (magnesio Sulfate ®).

– Calcio gluconato (Suplecal®).

– Oligoelementos).

– Lípidos (Smoflipid®).

– Vitaminas (Soluvit ® + Vitalipid®).

Como ya hemos mencionado, la emulsión lipídica se incorpora a la mezcla de ami-noácidos, glucosa, electrolitos y oligoelementos, y nunca se añade directamente a la solución glucosada, ni a los electrolitos, ni oligoelementos, porque se corre el riesgo de desestabilizar la mezcla.

50. a) La administración de fórmulas enterales por vía digestiva (ver apartado 3).

La nutrición enteral se define como la administración de fórmulas enterales por vía digestiva, habitualmente mediante sonda, con el fin de evitar o reconducir la desnu-trición de los pacientes atendidos en el hospital o en su domicilio, entendiendo por sonda tanto las nasoentéricas como las ostomías.

51. c) Presentan alteraciones mentales (ver apartado 3.2).

Se utiliza esta forma de alimentar al enfermo en: pacientes mentales que se niegan a comer, parálisis faríngeas, pacientes inconscientes, hemorragia gastrointestinal agu-da, intervenciones quirúrgicas de la orofaringe...

52. a) Fowler (ver apartado 3.1).

Técnica de administración en el paciente encamado

1. Informe al paciente del procedimiento y pida su ayuda.

2. Incorpórelo, si presenta patologías de la deglución como disfagia colóquelo en posición de Fowler.

3. Colóquele la servilleta debajo del mentón para evitar que manche el pijama y/o la ropa de la cama.

4. Siéntese a su lado, evite las prisas y transmítale la impresión de que le dedicará el tiempo necesario.

5. Si va a darle sopa u otros líquidos, asegúrese de que estos mantenga la tempera-tura adecuada. Coloque su mano debajo de la almohada y levante ligeramente la cabeza del enfermo, etc

53. d) Miller – Abbott (ver apartado 3.2.2).

Las sondas más utilizadas para la descompresión intestinal son la de *Miller-Abbott* (de doble vía) y la de Cantor (de una sola vía).

Laboratorio farmacéutico: conceptos generales. Material de uso frecuente. Equipos de laboratorio. Puesta a punto y mantenimiento de los equipamientos y de los materiales. Procedimientos de limpieza, desinfección, conservación y esterilización del material y equipos. Control de calidad de material y equipo

1. Toda persona física o jurídica que se dedique a la fabricación de especialidades farmacéuticas o cualquiera de los procesos se define como:

a) Distribuidor farmacéutico.
b) Laboratorio farmacéutico.
c) Farmacéutico.
d) Almacén farmacéutico.

2. ¿Qué legislación dispone cuáles son los requisitos que debe cumplir un solicitante para conseguir la autorización del laboratorio farmacéutico?

a) Decreto 150/2005, de 9 de marzo.
b) Real Decreto Legislativo 1/2015, de 24 de julio.
c) Real Decreto 175/2001, de 23 de febrero.
d) Ley 75/1997, de 15 de agosto.

3. Uno de los siguientes es un requisito que debe cumplir un solicitante para conseguir la autorización del laboratorio farmacéutico:

a) Detallar las formas farmacéuticas que pretenda fabricar, así como el lugar, establecimiento o laboratorio de fabricación y control.
b) Disponer de locales, equipo técnico y de controles adecuados y suficientes para una correcta fabricación, control y conservación que responda a las exigencias legales.
c) Disponer de un Director Técnico.
d) Todas son correctas.

4. El laboratorio galénico consta de:

a) Superficie lisa e impermeable, de fácil limpieza y desinfección.
b) Pila de agua potable, caliente y fría.
c) Zona diferenciada de material sucio y limpio.
d) Consta de todo lo anterior.

5. En todo laboratorio galénico es recomendable disponer de un utillaje mínimo. Señala la respuesta falsa:

a) Aparatos de medida de volumen de 0,5 a 500 ml.
b) Morteros de vidrio y porcelana.
c) Balanzas que determinen el peso de 1 g a 1 kg.
d) Sistemas de baño maría.

6. En el caso de que el laboratorio galénico elabore cápsulas dispondrá de:

a) Mezcladora.
b) Máquina de comprimir.
c) Capsuladora.
d) Todo lo anterior es correcto.

7. Si se preparan comprimidos y grageas será obligatorio poseer:

a) Bomba de grageado.
b) Mezcladora.
c) Material para su adecuado control de calidad.
d) Todo lo anterior.

8. Si el laboratorio galénico elabora preparados estériles como colirio o inyectables, no deberá disponer de:

a) Mezcladora.
b) Agua apirógena para inyección.
c) Autoclave.
d) Dardo calorífico para cerrar ampollas y pinza capsuladora para cerrar viales.

9. ¿Qué requisitos debe cumplir el material de vidrio del laboratorio?

a) Ser resistente mecánicamente frente a los ácidos y álcalis.
b) Ser resistente térmicamente.
c) Ser fabricados con vidrio carbonatado.
d) Todas son correctas.

10. El material de plástico del laboratorio presenta como principal característica:

a) Ser inerte y resistente a la temperatura.
b) Ser material de soporte.
c) Ser económico y desechable.
d) Ser resistente a elevadas temperaturas y resistente químicamente.

11. Señala qué precaución NO tomarás a la hora de trabajar con vidrio en el laboratorio:

a) No someterlo a cambios bruscos de temperatura.
b) No someterlo a cambios bruscos de presión.
c) No dejar soluciones concentradas de ácidos en vidrio de borosilicato.
d) No aplicar fuerza sobre tapones.

12. ¿Qué material de los citados a continuación utilizará el técnico/a para filtraciones al vacío con bomba de succión?

a) Bureta.
b) Matraz aforado.
c) Matraz Kitasato.
d) Vaso de precipitado.

13. Son ventajas del material de plástico frente al vidrio:

a) Alto peso molecular.
b) Resistencia frente a la rotura.
c) Que todos son termorresistentes.
d) Que son termosensibles.

14. Señala cuál es una ventaja del plástico frente al vidrio:

a) Que es más caro.
b) Que previene de contaminaciones cruzadas.
c) Que no resiste a las altas temperaturas.
d) Que presenta interacción con los compuestos químicos.

15. Señala qué desventaja posee el plástico frente al vidrio:

a) No soporta temperaturas altas sin deformarse.
b) Presenta mucha absorción y desorción.
c) Presenta interacción con los compuestos químicos.
d) Todas son desventajas.

16. ¿Qué material es el más recomendado y utilizará el Técnico/a de laboratorio para análisis gravimétrico?

a) Vidrio.
b) Plástico.
c) Porcelana.
d) Metal.

17. Señala cuál de los siguientes materiales está diseñado en porcelana:

a) Crisol.
b) Pinza de Mohr.
c) Kitasato.
d) Erlenmeyer.

18. Las Pinzas de Mohr, ¿para qué se utilizan?

a) Para sujetar vasos.
b) Para cerrar conexiones de goma.
c) Para colocar crisoles.
d) Para todo lo anterior.

19. Señala cuál de los siguientes es un material NO volumétrico:

a) Vaso de precipitado.
b) Probeta.
c) Buretas.
d) Pipetas automáticas.

20. Todo el material volumétrico del laboratorio debe estar calibrado, encontrándose material volumétrico con distinto tipo de calibración. Señala la afirmación correcta en relación con los "instrumentos calibrados para contener":

a) En este material la cantidad de líquido vertido corresponde exactamente al volumen indicado, ya que la cantidad de líquido que permanece adherido a la pared del vidrio, debido a la humectación, se ha tenido en cuenta al realizar la calibración.
b) En este material la cantidad de líquido vertido se encuentra reducida en la cantidad de líquido que permanece adherida a la pared del vidrio.
c) Suelen llevar el indicador "TD"
d) Este tipo de material suele ser pipetas y buretas.

21. Señala el enunciado correcto en relación con el instrumental volumétrico:

a) Todo material volumétrico está calibrado para ser utilizado de una forma determinada y a una temperatura estándar, la cual es normalmente 20 ºC.

b) Podemos encontrar instrumentos calibrados para verter, con el indicador "TD".
c) Podemos encontrar instrumentos calibrados para contener, con el indicador "TC".
d) Todas son correctas.

22. En la utilización del material volumétrico hay que tener en cuenta:

a) El error de paralelaje.
b) La cantidad de líquido que se encuentra adherida a la pared.
c) La cantidad de líquido absorbida por el recipiente.
d) La lectura del menisco.

23. El error de paralelaje:

a) Es una lectura errónea debido al defecto de posición del operario.
b) Para evitar el error de paralelaje nuestro ojo quedará por debajo del menisco.
c) Se evitará si el ojo está al mismo nivel que la superficie del líquido.
d) Las respuestas a) y c) son correctas.

24. ¿Cómo se denomina el recipiente volumétrico de forma cilíndrica provisto de una base para darle estabilidad y con un pitorro que facilita su vaciado, van graduadas verticalmente en ml y se usan para medidas que requieren poca precisión?

a) Matraz.
b) Bureta.
c) Probeta.
d) Kitasato.

25. Las pipetas:

a) Son utensilios para transferir un volumen pequeño.
b) Deben ser precisas y exactas.
c) Pueden ser manuales y automáticas.
d) Todas son correctas.

26. La bureta:

a) Suele llevar el indicador "TD".
b) No está destinada a la transferencia de volúmenes exactos de líquidos.
c) Generalmente está calibrada para contener líquidos aunque alguna lo está para verter.
d) Todas son correctas.

27. Los matraces aforados:

a) Son material no volumétrico.
b) Presentan una forma característica de pera y fondo plano.

c) No están calibrados

d) No es un material muy exacto.

28. Un laboratorio galénico de Nivel I corresponde:

a) Al laboratorio que prepara formas farmacéuticas de uso tópico y formas farmacéuticas líquidas orales y rectales.

b) Al laboratorio que elabora preparados orales, rectales y vaginales sólidos.

c) Al laboratorio que prepara formas farmacéuticas estériles.

d) Al laboratorio que prepara antineoplásicos.

29. Un laboratorio galénico de Nivel II corresponde:

a) Al laboratorio que prepara formas farmacéuticas de uso tópico y formas farmacéuticas líquidas orales y rectales.

b) Al laboratorio que elabora preparados orales, rectales y vaginales sólidos.

c) Al laboratorio que prepara formas farmacéuticas estériles.

d) Al laboratorio que prepara antineoplásicos.

30. Una buena balanza (señala lo incorrecto)

a) Debe ser exacta.

b) Debe ser precisa.

c) Debe ser específica.

d) Debe ser sensible.

31. Los densímetros:

a) Están graduados en una escala de 1 a 200.

b) Están graduados en dos escalas: una de 0 a 100 y otra del 100 hasta 200-300.

c) Están graduados en una escala del 1 al 14.

d) Están graduadas en una escala del 1 al 10.

32. Señala lo incorrecto en relación con el picnómetro:

a) Se puede medir indirectamente la densidad de líquidos y sólidos.

b) Es denominado frasco de densidades.

c) Empleado en la determinación de líquidos de gran tamaño.

d) Es un frasquito de vidrio con tapón esmerilado con una marca grabada a determinada altura.

33. Un laboratorio galénico de nivel III tiene como equipamiento:

a) Horno Pasteur.

b) Autoclave.

c) Homogeneizador.
d) Todas son correctas.

34. ¿Cómo se realiza el mantenimiento de un baño maría?

a) Cambiando periódicamente el agua.
b) Limpiando la cuba para evitar el depósito de sales.
c) Comprobando el correcto funcionamiento con un termómetro distinto al instalado en el sistema.
d) Todas son correctas.

35. Para la incubación de reactivos, muestras o mezclas y cultivos en medio líquido, utilizaremos:

a) Baño.
b) Estufa.
c) Horno.
d) Cualquiera de ellos.

36. Las estufas para esterilización y desecación pueden alcanzar temperaturas entre:

a) 60-300 ºC.
b) Más de 100 ºC.
c) Más de 1000 ºC.
d) 25-60 ºC.

37. Las estufas bacteriológicas trabajan a unas temperaturas de:

a) 50 a 300 ºC.
b) Más de 100 ºC.
c) Más de 1000 ºC.
d) Hasta 60 ºC.

38. Son partes de una estufa:

a) Caja interior.
b) Fuente de calor.
c) Circulador de aire.
d) Todas son partes.

39. Con el frío no se consigue:

a) Aumentar los procesos químicos.
b) Reducir el metabolismo de los gérmenes.

c) Reducir el crecimiento de los gérmenes.
d) Aumento de la concentración de solutos en el agua residual.

40. Un dispositivo práctico para el control y mantenimiento de la temperatura de los congeladores es:

a) Uso de ampollas con esporas atenuadas.
b) Viales con solución coloreada (sulfato de cobre).
c) Termómetros.
d) Todas son correctas.

41. La medición de pH:

a) Se realiza con el pHmetro.
b) Es la medida indirecta del número de protones presentes en un sustrato.
c) Es una determinación potenciométrica típica.
d) Todas son correctas.

42. Si necesitamos una agitación rápida y breve para resuspender partículas, ¿qué agitador sería el más idóneo?

a) Agitador orbital.
b) Agitador de rodillos.
c) Agitador vórtex.
d) Agitador magnético.

43. ¿Qué técnica emplea calor húmedo?

a) Tindalización.
b) Horno Pasteur.
c) Autoclave.
d) Poupinel.

44. Los morteros de pasta se utilizan para:

a) Soluciones y pociones.
b) Maceración.
c) Troceado.
d) Los colirios.

45. Un método bacteriostático es aquel:

a) Que produce un efecto mortal sobre las bacterias.
b) Que produce un efecto mortal sobre los microorganismos.
c) Que impide la multiplicación o inhibe el desarrollo de las bacterias.
d) Que impide la multiplicación o inhibe el desarrollo de los microorganismos.

46. Un método bacteriolítico es aquel:

a) Que produce un efecto mortal sobre las bacterias.
b) Que produce un efecto mortal sobre los microorganismos.
c) Que impide la multiplicación o inhibe el desarrollo de las bacterias.
d) Que impide la multiplicación o inhibe el desarrollo de los microorganismos.

47. Dentro de los agentes físicos de mayor influencia sobre los microorganismos encontramos:

a) Temperatura.
b) Humedad.
c) Radiaciones.
d) Todos tienen influencia.

48. ¿Qué técnica de saneamiento permite la destrucción de todo tipo de microorganismos?

a) Incineración.
b) Esterilización.
c) Desinfección.
d) Limpieza.

49. ¿Qué técnica de saneamiento permite la destrucción de organismos patógenos, excepto sus formas de resistencia?

a) Incineración.
b) Esterilización.
c) Desinfección.
d) Limpieza.

50. El óxido de etileno se utiliza para:

a) Esterilizar.
b) Desinfectar.
c) Limpiar.
d) Oxidar.

51. Señala la respuesta falsa con relación a los antisépticos:

a) Son sustancias antimicrobianas.
b) Son tóxicos.
c) Se destinan a la desinfección de la piel.
d) Son desinfectantes.

52. ¿Cuál de las siguientes no es una cualidad de un buen desinfectante?

a) Amplio espectro.
b) Inestable.
c) Compatible.
d) Biodegradable.

53. ¿Ante qué microorganismos actúa el agua oxigenada?

a) Aerobios.
b) Bacterias Gram+.
c) Bacterias Gram-.
d) Anaerobios.

Soluciones comentadas

1. **b) Laboratorio farmacéutico (ver apartado 1).**

   El laboratorio farmacéutico se define como: "toda persona física o jurídica que se dedique a la fabricación de especialidades farmacéuticas o a cualquiera de los procesos que esta pueda comprender, incluso los de envasado, acondicionamiento y presentación para la venta, que cuente con la autorización del Ministerio de Sanidad."

2. **b) Real Decreto Legislativo 1/2015, de 24 de julio (ver apartado 1).**

   Es el Real Decreto Legislativo 1/2015, de 24 de julio, por el que se aprueba el texto refundido de la Ley de garantías y uso racional de los medicamentos y productos sanitarios quien dispone cuáles son los requisitos que debe cumplir un solicitante para conseguir la autorización del laboratorio farmacéutico.

3. **d) Todas son correctas (ver apartado 1).**

   Los requisitos son:

   - Detallar las formas farmacéuticas que pretenda fabricar, así como el lugar, establecimiento o laboratorio de fabricación y control.

   - Disponer de locales, equipo técnico y de controles adecuados y suficientes para una correcta fabricación, control y conservación que respondan a las exigencias legales.

   - Disponer de un Director Técnico, un responsable de fabricación y un responsable de control de calidad.

   Es el ministerio responsable de Sanidad quien concede la correspondiente autorización.

4. **d) Consta de todo lo anterior (ver apartado 1.1).**

   El laboratorio galénico debe constar de:

   - Superficie de trabajo lisa e impermeable, de fácil limpieza y desinfección, con una amplitud suficiente e inatacable por los colorantes y sustancias corrosivas pudiendo ser de acero inoxidable, revestimiento de plástico, etc.

   - Constará de una pila de agua potable, caliente y fría, de material liso y resistente, provista de un sifón antirretorno.

- Tendrá una zona diferenciada para dejar los recipientes y utensilios sucios después de su uso hasta su limpieza.

- Un soporte para colocar balanzas que deberá ser antivibratorio puesto que la propia balanza no incorpora un dispositivo corrector.

- Una mesa para la lectura y redacción de documentos teniendo a mano la documentación obligatoria (farmacopea), así como cualquier otro documento útil para las fórmulas magistrales y oficinales elaboradas.

- Contará con un armario o estantería con capacidad suficiente para colocar el utillaje limpio, las materias primas, los artículos de acondicionamiento, etc., protegido del polvo, y si fuese necesario, de la luz.

- Dispondrá de zonas adecuadas, donde mantener separados materias primas, material de acondicionamiento, productos intermedios, graneles, y productos terminados que se encuentren en cuarentena.

5. c) Balanzas que determinen el peso de 1 g a 1 kg (ver apartado 2.1.2.1).

- Balanza con precisión de 1 mg.

- Aparatos de medida de volumen de 0,5 ml hasta 500 ml (matraces aforados de distintas capacidades, probetas, pipetas, etc.).

- Mortero de vidrio y/o porcelana.

- Sistema de baño de agua.

6. c) Capsuladora (ver apartado 2.1.2.2).

Equipamiento específico

1. Se corresponderá con el necesario, según la forma galénica y tipo de preparación:

- Tamices para polvo grueso, fino y muy fino.

- Sistema para determinar el pH.

- Sistema para medir el punto de fusión.

- Si se elaboran cápsulas se dispondrá de, al menos, una capsuladora con un juego completo de placas.

- Si se elaboran óvulos o supositorios, se deberá disponer de los correspondientes moldes.

7. d) Todo lo anterior (ver apartado 2.1.2.2).

Si se elaboran comprimidos y/o grageas será obligatorio el utillaje siguiente:

- Mezcladora.

- Máquina de comprimir.

- Bomba de grageado.

8. a) Mezcladora (ver apartado 2.1.2.2).

Si se elaboran preparaciones oftálmicas, inyectables u otros preparados estériles, será necesario disponer de:

– Autoclave.

– Dosificadores de líquidos.

– Equipo de filtración esterilizante.

– Campana de flujo laminar.

– Horno esterilizador y despirogenador de calor seco.

– Homogeneizador.

– Equipo para cerrar ampollas y capsular viales.

– Sistema de lavado de material adecuado.

– Estufa.

– Placas Petri.

9. b) Ser estables térmicamente (ver apartado 2.1.3.1).

Uno de los requisitos más importantes que debe cumplir el material de vidrio es poseer una gran resistencia química frente al agua, ácidos, bases… superior a la que tiene la mayoría de los plásticos, así como por su gran estabilidad y transparencia. Debe ser resistente a cambios de temperatura.

10. c) Ser económico y desechable (ver apartado 2.1.3.1).

Las ventajas del plástico frente al vidrio son, fundamentalmente, su bajo coste, su bajo peso y su resistencia frente a la rotura.

El plástico, al ser más barato, se puede fabricar como material desechable, evitando mucho las contaminaciones.

11. c) No dejar soluciones concentradas de ácidos en vidrio de borosilicato (ver apartado 2.1.3.1).

Al trabajar con vidrio debemos tomar una serie de precauciones, como son:

– No someterlo a cambios bruscos de temperatura, ya que estos pueden provocar tensiones térmicas, que podrían causar la rotura del material. Por eso hay que colocar el material en la estufa de secado o esterilización, frío, calentando después, acabado el tiempo de secado o de esterilización, dejar enfriar el material antes de retirarlo.

– No someter el material de vidrio a variaciones bruscas de presión.

– No dejar soluciones concentradas de álcalis en vidrio de borosilicato, ya que las condiciones cáusticas de la solución destruyen la calibración del vidrio.

– No aplicar fuerza sobre tapones, llaves…

12. c) Matraz Kitasato (ver apartado 2.1.3.1).

Matraz de succión o Kitazato: se utiliza para filtraciones al vacío con bomba de succión.

13. b) Resistencia frente a la rotura (ver apartado 2.1.3.1).

Las ventajas del plástico frente al vidrio son, fundamentalmente, su bajo coste, su bajo peso y su resistencia frente a la rotura.

14. b) Que previene de contaminaciones cruzadas (ver apartado 2.1.3.1).

El plástico, al ser desechable, reduce las contaminaciones cruzadas.

15. d) Todas son desventajas (ver apartado 2.1.3.1).

Las desventajas del plástico frente al vidrio son las siguientes:

– No soporta temperaturas altas sin deformarse.

– Presenta mucha absorción y desorción.

– Presenta más interacción con los compuestos químicos.

16. c) Porcelana (ver apartado 2.1.3.1).

Se usa cuando se requiere material que soporte elevadas temperaturas (desecado en horno, obtención de cenizas...). Actualmente son escasos los utensilios de este material en laboratorios clínicos. Estos utensilios están vidriados totalmente o por su parte interna, para evitar la adherencia de partículas a sus paredes, evitando la contaminación. Tiene un gran uso en análisis gravimétrico.

17. a) Crisol (ver apartado 2.1.3.1).

– Crisol: material de porcelana en forma de cuenco, utilizado para calcinar sustancias.

18. b) Para cerrar conexiones de goma (ver apartado 2.1.3.1).

Las pinzas de Mohr es un material metálico que se utiliza para cerrar conexiones de goma.

19. a) Vaso de precipitado (ver apartado 2.1.3.1).

En un laboratorio tenemos los siguientes materiales no volumétricos:

– Vasos de precipitados.

– Matraces Erlenmeyer.

- Tubos de ensayo y centrífuga.

- Varilla de agitación.

- Portaobjetos, etc.

20. b) En este material la cantidad de líquido vertido se encuentra reducida en la cantidad de líquido que permanece adherida a la pared del vidrio (ver apartado 2.1.3.1).

Instrumentos calibrados para contener (suelen llevar la indicación «cont», «in» o «TC»), como los matraces aforados. En este material la cantidad de líquido vertido se encuentra reducida en la cantidad de líquido que permanece adherida a la pared del vidrio.

21. d) Todas son correctas (ver apartado 2.1.3.1).

Podemos encontrar instrumentos volumétricos con distintos tipos de calibración:

- Instrumentos calibrados para verter (suelen llevar el indicador «TD»), como las pipetas y las buretas.

  En este material la cantidad de líquido vertido corresponde exactamente al volumen indicado, ya que la cantidad de líquido que permanece adherido a la pared del vidrio, debido a la humectación, se ha tenido en cuenta al realizar la calibración.

- Instrumentos calibrados para contener (suelen llevar la indicación «cont», «in» o «TC»), como los matraces aforados. En este material la cantidad de líquido vertido se encuentra reducida en la cantidad de líquido que permanece adherida a la pared del vidrio.

22. a) El error de paralelaje (ver apartado 2.1.3.1).

En la utilización del material volumétrico hay que tener en cuenta el error de paralelaje, que consiste en una lectura errónea debido a un defecto de posición del operario.

23. d) Las respuestas a) y c) son correctas (ver apartado 2.1.3.1).

En la utilización del material volumétrico hay que tener en cuenta el error de paralelaje, que consiste en una lectura errónea debido a un defecto de posición del operario. Al leer el volumen, el ojo debe estar al mismo nivel que la superficie del líquido, ya que si el menisco se observa por encima, se leerá un volumen menor, mientras que si se observa por debajo, el volumen será mayor.

24. c) Probeta (ver apartado 2.1.3.1).

Es un recipiente de forma cilíndrica provista de una base que les da estabilidad y de un «pitorro» que facilita su vaciado. Van graduadas verticalmente en mililitros y se usan para medidas que requieren poca precisión.

25. d) Todas son correctas (ver apartado 2.1.3.1).

Son utensilios preparados para transferir un volumen de líquido pequeño de forma precisa y exacta. Existen varios tipos: desde la pipeta Pasteur (parecido a un cuentagotas), a la pipeta electrónica.

26. a) Suele llevar el indicador "TD" (ver apartado 2.1.3.1).

Las buretas son útiles destinados a la transferencia de volúmenes exactos de líquidos. Consisten en un tubo de vidrio de diámetro interior uniforme, graduado en la parte exterior y dotado de un dispositivo de apertura-cierre que, situado en la parte baja, permite dispensar volúmenes arbitrarios del líquido contenido. Se utilizan, sobre todo, en la valoración de disoluciones de concentración desconocida. Suele llevar el indicador "TD".

27. b) Presentan una forma de pera y fondo plano (ver apartado 2.1.3.1).

Presentan una forma característica de pera y fondo plano. Generalmente están calibrados para contener líquidos aunque algunos lo están para verter (muy poco utilizados), teniendo en este caso dos aforos o una escala graduada en el cuello. Son necesarios para preparar soluciones de forma exacta, ya que los matraces aforados son el material volumétrico más exacto de que se dispone.

28. a) Al laboratorio que prepara formas farmacéuticas de uso tópico y formas farmacéuticas líquidas orales y rectales (ver apartado 2.1.3.1).

El nivel I corresponde a aquellos laboratorios galénicos que preparan formas farmacéuticas de uso tópico y formas farmacéuticas líquidas orales y rectales.

29. b) Al laboratorio que elabora preparados orales, rectales y vaginales sólidos (ver apartado 2.1.3.2).

Pertenecen al nivel II aquellos laboratorios farmacéuticos que elaboren preparados orales, rectales y vaginales sólidos.

30. c) Debe ser específica (ver apartado 2.1.3).

Una buena balanza ha de ser exacta, precisa y sensible. Será tanto más exacta cuanto más se aproxime el valor medido al verdadero. Según su sensibilidad las balanzas pueden ser: de precisión, analíticas y microbalanza.

31. b) Están graduados en dos escalas: una de 0 a 100 y otra del 100 hasta 200-300 (ver apartado 2.1.3).

Los densímetros están graduados normalmente en dos escalas: una de 0 a 100, significando que 100 es la densidad patrón del agua destilada a 4 ºC de peso específico 1, y que se aplica para líquidos menos densos que el agua. Otra escala comienza en 100 hasta el 200-300, etc., y sirve para líquidos más pesados que el agua.

32. c) Empleado en la determinación de líquidos de gran tamaño (ver apartado 2.1.3).

Picnómetro, denominado frasco de densidades. Se emplea en la determinación de densidades de líquidos y de sólidos de pequeño tamaño.

33. d) Todas son correctas (ver apartado 2.1.3.3).

Son aquellos laboratorios galénicos que preparan formas farmacéuticas estériles, tales como preparados oftálmicos, inyectables, colirios, etc., y necesitan de un equipamiento específico que depende del tipo de forma farmacéutica que se pretende elaborar.

Hornos Pasteur o Poupinel; se utilizan para desecar productos farmacéuticos, y secar y esterilizar material de vidrio. Pueden alcanzar altas temperaturas de hasta 300 ºC, pero generalmente se usan a 160 y a 170 ºC.

– Autoclaves: es un sistema que descontamina por medio del calor húmedo, generando vapor a alta presión, con lo cual esteriliza.

– Homogeneizador: realiza mezclas de principios activos y excipientes de forma totalmente homogénea.

– Equipos para cerrar ampollas y capsular viales: para cerrar ampollas se utiliza un soplete que emite una llama a alta temperatura. El capsulador de viales encaja, sobre los tapones de goma de los viales, una cápsula de aluminio ajustada que asegura el cierre.

– Cabinas de flujo laminar: existen distintos tipos de cabina de seguridad biológica dependiendo del riesgo biológico. En ellas el aire que circula en su interior se renueva continuamente pasando a través de filtros; esto hace que la atmósfera dentro de estas cabinas sea estéril.

34. d) Todas son correctas (ver apartado 2.2.1.3).

Mantenimiento: se debe cambiar periódicamente el agua y limpiar la cuba para evitar depósito de sales (preferiblemente usar agua destilada). Comprobar el correcto funcionamiento con un termómetro distinto al instalado en el sistema.

35. a) Baño (ver apartado 2.2.1.3).

El baño maría o baño de agua es de uso corriente en la farmacia. Se utiliza cuando la temperatura deseada y la de ebullición del líquido que se va a calentar no son muy elevadas. Este baño consiste en una caja metálica de hierro esmaltado, llena de agua, cuya temperatura puede ajustarse. Algunos disponen de sistema de agitación y de esta manera permiten garantizar que en todo el recipiente la temperatura sea homogénea. Se coloca dentro de esta la vasija que contiene el líquido a calentar. Usos: calentamiento de líquidos, incubación de reactivos, muestras, etc.

36. a) 60-300 ºC (ver apartado 2.2.1.4).

Las estufas de baja temperatura (bacteriológicas), hasta los 60 ºC, son utilizadas en el laboratorio clínico e inmunológico.

Las de mediana temperatura, hasta los 300 ºC, tienen utilidad sobre todo para la desecación de material de vidrio lavado en el laboratorio.

37. d) Hasta 60 ºC (ver apartado 2.1.1.4).

Las estufas de baja temperatura (bacteriológicas), hasta los 60 ºC, son utilizadas en el laboratorio clínico e inmunológico.

38. d) Todas son partes (ver apartado 2.2.1.4).

Las estufas se componen de distintas partes:

- Caja interior. De pared metálica doble con aislamiento, con compartimentos en su interior.
- Puerta frontal.
- Fuente de calor eléctrica.
- Circulador del aire. Por debajo de la columna de circulación, cuando necesitamos ventilación forzada.

39. a) Aumentar los procesos químicos (ver apartado 2.2.1.5).

Con el frío se consigue:

- Reducir los procesos químicos a la actividad enzimática.
- Reducir el metabolismo y la multiplicación de los gérmenes, que por debajo de 4 ºC dejan de multiplicarse.
- Aumento de la concentración de solutos en el agua residual no cristalizada.

40. b) Viales con solución coloreada (sulfato de cobre) (ver apartado 2.2.1.5).

Un dispositivo práctico para el control de los congeladores es el uso de viales con una solución coloreada (sulfato de cobre) marcando su nivel de llenado y colocándolos, una vez congelados, boca abajo, en distintas zonas del congelador. Si se produce deshielo, la solución coloreada se licua y fluye hacia la parte inferior del vial, que aparece coloreado.

41. d) Todas son correctas (ver apartado 2.2.1.8).

Una de las mediciones más frecuentes realizada en el laboratorio es la medida de pH con el pHmetro. Es la medida indirecta del número de protones presentes en un sustrato.

Es una determinación potenciométrica típica. Al sumergir un electrodo en una solución problema, se produce una diferencia de potencial entre la solución interior del electrodo y la solución problema cuya magnitud depende de la concentración del ion H+ en la solución problema. Esta diferencia de potencial se mide combinando el electrodo de vidrio con uno de referencia.

42. c) Agitador vórtex (ver apartado 2.1.3.1).

Agitador vórtex. También para tubos pero en este caso se imprime la agitación en el fondo. El tubo se sujeta con la mano mientras se apoya en un dispositivo de goma que vibra. Usos: agitación rápida y breve, fundamentalmente para resuspender partículas (celulares o no) en un líquido.

43. c) Autoclave (ver apartado 2.1.3.3).

Autoclaves: es un sistema que descontamina por medio del calor húmedo, generando vapor a alta presión, con lo cual esteriliza.

44. a) Soluciones y pociones (ver apartado 2.2.2.1).

Los morteros de pasta se utilizan para las soluciones y pociones, y los de menor capacidad para colirios.

45. c) Que impide la multiplicación o inhibe el desarrollo de las bacterias (ver apartado 3.1).

Un método bacteriostático es aquel que impide la multiplicación o inhibe el desarrollo de las bacterias. Es reversible y, cuando cesa la causa, los microorganismos vuelven a multiplicarse.

46. a) Que produce un efecto mortal sobre las bacterias (ver apartado 3.1).

Un método bactericida o bacteriolítico es aquel que produce un efecto mortal sobre las bacterias. Es irreversible. Un mismo agente, en relación con la dosis, puede ser bactericida o bacteriostático.

47. d) Todos tienen influencia (ver apartado 3.2).

Dentro de los agentes físicos de mayor influencia sobre los microorganismos encontramos, temperatura, humedad, radiaciones.

48. b) Esterilización (ver apartado 3.7).

Se define como esterilización el procedimiento que permite la destrucción de todas las formas vivas, incluidas las formas de resistencia (esporas…).

49. c) Desinfección (ver apartado 3.7).

La desinfección es la aplicación de sustancias (germicidas) o procedimientos, que llevan a una destrucción de la mayoría de los agentes patógenos, pero no consigue destruir las formas de resistencia de los microorganismos.

50. a) Esterilizar (ver apartado 3.5).

Es muy tóxico y explosivo, se emplea en cámara cerrada, con grado de humedad previo del 40-60 %, mezclado con anhídrido carbónico en proporción de un 5 % de óxido de etileno, y a una temperatura de 20 a 54 ºC. Es una esterilización en frío. Para la esterilización se necesita un tiempo de unas 3 a 12 horas. Se emplea para material termosensible o termolábil.

51. b) Son tóxicos (ver apartado 3.6).

Un antiséptico es una sustancia con efecto germicida, con baja o nula toxicidad y que se aplica sobre piel y mucosas.

52. b) Inestable (ver apartado 3.7.3).

Características de un buen desinfectante

Amplio espectro: con capacidad para destruir toda la gama de microorganismos que componen la flora patógena.

– *Estable*: de tal manera que su acción no pueda ser interferida o modificada por las características del medio en que actúa.

– *Fácilmente soluble* en las concentraciones adecuadas y con posibilidad de ser utilizado en soluciones acuosas.

– *Compatible* con otros productos con los que pueda usarse simultáneamente.

– *No tóxico*, ni irritante para los tejidos.

– *No corrosivo*, ni que altere los objetos sobre los que se emplea.

– *Capaz de penetrar* en la materia orgánica.

– *Biodegradable* para evitar la contaminación residual.

– *Económico*.

53. d) Anaerobios (ver apartado 3.6).

Nombre comercial: agua oxigenada.

– Ventajas:

Poder de arrastre.

Inhibe el crecimiento de bacterias anaerobias, debido al oxígeno que desprende.

Operaciones farmacéuticas básicas: conceptos generales. Pesada con balanzas electrónicas de precisión. División de sólidos. Tamizado. Homogeneización de componentes. Extracción mediante disolventes. Destilación. Evaporación. Pulverización. Tamización. Mezcla. Desecación. Liofilización. Filtración. Granulación. Esterilización. Sistemas dispersos homogéneos: disoluciones. Sistemas dispersos heterogéneos: emulsiones, suspensiones y aerosoles. Conversión entre unidades de medida y volumen

1. ¿Cómo se denomina el proceso por el cual un líquido es transformado en vapor mediante variaciones de temperatura y/o presión?

a) Destilación.
b) Pulverización.
c) Evaporación.
d) Extracción.

2. Una de las siguientes no es una operación de naturaleza física:

a) Secado.
b) Fusión.
c) Filtración.
d) Solidificación.

3. La destilación es el proceso por el cual:

a) Se transforma un líquido en vapor para después condensar este y recoger la forma líquida.
b) Es simplemente el paso de líquido a vapor.
c) Es simplemente el paso de sólido a líquido.
d) Ninguna es cierta.

4. Para que un agua destilada no pierda sus propiedades organolépticas, las plantas se conservarán en:

a) Frasco de tapón esmerilado.
b) Frasco estéril.
c) Se colocará en sitio fresco y oscuro.
d) Todas son correctas.

5. Las aguas que emergen espontáneamente, y son útiles en el lugar donde emergen y conservan sus efectos después de ser envasadas se denominan:

a) Aguas bicarbonatadas.
b) Agua mineromedicinales.
c) Aguas minerales naturales.
d) Aguas de manantial.

6. El procedimiento más rápido, cómodo y limpio para separar un sólido en suspensión con un líquido es:

a) Decantación.
b) Filtración.
c) Centrifugación.
d) Ninguna de las anteriores.

7. ¿Cómo se denomina la operación que consiste en reducir a vapor una sustancia sólida, para después recoger estos vapores y volverlos a transformar en sustancia sólida de manera directa, es decir, sin pasar por el estado líquido?

a) Liofilización.
b) Fusión.
c) Sublimación.
d) Destilación.

8. ¿Qué operación previa realizaremos en la oficina de farmacia para eliminar la mayor parte de agua que existe en la sustancia medicamentosa?

a) Sublimación.
b) Mondación.
c) Desecación.
d) Liofilización.

9. Un emulgente anfótero:

a) Tiene carga negativa.
b) Tiene carga positiva.
c) Su carga depende del pH.
d) No presenta carga.

10. Un emulgente no iónico:

a) Tiene carga negativa.
b) Tiene carga positiva.
c) Su carga depende del pH.
d) No presenta carga.

11. Dentro de las operaciones de naturaleza física que se realizan en la preparación de las formas farmacéuticas no encontramos:

a) Evaporación.
b) Separación.
c) Destilación.
d) Fusión.

12. ¿Qué operación aplicada en farmacia sirve para separar de una solución la sustancia disuelta, o bien concentrar una solución eliminando parte de su disolvente?

a) Extracción.
b) Destilación.
c) Evaporación.
d) Diálisis.

13. Son sistemas de secado utilizados en la preparación de las formas farmacéuticas:

a) Secadores al aire libre.
b) Armarios o estufas de desecación.
c) Túneles de desecado.
d) Todos son sistemas de secado utilizados.

14. La destilación es una operación:

a) Que consiste en calentar un producto hasta que su tensión de vapor sobrepasa la presión atmosférica, con lo cual el líquido hervirá y los vapores se conducirán a un recinto de paredes frías para condensarse.
b) Es una técnica de separación de mezclas de líquidos.
c) Es una técnica de separación de líquidos con impurezas, para obtener líquidos de alto grado de pureza.
d) Todas son correctas.

15. Los aparatos destinados a destilar un líquido se denominan:

a) Sifones.
b) Alambiques.
c) Tamices.
d) Condensadores.

16. La Farmacopea Española define las aguas destiladas como:

a) Preparados medicinales obtenidos destilando en corriente de vapor de agua diversos materiales susceptibles de formar principios volátiles.

b) Preparados obtenidos primero dividiendo la droga y después macerándola antes de la destilación.

c) Aguas que se obtienen por destilación y que tienen una acción favorable fisiológicamente sin llegar a ser terapéuticas.

d) Aguas terapéuticas.

17. La temperatura de maceración es de:

a) 15º-35 ºC.
b) 35º-65 ºC.
c) 90º-100 ºC.
d) Más de 100 ºC.

18. La operación que consiste en mantener en contacto a temperatura ordinaria y durante un tiempo variable una cantidad determinada de la sustancia machacada se denomina:

a) Percolación.
b) Lixiviación.
c) Digestión.
d) Maceración.

19. La operación que consiste en mantener a una temperatura de 55 ºC y durante un tiempo variable una cantidad determinada de la sustancia machacada se denomina:

a) Percolación.
b) Lixiviación.
c) Infusión.
d) Digestión.

20. Si se pretende extraer la mayor parte de los principios solubles contenidos en las drogas animales o vegetales se empleará:

a) Percolación.
b) Maceración.
c) Infusión.
d) Digestión.

21. La operación que consiste en poner en contacto agua a la temperatura de ebullición, por un tiempo largo, con el disolvente adecuado para extraer los principios activos se denomina:

a) Cristalización.
b) Decocción.

c) Tisana.
d) Infusión.

22. La maceración es:

a) Una solución extractiva.
b) Una técnica realizada por filtración.
c) Una operación de diálisis.
d) Ninguna es cierta.

23. Para obtener líquidos de gran pureza se emplea:

a) Decantación.
b) Sublimación.
c) Destilación.
d) Lixiviación.

24. El alambique es el aparato que se utiliza para:

a) Decantación.
b) Sublimación.
c) Destilación.
d) Lixiviación.

25. Un tamiz es:

a) Parecido a un filtro.
b) Un triturador.
c) Un colador.
d) Ninguna es cierta.

26. Indica la respuesta falsa:

a) Cernido es la fracción granulométrica que atraviesa la malla.
b) La separación de partículas en función de su tamaño se llama volumetría.
c) La fracción que no atraviesa el tamiz es el rechazo.
d) La unidad fundamental del tamiz se llama malla.

27. La distancia entre el centro de un hilo y el siguiente se denomina:

a) Luz de malla.
b) Diámetro.
c) Rechazo.
d) Abertura de malla.

28. Todos los siguientes son objetivos de la tamización excepto uno, indícalo:

a) Reducir el tamaño de partículas de un sólido pulverulento.
b) Caracterizar el tamaño de partículas de un sólido pulverulento.
c) Eliminar las partículas que por su tamaño dificulten su manipulación.
d) Obtener distintas fracciones de sólidos pulverulentos.

29. ¿Qué operación se realiza para separar de la droga todo aquello que es extraño a la droga o sustancia medicamentosa?

a) Triaje.
b) Mondación.
c) Estabilización.
d) Desecación.

30. ¿Qué operación consiste en separar de la droga todo aquello que sea inerte?

a) Concausación.
b) Sección.
c) Mondación.
d) Quebramiento.

31. El error debido al instrumento de medida es:

a) Error absoluto.
b) Error accidental.
c) Error sistemático.
d) Error relativo.

32. El error sistemático es debido:

a) Al instrumento de medida.
b) A una mala construcción del instrumento.
c) Incorrecto empleo.
d) Todas son correctas.

33. ¿Cómo podemos reducir los errores accidentales?

a) Cambiando de aparato.
b) Repitiendo varias veces la medida y hallando la media aritmética.
c) Cambiando el método de observación.
d) Todas son correctas.

34. El error absoluto se define:

a) Como la diferencia entre la media hecha y el valor real de la magnitud medida.
b) Como la razón entre el error absoluto de una medición y el valor verdadero de la cantidad de magnitud medida.

c) Es el tanto por uno del error.
d) Las respuestas b) y c) son correctas.

35. El peso de una pesa patrón de 10 gramos en una balanza es de 9,9996 g. Hallar el error absoluto:

a) 0,0005.
b) 0,0003.
c) 0,0004.
d) 0,00004.

36. El peso de una pesa patrón de 10 gramos en una balanza es de 9,9996 g. Hallar el error relativo:

a) 0,0005.
b) 0,0003.
c) 0,0004.
d) 0,00004.

37. Designamos con la letra Z:

a) Zinc.
b) Número atómico.
c) Número másico.
d) Número de electrones.

38. El número de protones en el núcleo de un átomo se designa con la letra:

a) A.
b) Z.
c) N.
d) UMA.

39. El número de protones más neutrones del núcleo de un átomo se designa con la letra:

a) A.
b) Z.
c) N.
d) UMA.

40. El número de veces que un átomo de dicho elemento pesa más que una unidad de masa atómica se denomina:

a) Isótopo.
b) Átomo-gramo.

c) Equivalente-gramo.
d) Masa atómica de un elemento.

41. El porcentaje en gramos se define como:

a) Milímetros de disolvente presentes en 100 gramos de soluto.
b) Gramos de soluto presentes en 100 gramos de disolución.
c) Milímetros de soluto presentes en 100 ml de disolución.
d) Número de gramos de soluto en porcentaje.

42. La molalidad es:

a) Número de moles de soluto disueltos en un kilo de disolvente.
b) Número de equivalentes gramos soluto presentes en un litro de disolución.
c) Número de equivalentes gramo de disolvente por kilogramo de soluto.
d) Ninguna es cierta.

43. La normalidad es:

a) Número de moles de soluto disueltos en un kilo de disolvente.
b) Número de equivalentes gramos soluto presentes en un litro de disolución.
c) Número de equivalentes gramo de disolvente por kilogramo de soluto.
d) Ninguna es cierta.

44. El watio es una unidad de:

a) Fuerza.
b) Potencia.
c) Potencial eléctrico.
d) Calor.

45. El pascal es una unidad de:

a) Presión.
b) Frecuencia.
c) Energía, trabajo y calor.
d) Fuerza.

46. ¿Cuál de las siguientes unidades es una unidad de potencial eléctrico?

a) Hertz.
b) Watio.
c) Voltio.
d) Newton.

47. La decantación:

a) Se basa en la separación de partículas de una mezcla en función de su densidad.
b) Se emplea para separar líquidos inmiscibles entre sí.
c) Se lleva a cabo en un recipiente de vidrio con una llave en la parte inferior, que permite regular el flujo de salida del líquido.
d) Todas las respuestas anteriores son correctas.

48. Indica la respuesta correcta:

a) Los filtros de pliegues tienen menor superficie de filtrado que los filtros cónicos.
b) La tamización mediante tamices requiere aplicar un movimiento circulare en un plano horizontal.
c) Los mecanismos de pulverización por compresión permiten obtener partículas de tamaños prefijados.
d) Ninguna de las respuestas anteriores es correcta.

49. La densidad:

a) Se define como la masa de una sustancia o compuesto por unidad de volumen.
b) La densidad es una característica de las sustancias, cada sustancia tiene su propia densidad.
c) La densidad se expresa en kg/dm^3 (unidades del SI), aunque de manera más frecuente se expresa en g/cm^3 o g/ml.
d) Todas son correctas.

50. Se puede expresar en porcentajes:

a) Molaridad.
b) En peso.
c) En peso/volumen.
d) Las respuestas b) y c) son correctas.

51. Un porcentaje en peso expresa:

a) Los gramos de soluto presentes en 100 ml de disolución.
b) Los gramos de soluto presentes en 100 gramos de disolución.
c) Los gramos de soluto presentes en 100 ml de disolvente.
d) Ninguna es cierta.

52. La molaridad es:

a) El número de moles de solutos/volumen de disolución en litros.
b) El número de moles de soluto/kilos de solvente.
c) El número de moles de soluto/volumen de disolvente en litros.
d) El número de equivalentes de soluto/volumen de disolución en litros.

53. La molalidad es:

a) El número de moles de solutos/volumen de disolución en litros.
b) El número de moles de soluto/kilos de solvente.
c) El número de moles de soluto/volumen de disolvente en litros.
d) El número de equivalentes de soluto/volumen de disolución en litros.

54. La normalidad es:

a) El número de moles de solutos/volumen de disolución en litros.
b) El número de moles de soluto/kilos de solvente.
c) El número de moles de soluto/volumen de disolvente en litros.
d) El número de equivalentes de soluto/volumen de disolución en litros.

55. El peso equivalente de un compuesto en reacciones redox se calcula:

a) Peso molecular de ácido/número de hidrogeniones reemplazados.
b) Peso molecular de la sal/carga del anión x número de aniones presentes en la molécula.
c) Peso molecular de la sustancia/número de electrones ganados o perdidos (valencia).
d) Peso molecular de la sustancia/número de OH⁻.

56. Los gramos de soluto contenidos en 100 ml de disolución nos indican:

a) El porcentaje en peso.
b) Las partes por millón.
c) El porcentaje en volumen.
d) El porcentaje en peso/volumen.

57. Si diluimos 100 veces el volumen de una disolución:

a) Haremos una dilución 1:10.
b) La cantidad de soluto se reduce 100 veces.
c) La concentración se reduce 100 veces.
d) La cantidad de disolvente aumenta 100 veces.

58. ¿Cuál de estos factores no afecta a la solubilidad?

a) Naturaleza de soluto y disolvente.
b) Temperatura.
c) pH del medio.
d) Agitación.

59. Una disolución que no ha llegado al coeficiente de solubilidad se llama:

a) No saturada.
b) Diluida.

c) Saturada.
d) Sobresaturada.

60. ¿Cuál de las siguientes variables no afecta a la solubilidad?

a) La temperatura.
b) Naturaleza del soluto.
c) La intensidad de la luz ambiental.
d) pH del medio.

61. Una disolución es:

a) Un sistema heterogéneo sólido–líquido.
b) Una dilución.
c) Una suspensión.
d) Una solución verdadera.

62. La forma de expresar la pureza del agua es indicando:

a) Su carga.
b) Su resistividad específica en (MΩ).
c) Su conductividad.
d) Su pH.

63. Según el grado de pureza del agua, un agua tipo I es:

a) Agua ultra pura.
b) Agua para analíticas.
c) Agua general
d) Agua para máquinas de lavado.

64. ¿Qué tipo de agua usará el Técnico/a de Laboratorio para realizar ensayos analíticos en general?

a) Tipo I.
b) Tipo II.
c) Tipo III.
d) Tipo IV.

65. ¿Qué técnica elimina las impurezas del agua cargadas, pasándolas a través de una columna rellena de resinas de intercambio iónico?

a) Destilación.
b) Adsorción.
c) Deionización.
d) Ósmosis.

66. El proceso por el cual se eliminan las partículas de una disolución a través de una membrana pasando de una menor concentración a una mayor concentración se denomina:

a) Adsorción.
b) Osmosis inversa.
c) Filtración.
d) Diálisis.

67. Las maneras de descontaminar el agua son:

a) Destilarla.
b) Desionizarla.
c) Tratarla con ósmosis inversa.
d) Todas las respuestas anteriores son correctas.

68. Señala lo incorrecto. Una buena balanza:

a) Debe ser exacta.
b) Debe ser precisa.
c) Debe ser específica.
d) Debe ser sensible.

69. El error debido al instrumento de medida es:

a) Error absoluto.
b) Error accidental.
c) Error sistemático.
d) Error relativo.

70. La diferencia entre la medida hecha y el valor real de la magnitud medida es:

a) Error absoluto.
b) Error accidental.
c) Error sistemático.
d) Error relativo.

71. El error relativo es:

a) La diferencia entre la medida hecha y el valor real de la magnitud medida.
b) La razón entre el error absoluto de una medición y el valor verdadero de la cantidad de magnitud medida.
c) La razón entre el error sistemático de una medición y el valor comercial de la cantidad de magnitud medida.
d) Todas son falsas.

72. Señala la correcta:

a) El Sistema Internacional de unidades es un sistema de medida métrico decimal con 10 unidades de base.

b) El SI está compuesto por magnitudes susceptibles de medida, y tres de ellas son fundamentales; son espacio, materia, tiempo.

c) Fue inventado por Pascal.

d) Todas son ciertas.

73. ¿Cómo se podrían reducir los errores accidentales?

a) Cambiando de aparato de medida.

b) Repitiendo varias veces la medida y hallando la medida aritmética de los valores obtenidos.

c) Cambiando de método de observación.

d) No se pueden reducir.

Soluciones comentadas

1. **c) Evaporación (ver apartado 1).**

   Definiciones:

   - Destilación: la transformación de un líquido en vapor permite la separación de dos o más líquidos.

   - Evaporación: es el proceso por el cual un líquido es transformado en vapor mediante variaciones de temperatura y/o presión.

   - Extracción: mediante la cual se separan uno o más principios activos, puede hacerse de manera mecánica, mediante un disolvente o por destilación.

   - Pulverización: consiste en la división mecánica de un sólido para obtener otros de menor tamaño y superficie.

2. **c) Filtración (ver apartado 1).**

   Filtración: se utiliza para separar partículas sólidas en suspensión de un líquido o de un gas por efecto de la gravedad o de la presión ejercida sobre una superficie porosa. Es una operación de naturaleza mecánica.

3. **a) Se transforma un líquido en vapor para después condensar este y recoger la forma líquida (ver apartado 1).**

   Destilación: la transformación de un líquido en vapor permite la separación de dos o más líquidos.

4. **d) Todas son correctas (ver apartado 3.3.4).**

   Para que las propiedades organolépticas (sabor, color, textura y olor) de las plantas no se alteren se conservarán en frascos de tapón esmerilado, estériles y se colocarán en sitios frescos y oscuros (fotosensible).

5. **b) Agua mineromedicinales (ver apartado 3.3.6).**

   Las aguas minerales pueden ser mineromedicinales o minerales naturales. Estas aguas se diferencian en:

   - Mineromedicinales: son aguas que emergen espontáneamente o se captan. Deben ser útiles para terapia en el lugar donde emergen y conservar los efectos después de ser envasadas.

– Minerales naturales: son aguas que deben tener una acción favorable fisiológicamente sin llegar a ser terapéuticas fuera del lugar donde emergen.

6. c) Centrifugación (ver apartado 4.2.4).

La centrifugación constituye el procedimiento más rápido, cómodo y limpio para separar un sólido en suspensión con un líquido. El fundamento es aplicar una cierta velocidad angular (hacer girar) a la suspensión, de forma que las partículas más pesadas se depositen en el fondo del recipiente (precipitado), mientras que las sustancias más ligeras quedan por encima (sobrenadante).

7. c) Sublimación (ver apartado 3.5).

Se denomina así a la operación de reducir a vapor una sustancia sólida, para después recoger esos vapores y volverlos a trasformar en sustancia sólida de manera directa, es decir, sin pasar por el estado líquido.

La forma sólida que se obtiene mediante la sublimación puede ser compacta, cristalizada o en forma de polvo.

El objetivo de esta operación es purificar sustancias sólidas volátiles.

En farmacia se emplea poco; en cambio, en la industria farmacéutica sí es muy empleada.

8. c) Desecación (ver apartado 1).

Desecación: es la separación del líquido de los sólidos, líquidos o gases mediante aporte de calor.

9. c) Su carga depende del pH (ver apartado 6.4.3.3).

Anfóteros. Se ionizan de forma positiva o negativa según el pH de la solución acuosa donde se encuentran. Son muy poco irritantes y entre ellos destacan las tegobetaínas.

10. d) No presenta carga (ver apartado 6.4.3.3).

Emulgentes no iónicos (sin carga). Son los más usados en formulación magistral porque son muy estables, poco tóxicos y poco irritantes, y compatibles con muchos principios activos.

11. b) Separación (ver apartado 1).

La separación es una operación de naturaleza mecánica.

Son operaciones de naturaleza física:

a) Evaporación.

b) Secado.

c) Destilación.

d) Fusión.

e) Solidificación.

f) Liofilización.

g) Sublimación.

12. c) Evaporación (ver apartado 3).

Consiste en el paso de un cuerpo del estado líquido al de vapor (gaseoso).

Su aplicación en la farmacia sirve para separar de una solución la sustancia disuelta, o bien, concentrar una solución eliminando parte de su disolvente.

La evaporación puede ser espontánea, es decir, al aire libre y a temperatura ambiente, dependiendo del grado de sequedad atmosférica; provocada, aumentando la temperatura (es la más usual), o haciendo el vacío en el ambiente que rodea a la solución.

Cuando la evaporización se hace por medio del calor, puede hacerse por aplicación de fuego directo o con el intermedio de los baños de arena, aire y baño maría.

Si la evaporización tiene lugar en la superficie del líquido se denomina vaporización.

La finalidad de la evaporación es obtener un líquido más concentrado en principio activo e, incluso, el principio activo seco, eliminando una parte o la totalidad del disolvente extractivo.

13. d) Todos son sistemas de secado utilizados (ver apartado 3.2.1).

Los principales sistemas de desecación en una oficina de farmacia o en un laboratorio pequeño son:

1. Armarios o estufas de desecación.

2. Túneles de desecado.

3. Desecadores.

14. d) Todas son correctas (ver apartado 3.3).

La destilación es una operación que consiste en calentar un producto hasta que su tensión de vapor sobrepasa la presión atmosférica, con lo cual en este momento este líquido hervirá y los vapores que se originan como consecuencia han de conducirse a un recinto de paredes frías que puede ser un refrigerante, para que se condensen y se recuperen al estado líquido. Es una técnica de separación de mezclas de líquidos, o de líquidos con impurezas, para obtener líquidos de alto grado de pureza.

15. b) Alambiques (ver apartado 3.3.1).

Para destilar un líquido se le calienta a ebullición en una caldera, se llevan los vapores por una conducción al refrigerante cuyo tubo está rodeado por una corriente de agua fría; de esta forma el vapor condensa de nuevo a líquido.

Los alambiques pueden ser de distintos materiales, según sea la naturaleza o el cuerpo a destilar (vidrio, hierro, cobre y estaño).

16. a) Preparados medicinales obtenidos destilando en corriente de vapor de agua diversos materiales susceptibles de formar principios volátiles (ver apartado 3.3.4).

La Farmacopea Española define las aguas destiladas como: preparados medicinales obtenidos destilando en corriente de vapor de agua diversos materiales de origen vegetal, frescos o secos según los casos, continentes o susceptibles de formar principios volátiles, aromáticos unas veces, inodoros otras.

17. a) 15º-35 ºC (ver apartado 5.2.1).

Consiste en mantener en contacto a temperatura ordinaria y durante un tiempo variable una cantidad determinada de la sustancia machacada a la que queremos extraer el componente con el volumen de disolvente prescrito. De 15 a 35 ºC para la maceración y percolación.

18. d) Maceración (ver apartado 5.2.1).

Consiste en mantener en contacto a temperatura ordinaria y durante un tiempo variable una cantidad determinada de la sustancia machacada a la que queremos extraer el componente con el volumen de disolvente prescrito.

19. d) Digestión (ver apartado 5.2.3).

Es simplemente una maceración, pero llevada a cabo recurriendo al calor. Esta operación se ha de realizar de forma semejante a la de la maceración, pero disponiendo la vasija que contenga la sustancia y el disolvente en baño maría a 55 ºC durante el tiempo que se indique.

20. a) Percolación (ver apartado 5.2.4).

La percolación tiene por objeto la extracción de la mayor parte de los principios solubles contenidos en las drogas animales o vegetales.

21. b) Decocción (ver apartado 5.2.5).

Esta operación consiste en poner en contacto a la temperatura de ebullición, y por un tiempo más o menos largo –según cuál sea la naturaleza de las sustancias–, el producto con el disolvente indicado para favorecer la máxima extracción de los principios activos.

22. a) Una solución extractiva (ver apartado 5.2).

Las operaciones que se efectúan para obtener las soluciones extractivas son, principalmente:

– Maceración.

– Decocción.

- Digestión.
- Infusión.
- Lixiviación y percolación.

23. c) Destilación (ver apartado 3.3).

Se utiliza en drogas que tienen principios volátiles, con lo cual logramos obtener estos principios en el máximo estado de pureza.

24. c) Destilación (ver apartado 3.3.1).

Los alambiques pueden ser de distintos materiales, según sea la naturaleza o el cuerpo a destilar (vidrio, hierro, cobre y estaño).

25. a) Parecido a un filtro (ver apartado 4.1).

El tamiz es una chapa metálica perforada, formada por hilos metálicos o textiles entrecruzados y sujetos a un bastidor de plástico o metálico, que permite el paso de las partículas sólidas en función de su tamaño, para lo que se debe aplicar un pequeño movimiento. La fracción que atraviesa el tamiz se llama cernido y lo que queda retenido en su superficie sin pasar, es el rechazo. La unidad fundamental del tamiz se llama malla.

26. b) La separación de partículas en función de su tamaño se llama volumetría (ver apartado 4.1).

El tamiz es una chapa metálica perforada, formada por hilos metálicos o textiles entrecruzados y sujetos a un bastidor de plástico o metálico, que permite el paso de las partículas sólidas en función de su tamaño, para lo que se debe aplicar un pequeño movimiento. La fracción que atraviesa el tamiz se llama cernido y lo que queda retenido en su superficie sin pasar, es el rechazo. La unidad fundamental del tamiz se llama malla.

La separación de partículas en función de su tamaño se llama granulometría.

27. d) Abertura de malla (ver apartado 4.1).

Medidas que caracterizan un tamiz:

- Luz (L): espacio que queda libre entre dos hilos consecutivos.
- Diamétro (D): diámetro de los hilos.
- Abertura de malla (M): suma de ambos elementos M= L + D.

28. a) Reducir el tamaño de partículas de un sólido pulverulento (ver apartado 4.1).

La tamización es una operación básica galénica que tiene por objeto separar las distintas fracciones de la mezcla pulverulenta o granulado en función de su tamaño. No reduce el tamaño de partículas de un sólido pulverulento.

29. a) Triaje (ver apartado 4.2.7.1).

Triaje: en farmacia los materiales que se suelen pulverizar son casi siempre vegetales, y estos necesitan quedar limpios de tierras y otros restos. El triaje es la selección y consiste en separar todo aquello que le es extraño a la droga o sustancia medicamentosa.

30. c) Mondación (ver apartado 4.2.7.1).

Mondación. Esta operación consiste en separar de la droga todo aquello que sea inerte.

31. c) Error sistemático (ver apartado 7.1.2.1).

Errores sistemáticos. Debidos al instrumento de medida. Es decir, existe una mala construcción del instrumento o un incorrecto empleo. Estos se observan cambiando de aparato de medida o de método de observación.

32. d) Todas son correctas (ver apartado 7.1.2.1).

Errores sistemáticos. Debidos al instrumento de medida. Es decir, existe una mala construcción del instrumento o un incorrecto empleo. Estos se observan cambiando de aparato de medida o de método de observación.

33. b) Repitiendo varias veces la medida y hallando la media aritmética (ver apartado 7.1.2.1).

Errores accidentales. Sus causas son múltiples, y son imposibles de controlar. Estos errores se reducen repitiendo varias veces la medida y hallando la media aritmética de los valores obtenidos.

34. a) Como la diferencia entre la media hecha y el valor real de la magnitud medida (ver apartado 7.1.2.2).

Error absoluto. Es la diferencia entre la medida hecha y el valor real de la magnitud medida.

35. c) 0,0004 (ver apartado 7.1.2).

Error absoluto: $10 - 9,9996 = 0,0004$.

36. d) 0,00004 (ver apartado 7.1.2).

Error relativo: $0,0004/10 = 0,00004 = 4 \times 10^{-5}$.

Expresado en tanto por ciento será: $4 \times 10^{-5} \times 100 = 0,004$.

37. b) Número atómico (ver apartado 7.3.1.2).

Número atómico: es el número de protones en el núcleo de un átomo. Se designa con la letra Z.

38. b) Z (ver apartado 7.3.1.2).

Número atómico: es el número de protones en el núcleo de un átomo. Se designa con la letra Z.

39. a) A (ver apartado 7.3.1.2).

Número másico: es la suma de protones y neutrones del núcleo de un átomo. Se designa con la letra A.

40. d) Masa atómica de un elemento (ver apartado 7.3.1.2).

Masa atómica de un elemento. Es el número de veces que un átomo de dicho elemento pesa más que una unidad de masa atómica (UMA). Así, por ejemplo, se puede decir que el peso atómico del nitrógeno es de 14.007 uma/átomo.

41. b) Gramos de soluto presentes en 100 gramos de disolución (ver apartado 7.3.2.1).

Porcentaje en peso: gramos de soluto presentes en 100 gramos de disolución.

$$\% \text{ peso} = \frac{\text{gramos soluto}}{\text{gramos de disolución}} \times 100$$

42. a) Número de moles de soluto disueltos en un kilo de disolvente (ver apartado 7.3.2.2).

La molalidad. Número de moles de soluto que se encuentran disueltos en un litro de disolución. M= n.º moles soluto/volumen de disol (litros).

43. b) Número de equivalentes gramos soluto presentes en un litro de disolución (ver apartado 7.3.2.4).

número de equivalentes-gramo de soluto presentes en un litro de disolución.

Normalidad = (N.º de equivalentes – gramos soluto) / Litros de disolución

44. b) Potencia (ver apartado 7.2.2.1).

– Watio (W = J/s =m2 × kg × s–3) unidad de potencia.

45. c) Energía, trabajo y calor (ver apartado 7.2.2.1).

– Pascal (pa = N/m2 = m–1 × kg × s–2): unidad de energía, trabajo y calor

46. c) Voltio (ver apartado 7.2.2.1).

– Voltio (V = W × A–1 = m2 × kg × s–3 × A–1): unidad de potencial eléctrico.

47. d) Todas las respuestas anteriores son correctas (ver apartado 4.2.2).

La decantación o trasiego tiene por objeto la separación de un sólido de otra sustancia líquida que lo contiene, o bien, de dos cuerpos líquidos mezclados y de diferente densidad. La separación se consigue dejando la mezcla en reposo el tiempo necesario para que se separen, ya que el más denso se depositará en la parte inferior del recipiente, mientras el menos denso flotará a nivel superior.

Los procedimientos para obtener la separación de dos cuerpos por decantación son los siguientes:

a) Cuando se trata de la separación de dos líquidos, utilizando la ampolla o embudo de decantación. Los dos son de cristal y van provistos de un tubo de salida en su parte inferior, con su llave de paso que facilita la salida del líquido más denso depositado en el fondo del embudo o ampolla.

48. b) La tamización mediante tamices requiere aplicar un movimiento circulare en un plano horizontal (ver apartado 4.1).

Generalmente los tamices se agitan manualmente en sentido circular en un plano horizontal. Las operaciones de apartamiento y pulimento son simplemente manuales y no requieren técnica especial.

49. d) Todas son correctas (ver apartado 7.1.3).

Se define como la masa de una sustancia o compuesto por unidad de volumen. La unidad de densidad (D) es la unidad de masa (M) dividida por la unidad de volumen (V):

Fórmula dimensional: $[D] =$ masa/ volumen $= M/V$

Unidades de D = kilogramo/metro cúbico = kg/m^3

50. d) Las respuestas b) y c) son correctas (ver apartado 7.3.2).

– Porcentajes o tanto por ciento:

  * En peso.

  * En volumen.

  * En peso/volumen.

51. a) Los gramos de soluto presentes en 100 ml de disolución (ver apartado 7.3.2).

Porcentaje en peso: gramos de soluto presentes en 100 gramos de disolución.

52. a) El número de moles de solutos/volumen de disolución en litros (ver apartado 7.3.2).

Número de moles de soluto que se encuentran disueltos en un litro de disolución.

53. b) El número de moles de soluto/kilos de solvente (ver apartado 7.3.2).

Número de moles de solutos disueltos en un kg de disolvente.

54. d) El número de equivalentes de soluto/volumen de disolución en litros (ver apartado 7.3.2).

El número de equivalentes de soluto/volumen de disolución en litros.

55. c) Peso molecular de la sustancia/número de electrones ganados o perdidos (valencia) (ver apartado 7.3.2).

El peso equivalente es Peso molecular de la sustancia/número de electrones ganados o perdidos (valencia).

56. d) El porcentaje en peso/volumen (ver apartado 7.3.2).

Porcentaje peso/volumen: gramos de soluto presentes en 100 ml de disolución.

57. c) La concentración se reduce 100 veces (ver apartado 7.3.2.5).

La dilución realizada se suele señalar indicando la cantidad de sustancia que diluimos y la cantidad final obtenida. Por ejemplo, nosotros queremos diluir una muestra a 1/100; esto indica que tomaremos 1 parte de muestra y la diluiremos con el diluyente correspondiente hasta cien partes, es decir, se coge una parte de muestra y 99 partes iguales de diluyente.

58. c) pH del medio (ver apartado 6.2.2).

Los factores principales que influyen en la solubilidad son los siguientes:

a) Constitución química: no existe una relación precisa entre la constitución química y la solubilidad, pero la constitución química da útiles indicaciones sobre la solubilidad.

b) Temperatura: el calentamiento facilita la solución de sustancias sólidas y en algún caso la disminuye (sales de calcio). Otras veces el calentamiento está contraindicado en el caso de que los productos no son termoestables.

c) Estado de división de la sustancia: cuanto mayor sea el estado de división de la sustancia tanto más rápido y fácil será realizar la solución.

d) Agitación: la agitación siempre favorece la solución y es de gran importancia, esté o no acompañada por el calentamiento. Cuando la solución es un líquido, es suficiente con una agitación. Si la agitación es de sólidos la agitación puede ser también lenta si la cantidad es pequeña y rápida si la cantidad es grande. Los agitadores empleados para la preparación de soluciones pueden ser manuales o eléctricos.

e) Renovación del disolvente: la sustitución del disolvente casi o completamente saturado por un nuevo disolvente, favorece siempre la solución.

59. a) No saturada (ver apartado 6.2.2).

Existen tres tipos de disoluciones:

– *Solución no saturada*. Aquella en que la cantidad de soluto es inferior a su coeficiente de solubilidad.

– *Solución saturada*. Aquella en que la cantidad de soluto es igual a su coeficiente de solubilidad.

– *Solución sobresaturada*. Aquella en que la cantidad de soluto es superior a su coeficiente de solubilidad.

60. c) La intensidad de la luz ambiental (ver apartado 6.2.2).

Factores que influyen en la solubilidad

– Naturaleza del soluto: la solubilidad depende de la naturaleza química tanto del soluto como del disolvente; por ello, tiene que ver con el tipo de enlace o unión (iónico, polar o apolar). Las sustancias con más grupos denominados hidrófilos se disuelven en disolventes polares, mientras que las que tienen más grupos lipófilos se disuelven en disolventes apolares. Esto quiere decir que los disolventes deben tener una determinada polaridad, que es lo que se conoce como constante dieléctrica.

– Temperatura: cualquier proceso puede ser endotérmico o exotérmico, es decir, que al producirse absorba o desprenda calor respectivamente. Cuando el proceso de disolución es endotérmico quiere decir que absorbe calor; por lo tanto, al calentar, favorecemos el proceso, esto es, aumentaremos la solubilidad. La mayoría de las disoluciones de sólidos en líquidos son endotérmicas.

– pH del medio: todos los compuestos químicos que se comportan como electrolitos débiles en disolución se encuentran ionizados y no ionizados una forma es la soluble y la otra, la insoluble. Modificando el pH del medio, podremos obtener mayor proporción de una forma frente a la otra, cambiando así la solubilidad del compuesto.

– Aditivos: es posible añadir sustancias como cosolventes, en mezclas hidroalcohólicas, o bien que formen sales con el soluto, haciendo que estas sean más solubles o menos solubles si forman complejos.

– Polimorfismo: existen dos grupos de sólidos: los cristalinos y los amorfos. El estado cristalino presenta un alto orden estructural, en cambio el amorfo carece de orden. Los sólidos amorfos tienen una baja estabilidad y son más solubles que los sólidos cristalinos a una determinada temperatura.

61. d) Una solución verdadera (ver apartado 5.1.1).

Las disoluciones o soluciones verdaderas son sistemas formados por dos componentes: el disolvente y el soluto. Se llama disolvente al componente más abundante, y soluto al que se halla en menor cantidad, sin embargo, en la práctica, en muchos casos no queda claramente delimitado cuál de los componentes es el soluto y cuál el disolvente.

62. b) Su resistividad específica en (MΩ) (ver apartado 3.3.7).

La forma de expresar la pureza del agua es indicando su resistividad específica, que es la resistencia que tiene cuando se coloca en un recipiente cúbico de 1 cm de lado, y se expresa en megaohmios (MΩ) por centímetro.

63. a) Agua ultra pura (ver apartado 3.3.7).

Tipo I: agua ultrapura. Mantiene el pH neutro. Se utiliza para ensayos cuantitativos (cuando se necesita saber la cantidad del compuesto). Es utilizada para ensayos que requieren un mínimo de interferencias.

64. b) Tipo II (ver apartado 3.3.7).

Tipo II: agua analítica. Mantiene el pH neutro, se utiliza para ensayos cuantitativos. Está libre de impurezas orgánicas. Es el agua que más se utiliza en los ensayos analíticos dentro del laboratorio.

65. c) Desionización (ver apartado 3.3.7).

Desionización: se eliminan las partículas cargadas presentes en el agua, haciendo pasar a esta a través de una columna rellena de resinas de intercambio iónico. Su inconveniente es que no elimina microorganismos.

66. b) Osmosis inversa (ver apartado 3.3.7).

Ósmosis inversa: este proceso fuerza al agua a pasar a través de una membrana semipermeable que actúa como filtro molecular. Esta membrana elimina entre el 95-99 % de la materia orgánica, las bacterias y demás materias particuladas, y entre el 90 y 97 % de todos los minerales ionizados o disueltos. Las moléculas pasan de una solución de menor concentración a otra con mayor concentración hasta que se consigue eliminarlas. Elimina menos las impurezas gaseosas. Este proceso no es adecuado para producir agua de grado de reactivo para el laboratorio, pero se emplea como método preliminar de purificación.

67. d) Todas las respuestas anteriores son correctas (ver apartado 3.3.7).

Para eliminar las impurezas del agua se somete a diversos tratamientos según el grado de pureza requerido: destilación, desionización, adsorción, filtración, ósmosis inversa.

68. c) Debe ser específica (ver apartado 2.3).

Una buena balanza ha de ser exacta, precisa y sensible. Será tanto más exacta cuanto más se aproxime el valor medido al verdadero. Según su sensibilidad las balanzas pueden ser: de precisión, analíticas y microbalanza.

69. c) Error sistemático (ver apartado 7.1.2.1).

Errores sistemáticos. Debidos al instrumento de medida. Es decir, existe una mala construcción del instrumento o un incorrecto empleo. Estos se observan cambiando de aparato de medida o de método de observación.

70. a) Error absoluto (ver apartado 7.1.2.2).

Error absoluto. Es la diferencia entre la medida hecha y el valor real de la magnitud medida.

71. b) La razón entre el error absoluto de una medición y el valor verdadero de la cantidad de magnitud medida (ver apartado 7.1.2.2).

Error relativo. Se define como la razón entre el error absoluto de una medición y el valor verdadero de la cantidad de magnitud medida. Es el tanto por uno de error. Si se multiplica por cien se obtiene el tanto por ciento de error.

72. b) El SI está compuesto por magnitudes susceptibles de medida, y tres de ellas son fundamentales; son espacio, materia, tiempo (ver apartado 7.1.3).

De entre todas las magnitudes susceptibles de medida hay tres, que pudiéramos llamar fundamentales, en el sentido de que son irreducibles, mientras todas las demás están relacionadas con aquellas, de una manera u otra. Pueden expresarse a través de las mismas de forma más o menos complicada (magnitudes derivadas).

73. b) Repitiendo varias veces la medida y hallando la medida aritmética de los valores obtenidos (ver apartado 7.1.2.1).

Errores accidentales. Sus causas son múltiples, y son imposibles de controlar. Estos errores se reducen repitiendo varias veces la medida y hallando la media aritmética de los valores obtenidos.

TEST N.º 19

Laboratorio de formulación magistral y preparados oficinales. Real decreto 175/2001, de 23 de febrero. Material del laboratorio. Elaboraciones del laboratorio. Funciones del Técnico de Farmacia en el laboratorio

1. Son funciones de la unidad de Farmacotecnia las siguientes excepto una; indica cuál:

a) Preparación de fórmulas que están disponibles en el comercio. b) Proporcionar en todo momento formas de dosificación adecuadas a las necesidades específicas del hospital.

c) Operaciones de reenvasado de especialidades para su adecuación a los sistemas de distribución propios del hospital.

d) Elaboración y control de formulaciones normalizadas y extemporáneas.

2. Con relación a la elaboración y control de diversas formas farmacéuticas, ¿cuál es la afirmación incorrecta?

a) El Técnico de Farmacia deberá conocer las técnicas fundamentales de análisis de los medicamentos.

b) El Técnico de Farmacia debe señalar toda anomalía y constatar las posibles faltas de conformidad con el procedimiento de elaboración.

c) El Técnico de Farmacia tiene la responsabilidad sobre las preparaciones que se realizan en el servicio farmacéutico.

d) El Técnico de Farmacia debe conocer las técnicas de envasado e identificación de los medicamentos en el hospital.

3. Señala la respuesta correcta. La elaboración de cualquier preparado y bajo supervisión directa del farmacéutico puede hacerla:

a) El Farmacéutico.
b) El Técnico de Farmacia.
c) Un DUE.
d) Todas son correctas.

4. El Técnico de Farmacia:

a) Establecerá las condiciones higiénicas del personal.
b) Elaborará las fórmulas tipificadas, preparados oficinales y preparaciones estériles.
c) Se ocupará de la calibración de equillos y aparatos de medida.
d) Se encargará del reenvasado de sólidos y líquidos.

5. Según el Real Decreto 175/2001, se establece que:

a) Las materias primas utilizadas en la preparación de fórmulas magistrales y preparados oficinales deben ser sustancias de acción e indicación reconocidas legalmente en España.
b) Existen determinados requisitos de eficacia, seguridad, calidad, identificación correcta e información debida del medicamento.
c) Las materias primas pueden ser seleccionadas por el Farmacéutico responsable siempre que cumplan el control de calidad.
d) Los procedimientos de elaboración son funciones del Farmacéutico responsable.

6. Un lote de materia prima con la referencia C/2/2011, indica que se trata de:

a) Un medicamento elaborado en febrero de 2011.
b) Un coadyuvante elaborado en febrero de 2011.
c) Un medicamento de segunda entrada en 2011.
d) Un coadyuvante de segunda entrada en 2011.

7. La unidad de mezclas intravenosas:

a) Debe contar con un espacio reservado para la lectura y redacción de documentos en el que se encuentre a mano toda la documentación reglamentaria.
b) Debe evitar los mecanismos de filtración de aire para evitar la contaminación de muestras.
c) Debe estar aislada del resto del servicio de farmacia.
d) Se utilizarán cabinas de seguridad de flujo laminar tipo I.

8. Señala la respuesta errónea. Los citostáticos tienen características específicas:

a) Carcinógenas.
b) Teratógenas.
c) Mutágenas.
d) Colinérginas.

9. La ficha de control de calidad de materias primas debe contener los siguientes datos, excepto uno; indica cuál:

a) Descripciones detalladas de las técnicas utilizadas.
b) Número de lote.

c) Farmacéutico responsable.
d) Número de control de estocaje.

10. Para la preparación de hidrogeles será necesario contar con:

a) Agitador mecánico de velocidad regulable.
b) Microondas o fuente calefactora.
c) Tamizadora oscilante.
d) PH-metro.

11. En la elaboración de formulaciones normalizadas, las características de fabricación del lote de tamaño estándar se designarán con las siglas:

a) OT.
b) MC.
c) FM.
d) PO.

12. Como mínimo, el servicio de Farmacotecnia deberá producir, con niveles adecuados de calidad:

a) Cápsulas gelatinosas rígidas.
b) Citostáticos.
c) Colirios.
d) Enemas.

13. Cuando se prescribe una fórmula magistral:

a) Se elabora directamente.
b) Se ponen en cuarentena los productos.
c) El farmacéutico responsable validará la fórmula.
d) Se le asignará una referencia que indicará el número de lote y la fecha de caducidad

14. La manipulación de citostáticos se debe realizar:

a) En cabinas de seguridad biológica de flujo laminar horizontal.
b) En cabinas de seguridad biológica de flujo laminar vertical.
c) En cabinas de seguridad biológica de flujo laminar alterno.
d) En cabinas de seguridad biológica de flujo laminar difuso.

15. De las siguientes recomendaciones en el caso de citotóxicos para administrar por vía intravenosa, ¿cuál es incorrecta?

a) Conectar el equipo de infusión adecuado a la solución intravenosa dentro de la cabina de flujo laminar.

b) Medir la densidad de la solución intravenosa.

c) Purgar el equipo con la solución intravenosa antes de añadir el medicamento.

d) Las jeringas y los equipos de infusión deben tener conexiones Luer-lock.

16. Las normas de higiene del personal del laboratorio incluyen las siguientes condiciones excepto una, indique cuál:

a) Prohibición de comer, fumar o mascar chicle.

b) Empleo de ropa específica en función de la fórmula magistral a preparar.

c) Separación temporal de la preparación de personas afectadas por lesiones en la piel o afecciones que impliquen algún riesgo.

d) Protección especial (mascarilla y guantes, si fuera adecuado su uso) para los rayos ultravioletas.

17. ¿Qué documentos reglamentarios deben encontrarse en el Área de Servicio de Farmacia?

a) La Real Farmacopea Española y el Formulario Nacional.

b) El Registro de Dispensaciones de Fórmulas Magistrales y la Real Farmacopea Española.

c) El Vademécum y el Formulario Nacional.

d) El Catálogo de Especialidades y el Vademécum.

18. Un hospital puede utilizar fórmulas que no estén recogidas en el Formulario Nacional siempre que:

a) Sean utilizadas para uso individualizado de un paciente concreto.

b) No, los hospitales no pueden utilizar fórmulas que no estén en el Formulario Nacional.

c) Sean aprobadas por Comisión de Farmacia y Terapéutica.

d) Sean publicadas en el Vademécum en próximas ediciones.

19. ¿Qué característica fundamental define a las formas farmacéuticas parenterales?

a) Están identificadas de manera individualizada por paciente.

b) Son suspensiones.

c) Son estériles.

d) Son emulsiones.

20. Indica la respuesta incorrecta. Según el RD 175/2001 referente al área de trabajo, se contará con:

a) Fregadero con agua fría y caliente.

b) Frigorífico con termómetro con temperatura máxima y mínima.

c) Congelador para productos que requieran temperaturas por debajo de los 0 ºC.
d) Soporte horizontal que evite las vibraciones.

21. La limpieza de la cabina se realizará:

a) Antes de realizar una prueba de control mecánico o biológico en la zona de trabajo.
b) El frontal de metacrilato se limpiará con alcohol de 70º.
c) La parte externa se limpiará con clorhexidina al 5 %.
d) Desde las áreas de mayor a menor contaminación.

22. La ficha de control de calidad de las materias primas debe contener los datos de identificación siguientes excepto uno; indica cuál:

a) Número de registro de control interno.
b) Cantidad de materia prima.
c) Fecha de caducidad.
d) Técnicas analíticas utilizadas.

23. Se define como el medicamento destinado a un paciente individualizado, preparado por un farmacéutico, o bajo su dirección, para cumplimentar expresamente una prescripción facultativa detallada de los principios activos que incluye, según las normas de correcta elaboración y control de calidad establecidas al efecto, dispensado en oficina de farmacia o servicio farmacéutico y con la debida información al usuario:

a) Preparado oficinal.
b) Medicamento especial.
c) Fórmula magistral.
d) Forma galénica.

24. Las fórmulas magistrales deberán:

a) Dispensarse bajo marca comercial.
b) Prepararse con sustancias de acción e indicación reconocidas legalmente en España.
c) Estar numeradas y descritas en el Formulario Nacional.
d) Cumplir las normas de la Real Farmacopea Española.

25. Por regla general, los preparados oficinales deberán presentarse bajo:

a) Marca comercial.
b) Fórmula química.
c) Principio activo.
d) Nombres de las materias primas.

26. ¿Cómo se denominan las fórmulas magistrales recogidas en el Formulario Nacional por razón de su frecuente uso y utilidad?

a) Preparados oficinales.
b) Formas galénicas.
c) Fórmulas magistrales básicas.
d) Fórmulas magistrales tipificadas.

27. En función del contacto con el producto, el material de acondicionamiento de los medicamentos se clasifica en:

a) Primario o secundario.
b) Envases o embalajes.
c) Activo o inactivo.
d) Básico o complejo.

28. ¿Cómo denomina el Real Decreto 175/2001, de 23 de febrero, la situación de las materias primas, de los productos intermedios, a granel o terminados, y de los materiales de acondicionamiento que se encuentran aislados físicamente, o de otra forma efectiva, mientras se toma la decisión de su aprobación o rechazo?

a) Cuarentena.
b) Suspensión.
c) Confiscación.
d) Decomiso.

29. Según el Real Decreto 824/2010, de 25 de junio, por el que se regulan los laboratorios farmacéuticos, los fabricantes de principios activos de uso farmacéutico y el comercio exterior de medicamentos y medicamentos en investigación, la documentación relativa a los lotes deberá conservarse, por lo menos, hasta un año después de la fecha de caducidad de los mismos, o si es un período más largo, hasta transcurridos desde la certificación del director técnico:

a) 3 años.
b) 5 años.
c) 7 años.
d) 10 años.

30. Los procedimientos normalizados de elaboración y control de preparados farmacéuticos y fórmulas magistrales:

a) Son de uso abierto y generalizado.
b) Se consideran propiedad intelectual del Estado.
c) Se consideran propiedad intelectual del laboratorio.
d) Se consideran propiedad intelectual de la Comunidad Autónoma correspondiente.

31. Los procedimientos normalizados de trabajo OF corresponden a:

a) Procedimientos de operaciones farmacéuticas.
b) Procedimientos de oficinas de farmacia.
c) Procedimientos oficiales de farmacia.
d) Procedimientos originales farmacéuticos.

32. ¿Qué significa la abreviatura "Csp" en el Formulario Nacional?

a) Compuesto sulfúrico puro.
b) Complejo singular propio.
c) Coeficiente sustancias peligrosas.
d) Cantidad suficiente para.

33. El Formulario Nacional contiene las fórmulas magistrales tipificadas y los preparados oficinales reconocidos como medicamentos, sus categorías, indicaciones y materias primas que intervienen en su composición y preparación, así como las normas de correcta preparación y control de aquellos, en forma de:

a) Monografías.
b) Enciclopedia.
c) Tratado.
d) Recetas.

34. La Real Farmacopea Española y el Formulario Nacional, así como sus adiciones y correcciones, serán aprobados por el Ministerio competente en materia de sanidad, previo informe de la Comisión Nacional de la Real Farmacopea Española:

a) Facultativo y vinculante.
b) Preceptivo y vinculante.
c) Facultativo y no vinculante.
d) Preceptivo y no vinculante.

35. La Real Farmacopea Española y el Formulario Nacional se actualizarán:

a) A solicitud de la Comisión Nacional de la Real Farmacopea Española.
b) Cada 5 años.
c) Conforme al estado de la ciencia.
d) Anualmente.

36. Entre los procedimientos normalizados de trabajo considerados generales por la segunda edición del Formulario Nacional, figura el referido a:

a) La indumentaria.
b) La elaboración de pomadas.

c) La determinación de pH.
d) El mezclado.

37. Entre las monografías de fórmulas magistrales tipificadas contempladas en la segunda edición del Formulario Nacional, figura:

a) Agua boricada.
b) Alcohol iodado.
c) Gel anestésico tópico de lidocaína.
d) Loción de calamina.

38. Entre las monografías de preparados oficinales contempladas en la segunda edición del Formulario Nacional, figura:

a) Gel de carmelosa sódica.
b) Magma de bentonita.
c) Solución al 2 % de nitrato de plata.
d) Alcohol de romero al 5 %.

39. Entre las monografías de materias primas de fitoterapia recogidas en la segunda edición del Formulario Nacional, figura:

a) Polvo de ajo.
b) Cápsulas duras de corteza de frángula.
c) Pomada de bálsamo de Perú.
d) Hoja de harpagofito.

40. ¿Cuál de las siguientes definiciones de materia prima es correcta, según el Real Decreto Legislativo 1/2015, de 24 de julio?

a) Toda sustancia activa empleada en la fabricación de un medicamento, ya permanezca inalterada, se modifique o desaparezca en el transcurso del proceso.
b) Toda sustancia activa o inactiva empleada en la fabricación de un medicamento, que permanezca inalterada en el transcurso del proceso.
c) Toda sustancia inactiva empleada en la fabricación de un medicamento, que se modifique o desaparezca en el transcurso del proceso.
d) Toda sustancia activa o inactiva empleada en la fabricación de un medicamento, ya permanezca inalterada, se modifique o desaparezca en el transcurso del proceso.

41. Señala la opción incorrecta. Conforme al Real Decreto 175/2001, de 23 de febrero, por el que se aprueban las normas de correcta elaboración y control de calidad de fórmulas magistrales y preparados oficinales, las materias primas se deben examinar en el momento de su recepción para verificar:

a) Su integridad.
b) Su idoneidad.

c) Su aspecto.
d) El etiquetado de los envases.

42. Para asegurar la calidad de unas materias primas controladas por un centro autorizado:

a) Bastará con el número de referencia de control.

b) Se considerará suficiente el número de referencia de control y el boletín de análisis suministrado por el centro autorizado, debidamente firmado por el director técnico.

c) El farmacéutico responsable deberá realizar el control analítico completo de las materias primas suministradas, para verificar que cumplen con las especificaciones de la Real Farmacopea Española y, elaborar la ficha de control de calidad.

d) El centro autorizado deberá encargar el análisis a un laboratorio debidamente acreditado por la autoridad sanitaria competente.

43. La caducidad de las materias primas ha de ser sometido a continuo control, y para ello se recomienda realizarlo periódicamente:

a) Quincenalmente.
b) Mensualmente.
c) Trimestralmente.
d) Semestralmente.

44. Es aconsejable, para evitar complicaciones con las caducidades de las materias primas, no aceptar materias primas cuya fecha de caducidad sea inferior a (a partir de):

a) 3 meses.
b) 6 meses.
c) 9 meses.
d) 12 meses.

45. En relación a los excipientes, es cierto que:

a) Se utilizan como material de acondicionamiento.
b) Han de ser activos química y biológicamente.
c) Pueden servir de vehículo a los principios activos y sustancias medicinales.
d) Forman parte del principio activo.

46. Son excipientes que se incorporan a la formulación para ayudar a la acción del principio activo:

a) Las bases.
b) Las pomadas.
c) Las sustancias auxiliares.
d) Los coadyuvantes.

47. Es un excipiente diluyente, utilizado frecuentemente como relleno en tabletas o cápsulas de gelatina blanda:

a) Flor de cártamo.
b) Talco.
c) Celulosa vegetal.
d) Ácido ascórbico.

48. Los polvos medicinales:

a) Son preparados constituidos por agregados líquidos desecados.
b) Son productos de plantas o drogas sometidos a pulverización.
c) Se utilizan únicamente como productos intermedios.
d) Se obtienen por polvorización.

49. Los gránulos de liberación modificada se preparan para que:

a) Retrasar la velocidad, el lugar o el momento de liberación del principio activo
b) La velocidad y el momento de la liberación del principio activo se modifiquen
c) El principio activo se libere de forma retardada.
d) Modificar la velocidad, el lugar o el momento de liberación del principio activo

50. Si el técnico utiliza el nomograma, como obtendría el número o tamaño de la cápsula:

a) En ordenadas (eje Y), el número de cápsula.
b) En abscisas (eje X) el volumen aparente de principio activo.
c) En diagonales, el número total de capsulas a preparar.
d) Todas son correctas.

51. Un nomograma es un gráfico que relaciona:

a) El número de capsula, el peso del polvo y la cantidad de cápsulas que se van a elaborar.
b) El número de cápsula, el volumen de cada cápsula y la cantidad de cápsula que se van a elaborar.
c) El número de cápsula, el volumen aparente del polvo y la cantidad de capsulas que se van a elaborar.
d) El número de cápsula, el peso de cada cápsula y la cantidad de cápsulas que se van a elaborar.

52. ¿Cuál es la operación galénica que consiste en reducir el tamaño de las partículas hasta reducirlo en polvo?

a) Granulación.
b) Desagregación.

c) Pulverización.
d) Liofilización.

53. ¿Qué son las cápsulas? Señala lo incorrecto:

a) Formas farmacéuticas sólidas formadas por una cubierta de naturaleza, forma y capacidad variable.
b) Contienen sustancias medicamentosas sólidas, liquidas o semisólidas.
c) La cubierta puede estar formada por almidón, dando lugar a capsulas amiláceas.
d) Pueden estar formadas por gelatina y glicerol, dando lugar a (obleas o sellos).

54. Las cápsulas de gelatina blandas:

a) No tienen cubierta.
b) Tienen cubiertas más finas que las de las cápsulas duras.
c) Tienen una cubierta de una sola pieza.
d) Ninguna es correcta.

55. Los comprimidos:

a) Son las formas farmacéuticas obtenidas por compresión de un volumen constante de gránulos.
b) Se contaminan fácilmente por microorganismos.
c) Presentan una baja estabilidad mecánica.
d) Tienen baja biodisponibilidad.

56. No son un tipo de excipiente habitual en los comprimidos:

a) Plastificantes.
b) Disgregantes.
c) Diluyentes.
d) Adsorbentes.

57. Los comprimidos pueden ser:

a) Revestidos.
b) Efervescentes.
c) De liberación retardada.
d) Dispensables.

58. El factor de desplazamiento de los supositorios se define como:

a) La cantidad de principio activo que hay en el supositorio.
b) El volumen de excipiente que hay en el supositorio.
c) La concentración de principio activo respecto del excipiente.
d) El peso en gramos de excipiente desplazado por un gramo de fármaco.

Soluciones comentadas

1. **a) Preparación de fórmulas que están disponibles en el comercio (ver apartado 1).**

   La unidad de Farmacotecnia es una parte fundamental del SFH. Es su función proporcionar, en cualquier momento y con independencia de las disponibilidades del mercado, formas de dosificación adecuadas a las necesidades específicas del hospital, o de determinados pacientes, manteniendo un nivel de calidad apropiado. Generalmente en esta Unidad se preparan fórmulas no disponibles en el comercio. Son actividades de esta unidad, la elaboración y control de una serie de formulaciones normalizadas y extemporáneas y la preparación de mezclas intravenosas y nutrición parenteral. También se incluyen como actividades de esta unidad las operaciones de reenvasado de especialidades comerciales para su adecuación a los sistemas de distribución propios del hospital.

2. **c) El Técnico de Farmacia tiene la responsabilidad sobre las preparaciones que se realizan en el servicio farmacéutico (ver apartado 3).**

   El Técnico en Farmacia en el proceso de elaboración deberá:

   - Conocer las responsabilidades y las tareas que le encomienden.

   - Señalar toda la anomalía y constatar las posibles faltas de conformidad con el procedimiento de elaboración.

   - Interpretar y comprender la petición de elaboración así como la información científica contenida en la ficha técnica de elaboración.

   - Adaptarse a las nuevas situaciones laborales generadas como consecuencia de las innovaciones tecnológicas y organizativas introducidas en su área laboral.

   - Colaborar con los miembros del equipo de trabajo asumiendo las responsabilidades que se le confieren, cumpliendo los objetivos asignados y manteniendo un flujo de información adecuado.

3. **b) El Técnico de Farmacia (ver apartado 4.1).**

   El Técnico en Farmacia será el encargado de elaborar las fórmulas tipificadas, preparados oficiales y preparaciones estériles definidas previamente por el farmacéutico de acuerdo con las técnicas y procedimientos escritos.

4.   **b) Elaborará las fórmulas tipificadas, preparados oficiales y preparaciones estériles (ver apartado 4.1).**

Técnico:

–   Fórmulas magistrales tipificadas y no tipificadas, control de calidad (bajo supervisión del farmacéutico).

5.   **a) Las materias primas utilizadas en la preparación de fórmulas magistrales y preparados oficiales deben ser sustancias de acción e indicación reconocidas legalmente en España (ver apartado 4.2.1).**

Según el Real Decreto 175/2001 se establece que las materias primas utilizadas en la preparación de fórmulas magistrales y preparados oficiales deben ser sustancias de acción e indicación reconocidas legalmente en España.

6.   **d) Un coadyuvante de segunda entrada en 2011 (ver apartado 4.2.1).**

A cada lote de materia prima se le asignará una referencia que exprese el tipo de producto, el orden de entrada y el año. La referencia sería una letra y dos números, de modo que la letra M o C, indique si se trata de un medicamento o un coadyuvante y el primer número corresponderá al orden de entrada en el Servicio durante el año que se expresa con el segundo número. Ej.: M/2/20; medicamento al que se da como segunda entrada en el 2020.

7.   **c) Debe estar aislada del resto del servicio de farmacia (ver apartado 9.2).**

La unidad de mezclas intravenosas (incluidos los citostáticos y la nutrición enteral) debe estar aislada del resto de servicio de farmacia.

Debe presentar superficies lisas en paredes y pisos que hagan posible la limpieza con antisépticos.

Deben tener los mecanismos de filtración de aire adecuados

8.   **d) Colinérginas (ver apartado 9.4).**

Los citostáticos tienen características carcinógenas, mutágenas y/o teratógenas (sustancia capaz de causar un defecto congénito en el feto). El contacto directo con estas sustancias puede llevar a irritación de la piel, de los ojos o mucosas o incluso ulceración y necrosis en los tejidos.

9.   **d) Número de control de estocaje (ver apartado 12.5.10).**

En esta se registrarán (utilizando preferentemente medios informáticos) los datos necesarios de identificación y los controles efectuados por la oficina de farmacia o servicio farmacéutico.

Debe contener, como mínimo, lo siguiente:

–   Datos de identificación.

–   Número de registro de control interno (que debe figurar en la ficha de registro de formulación magistral).

- – Nombre de la materia prima.
- – Número de lote.
- – Proveedor.
- – Cantidad de materia prima.
- – Fecha de caducidad o de repetición del control analítico.
- – Controles efectuados y datos complementarios:
  - * Técnicas analíticas utilizadas.
  - * Descripción de los métodos analíticos.
  - * Resultados obtenidos.
  - * Confirmación de aceptación o de rechazo.
  - * Farmacéutico responsable.

10. a) Agitador mecánico de velocidad regulable (ver apartado 7.2).

Hidrogeles

- – Balanza con registro de pesada.
- – Reactor de acero inoxidable con camisa de calefacción y agitación o recipiente de vidrio o plástico (vaso de precipitados, matraz aforado…).
- – Agitador mecánico de velocidad regulable.
- – pH-metro.
- – Espátulas de acero inoxidable.
- – Varillas de vidrio.
- – Material de acondicionamiento adecuado (frascos de vidrio o plástico).

11. a) OT (ver apartado 4.2.2).

Elaboración de formulaciones normalizadas

Cada formulación contará con una metódica de elaboración, que corresponde a un lote de tamaño estándar cuyas características de fabricación se designarán como operación tipo (OT), y debe comprender toda la información necesaria para llevar a cabo el proceso en las condiciones prefijadas.

12. a) Cápsulas gelatinosas rígidas (ver apartado 7).

Como mínimo el servicio de Farmacotecnia será capaz de producir, con unos niveles adecuados de calidad:

- – Cápsulas gelatinosas rígidas.
- – Soluciones y suspensiones orales.
- – Supositorios y pomadas.

13. c) El farmacéutico responsable validará la fórmula (ver apartado 12.1).

«Fórmula magistral»: es el medicamento destinado a un paciente individualizado, preparado por un farmacéutico, o bajo su dirección, para cumplimentar expresamente una prescripción facultativa detallada de los principios activos que incluye, según las normas de correcta elaboración y control de calidad establecidas al efecto, dispensado en oficina de farmacia o servicio farmacéutico y con la debida información al usuario.

14. b) En cabinas de seguridad biológica de flujo laminar vertical (ver apartado 9.4).

Por todo ello, durante la manipulación de estas sustancias:

- La preparación se realizará en cabinas de Seguridad Biológica de Flujo Laminar Vertical Clases II tipo B en ambiente controlado.

- Se recomienda situar en la zona de trabajo de la CFL un paño absorbente estéril con cubierta plástica, con el fin de absorber y facilitar la recogida de posibles derrames. Este paño será sustituido siempre que haya contaminación y al final de cada sesión de trabajo.

- Durante la manipulación se debe mantener una técnica adecuada orientada a mantener la esterilidad del medicamento y a prevenir/minimizar la formación de contaminantes.

15. b) Medir la densidad de la solución intravenosa (ver apartado 9.4).

En el caso de citotóxicos para administración IV se recomienda conectar el equipo de infusión adecuado a la solución IV dentro de la CFL y purgar el equipo con la solución intravenosa antes de añadir el medicamento, permitiendo así la dispensación lista para administrar, y disminuyendo el riesgo de contaminación del personal responsable de la administración Las jeringas y equipos de infusión deben tener conexiones Luer-lock debiendo asegurarse de que todas las conexiones son seguras.

- Las jeringas deben tener la capacidad suficiente para el volumen del medicamento.

16. d) Protección especial (mascarilla y guantes, si fuera adecuado su uso) para los rayos ultravioletas (ver apartado 6).

Normas de higiene del personal:

- Prohibición de comer, fumar o masticar chicle en zonas destinadas a la elaboración.

- La ropa y demás objetos y efectos de carácter personal deben ser guardados en armarios o taquillas.

- Debe emplearse ropa adecuada en función de la fórmula magistral a preparar, usando siempre bata o pantalón y camisa sanitarios así como bata estéril, gorro, calzado, guantes y mascarilla cuando se trabaja en zona estéril.

- La renovación y limpieza de la vestimenta anteriormente citada debe realizarse de forma regular y cada vez que sea necesario.

- Se separarán temporalmente de la preparación a las personas afectadas por lesiones en la piel o afecciones que impliquen un riesgo de contaminación de los productos a elaborar.

- Se utilizará jabón líquido y papel de celulosa en aseos y lavabos.

- Como normas generales, el personal de laboratorio deberá mantener un alto grado de higiene personal.

17. a) La Real Farmacopea Española y el Formulario Nacional (ver apartado 12.4.1).

La Real Farmacopea Española es el libro oficial que recopila las normas específicas, redactadas en forma de monografías, que describen la calidad física, química y biológica que deben observar las sustancias medicinales y excipientes destinados a uso humano y veterinario, así como los métodos analíticos para su control. Se encuentra en todos los SFH.

El Formulario Nacional es el libro oficial que contiene, en forma de monografías, las fórmulas magistrales tipificadas y los preparados oficiales reconocidos como medicamentos, sus categorías, indicaciones y materias primas que intervienen en su composición y preparación, así como las normas de correcta preparación y control de aquellos.

18. c) Sean aprobadas por Comisión de Farmacia y Terapéutica (ver apartado 12.4.1).

La Real Farmacopea Española y el Formulario Nacional, así como sus adiciones y correcciones, serán aprobados, previo informe preceptivo y no vinculante de la Comisión Nacional de la Real Farmacopea Española, por el Ministerio de Sanidad y Consumo (entenderemos el Ministerio competente en materia de sanidad).

19. c) Son estériles (ver apartado 9.2).

Para la elaboración de nutriciones parenterales, colirios, inyectables y mezclas intravenosas, y con una cabina de flujo laminar vertical (CFLV) de seguridad biológica clase II tipo B. con una anchura mínima de 100 cm y para la elaboración de citostáticos. Para otros medicamentos se utilizarán cabinas de flujo vertical clase II tipo A.

20. c) Congelador para productos que requieran temperaturas por debajo de los 0 ºC (ver apartado 7).

Según el RD 175/2001 se contará con lo siguiente:

- Superficie de trabajo suficiente, de material liso e impermeable, fácil de limpiar y desinfectar, inerte a colorantes y sustancias agresivas.

- Fregadero con agua fría y caliente, de material liso y resistente. Provisto de un sifón antirretorno.
- Zona diferenciada donde colocar los recipientes y utensilios pendientes de limpieza.
- Un soporte horizontal que evite en lo posible las vibraciones, con espacio suficiente para las balanzas, y que garantice una correcta pesada.
- Un espacio reservado para la lectura y redacción de documentos en el que se encuentre a mano toda la documentación reglamentaria, incluida la Real Farmacopea Española, el Formulario Nacional y libros de consulta útiles para las preparaciones.
- Armarios y estanterías con suficiente capacidad para colocar, protegido del polvo y de la luz, todo aquello que es necesario para las preparaciones.
- Un frigorífico dotado de termómetros de temperatura máxima y mínima para almacenar los productos termolábiles, ya sean materias primas, producto a granel o producto terminado.

21. a) Antes de realizar una prueba de control mecánico o biológico en la zona de trabajo (ver apartado 9.7).

La limpieza y desinfección de las cabinas se efectuará en los siguientes casos:

- Antes de cualquier trabajo de mantenimiento rutinario o accidental de la cabina.
- Antes de realizar una prueba de control mecánico o biológico en la zona de trabajo.

Antes de empezar a trabajar.

- Siempre que se programa el trabajo.
- En casos de que se haya producido un derrame de líquido en la mesa de trabajo.
- Al terminar la sesión de trabajo en la cabina.

22. d) Técnicas analíticas utilizadas (ver apartado 12.5.10).

Debe contener, como mínimo, lo siguiente:

- Datos de identificación.
- Número de registro de control interno (que debe figurar en la ficha de registro de formulación magistral).
- Nombre de la materia prima.
- Número de lote.
- Proveedor.
- Cantidad de materia prima.
- Fecha de caducidad o de repetición del control analítico.

23. c) Fórmula magistral (ver apartado 12.1).

«Fórmula magistral»: es el medicamento destinado a un paciente individualizado, preparado por un farmacéutico, o bajo su dirección, para cumplimentar expresamente una prescripción facultativa detallada de los principios activos que incluye, según las normas de correcta elaboración y control de calidad establecidas al efecto, dispensado en oficina de farmacia o servicio farmacéutico y con la debida información al usuario.

24. b) Prepararse con sustancias de acción e indicación reconocidas legalmente en España (ver apartado 12.1).

Las fórmulas magistrales serán preparadas con sustancias de acción e indicación reconocidas legalmente en España, de acuerdo con el artículo 44.1 y según las directrices del Formulario Nacional.

25. c) Principio activo (ver apartado 12.1).

Artículo 43. Requisitos de los preparados oficinales.

1. Los preparados oficinales deberán cumplir las siguientes condiciones:

a) Estar enumerados y descritos en el Formulario Nacional.

b) Cumplir las normas de la Real Farmacopea Española.

c) Ser elaborados y garantizados por un farmacéutico de la oficina de farmacia o del servicio farmacéutico que los dispense.

d) Presentarse y dispensarse necesariamente bajo principio activo o, en su defecto, bajo una denominación común o científica o la expresada en el formulario nacional y, en ningún caso, bajo marca comercial.

e) Ir acompañados del nombre del farmacéutico que los prepare y de la información suficiente que garantice su correcta identificación y conservación, así como su segura utilización.

26. d) Fórmulas magistrales tipificadas (ver apartado 12.4.1).

El Formulario Nacional es el libro oficial que contiene, en forma de monografías, las fórmulas magistrales tipificadas y los preparados oficinales reconocidos como medicamentos, sus categorías, indicaciones y materias primas que intervienen en su composición y preparación, así como las normas de correcta preparación y control de aquellos.

27. a) Primario o secundario (ver apartado 12.9.1).

El Real Decreto 1345/2007, de 11 de octubre, es el que regula el etiquetado y el prospecto de los medicamentos de uso humano y define específicamente los siguientes conceptos:

- Acondicionamiento primario, es el envase o cualquier otra forma de acondicionamiento, que se encuentre en contacto directo con el medicamento. Por ejemplo, un blíster, tubo o una ampolla.

- Embalaje exterior, es aquel en el cual se encuentra el acondicionamiento primario. Por ejemplo, sería la caja de cartón que contiene el blíster y el prospecto.

28. a) Cuarentena (ver glosario).

Cuarentena: situación de las materias primas, de los productos intermedios, a granel o terminados, y de los materiales de acondicionamiento que se encuentran aislados físicamente, o de otra forma efectiva, mientras se toma la decisión de su aprobación o rechazo.

29. b) 5 años (ver apartado 12.2.2.1).

La documentación relativa a los lotes deberá conservarse, por lo menos, hasta un año después de la fecha de caducidad de los mismos o hasta cinco años desde la certificación a que se refiere el artículo 18.2, en función del periodo que sea más largo.

30. c) Se consideran propiedad intelectual del laboratorio (ver apartado 12.2.2.3).

Los PNT se consideran propiedad intelectual del laboratorio, por lo que cada uno debe elaborar el suyo.

31. a) Procedimientos de operaciones farmacéuticas (ver apartado 12.2.2.3).

- Procedimientos de operaciones farmacéuticas (OF)

* Del PN/L/OF/001/00 a PN/L/OF/004/00

32. d) Cantidad suficiente para (ver apartado 12.3).

El Formulario Nacional detalla las abreviaturas que aparecen entre sus páginas:

- Mr: masa molecular relativa.

- DOE: Denominación Oficial Española.

- DCI: denominación común internacional.

- PN: procedimiento normalizado.

- Csp: cantidad suficiente para.

- Cs: cantidad suficiente.

- Spp: todas las especies.

- O/A: óleo-acuosa.

- A/O: acuo-oleosa.

- RFE: Real Farmacopea Española.

- RFE Mon N.º; Real Farmacopea Española Monografía número

33. a) Monografías (ver apartado 12.4).

El Formulario Nacional contiene las fórmulas magistrales tipificadas y los preparados oficiales reconocidos como medicamentos, sus categorías, indicaciones y materias primas que intervienen en su composición o preparación, así como las normas de correcta preparación y control de aquellos en forma de monografías.

34. d) Preceptivo y no vinculante (ver apartado 12.4.1).

La Real Farmacopea Española y el Formulario Nacional, así como sus adiciones y correcciones, serán aprobados, previo informe preceptivo y no vinculante de la Comisión Nacional de la Real Farmacopea Española, por el Ministerio de Sanidad y Consumo (entenderemos el Ministerio competente en materia de sanidad), que anunciará en el «Boletín Oficial del Estado» su publicación y establecerá la fecha de su entrada en vigor. El referido Ministerio realizará su edición oficial.

35. c) Conforme al estado de la ciencia (ver apartado 12.4.1).

La Real Farmacopea Española y el Formulario Nacional se actualizarán conforme al estado de la ciencia por el Ministerio de Sanidad y Consumo previo informe, preceptivo y no vinculante, de la Comisión.

36. a) La indumentaria (ver apartado 12.4.3.).

Procedimientos normalizados de trabajo

Procedimientos generales

PN/L/PG/001/00 PN de elaboración de los procedimientos normalizados de trabajo.

PN/L/PG/002/00 PN de indumentaria.

PN/L/PG/003/00 PN de higiene del personal.

PN/L/PG/004/00 PN de atribuciones del personal

37. c) Gel anestésico tópico de lidocaína (ver apartado 12.4.3).

Monografías de fórmulas magistrales tipificadas

FN/2003/FMT/001 Acetato de aluminio, solución de.

FN/2003/FMT/002 Acetato de hidrocortisona y fenol, crema de.

FN/2003/FMT/003 Ácido acético, gotas óticas de.

FN/2003/FMT/004 Ácido salicílico y acetónido de triamcinolona, crema de.

FN/2003/FMT/005 Ácido salicílico y acetónido de triamcinolona, gel de.

FN/2003/FMT/006 Colodión con ácido láctico y salicílico.

FN/2003/FMT/007 Eritromicina, crema de.

FN/2003/FMT/008 Gel anestésico tópico de lidocaína.

Etc.

38. d) Alcohol de romero al 5 % (ver apartado 12.4.3).

FN/2003/PO/032 Vaselina salicílica.

FN/2003/PO/033 Violeta de genciana, solución de.

FN/2006/PO/034 Agua de alibour.

FN/2006/PO/035 Alcohol de romero al 5 %.

FN/2006/PO/036 Alcohol glicerinado.

FN/2006/PO/037 Crema analgésica de salicilato de metilo, mentol y alcanfor.

FN/2006/PO/038 Eosina al 2 %, solución acuosa de.

FN/2006/PO/039 Minoxidil al 2 %, solución de.

39. a) Polvo de ajo (ver apartado 12.4.3).

Monografías de materias primas

FN/2003/PAF/001 Ajo, polvo de.

FN/2003/PAF/002 Aloe de Barbados.

FN/2003/PAF/003 Cáscara sagrada.

FN/2003/PAF/004 Frángula, corteza de.

FN/2003/PAF/005 Frángula, extracto seco normalizado de, corteza de.

FN/2003/PAF/006 Gayuba, hoja de.

FN/2003/PAF/007 Harpagofito, raíz de, etc.

40. d) Toda sustancia activa o inactiva empleada en la fabricación de un medicamento, ya permanezca inalterada, se modifique o desaparezca en el transcurso del proceso (ver apartado 12.5.1).

Según el Real Decreto Legislativo 1/2015, de 24 de julio, se define materia prima como "toda sustancia (activa o inactiva) empleada en la fabricación de un medicamento, ya permanezca inalterada, se modifique o desaparezca en el transcurso del proceso.

41. b) Su idoneidad (ver apartado 12.5.4).

Las materias primas se deben examinar en el momento de su recepción para verificar la integridad, el aspecto y el etiquetado de los envases.

42. b) Se considerará suficiente el número de referencia de control y el boletín de análisis suministrado por el centro autorizado, debidamente firmado por el director técnico (ver apartado 12.5.5).

Materias primas controladas por un centro autorizado.

Para asegurar la calidad del producto, se considerará suficiente el número de referencia de control y el boletín de análisis suministrado por el centro autorizado, debidamente firmado por el director técnico.

En todo caso, dado que la responsabilidad de la calidad de la fórmula magistral o del preparado oficial corresponde al farmacéutico preparador, se considera conveniente que este verifique, como mínimo, la identidad de las materias primas suministradas mediante alguna prueba de identificación.

43. b) Mensualmente (ver apartado 12.5.12).

La caducidad de las materias primas ha de ser sometido a continuo control, y para ello se recomienda realizarlo periódicamente, mensualmente, la primera semana de cada mes.

44. b) 6 meses (ver apartado 12.5.12).

Es aconsejable, para evitar complicaciones con las caducidades de las materias primas, seguir las siguientes recomendaciones:

- No aceptar materias primas cuya fecha de caducidad sea inferior a 6 meses.

- No conservar en el almacén materias primas que vayan a caducar antes de un mes para no elaborar fórmulas magistrales o preparados oficiales con estas materias primas.

- En ningún caso, elaborar ninguna fórmula magistral ni ningún preparado oficial con materias primas cuya fecha de caducidad sea inferior a la duración del tratamiento.

- Tener en cuenta la fecha de caducidad del material usado para el almacenamiento primario y secundario del preparado.

- Verificar de nuevo la fecha de caducidad justo en el momento de la dispensación de la fórmula magistral o el preparado oficial.

- Realizar con frecuencia la revisión de las fechas de caducidad.

45. **c) Pueden servir de vehículo a los principios activos y sustancias medicinales (ver apartado 12.6).**

Excipiente es aquella materia que incluida en las formas galénicas se añade a los principios activos o sustancias medicinales o a sus asociaciones para servirles de vehículo, facilitar su preparación y estabilidad, modificar propiedades organolépticas o determinar propiedades fisicoquímicas del medicamento y su biodisponibilidad.

46. **d) Los coadyuvantes (ver apartado 12.6).**

Los coadyuvantes son excipientes que se incorporan a la formulación para ayudar a la acción del principio activo.

47. **a) Flor de cártamo (ver apartado 12.6.3).**

Diluyentes: rellenan el contenido de una pastilla o cápsula para lograr una presentación conveniente para el consumo. La celulosa vegetal es un relleno cuyo uso es bastante extendido en tabletas o cápsulas de gelatina dura. El fosfato de calcio dibásico es también un relleno popular para tabletas. Para cápsulas de gelatina blanda suele utilizarse flor de cártamo.

48. **b) Son productos de plantas o drogas sometidos a pulverización (ver apartado 13.4.2.1).**

Los polvos medicinales son productos de plantas o drogas sometidos a pulverización. La pulverización es un método que consiste en dividir el producto en polvos finos, uniformes y homogéneos.

Los polvos vegetales aportan una gran flexibilidad en la utilización terapéutica de las plantas, permitiendo su fácil incorporación a todas las formas galénicas secas (cápsulas, sellos...). Así mismo tienen una gran importancia como materia prima para la preparación de otras formas galénicas puesto que permiten un agotamiento más rápido de la droga seca en las operaciones de disolución extractiva (fabricación de tinturas y de extractos por lixiviación).

49. **d) Modificar la velocidad, el lugar o el momento de liberación del principio activo (ver apartado 13.4.2.2).**

Granulados de liberación modificada. Pueden estar recubiertos o no y se preparan con excipientes y/o procedimientos especiales con el fin de modificar la velocidad o el lugar de liberación del principio o los principios activos.

50. **d) Todas son correctas (ver apartado 13.4.2.3).**

Nomograma

Es un gráfico en el que se representan:

- En ordenadas, el número de cápsula.

- En abscisas inferiores, el volumen aparente del polvo a repartir en cápsulas.

- En diagonales, el número de cápsulas a elaborar.

51. c) El número de cápsula, el volumen aparente del polvo y la cantidad de capsulas que se van a elaborar (ver apartado 13.4.2.3).

El normograma relaciona el número de cápsula, el volumen aparente del polvo y la cantidad de capsulas que se van a elaborar.

52. c) Pulverización (ver apartado 13.4.2.1).

La pulverización es un método que consiste en dividir el producto en polvos finos, uniformes y homogéneos.

53. d) Pueden estar formadas por gelatina y glicerol, dando lugar a (obleas o sellos) (ver apartado 13.4.2.3).

Según la naturaleza de su cubierta, existen dos clases de cápsulas:

– Cápsulas amiláceas (obleas): su cubierta está formada por almidón.

– Cápsulas gelatinosas: su cubierta está formada por gelatina y glicerol.

54. c) Tienen una cubierta de una sola pieza (ver apartado 13.4.2.3).

Cápsulas de gelatina blandas: receptáculo de una sola pieza completamente cerrada. Están formadas por agua, gelatina y glicerina o sorbitol al 7‰. Opcionalmente, pueden llevar conservantes antimicrobianos, opacificantes, tensoactivos, colorantes autorizados, aromatizantes y edulcorantes. También se denominan perlas. Para que su fabricación resulte rentable hay que elaborar lotes muy grandes, por lo que no se utilizan en formulación magistral.

55. a) Son las formas farmacéuticas obtenidas por compresión de un volumen constante de gránulos (ver apartado 13.4.2.4).

Son formas farmacéuticas obtenidas por compresión de un volumen constante de gránulos que contienen uno o varios principios activos y excipientes tales como diluyentes, antiadherentes, disgregantes y aglutinantes.

56. a) Plastificantes (ver apartado 13.4.2.4).

Entre sus componentes se encuentran uno o varios principios activos y los siguientes excipientes:

– Diluyentes. Consiguen que el tamaño del comprimido sea mayor. Son diluyentes, entre otros, la lactosa, el almidón de maíz y la sacarosa.

– Disgregantes. Facilitan la ruptura del comprimido al ponerse en contacto con un medio acuoso, con lo que aumenta la superficie de contacto. Son ejemplos de disgregantes los alginatos y la metilcelulosa.

– Absorbentes. Facilitan la compresión de sustancias liquidas o pastosas, como por ejemplo el almidón y el caolín.

– Aglutinantes. Aumentan la adhesividad entre las partículas a comprimir. Por ejemplo, la goma tragacanto y la gelatina.

– Lubricantes. Disminuyen la fricción entre las partículas, que se deslizan mejor al incorporarlas al equipo de compresión. Por ejemplo, los estearatos metálicos y el talco.

57. b) Efervescentes (ver apartado 13.4.2.4).

Existen diferentes tipos de comprimidos:

– Comprimidos no recubiertos. Son comprimidos normales que se elaboran con los excipientes anteriormente nombrados y previa granulación.

– Comprimidos recubiertos. Su superficie está recubierta por una o más capas de sustancias diversas. El recubrimiento se utiliza para mejorar los caracteres organolépticos, para evitar incompatibilidades o para proteger al principio activo.

– Comprimidos especiales. Existen diferentes tipos:

  * Efervescentes. Se disgregan al liberarse CO_2, por acción de un ácido orgánico sobre carbonato, previa disolución en agua.

  * Desleíbles. Liberan sus principios activos en la cavidad bucal, donde permanecen, no se degluten. Su acción es local.

  * Sublinguales. Se mantienen balo la lengua, donde liberan su p.a., que se absorbe por la mucosa bucal. Su acción es sistémica (tampoco se degluten).

  * Gastrorresistentes. Permiten resistir el pH del estómago y absorberse en el intestino. Esto se consigue recubriendo el comprimido con un revestimiento gastrorresistentes o realizando el recubrimiento del granulado y posteriormente comprimiéndolo.

  * De liberación controlada. Con estos comprimidos conseguimos modificar la velocidad o el lugar de liberación del P.a.

  * Comprimidos nucleados y multicapa. Estos comprimidos permiten resolver problemas de incompatibilidades y/o conseguir una acción fraccionada al liberarse a distinta velocidad cada capa. Se diferencian en que los multicapa tienen capas paralelas y los nucleados están constituidos por un núcleo y el resto de capas a su alrededor.

58. d) El peso en gramos de excipiente desplazado por un gramo de fármaco (ver apartado 13.4.3.1).

El factor de desplazamiento se define como la cantidad de excipiente (en gramos) que ocuparía el mismo volumen que un gramo de p.a.

TEST N.º 20

Productos sanitarios. Definición. Aplicaciones terapéuticas. Instrumental, definición y tipos. Material para la Administración de medicación

1. Los productos de parafarmacia:

a) Son llamados productos de libre adquisición.
b) Son aquellos productos que, sin ser propiamente medicamentos, se consumen, aplican y usan directamente por los usuarios para mejorar su calidad de vida.
c) Son productos que no son medicamentos.
d) Todas son correctas.

2. Uno de los siguientes es un producto de parafarmacia:

a) Biocidas.
b) Productos para nutrición enteral.
c) Productos de alimentación infantil.
d) Todos son productos de parafarmacia.

3. Los productos que son artículos y materiales que sirven para: diagnóstico, prevención, control, tratamiento o alivio de una enfermedad se denominan:

a) Productos de ortopedia.
b) Productos sanitarios.
c) Productos de farmacia.
d) Ninguna es correcta.

4. Los biocidas de uso humano son utilizados para:

a) Higiene humana.
b) Como repelentes.
c) Como insecticidas.
d) Todas son correctas.

5. Todos aquellos productos que, no siendo medicamentos, se consumen, aplican o utilizan sobre el cuerpo y se ponen a disposición de los usuarios se denominan:

a) Fármacos.
b) Productos de parafarmacia.
c) Fórmula magistral.
d) Medicamento genérico.

6. El Código Nacional que llevan los productos de farmacia es un número de:

a) 8 cifras.
b) 7 cifras.
c) 9 cifras.
d) 10 cifras.

7. El Código Nacional de Productos de parafarmacia está comprendido entre los números:

a) 200.000 y 499.999.
b) 150.000 y 399.999.
c) 100.000 y 299.999.
d) Ninguna es correcta.

8. El Catálogo de Parafarmacia del CGCOF:

a) Pertenece a la colección de la AEMPS.
b) Pertenece a la colección Consejo Plus.
c) Pertenece al Catálogo de Medicamentos.
d) Pertenece al BOT plus.

9. El BOT plus:

a) Es un programa informático.
b) Es un catálogo de medicamentos.
c) Es una colección de parafarmacia.
d) Es una monografía informática.

10. Un producto sanitario tiene como finalidad:

a) Diagnosticar, prevenir, controlar, tratar o aliviar una enfermedad.
b) Diagnosticar, controlar, tratar, aliviar o compensar una lesión física.
c) Regular la concepción.
d) Todas son correctas.

11. Los productos sanitarios son:

a) Cualquier instrumento, dispositivo, equipo, material u otro artículo utilizado solo o en combinación, incluidos los programas informáticos que intervengan en su buen funcionamiento, destinado por el fabricante para ser utilizados en seres humanos.
b) Utilizados para diagnosticar, prevenir, controlar, tratar o aliviar una enfermedad.
c) Utilizados para diagnosticar, controlar, tratar, aliviar o compensar una lesión o deficiencia.
d) Todas son correctas.

12. Los productos sanitarios según su riesgo se clasifican en:

a) Cuatro clases.
b) Tres clases.
c) Dos clases.
d) Cinco clases.

13. Son criterios que valoran el riesgo del producto sanitario:

a) El tiempo de contacto con el cuerpo.
b) La parte del cuerpo con la que se produce el contacto.
c) El grado de invasividad.
d) Todas son correctas.

14. Los productos que entran en el interior del cuerpo y permanecen durante un tiempo prolongado o quedan implantados pertenecen a las clases de riesgo:

a) I y II.
b) IIb y III.
c) III y IV.
d) IV.

15. Los productos destinados a un contacto superficial y poco duradero generalmente entran en la clase de riesgo más baja.

a) Clase I.
b) Clase II.
c) Clase III.
d) Clase IV.

16. Una sonda urológica pertenece a la clase:

a) I.
b) II.
c) IIa.
d) IIb.

17. En función del tiempo de contacto, los productos sanitarios se pueden considerar como:

a) De uso pasajero.
b) Uso a corto plazo.
c) De uso prolongado.
d) Todas son correctas.

18. Las lentes intraoculares, ¿a qué clasificación de productos sanitarios pertenecen según el riesgo?

a) Clase III.
b) Clase IIb.
c) Clase I.
d) Clase IV.

19. Se considera producto sanitario de uso prolongado el destinado normalmente a utilizarse de forma continua durante un periodo de:

a) Entre 5 y 10 días.
b) Entre 10 y 20 días.
c) Menos de 30 días.
d) Más de 30 días.

20. Las bolsas de sangre son de la clase:

a) I.
b) II.
c) IIb.
d) III.

21. Señala la respuesta incorrecta respecto a las vendas:

a) Las vendas de soporte son de nailon ligero.
b) Las vendas de soporte se usan para conseguir la retención y control del tejido sin comprimir.
c) Las vendas de soporte se utilizan para prevenir el desarrollo de una deformidad o el cambio anormal de un tejido por tumefacción u otras causas.
d) Las vendas Cambric son de gasa de algodón 100 %, orillada y protegen y fijan el apósito.

22. ¿Qué tipo de vendajes son útiles como sujeción en actividades deportivas ya que se adhieren sobre sí mismos pero no sobre la piel?

a) Los vendajes cohesivos.
b) Los vendajes adhesivos elásticos.

c) Los vendajes de fibra de vidrio.
d) Los vendajes de compresión.

23. ¿Cómo se denomina el accesorio destinado a contener las hernias abdominales?

a) Vendaje.
b) Cédula.
c) Braguero.
d) Suspensorio.

24. ¿Cómo se denomina al accesorio que se utiliza cuando hay afecciones testiculares, del epidídimo o del cordón espermático y actúa sosteniendo el escroto?

a) Vendaje.
b) Cédula.
c) Braguero.
d) Suspensorio.

25. Una de las medidas preventivas que podemos explicar en la farmacia contra las varices es:

a) Lavarse los pies y las pantorrillas con agua tibia para favorecer la vasodilatacion.
b) Evitar el uso de plantillas si se tienen los pies planos.
c) Disminuir la hipertensión abdominal orinando frecuentemente y evitando el estreñimiento.
d) Todas las respuestas son correctas.

26. ¿Qué tipo de medias están indicadas en pacientes con piernas cansadas y en varicosis ligeras e incipientes del embarazo?

a) De compresión ligera.
b) De compresión normal.
c) De compresión fuerte.
d) De compresión muy fuerte.

27. El ángulo que forma la punta de la aguja, que puede ser largo para profundizar en los tejidos o corto para punción de los vasos, se denomina:

a) Bisel.
b) Cono.
c) Aleta.
d) Luer.

28. El extremo de la sonda que queda en el exterior del cuerpo y donde se conectan jeringas, bolsas recolectoras, etc., se denomina:

a) Cabeza.
b) Apéndice.
c) Enlace.
d) Anexo.

29. ¿Cuáles son las sondas que se introducen a través de la uretra hasta la vejiga?

a) Las sondas uretrales.
b) Las sondas vesicales.
c) Las sondas nasointestinales.
d) Las sondas rectales.

30. ¿Cómo se denominan las cánulas de laringectomía que llevan un orificio amplio en la parte superior para poder respirar y hablar por vías naturales?

a) Fonatorias.
b) Fenestradas.
c) Fiadoras.
d) Abiertas.

31. Recomendaremos evitar el uso del chupete en niños mayores de:

a) Nueve meses.
b) Doce meses.
c) Dieciocho meses.
d) Dos años.

32. ¿Cuál es el término con que se designa a la intervención quirúrgica cuyo objetivo es crear una comunicación artificial entre dos órganos o entre una víscera a través de la pared abdominal, para conducir al exterior los desechos orgánicos, materia fecal o secreciones del organismo?

a) Colostomía.
b) Estoma.
c) Ileostomía.
d) Ostomía.

33. La presión arterial se mide mediante un aparato denominado tensiómetro o:

a) Barómetro.
b) Esfigmomanómetro.
c) Baimanómetros.
d) Preesiómetro.

34. Señale cuál de los siguientes métodos anticonceptivos protegen de las enfermedades de transmisión sexual:

a) El diafragma.
b) La esponja anticonceptiva vaginal.
c) El preservativo.
d) El dispositivo intrauterino (DIU).

35. Un producto que penetra parcial o completamente en el interior del cuerpo bien por un orificio corporal o bien a través de la superficie corporal:

a) Producto in vivo.
b) Producto invasivo.
c) Producto implantable.
d) Producto reutilizable

36. El Instrumento destinado a fines quirúrgicos para cortar, perforar, serrar, escarificar, raspar, pinzar, retraer, recortar u otros procedimientos similares, sin estar conectado a ningún producto sanitario activo, y que puede volver a utilizarse una vez efectuados todos los procedimientos pertinentes. Se denomina:

a) Producto quirúrgico.
b) Instrumento quirúrgico reutilizable
c) Instrumento implantable.
d) Ninguna de las anteriores.

37. Las vendas y adhesivos son:

a) Material de cura.
b) Material de sutura.
c) Material no invasivo.
d) Material de protección.

38. Entre las medidas preventivas sobre las varices que podemos explicar en la farmacia están:

a) Llevar medias de compresión si se realiza un trabajo en el que se está mucho tiempo de pie.
b) Llevar medias de compresión si se realiza un trabajo en el que se está mucho tiempo de pie.
c) Utilizar plantillas si se tienen los pies planos.
d) Todas son correctas.

39. Las medias de descanso:

a) Son medias de comprensión decreciente.
b) Son medias de comprensión ligera.

c) Son medias de compresión fuerte.
d) Son medias de compresión muy fuerte.

40. ¿Cómo se denominan los elementos que sirve para alcanzar una cavidad interna con fines terapéuticos o diagnósticos?

a) Sondas.
b) Catéteres.
c) Canúlas.
d) Todas son correctas.

41. Son efectos y accesorios:

a) Material de cura.
b) Utensilios destinados a la aplicación de medicamentos.
c) Utensilios para la recogida de excretas y secreciones.
d) Todas son correctas.

42. En relación a las leches adaptadas, señale lo correcto:

a) Formulas adaptadas de inicio (formulas 1).
b) Formulas adaptadas de continuación (fórmulas 2).
c) Preparados lácteos para niños de corta edad (fórmulas 3).
d) Todas son correctas.

Soluciones comentadas

1. **d) Todas son correctas (ver apartado 1.1).**

    Los productos de parafarmacia son también llamados productos de libre adquisición (OTC) o aquellos productos que, sin ser propiamente medicamentos, se consumen, aplican y usan directamente por los usuarios para mejorar su calidad de vida.

2. **d) Todos son productos de parafarmacia (ver apartado 1.1).**

    Los productos incluidos en esta denominación son los siguientes:

    - Dermofarmacia: cosméticos, fotoprotectores y productos de higiene personal.

    - Dietética y alimentación: leches infantiles, papillas, alimentos formulados para personas con alteraciones metabólicas, alimentos para nutrición enteral, etc.

    - Productos sanitarios y de diagnóstico *in vitro*: este grupo incluye una gran variedad de productos, desde productos para realizar curas (vendas, esparadrapos, apósitos) hasta distintos productos infantiles (biberones, chupetes, etc.) pasando por productos de diagnóstico, o algunos anticonceptivos. También los productos de ortopedia.

    - Desinfectantes y biocidas para la higiene humana, plaguicidas: acaricidas, repelentes y atrayentes para la higiene humana.

3. **b) Productos sanitarios (ver apartado 2).**

    Los productos sanitarios (PS) son cualquier instrumento, dispositivo, equipo, programas informáticos, material u otro artículo utilizado solo o en combinación con cualquier accesorio para ser utilizados en seres humanos. Su finalidad es:

    - Diagnosticar, prevenir, controlar, tratar o aliviar una enfermedad.

    - Diagnosticar, controlar, tratar, aliviar o comenzar una lesión o deficiencia.

    - Investigar, sustituir o modificar la anatomía o un proceso fisiológico.

    - Regular la concepción.

4. **d) Todas son correctas (ver apartado 1.1).**

    Desinfectantes y biocidas para la higiene humana, plaguicidas: acaricidas, repelentes y atrayentes para la higiene humana.

5. **b) Productos de parafarmacia (ver apartado 1.1).**

Incluimos dentro de la denominación de parafarmacia a aquellos productos que no son medicamentos, efectos y accesorios, ni dietoterápicos o productos para la nutrición enteral y se consumen, aplican o utilizan por el ser humano y/o sobre el cuerpo y se ponen a disposición de los usuarios, de conformidad y con arreglo a lo que se establecen en las Reglamentaciones Técnico-Sanitarias específicas para cada tipo de productos que existen en el mercado, así como en la normativa de carácter general aplicable a los mismos, esto es, Ley General de Consumidores y Usuarios y reguladora de la promoción y publicidad vigente.

6. **b) 7 cifras (ver apartado 1.2).**

El Código Nacional es una cifra de siete cifras que identifica a cada uno de los productos de Parafarmacia que pueden entrar en el canal de Distribución Farmacéutica pero siempre que dicho producto cumpla los criterios de la Comisión Nacional de Parafarmacia.

7. **b) 150.000 y 399.999 (ver apartado 1.2).**

El Código Nacional de Productos de parafarmacia está comprendido entre los números 150.000 y 399.999.

8. **b) Pertenece a la colección Consejo Plus (ver apartado 1.3).**

El Catálogo de Parafarmacia del CGCOF pertenece a la colección Consejo Plus, que se actualiza cada año, junto al Catálogo de Medicamentos, Catálogo de Plantas Medicinales, BOT plus, BOT plus PDA y la revista Panorama actual del Medicamento.

9. **a) Es un programa informático (ver apartado 1.3).**

El BOT plus es un programa informático del CGCOF que presenta la información farmacológica de todos los medicamentos de uso humano y veterinario, las plantas medicinales y los productos de parafarmacia que podemos encontrar, y que se actualiza semanalmente a través de Internet.

10. **d) Todas son correctas (ver apartado 2).**

Su finalidad es:

- Diagnosticar, prevenir, controlar, tratar o aliviar una enfermedad.
- Diagnosticar, controlar, tratar, aliviar o comenzar una lesión o deficiencia.
- Investigar, sustituir o modificar la anatomía o un proceso fisiológico.
- Regular la concepción.

11. d) Todas son correctas (ver apartado 2).

Los productos sanitarios (PS) son cualquier instrumento, dispositivo, equipo, programas informáticos, material u otro artículo utilizado solo o en combinación con cualquier accesorio para ser utilizados en seres humanos.

12. a) Cuatro clases (ver apartado 3.1).

Atendiendo al riesgo que suponen para el paciente, los productos sanitarios se clasifican en cuatro clases de riesgo:

- Clase I (riesgo bajo).
- Clase IIa (riesgo moderado).
- Clase IIb (riesgo importante).
- Clase III (riesgo elevado).

13. d) Todas son correctas (ver apartado 3.1).

Clase I

Productos que no entran en contacto con el paciente o que entran en contacto solo con la piel intacta. Productos que penetran por orificio corporal, como la boca o la nariz, de uso pasajero.

Clase IIa

Se incluyen en esta clase los productos que se introducen en el cuerpo humano por orificio corporal o por medios quirúrgicos, es decir, a través de la piel, pero que no están destinados a permanecer en él.

Clase IIb

Se incluyen algunos productos implantables (aunque se clasifican muchos de ellos como clase III), los productos que pueden influenciar los procesos fisiológicos o que administran sustancias o energía de forma potencialmente peligrosa y los que se destinan al diagnóstico de funciones vitales.

Clase III

Se incluyen en esta clase algunos productos implantables, los productos destinados a entrar en contacto con el sistema nervioso central o con el sistema circulatorio central con fines de terapia o diagnóstico, los productos que contienen sustancias medicinales, los productos que se absorben totalmente y los productos que contienen derivados animales.

14. b) IIb y III (ver apartado 3.1).

Clase IIb

Se incluyen algunos productos implantables (aunque se clasifican muchos de ellos como clase III), los productos que pueden influenciar los procesos fisiológicos o que administran sustancias o energía de forma potencialmente peligrosa y los que se destinan al diagnóstico de funciones vitales.

Clase III

Se incluyen en esta clase algunos productos implantables, los productos destinados a entrar en contacto con el sistema nervioso central o con el sistema circulatorio central con fines de terapia o diagnóstico, los productos que contienen sustancias medicinales, los productos que se absorben totalmente y los productos que contienen derivados animales.

15. a) Clase I (ver apartado 3.1).

Clase I

Productos que no entran en contacto con el paciente o que entran en contacto solo con la piel intacta. Productos que penetran por orificio corporal, como la boca o la nariz, de uso pasajero.

16. c) IIa (ver apartado 3.1).

Ejemplo clases IIa: circuitos de circulación extracorpórea, sondas urológicas, drenajes quirúrgicos, agujas, cánulas, guantes quirúrgicos, lentes de contacto, audífonos, estimuladores musculares: TENS, esfigmomanómetros, equipos de diagnóstico, equipos para fisioterapia.

17. d) Todas son correctas (ver apartado 3.2.1).

Duración del uso

–   «Uso pasajero»: el del producto destinado normalmente a utilizarse de forma continua durante menos de sesenta minutos.

–   «Uso a corto plazo»: el del producto destinado normalmente a utilizarse de forma continua entre sesenta minutos y treinta días.

–   «Uso prolongado»: el del producto destinado normalmente a utilizarse de forma continua durante un periodo de más de treinta días.

18. b) Clase IIb (ver apartado 3.1).

Ejemplos clase II b: lentes intraoculares, implantes de relleno tisular, suturas quirúrgicas no absorbibles, apósitos para heridas que cicatrizan por segunda intención, bolsas de sangre, hemodializadores, plumas de insulina, desfibriladores externos, equipos de rayos X para diagnóstico, láseres quirúrgicos, equipos para terapia por radiaciones, sistemas de vigilancia para cuidados intensivos, máquinas de anestesia, preservativos, etc.

19. d) Más de 30 días (ver apartado 3.2.1).

«Uso prolongado»: el del producto destinado normalmente a utilizarse de forma continua durante un periodo de más de treinta días.

20. c) IIb (ver apartado 3.1).

Ejemplos clase II b: lentes intraoculares, implantes de relleno tisular, suturas quirúrgicas no absorbibles, apósitos para heridas que cicatrizan por segunda intención, bolsas de sangre, hemodializadores, plumas de insulina, desfibriladores externos, equipos de rayos X para diagnóstico, láseres quirúrgicos, equipos para terapia por radiaciones, sistemas de vigilancia para cuidados intensivos, máquinas de anestesia, preservativos, etc.

21. a) Las vendas de soporte son de nailon ligero (ver apartado 4.1.1.1).

Las vendas de soporte pueden ser de algodón orilladas o vendas Cambric. Las Cambric son de gasa de algodón 100 %, orillada y protegen y fijan el apósito.

22. a) Los vendajes cohesivos (ver apartado 4.1.1.1).

Vendajes cohesivos. Se adhieren sobre sí mismos pero no sobre la piel y son útiles como sujeción en actividades deportivas, donde otras vendas podrían desplazarse y los vendajes adhesivos no resultarían adecuados.

23. c) Braguero (ver apartado 4.2.2.2).

El braguero es un accesorio destinado a contener las hernias abdominales. En una hernia, el intestino sale fuera de la pared abdominal. Hablamos de hernia umbilical cuando sale por el anillo umbilical, de hernia inguinal cuando sale por el anillo inguinal, de hernia escrotal cuando, como consecuencia de una hernia inguinal, el intestino llega al escroto, y de hernia crural cuando la víscera interrumpe la arcada crural por donde pasan nervios y vasos a la pierna.

24. d) Suspensorio (ver apartado 4.2.2.2).

El suspensorio es otro accesorio que se utiliza cuando hay afecciones testiculares, del epidídimo o del cordón espermático y actúa sosteniendo el escroto. Está formado por una bolsa de sujeción testicular, un cinturón con cierre adhesivo y unos tirantes bajo las nalgas.

25. c) Disminuir la hipertensión abdominal orinando frecuentemente y evitando el estreñimiento (ver apartado 4.3.2).

Entre las medidas preventivas que podemos explicar en la farmacia están:

- Llevar medias de compresión si se realiza un trabajo en el que se está mucho tiempo de pie.

- En personas con sobrepeso, andar todos los días y controlar la comida.

- Utilizar plantillas si se tienen los pies planos.

- Lavarse los pies y las pantorrillas con agua fría para favorecer la vasoconstricción.

- Evitar llevar ropa muy ajustada que dificulte el retorno venoso de las piernas como, por ejemplo, fajas.

- Disminuir la hipertensión abdominal orinando frecuentemente y evitando el estreñimiento.

26. a) De compresión ligera (ver apartado 4.3.3).

De compresión ligera (18-21 mm Hg): están indicadas en pacientes con piernas cansadas y en varicosis ligeras e incipientes del embarazo.

27. a) Bisel (ver apartado 4.4).

Bisel: es el ángulo que forma la punta de la aguja, puede ser largo para profundizar en los tejidos o corto para punción de los vasos.

28. c) Enlace (ver apartado 4.5.1).

El enlace es el extremo de la sonda que queda en el exterior del cuerpo y donde se conectan jeringas, bolsas recolectoras, etc.

29. b) Las sondas vesicales (ver apartado 4.5.1).

Se introducen a través de la uretra hasta la vejiga. Tienen distintos fines. El más común es el drenaje de orina. Las sondas vesicales con balón o sondas Foley tienen un canal adicional para hinchar el balón y para que la sonda quede fija en la vejiga sin moverse. Son las más utilizadas.

30. b) Fenestradas (ver apartado 4.5).

Cánula de laringectomía: son más cortas y anchas que las de traqueotomía y tienen menos curvatura. Se denominan fonatorias cuando permiten hablar al paciente sin necesidad de utilizar el dedo para ocluirlas, y fenestradas si llevan un orificio amplio en la parte superior para poder respirar y hablar por vías naturales.

31. d) Dos años (ver apartado 4.7.1).

Algunas recomendaciones al usar un chupete son:

- Elegir un chupete preferiblemente de una sola pieza o uno que garantice que ninguna de sus piezas se desprenderá. Debe tener el tamaño adecuado a la edad.

- Lavarlo con frecuencia y, de vez en cuando, esterilizarlo, sobre todo en los primeros meses. Cambiarlo cuando se deteriore.

- No untarlo con azúcar o miel, para evitar la aparición de caries en la dentición provisional.

- No atarlo al cuello, porque existe peligro de estrangulación.

- Evitar su uso en niños mayores de dos años.

32. d) Ostomía (ver apartado 4.8.1).

Una ostomía es el término con que se designa la intervención quirúrgica cuyo objetivo es crear una comunicación artificial entre dos órganos o entre una víscera a través de la pared abdominal, para conducir al exterior los desechos orgánicos, materia fecal o secreciones del organismo.

33. b) Esfigmomanómetro (ver apartado 4.8.2).

La presión arterial se mide mediante un aparato denominado tensiómetro o esfigmomanómetro. Estos aparatos están compuestos por un manguito de tela que incorpora una goma hinchable y un sistema de medición en contacto con este manguito. Los sistemas de medición que emplean son diferentes y, según esto, se pueden distinguir diferentes tipos de tensiómetros o esfigmomanómetros: de mercurio (en desuso), aneroide y los digitales o electrónicos.

34. c) El preservativo (ver apartado 4.8.3).

El preservativo, tanto femenino como masculino, es uno de los métodos anticonceptivos de barrera que evita embarazos no deseados y previene el contagio de enfermedades de transmisión sexual. El preservativo impide la unión de los espermatozoides con el óvulo y, por tanto, la posibilidad de un embarazo.

35. b) Producto invasivo (ver apartado 3.2.2).

Producto invasivo de tipo quirúrgico»:

* producto invasivo que penetra en el interior del cuerpo a través de la superficie corporal, incluso a través de las membranas mucosas de los orificios corporales por medio o en el contexto de una intervención quirúrgica, y

* producto cuya penetración no se produce a través de un orificio corporal.

36. b) Instrumento quirúrgico reutilizable (ver apartado 3.2.2).

«Instrumento quirúrgico reutilizable»: instrumento destinado a fines quirúrgicos para cortar, perforar, serrar, escarificar, raspar, pinzar, retraer, recortar o pro-cedimientos similares, sin estar conectado a un producto sanitario activo, y destinado por el fabricante a ser reutilizado una vez efectuados los procedimientos adecuados tales como limpieza, desinfección y esterilización.

37. a) Material de cura (ver apartado 4.1.1).

Es el material necesario para realizar cualquier cura. Podemos destacar las vendas y los adhesivos.

38. d) Todas son correctas (ver apartado 4.3.2).

Entre las medidas preventivas que podemos explicar en la farmacia están:

– Llevar medias de compresión si se realiza un trabajo en el que se está mucho tiempo de pie.

- En personas con sobrepeso, andar todos los días y controlar la comida.

- Utilizar plantillas si se tienen los pies planos.

- Lavarse los pies y las pantorrillas con agua fría para favorecer la vasoconstricción.

- Evitar llevar ropa muy ajustada que dificulte el retorno venoso de las piernas, como, por ejemplo, fajas.

- Disminuir la hipertensión abdominal orinando frecuentemente y evitando el estreñimiento.

39. b) Son medias de comprensión ligera (ver apartado 4.3.3).

Las medias de descanso son medias de compresión ligera que utilizan personas que están mucho tiempo de pie.

40. d) Todas son correctas (ver apartado 4.5).

Sondas, catéteres y cánulas

Todos ellos son elementos tubulares que sirven para alcanzar una cavidad interna con fines terapéuticos o diagnósticos. Cuando penetran en el cuerpo a través de un orificio natural hablamos de sonda y cuando lo hacen a través de uno artificial hablamos de catéter. El nombre de cánula hace referencia simplemente a que es un accesorio de poca longitud.

41. d) Todas son correctas (ver apartado 1.1).

Dentro de los productos de parafarmacia susceptibles de financiación encontramos los que se denominan efectos y accesorios que son:

- Materiales de cura.

- Utensilios destinados a la aplicación de medicamentos.

- Utensilios para la recogida de excretas y secreciones.

- Utensilios destinados a la protección o reducción de lesiones malformaciones internas.

42. d) Todas son correctas (ver apartado 4.7.5).

Encontramos tres tipos de leche adaptada en función de la edad:

- Fórmulas adaptadas de inicio (Fórmulas 1).

- Fórmulas adaptadas de continuación (Fórmulas 2).

- Preparados lácteos para niños de corta edad (Fórmulas 3).

Cómo acceder al Curso

Manual del Técnico/a en Farmacia
Test comentados

El uso de los códigos **es exclusivo de los compradores de los productos de Editorial MAD**. Cada producto posee un código único y de un solo uso. Es personal e intransferible y da acceso a servicios y contenidos adicionales. Editorial MAD se reserva el derecho de hacer cuantas comprobaciones sean necesarias para identificar al legítimo poseedor del código y dejar de dar servicio a quien haga uso fraudulento del mismo, además de emprender cuantas acciones legales estime oportunas según la legislación vigente.

Deberás acceder a:

mad.es/registro-campus

Si una vez aceptadas las condiciones de uso del Campus decides hacer uso del mismo, necesitarás del siguiente código de acceso junto con los códigos del resto de títulos que se exigen (si fuera el caso):

HUR5836LNG